의료분쟁의 이론과 실제

THE THEORY AND PRACTICE OF MEDICAL DISPUTES

신현호 · 백경희

박영사

머리말

　　우리나라는 연간 10억 회가 훨씬 넘는 의료행위가 시행되고 있는 의료대국으로 발전하였고, 그 과정에서 많은 의료분쟁이 늘고 있다. 환자의 인권의식이 성장하면서 단순 업무상과실치사상죄 이외에 연명의료 자기결정권 침해, 환자진료정보 침해, 진료과정에서의 성범죄, 건강보험사기 등 다양한 영역에서의 형사고소, 행정고발이 진행되고, 이에 따른 형사소송, 행정소송, 헌법소송 등이 비례하여 늘고 있다.

　　1990년 처음 변호사를 시작할 때는 관련 판례가 많지 않아 외국 판례와 의료법논문을 원용하곤 하였으나 34년이 지난 지금은 3만 건이 넘는 의료관련 판례가 집적되고, 의료법학이 눈부시게 성장하였다. 하권에서는 의료법학자의 입장에서 의료형사, 행정, 헌법판례에 대한 이론적 분석을 하였다. 소송실무가의 입장에서 주장입증방법과 절차에 대해 구체적이고 쉽게 이해할 수 있도록 법률사무소 해울에서 사용하는 고소장, 증거보전신청서, 진료기록감정신청서, 사실조회신청서, 증인/당사자신문신청서, 검증감정신청서 등을 제시하였다. 의료소송을 처음 접하는 변호사나 일반인이 의료소송의 이론과 절차를 쉽게 이해하는 데 도움이 될 것이다.

　　「의료분쟁의 이론과 실제 (하)」권은 백경희 교수의 전적인 희생이 없었으면 출간이 불가능했다. 한국의료분쟁조정중재원 김성은 박사와 의료법률정보센터 신원철 연구원이 백경희 교수를 도와 판례와 관련 논문을 수집, 번역, 정리, 분석한 덕에 책의 질이 높아졌다. 채상희 변호사의 세밀한 교정 덕에 출간이 빠르게 되었다. 34년을 함께해 온 법률사무소 해울 이노미 실장, 이경석 송무팀장, 정진원 송무과장, 오휘영 송무과장, 김정미 연구팀장, 이진희 연구과장, 박영사 관계자들의 행정지원으로 (상)권에 이어 (하)권도 무사히 출간하게 되었다. 95세가 넘으셨음에도 최신 일본 판례를 번역해 주시는 아버지 덕에 해외의 경향도 실었다. 모든 분들께 진심으로 감사드린다.

2023. 12.

저자 신 현 호

머리말

작년 가을 「의료분쟁의 이론과 실제(상)」권을 출간한 지 어느덧 1년이 지나 겨울을 앞두고 있는 시점에서 하권을 탈고하게 되어 감회가 새롭다. (하)권에서는 의료형사책임을 중심으로 의료분쟁에서 사용되는 증거의 유형과 양식, 기타 소송 대체적 분쟁해결제도, 의료헌법소송, 의료행정책임, 비의료인의 의료기관 개설·운영, 연명의료 중단 내지 존엄사, 환자의 자기결정권, 미용성형수술 등의 쟁점 등을 다루었다.

(하)권도 (상)권의 맥락을 이어 의료분쟁과 관련된 개념과 이론, 판례를 비롯하여 실무의 실례에 대한 접근을 수월하게 하기 위하여 쟁점을 위주로 간명하게 정리하고 체계화하고자 하였다. 또한 최근 의료 관련 법령과 판례에서 의미 있는 변화가 있었는바 ― 예를 들어 의료인 면허 취소사유를 확대하였고 수술실 CCTV 의무화 제도가 시행되었으며, 한의사의 면허 외 의료행위나 의료법인 형태의 사무장병원에 관한 대법원 전원합의체 판결이 선고되었다 ―, (하)권에서는 이러한 부분도 반영하였다. 의료분쟁에는 특수한 법리가 적용되고 다양한 문제들이 산적되어 있는바, 상권과 마찬가지로 하권도 의료분쟁 관련 업무나 지식이 필요하신 분들께 부디 도움이 되기를 바란다.

이번 「의료분쟁의 이론과 실제 (하)」권을 공동으로 집필할 수 있도록 기회를 주신 신현호 변호사님, 학자로서의 삶과 정체성에 대하여 지도해 주신 안법영 교수님, 항상 물심양면으로 지원을 아끼지 않는 정승준 교수님, 자료의 정리와 번역에 도움을 준 공동법률사무소 해울 부설 의료법률정보센터의 신원철 연구원, 정민근 군과 정수민 양, 헌신적으로 도움을 주시는 부모님, 그리고 격려해 주시는 인하대학교 법학전문대학원 교수님들과 교직원 분들, 교정을 도와준 김성은 박사, 그리고 책의 출간을 허락해 주신 박영사 관계자 분들께 다시 한번 마음을 담아 감사드린다.

2023. 12.

저자 백 경 희

목차

제1장

의료분쟁과 형사책임

의료분쟁과 형사책임

제1절 의료행위에 대한 형법의 적용

1. 의료행위의 성질과 형법

의료사고가 발생하면 의사에게 형사책임을 묻는 경우가 종종 있다. 그 이유로는 다음의 내용을 들 수 있다.

첫째, 우리나라에서는 수사기관의 힘을 이용하여 사건을 해결하거나 증거를 수집하려는 생각이 있는 경우가 있어 적지 않은 고소·고발이 이루어지고 있다.

둘째, 의료행위는 본질적으로 환자나 제3자(혈액이나 장기의 제공자)의 신체에 대한 침습을 수반하게 된다. 의료는 사람을 해치려는 것이 아니라 생명의 유지, 건강회복 등을 목표로 하기 때문에 신체의 침습이라 하더라도 환자의 승낙이나 동의과정을 거쳐 정당성을 갖게 된다. 따라서 환자의 의사를 무시하고 침습을 가할 때에만 비로소 형사문제가 될 수 있다. 그 경우 신체의 침습은 형법상 상해나 치사죄에 해당될 수 있다. 오늘날 전단적 의료행위나 생체에 대한 임상시험(또는 본인의 원에 의한 신약의 실험)의 경우에도 형사문제가 논의되고 있으며, 오스트리아와 같이 전단적 의료행위에 대한 처벌규정을 입법한 예도 있다. 같은 맥락에서 의식불명환자나 어린이에 대한 수혈시 보호자가 거부하면 상해죄나 살인죄의 죄책을 지는지, 여호와의 증인과 같이 종교적인 신념에 의한 수혈거부 환자에 대한 강제수혈이 상해죄에 해당하는지, 만약 이 경우 의사가 수혈을 하지 않으면 자살방조죄의 죄책을 지는지, 뇌사자로부터의 장기적출이 살인죄나 상해죄의 죄책을 지는지, 안락사의 경우는 살인죄가 성립되는지 등 많은 문제점이 논의되고 있다. 이 문제는 한 사회의 인간관, 생명관 등과 관련된 문제이어서 일률적으로 말할 수 없는 어려움이 있다.

　셋째, 의료행위는 그것이 적절하게 시행되지 않은 경우 오히려 병을 악화시키거나 사망에 이르게 할 수 있다. 의사의 진료거부금지의무 위반이나 의료과실의 문제영역이 의료종사자의 부작위나 부주의가 환자의 상해나 사망을 가져온다는 결과의 중대성으로 인하여 형법상의 문제로 비화되는 경우가 종종 있다. 의료행위는 예측불가능성과 다양성을 가진 환자의 시시각각 변화하는 증상에 대하여 의학준칙에 따라 전문적인 의료기술을 시행하는 것이고, 각각의 사안마다 개별성과 재량성을 갖기 때문에 반드시 어떤 처치를 해야 한다고 하는 원칙은 존재하지 않는다. 또한 의학과 의술은 하루가 다르게 발전하고 있기 때문에 더욱 그러하다. 따라서 생명을 다루는 의사들은 의료과실의 행위를 유형화하여 형사책임의 판단기준을 명확히 하고자 하는 노력이 필요하다.

2. 의료사고에 대한 제재

　의료행위는 신체침습을 수반하는 것이 많고, 또 그것이 부적절한 경우에는 생명까지 잃는 일도 있다. 그러므로 의료사고가 발생하여 책임이 인정될 경우에 행정적 제재, 민사적 배상책임, 형사적 처벌 등 3가지 제재가 수반된다.

　의사의 행정적 제재와 관련된 면허취소사유와 관련하여 의료법이 2023. 5. 19. 법률 제19421호로 일부개정되면서 중대한 변경이 있었다. 우리나라 의료법에서는 2000. 1. 12. 법률 제6157호로 일부개정하기 전에는 의사가 금고 이상의 형의 선고를 받은 경우에는 면허취소사유가 되었으나, 그 일부개정 후 2000. 7. 13.부터 시행된 의료법은 의료법위반죄, 허위진단서작성죄, 낙태죄, 업무상비밀누설죄, 보건범죄 단속에 관한 특별조치법·지역보건법·후천성면역결핍증 예방법·응급의료에 관한 법률·농어촌등 보건의료를 위한 특별조치법·시체 해부 및 보존에 관한 법률·혈액관리법·마약법·향정신성의약품 관리법·대마관리법·모자보건법 기타 대통령령이 정하는 의료기관법령에 위반하여 금고 이상의 형의 선고를 받고 그 형의 집행이 종료되지 아니하거나 집행을 받지 아니하기로 확정되지 아니한 자에 대해서만 면허취소사유가 되는 것으로 하였다. 그러나 2023. 5. 19. 법률 제19421호로 일부개정된 의료법에서는 금고 이상의 실형을 선고받고 그 집행이 끝나거나 그 집행을 받지 아니하기로 확정된 후 5년이 지나지 아니한 자 등은 의료인이 될 수 없도록 하고(동법 제8조 제4항),[1] 이와 같이 의

---

1) 의료인의 결격사유에 관한 의료법 제8조 제4호는 '금고 이상의 실형을 선고받고 그 집행이 끝나거나 그 집행을 받지 아니하기로 확정된 후 5년이 지나지 아니한 자'로 변경되었고, 같은 조 제5호에는 '금고 이상의 형의 집행유예를 선고받고 그 유예기간이 지난 후 2년이 지나지 아니한 자', 같은 조 제6호에는 '금고 이상

료인의 결격사유에 해당하면 그 면허를 취소하여야 한다(동법 제65조 제1항 단서). 다만 의료행
위 중 업무상과실치사상죄를 범하여 금고 이상의 실형을 선고받는 등의 경우에는 그 면허를
취소하지 아니하도록 하여 종전과 동일하게 의사면허에는 지장이 없도록 하였다(동법 제65조
제1항 제1호 단서). 그리고 면허 취소 후 재교부를 받은 의료인이 자격정지 사유에 해당하는
행위를 한 경우에는 면허를 취소할 수 있도록 하고(동법 제65조 제1항 제2의2호), 거짓이나 그
밖의 부정한 방법으로 의료인 면허 발급 요건을 취득하거나 국가시험에 합격한 경우 면허를
취소하여야 하며 면허를 재교부할 수 없도록 하였다(동법 제65조 제1항 제8호).

　　또한 의료인이 의료과실로 업무상과실치사상죄를 범하여 형사처벌이 될 경우 민사책임을
부담하게 되지만, 역으로 민사책임을 진다고 하여 형사책임을 지는 경우는 이례적이다. 이는
증명책임의 소재에 따른 당연한 결과로 이해된다.

　　한편 행정법규와 형법과의 관계는 두 가지 형태로 정리할 수가 있는데, 첫째 행정법규 위
반은 징역형이나 벌금형 등 행정형벌로 이어질 수 있고, 둘째 행정법상의 의무가 형법상 부작
위범의 작위의무나 과실범의 주의의무에 직접적인 근거가 될 수 있다.

제2절　의료형사책임의 성립

1. 의료행위의 법적 성질과 상해죄의 성부

　　의료과실(의료과오와 혼용하여 사용하는데, 이하 '의료과실'이라 통칭한다)에 대하여 형사책임으
로 문책하기 위해서는 우선 그 의료행위가 구성요건에 해당하는 위법한 행위이어야 한다. 의
료과실의 문제를 논하기 위해서는 우선 의료행위가 어떠한 경우에 부적절한지를 살펴볼 필요
가 있다.

가. 학설의 대립[2]

　　외과수술에서 볼 수 있는 것처럼 의료행위는 신체의 완전성 내지 생리적 기능에 침습을 가
하게 된다. 따라서 의료행위는 일응 신체의 완전성에 대한 침해행위로써 상해죄와 유사한 구
조를 갖고 있다. 그러나 외과수술이 상해행위로서 위법이라고 할 수는 없다. 왜냐하면 그 외

　　의 형의 선고유예를 받고 그 유예기간 중에 있는 자'가 각각 신설되었다.
2) 김혁돈, 의료행위의 형사법적 의의, 법학논고 제30집, 2009. 6, 165-175면 참조.

과수술은 정당성을 갖기 때문에 합법행위이다. 의료행위가 정당성을 갖는 근거로는 ① 정당행위설, ② 피해자승낙설, ③ 구성요건해당성조각설 등이 주장되고 있다.

정당행위설은 의료행위에 수반되는 침습성이 형법 제20조의 정당행위가 되어 위법성이 조각된다고 파악한다. 정당행위설은 환자의 의사를 문제삼지 않기 때문에 환자의 자기결정권을 침해한다는 비난이 제기되고 있다.

피해자승낙설은 의료행위가 피해자의 승낙이 있었으므로 형법 제24조에 의하여 위법성이 조각된다고 한다. 피해자의 승낙이 명시적으로 없었다고 하여도 추정적인 승낙이 있다고 간주하거나 긴급피난으로 보아 역시 위법성이 조각된다고 한다.

구성요건해당성조각설은 성공한 치료행위는 상해죄로 볼 수 없고, 가사 실패하였다고 하더라도 의사에게 치료의사가 있고, 그 치료행위가 의술의 법칙(Lege Artis)에 따라 행해진 경우에는 상해의 고의나 과실이 있다고 할 수 없으므로 구성요건조차 해당하지 않는다고 한다. 이 이론은 의료행위까지도 상해죄의 구성요건에 해당한다고 생각하는 것은 '깡패와 의사를 동일시하는 것'[3]이라고 하는 비판에서 출발한다.

나. 판례의 태도

대법원은 의료행위의 정당성의 근거에 대하여 종래 정당행위설 또는 긴급피난이론을 적용하다가, 최근 피해자승낙설을 적용하고 있다.[4] 즉, 대법원은 "피고인이 태반의 일부를 떼어낸 행위는 그 의도, 수단, 절단부위 및 그 정도 등에 비추어 볼 때 의사로서의 정상적인 진찰행위의 일환이라고 못 볼 바 아니어서 형법 제20조의 소정의 정당행위에 해당한다."[5]고 하거나, "의사가 인공분만기 샥손을 사용하면 통상 약간의 상해가 있을 수 있으므로 그 결과 상해가 있다 하여 의사의 정당업무의 범위를 넘은 위법행위라고 할 수 없다."[6]고 하고, "자궁외 임신으로 오진하여 소파수술을 과실이 있다고 하여도 이는 사회적 상당성이 인정되는 의사의 통상적인 진료행위에 지나지 않는 것이므로 피고인의 소위를 과실로 상해를 입힌 행위로는 볼 수 없다."[7]고 하여 정당행위설을 취한 경우가 있고, "임신의 지속이 모체의 건강을 해칠 우려가 현저할 뿐더러 기형아 내지 불구아를 출산할 가능성마저도 없지 않다는 판단 하에 부득이 취하게 된 산부인과 의사의 낙태수술행위는 정당행위 내지 긴급피난에 해당되어 위법성이 없는

---

3) 莇 立明·中井美雄, 医療過誤法, 靑林書院, 1994, 247頁.
4) 이상문, 과실치사죄에서 피해자의 승낙－2014. 6. 26. 선고 2009도14407 판결을 대상으로－, 비교형사법연구, 제19권 제1호, 2017, 33－34면.
5) 대법원 1976. 6. 8. 선고 76도144 판결.
6) 대법원 1978. 11. 14. 선고 78도2388 판결.
7) 대법원 1986. 6. 10. 선고 85도2133 판결.

경우에 해당한다."[8])고 하여 정당행위설과 긴급피난설을 병존적으로 취한 경우도 있다.

그러나 그 후 대법원은 환자의 승낙을 의사의 치료행위의 정당성의 논거로 채택하고 있고, 하급심판결도 이에 따르고 있다. 의사의 치료행위에 대한 위법성조각사유로 의사의 설명의무를 전제로 한 피해자의 승낙을 요구하게 된 것이다. 대법원[9])은 자궁외 임신을 자궁근종으로 오진하여 적출하지 않아도 될 자궁을 적출하여 임신을 불가능하게 한 산부인과 전공의에 대하여, "산부인과 전문의 수련과정 2년차인 의사가 자신의 시진, 촉진결과 등을 과신한 나머지 초음파검사 등 피해자의 병증이 자궁외 임신인지, 자궁근종인지를 판별하기 위한 정밀한 진단방법을 실시하지 아니한 채 피해자의 병명을 자궁근종으로 오진하고 이에 근거하여 의학에 대한 전문지식이 없는 피해자에게 자궁적출술의 불가피성만을 강조하였을 뿐 위와 같은 진단상의 과오가 없었으면 당연히 설명 받았을 자궁외 임신에 관한 내용을 설명 받지 못한 피해자로부터 수술승낙을 받았다면 위 승낙은 부정확 또는 불충분한 설명을 근거로 이루어진 것으로서 수술의 위법성을 조각할 유효한 승낙이라고 볼 수 없다."고 하여 업무상과실치사상죄를 선고한 원심을 확정하였다.[10])

다. 검 토

어느 설을 취하든 의료행위가 형법상으로 정당하다는 평가를 받으려면 ① 당해 의료행위가 치료목적을 가지고 행하여지든가 또는 적어도 객관적인 치료경향을 가질 것, ② 당해 의료행위가 의학적으로 일반적으로 승인되어 있을 것, ③ 원칙적으로 환자(또는 대리권자)의 승낙 하에 행해질 것 등의 3가지 요건을 충족시켜야 한다는 것이 통설로 되어 있다.[11]) ①은 주관적 정당화 요소인 바, 그것이 없으면 객관적으로는 의료행위라고 하더라도 위법할 수 있다. ②는 의학적 적응성과 의술적 적정성을 뜻하는 바, 이에 위반하였으면 우연히 환자가 치료되었거나 생명을 구했더라도 위법으로 되는 반면 치료는 되지 못했다고 하더라도 이러한 기준에 적합하였더라면 적법하다고 할 것이다. ③은 동의요건으로 환자의 의사에 반하는 경우에

---

8) 대법원 1976. 7. 13. 선고 75도1205 판결; 이와 유사한 판결로는 대법원 1974. 4. 23. 선고 74도714 판결, 대법원 1978. 11. 14. 선고 78도2388 판결.
9) 대법원 1993. 7. 27. 선고 92도2345 판결; 이후 같은 취지로 판단한 판결로 대법원 1999. 9. 3. 선고 99다10479 판결, 대법원 2014. 6. 26. 선고 2009도14407 판결, 대법원 2015. 1. 29. 선고 2012다41069 판결 등 참조.
10) 김영환, 의료행위의 형법해석학적 문제점, 형사판례연구(2), 형사판례연구회, 박영사, 1994, 62면; 이에 대해서 전단적 의료행위의 해당 여부에 대한 검토가 우선되어야 함에도 판례는 그러한 검토를 결하였으며, 또한 피해자의 승낙의 당연한 전제가 되는 설명의무의 범위 및 한계에 대한 언급은 거의 발견되지 않는 점으로 미루어 단순히 변호인의 상고이유에 대한 검토이지 판례의 입장 변경은 아니라는 견해도 있다.
11) 한경국, 의료과실에 관한 형사법적 고찰, 재판자료 제27집, 법원행정처, 1985. 470면.

는 전단적 의료행위로서 위법이다.

2. 의료형사책임에 있어 과실의 본질

과실의 의미가 민·형사상 차이가 나는 것은 아니다. 과실을 주의의무위반으로서 본다는
점에서 민사책임뿐만 아니라 형사책임도 같다.

이렇듯 민·형사상 과실의 기본개념은 같지만 의사의 주의의무위반에 대하여 누구에게 손해를
부담시키는 것이 공평한가 하는 점과 국가형벌권을 행사할 만큼 처벌가치가 있는가 하는 점에 비
추어 볼 때 관점이 다를 수밖에 없다. 형사상 과실의 특수성에 대해서 살펴보면 다음과 같다.

형법상 사람을 죽거나 다치게 한 경우에 고의범인 경우에는 살인죄 또는 상해죄로, 과실범
인 경우에는 과실치상 또는 업무상과실치사상죄로 처벌되는바, 의료사고는 대부분 업무상과
실치사상죄에 해당된다.[12] 형법 제268조에는 '업무상과실 또는 중대한 과실로 사람을 사망이
나 상해에 이르게 한 자는 5년 이하의 금고 또는 2천만원 이하의 벌금에 처한다.'고 규정하고
있다. 업무상과실치사상죄가 과실치사상죄보다 중하게 처벌되는 것은, 가해자가 고도의 주의
의무를 지닌 직업인이기 때문이다. 이러한 측면에서 의사의 업무는 사람의 생명을 다루는 것
이므로 보통 직업군보다 주의의무가 더욱 강조된다. 일본 최고재판소는 도쿄대 수혈매독감염
사건에 대하여 "사람의 생명 및 건강을 관리하는 업무에 종사하는 의사에게는 그 업무의 성
질에 비추어 보아 위험방지를 위해 실험상 필요한 최선의 주의를 요구하게 되며, 환자의 증상
에 충분한 주의를 다해 치료방법의 내용 및 정도 등에 대해서는 진료 당시의 의학적 지식을
기초로 해서 그 효과와 부작용 등 모든 사정을 고려하여 세심한 주의를 다해 치료를 실시해
야 하는 것은 당연하다."고 판단한 바 있다.[13] 우리나라 대법원 또한 같은 맥락에서 "의사는
전문적 지식과 기능을 가지고 환자의 전적인 신뢰하에서 환자의 생명과 건강을 보호하는 것
을 업으로 하는 자로서 그 의료행위를 시술하는 기회에 환자에게 위해가 미치는 것을 방지하
기 위하여 최선의 조치를 취할 의무를 지고 있다."고 판시하고 있다.[14] 결국 업무상과실치사
상죄로 전문직업인에게 특별히 중하게 처벌하고자 하는 이유는 사람의 생명·신체에 대해서
위해를 가할 개연성이 높은 위험한 업무에 종사하는 자는 그 위험을 회피하기 위한 능력이
요구되기 때문에 보통인보다도 무거운 책임을 부과하여 전문직업인으로서의 주의의무를 환기
시키고자 하는 취지이다.

---

12) 살인혐의로 고소되는 경우가 종종 있고, 심지어는 이른바 보라매병원사건과 같이 살인(방조)죄로 처벌되
    는 일도 있다.
13) 最高裁 昭和 61. 2. 16. 判決 民集 15卷 2号 244頁.
14) 대법원 2007. 2. 22. 선고 2005도9229 판결.

그러나 한편 형사책임은 '합리적 의심이 없을 정도'의 증명을 요구하고 있고 민사와는 달리 증명책임이 검사에게 있으므로, 실제 의료과실로 인한 업무상과실치사상죄의 판단에 있어서 의료과실이 추정되어 유죄판결을 받는 경우는 드물다.

3. 의료형사책임과 인과관계

의료과실에 대한 업무상과실치사상죄를 묻기 위하여서는 민사책임과 같이 당해 의료행위와 악결과 사이에 인과관계가 인정되어야 할 것이나, 형법상 인과관계의 인정은 인권보장적 입장에서 '의심스러울 때는 피고인의 이익으로'라는 측면으로 엄격히 해석하여야 한다. 그러므로 형사책임이 발생하는 의료사고에서의 인과관계는 악결과가 특정한 의료행위로 인하여 발생하였다는 점이 명백할 때에만 인정되어야 하고, 사실상 추정이나 개연성만으로 부족하다.

형사소송에서도 간접증거의 중첩으로 인과관계의 증명이 가능하다는 것이 판례·통설이다. 대법원은 보건범죄단속에 관한 특별조치법 위반 판결에서, "보강증거는 범죄사실 전체에 관한 것이 아니라고 하더라도 피고인의 임의적인 자백사실이 가공적인 것이 아니고 진실한 것이라고 인정할 수 있는 정도이면 족하고, 이러한 증거는 직접증거뿐만 아니라 간접증거 또는 정황증거로도 족하다."[15]고 하였다. 그러나 그 경우에도 원인에 대해서 검사는 '합리적인 의심을 넘지 않을 정도'로 증명되지 않으면 안 되고, 이에 대한 반증을 피고인에게 지워서는 아니 된다고 하였다.[16]

대법원은 출산후 이완성 자궁출혈로 저혈량성 쇼크상태에 빠진 산모에게 진료담당 의사가 필요한 수액과 혈액을 투여한 후 폐부종이 발병하여 사망에 이르게 된 사건에 대하여 "피고인이 저혈량성 쇼크를 교정하기 위하여 실시한 수혈과 수액공급이 산모의 사망의 원인이 되었다고도 볼 수 없다."고 하여 무죄를 선고한 항소심판결을 유지한 바 있고,[17] 환자인 피해자의 어깨부위에 주사를 시행 후 주사부위에 메티실린 내성 황색포도상구균(MRSA) 감염으로 인

---

15) 대법원 1982. 3. 9. 선고 81도2596 판결.

16) 대법원 2023. 1. 12 선고 2022도11163 판결; "의사에게 의료행위로 인한 업무상과실치사상죄를 인정하기 위해서는, 의료행위 과정에서 공소사실에 기재된 업무상과실의 존재는 물론 그러한 업무상과실로 인하여 환자에게 상해·사망 등 결과가 발생한 점에 대하여도 엄격한 증거에 따라 합리적 의심의 여지가 없을 정도로 증명이 이루어져야 한다. 설령 의료행위와 환자에게 발생한 상해·사망 등 결과 사이에 인과관계가 인정되는 경우에도, 검사가 공소사실에 기재한 바와 같은 업무상과실로 평가할 수 있는 행위의 존재 또는 그 업무상과실의 내용을 구체적으로 증명하지 못하였다면, 의료행위로 인하여 환자에게 상해·사망 등 결과가 발생하였다는 사정만으로 의사의 업무상과실을 추정하거나 단순한 가능성·개연성 등 막연한 사정을 근거로 함부로 이를 인정할 수는 없다."

17) 대법원 1997. 10. 10. 선고 97도1678 판결.

한 상해가 발생한 사건에서 "피고인이 시행한 주사치료로 인하여 피해자에게 상해가 발생하였다는 점은 어느 정도 인정되나, 공소사실에 기재된 바와 같이 주사치료 과정에서 피고인이 맨손으로 주사하였다거나 알코올 솜의 미사용·재사용, 오염된 주사기의 사용 등 비위생적 조치를 취한 사실에 대한 증명이 합리적 의심을 배제할 정도로 이루어졌다고 볼 수 없고, 달리 공소사실에 기재된 바와 같은 피고인의 업무상과실로 평가될 만한 행위의 존재나 업무상과실의 내용이 구체적으로 증명되었다고 보기도 어렵다."고 하여 무죄 취지로 파기·환송하였다.[18] 일본의 판례[19]도 장폐색증으로 수술 후 패혈증에 감염되어 인공호흡기를 장착하였는데 환아가 몸부림치면서 빼버리면서 심정지가 오면서 사망에 이르게 되자 부모가 발관에 관한 안전배려의무를 위반하였다고 하면서 소송을 제기한 사건에 대하여 "의사가 튜브의 확실한 장착의 확인을 하지 않은 안전배려 상의 과실이 있었다고 인정할 수 있으나, 발관에 의하여 환아의 뇌가 손상을 입었다고는 적확하게 인정할 수는 없다."고 하여 안전배려의무 위반과 당해 환자의 사망과의 사이에 인과관계를 부인하였다.

이러한 점 때문에 의료사고가 발생하여 과실과 인과관계가 인정되어 민사상 손해배상책임을 부담하는 경우에도 형사상 업무상과실치사상죄로 기소되는 경우는 많지 않다. 또한 이 경우 기소가 되었다고 하더라도 무죄로 선고되는 경우가 많은 것은 우리나라나 일본도 유사한 경향이 있다.[20]

4. 실패한 의료행위의 가벌적 위법성과 유책성

형법은 법질서의 최종적 담보이므로 사회에 대한 침해시 최종적인 수단으로 최소한의 제재를 가하는 데 그쳐야 한다. 특히 사회적인 유용성을 갖는 의료의 형사책임은 단지 위법·유책한 행위라는 행위 이외에 사회방어를 위하여 필요한 요건이 있어야 된다고 본다.

예를 들어, 말기암의 위독한 환자를 수술하다가 과실로 사기(死期)를 앞당겼다고 하여 무조건 업무상과실치사죄의 죄책을 묻기에는 가벌성이 부족하다. 우리 현실에서도 의사의 의료행위 일부가 서툴렀거나 서두르는 바람에 악결과가 발생하였다고 하더라도 형사상의 면책을 결정한 경우가 있다. 물론 그렇다고 민사책임까지 면책되는 것은 아니다.

---

18) 대법원 2023. 1. 12. 선고 2022도11163 판결.
19) 名古屋地裁 平成 12. 7. 19. 平6(ワ)4156.
20) 사법연수원, 의료범죄론, 사법연수원, 2011, 157면.

5. 의사와 환자의 과실이 경합한 경우

의사와 환자의 과실이 경합된 경우에 민사책임에는 과실상계제도가 있는데, 전통적인 형사과실론에 의하면 형벌은 행위자의 불법행위에 대하여 책임을 묻는 것이므로 과실상계는 허용되지 않는다.

그러나 최근에는 교통사고사건을 중심으로 과실상계이론의 유추적용이 주장되기 시작했다. 예를 들어, 자동차전용도로에서 무단횡단을 하던 보행인을 사상한 경우 면책을 하고 있는 것처럼 '신뢰의 원칙'을 의료사고에도 확대하자고 한다. 즉, 고속도로에서 운전하는 운전자는 어느 누구든지 교통법규에 따라 고속도로를 무단횡단하지 않으리라고 신뢰할 수 있고, 피해자가 이러한 법규에 위반한 행동을 취할 개연성이 적으므로 운전자의 행위에 실질적인 위험성이 있다고는 할 수 없어 과실범은 성립하지 않는다는 것이 통설·판례이다.

그렇다면 의료행위의 경우에도 의사와 환자 사이에 신뢰의 원칙이 적용된다고 할 수 있는 것인가?[21] 이는 부정하여야 할 것이다. 왜냐하면, 의료행위는 전문가인 의사가 비전문가인 환자에 대하여 행하는 것이므로 비전문가인 환자의 행위를 전문가인 의사가 신뢰한다는 것은 예상할 수 없기 때문이다. 의료법 제24조에는 의사 등 의료인은 환자 또는 그 보호자에게 요양방법 등을 지도할 의무가 있다고 규정하고 있다. 그 이유는 의학·약학상의 전문적 지식·기능을 갖지 않는 환자가 위험한 행위로 처신할 염려가 전제되어 있기 때문이며, 이를 뒤집어 생각하면 의료행위시 의사는 환자를 '불신의 원칙'으로 대하고, 적극적으로 환자를 지도하여야 한다는 의무를 내포하고 있다고 볼 수 있다. 따라서 일반적으로 의료행위에서는 신뢰의 원칙론을 들어 의사의 주의의무 위반을 면제할 수 없다. 다만, 환자의 과실 — 환자 측의 협력의무 위반 등 — 을 양형요소로 고려할 수는 있을 것이다.

---

21) 이는 신뢰의 원칙이 의료팀을 이룬 의료인 사이에 이루어지는 분업적 의료행위의 경우와는 별개의 문제이다. 즉, 대법원은 "어떠한 의료행위가 의사들 사이의 분업적인 진료행위를 통하여 이루어지는 경우에도 그 의료행위 관련 임상의학 분야의 현실과 수준을 포함하여 구체적인 진료환경 및 조건, 해당 의료행위의 특수성 등을 고려한 규범적인 기준에 따라 해당 의료행위에 필요한 주의의무의 준수 내지 위반이 있었는지 여부가 판단되어야 함은 마찬가지이다. 따라서 의사가 환자에 대하여 주된 의사의 지위에서 진료하는 경우라도, 자신은 환자의 수술이나 시술에 전념하고 마취과 의사로 하여금 마취와 환자 감시 등을 담당토록 하거나, 특정 의료영역에 관한 진료 도중 환자에게 나타난 문제점이 자신이 맡은 의료영역 내지 전공과목에 관한 것이 아니라 그에 선행하거나 병행하여 이루어진 다른 의사의 의료영역 내지 전공과목에 속하는 등의 사유로 다른 의사에게 그 관련된 협의진료를 의뢰한 경우처럼 서로 대등한 지위에서 각자의 의료영역을 나누어 환자 진료의 일부를 분담하였다면, 진료를 분담 받은 다른 의사의 전적인 과실로 환자에게 발생한 결과에 대하여는 책임을 인정할 수 없다(대법원 2003. 1. 10. 선고 2001도3292 판결, 대법원 2022. 12. 1. 선고 2022도1499 판결 등 참조)."고 판시하였다.

6. 의료과실에 관한 민사책임과 형사책임의 차이

의료과실에 관한 민사책임과 형사책임의 결론이 서로 다른 경우가 발생할 수 있다. 특히 의료과실에 관한 민사책임이 인정되더라도 형사책임이 부정되는 경우가 존재한다. 최근 대법원[22])도 의료행위로 인한 형사상의 업무상과실치사상죄를 인정하기 위해서는 "의료행위 과정에서 공소사실에 기재된 업무상과실의 존재는 물론 그러한 업무상과실로 인하여 환자에게 상해·사망 등 결과가 발생한 점에 대하여도 엄격한 증거에 따라 합리적 의심의 여지가 없을 정도로 증명이 이루어져야 한다. 설령, 의료행위와 환자에게 발생한 상해·사망 등 결과 사이에 인과관계가 인정되는 경우에도, 검사가 공소사실에 기재한 바와 같은 업무상과실로 평가할 수 있는 행위의 존재 또는 그 업무상과실의 내용을 구체적으로 증명하지 못하였다면, 의료행위로 인하여 환자에게 상해·사망 등 결과가 발생하였다는 사정만으로 의사의 업무상과실을 추정하거나 단순한 가능성·개연성 등 막연한 사정을 근거로 함부로 이를 인정할 수는 없다."고 하면서 피고인이 시행한 주사치료로 인하여 피해자에게 상해가 발생하였다는 점은 인정되지만, 공소사실에 기재된 바와 같이 주사치료 과정에서 피고인이 맨손으로 주사하였다거나 알코올 솜의 미사용·재사용, 오염된 주사기의 사용 등 비위생적 조치를 취한 사실에 대한 증명이 합리적 의심을 배제할 정도로 이루어졌다고 볼 수 없고, 달리 공소사실에 기재된 바와 같은 피고인의 업무상과실로 평가될 만한 행위의 존재나 업무상과실의 내용이 구체적으로 증명되었다고 보기도 어려운 사안에서, 피고인의 주사치료와 피해자의 상해 발생 사이에 인과관계가 인정된다는 등의 사정만을 이유로 피고인의 업무상과실은 물론 그것과 피해자의 상해 사이의 인과관계까지도 인정한 원심의 판단에 의료행위로 인한 업무상과실치상죄에서 '업무상과실'의 인정기준과 증명책임에 대한 법리를 오해함으로써 판결에 영향을 미친 잘못이 있다고 보아 원심판결을 파기·환송하였다. 이에 의하면 형사책임은 '엄격한 증거에 따른 합리적 의심의 여지가 없을 정도의 증명'을 요구한다는 점에서 민사책임의 인정보다 엄중하다는 점을 알 수 있다.

다음의 봉와직염 사례를 통하여 양자의 차이를 구체적으로 살펴보기로 한다.

가. 사건개요

망인은 1992. 6. 27. 목포시 소재 S치과에서 하악좌측치아(일명 사랑니) 1개를 발치한 후 환부에 부종이 있고 열이 심하여 S치과와 C병원에서 치료를 받다가 이빨을 뺀 곳 주위는 물론 좌측 턱부위까지 부종 및 발열이 악화되어 같은 해 7. 1.경 X대학교 의과대학 부속병원 구

---

22) 대법원 2023. 1. 12. 선고 2022도11163 판결.

강악안면외과에 입원하였고, 당시 망인은 2.5cm 가량의 태아를 임신한 상태였다. 망인은 입원시 39.2℃, 오한, 부종(개구장애 약 1mm), 저작기능저하, 화농으로 구취가 발생하였고 주치의인 레지던트 3년차 김○○와 1년차 이○○ 등이 지정되어 항생제 등을 투여하였다. 같은 해 7. 2. 봉와직염의 일종인 루드비히 안기나(Ludwig's Angina)로 진단하고 환부의 긴장을 풀어주고 배농을 용이하게 하기 위하여 김○○의 집도로 피해자의 턱밑을 절개하고 배농을 시도하였으나 농이 나오지 아니하였고, 7. 3. 두 번째 구강 외 절개수술을 시행한 결과 피 섞인 약간의 고름을 배출하였으나 망인은 음식물 섭취를 하지 못하고 전신적 상태가 더욱 악화되었다. 같은 해 7. 4.경 망인의 구강 외 절개 부분에서 농이 나오지 아니하자 과장인 Y의 집도로 구강 내 절개수술을 시행함으로써 다량의 농을 배출하였으나 그 때에도 농배양은 하지 아니한 채 항생제를 세파졸린23) → 클레오신24)으로 교체함에 그쳤다. 같은 해 7. 5. 망인에게는 오한과 고열이 지속되었고, 구강 내 절개 부분에서 농이 계속 배출되었으며, 전신적 상태가 계속 악화되었다. 같은 해 7. 6.경 망인은 같은 상태가 지속되면서 혈소판이 위험수위로 떨어지자, 내과의사 정○○에게 구두로 증상을 설명, 진료의뢰하여 항생제를 바꾸는 조치를 하였지만, 같은 해 7. 7.에도 망인은 기침, 호흡곤란과 함께 39.6℃의 고열이 지속되고, 구강 내 절개 부위에서는 계속 농이 배출되는 등 전신적 상태가 좋지 않아 의료진은 항생제를 클레오신 → 세파만돌25)로 교체하고 큐란과 아미카신26)을 투약하면서 농배양을 시작하였다. 같은 해 7. 8. 망인은 가슴이 답답하고 코가 막히지 않았음에도 호흡에 곤란을 느끼고 호흡수가 분당 40회(정상 16−20)가 되고 체온이 40℃에 육박하였으며 농배양이 계속되자, Y는 망인의 항균력 및 항생제 효능에 의심을 가지고 환자에게 과거 병력에 관하여 물었고 이에 대하여 망인은 초등학교 때 맹장수술을 받은 외에는 특별히 병을 앓은 사실이 없다고 답하였다. 같은 해 7. 9. 망인은 가슴이 답답하고 호흡곤란 증상 지속되고, 체온이 38.5℃가 되었고, 보호자들은 망인의 감기증상을 계속 호소하자, 흉부외과에 의뢰하여 흉부 X선 촬영을 한 결과 폐삼출의 가능성이 있음이 진단하였고, 내과에 협진하여 혈액배양검사를 실시하였다. Y는 망인에게 과거 병력을 다시 물었으나 동일한 답변만 들었고, 같은 해 7. 10.에도 기침이 여전하고 가래배출이 안 되었으며 호흡곤란이 지속되면서 전신적 상태가 여전히 쇠약하며 수면곤란 증상을 보이기에 망인에게 바리움 10mg를 투여하였고, 같은 해 7. 11. 망인은 여전히 호흡곤란과 39℃의 고열이 지속되면서 농배양검사 결과 알파용혈성 연쇄상구균 감염이 나타났다. 같은 해

---

23) 1세대 세팔로스포린계 항생제, 기관지염·폐렴·패혈증 등 주로 그람양성·음성균에 작용.
24) 기타 항생제, 폐렴·기관지염·수술후 감염증·패혈증에 작용.
25) 2세대 세팔로스포린계 항생제, 기관지염·폐렴·패혈증·연조직 감염증 등 그람양성·음성균에 작용.
26) 아미노글리코사이드계 항생제, 패혈증·골감염증·수술후 감염증·연조직 중증감염증 등 주로 그람음성균에 작용.

7. 12. 오전 망인은 호흡장애 증상, 호흡수 분당 70회, 41℃의 고열상태가 지속되어 내과에 진료를 의뢰한 결과 내과수련의 1년차 정○○이 와서 흉부 X선 촬영을 하였고, 이때 망인은 폐부종과 성인성 호흡장애증후군을 나타내고 있어 Y는 정○○의 권유에 따라 망인을 내과병 동으로 전과조치하였다. 그 후 망인은 호흡곤란의 증상이 더욱 심해지다가 맥박이 약해지고 저산소혈증으로 인한 청색증 등이 나타나며 혼수상태에 빠졌고, 같은 해 7. 14. 01:20경 화농 성폐렴, 신장 및 기관의 염증세포침윤, 경부조직의 농양 및 염증 등으로 인한 성인성 호흡장 애증후군과 패혈증 등으로 사망하게 되었다.

나. 민사책임 판단27)

(1) 과실 인정

대법원은 "피고 병원은 그 진료체제 전체를 통하여 대학병원으로서의 의료수준에 맞는 진료를 실시하여야 할 것임에도 불구하고 위 망인의 화농부위를 적기에 정확히 절개·배농시켜 병소 내 세균의 급격한 증식·전이를 억제하는 조치를 지체하였다고 할 것이고, 또 치사율이 5%에 이르는 루드비히 안기나 환자로서 위와 같이 입원 당시 이미 병세가 중했던 망인에 대하여는 조기에 농배양검사를 실시하여 밝혀진 세균에 적합한 항생제를 충분히 투여함으로써 위 질환이 패혈증 등으로 발전되는 것을 미리 차단하여야 하고, 위 질환이 내과적 질환인 패혈증 등으로 발전하는 것을 의심할 만하였으므로 종합병원인 피고 병원의 치과와 내과가 기민하고 적극적으로 협조하여 진료를 하여야 할 주의의무가 있다고 할 터이며, 이 사건의 경우 위 망인이 피고 병원에 입원한 직후 조기에 농배양검사를 하였더라면 패혈증 발생 이전에 적합한 항생제를 투여할 시간이 있었음에도 불구하고, 피고 병원은 농배양검사를 실시하지 아니한 채 만연히 세파계열 제1세대 광범위항생제인 세파졸린을 쓰다가 환자의 병세가 이미 악화된 후에야 농배양검사를 하고 뒤늦게서야 세파계열 제3세대 항생제를 투여한 것으로 보이며, 또 피고 병원 내부에서 치과와 내과의 유기적 협조 아래 위 패혈증에 대하여 적절히 대처하지도 못하였다고 여겨지고, 그러하다면 위 망인의 사망은 피고 병원의 위 피용자들의 진료과정에서의 위와 같은 과실과 상당인과관계가 있다고 할 것이다. 원심이 그 이유는 다소 다르나 피고 병원의 진료과정상의 과실 및 그 과실과 망인의 사망 사이의 인과관계를 인정하여 피고에게 사용자로서의 책임이 있는 것으로 판단한 결론은 정당하므로, 원심판결에 소론과 같이 의사의 과실 및 인과관계에 관한 법리를 오해한 위법이 있다고 할 수 없다."고 하여 대학병원인 피고 병원의 피용자들의 진료과정상 과실에 기인한 의료민사책임을 인정하였다.

---

27) 대법원 1998. 9. 4. 선고 96다11440 판결.

(2) 손해배상책임의 제한

한편 대법원은 "불법행위로 인한 손해배상 청구사건에서 과실상계 사유에 관한 사실인정이나 그 비율을 정하는 것은 그것이 형평의 원칙에 비추어 현저히 불합리하다고 인정되지 않는 한 사실심의 전권사항에 속한다 할 것인 바, 원심이 거시 증거에 의하여, 위 루드비히 안기나는 대개 신체저항력이 약한 사람이 걸리는 질환으로서 망인이 피고 병원에 내원할 당시 임신 초기로서 저항력이 약화된 상태에서 위 질환에 걸리게 되었고, 위와 같은 임신사실은 사람의 저항력의 판단에 중요한 요소가 된다 할 것이며, 위 망인은 사망 당시 만 18세 9개월로서 2.5cm 가량의 태아를 임신한 상태이었는데 이미 1992. 1. 29. 전문대학까지 졸업한 상태에서 소외 김○○와 사실혼관계에 있었던 만큼 위 망인은 본인이 임신중일 가능성이 있다는 사실을 알고 있었을 것인데도 위 Y 등이 1992. 7. 8.과 9. 2회에 걸쳐 위 망인의 항균력 및 항생제 효능에 의심을 가지고 위 망인에게 과거 병력에 관하여 문진하였으나, 위 망인은 이에 대하여 국민학교 때 맹장수술을 받은 사실 외에는 특별히 병을 앓은 사실이 없다고만 답변"한 사실을 인정한 다음, "임신중이라는 위 망인의 신체적 소인이 위 루드비히 안기나의 발생에 기여하였다고 할 것이므로 그와 같은 사정은 손해의 공평한 분담이라는 손해배상법의 이념에 입각하여 피해자측의 사유로서 고려되어져야 하므로 과실상계의 법리를 유추하여 그 손해배상의 범위를 감액함이 상당하다 할 것"이라면서 위 망인의 위 답변상의 과실과 신체적 소인이 이 사건 사고에 기여한 정도는 전 손해의 20% 정도로 봄이 상당하다고 판단하고 있는 바, 기록에 의하여 살펴보면 원심의 위와 같은 사실인정 및 판단은 정당한 것으로 수긍이 가고, 거기에 소론과 같이 과실비율에 관한 형평성을 위배하는 등의 위법이 있다 할 수 없다."고 하여 환자측의 협력의무 위반과 소인으로 인한 과실상계를 행하였다.

다. 형사책임 판단[28]

대법원은 피고인인 X대학교 의과대학 부속병원 구강악안면외과 과장인 Y에 대하여 다음과 같이 검찰이 지적한 각각의 과실 여부에 대하여 판단하였다.

첫째, 대법원은 Y의 적절치료, 조기 균배양검사 해태과실에 대하여 "피고인은 위 부속병원 구강악안면외과 과장이지만 진료체계상 피해자를 담당한 의사가 아니었다는 것인데, 일반적으로 대학병원의 진료체계상 과장은 병원행정상의 직급으로서 다른 교수나 전문의가 진료하고 있는 환자의 진료까지 책임지는 것은 아니고, 소속 교수 등이 진료시간을 요일별 또는 오

---

28) 대법원 1996. 11. 8. 선고 95도2710 판결.

전, 오후 등 시간별로 구분하여 각자 외래 및 입원 환자를 관리하고 진료에 대한 책임을 맡게 된다는 것이다. 그러한 사정을 감안하면, 피고인에게 피해자를 담당한 의사가 아니어서 그 치료에 관한 것이 아님에도 불구하고 구강악안면외과 과장이라는 이유만으로 외래담당 의사 및 담당 수련의들의 처치와 치료 결과를 주시하고 적절한 수술방법을 지시하거나 담당의사 대신 직접 수술을 하고, 농배양을 지시·감독할 주의의무가 있다고 단정할 수 없는 것이다."고 하고, 둘째, 조기치료 미실시과실에 대하여 "피해자의 병명인 루드비히 안기나와 같이 이미 원인균이 알려진 경우라 할지라도 배농이 되었을 경우 원칙적으로 농에 대한 배양검사를 실시하여 적절한 약물을 선택하여야 한다는 것이므로, 피고인이 농배양을 하지 않은 것이 과실이라고 할 수는 있겠으나, 그것이 피해자의 사망에 기여한 인과관계 있는 과실이 된다고 하려면 원심으로서는 농배양을 하였더라면 피고인이 투약해 온 항생제와 다른 어떤 항생제를 사용하게 되었을 것이라거나 어떤 다른 조치를 취할 수 있었을 것이고, 따라서 피해자가 사망하지 않았을 것이라는 점을 심리·판단하여야 한다. 피고인이 투약해 온 항생제는 원인균에 적절한 것으로 판명되었다는 것이므로 피고인의 과실이 사망과 인과관계가 있다고 보기는 어렵고, 이와 같이 인과관계가 없는 이상 진료상의 적절성 여부를 불문하고 원심이 판시한 바와 같이 다른 과실과 합하여 피해자 사망의 한 원인이 된 것이라고 할 수 없을 것이다."고 하였으며, 셋째, 경과관찰 및 협진의무 해태과실에 대하여 "원심은 같은 해 7. 7.부터 피고인에게 환자의 패혈증에 대비하여 내과의사와 흉부외과의사에게 흉부 X선 촬영 및 타액검사 등을 시행하여 줄 것을 요청하는 등 적극적으로 협진하였어야 할 것임에도 소극적 협진만 하다가 7. 9.부터 비로소 적극적 협진을 시작한 것이 과실이라고 판단하고 있는 바, 피고인 스스로 피해자가 패혈증으로 발전할 우려가 있는 것으로 보고 있었다는 것이므로, 피고인이 예견한 패혈증으로의 발전을 회피할 수 있었는데도 회피하지 못한 것인지 여부가 문제가 된다고 할 것인데, 피고인은 같은 해 7. 6.부터 2, 3일 간격으로 혈액검사를 하도록 하고 3회에 걸쳐 혈액배양 실험을 하였으나 이상이 없었다는 것이어서 패혈증으로 이미 발전한 것으로는 생각지 않았던 것으로 보이고, 이에 따라 내과의사들에게 증상을 설명하여 상담하는 방식으로 협진하였다는 것이다. 감정인 최○○의 보충감정서의 기재에 의하면, 혈액배양에서 균이 검출되지 않아도 패혈증의 증상과 임상경과를 나타내고 있으면 패혈증이라고 보아야 하고 피해자가 7. 9.에는 이미 패혈증을 가지고 있었다고 하면서, 1992년 미국 흉곽내과·중환자치료학회의 패혈증 정의를 인용하고 있으나, 기록에 편철된 의학사전의 사본 등의 기재에 의하면, 일반적인 패혈증의 정의는 '혈액 중에 병원성 미생물 또는 그 독소가 존재하며 지속되는 전신성 질환'을 의미하는 것이어서 그러한 정의에 따르면, 혈액검사 결과 이상이 없었다는 점을 토대로 피해자의 증상이 패혈증으로 발전하지 않았다고 본 피고인의 판단을 나무랄 수 있는 것인지 의심이 가고, 피고인이 패혈증에 관한 최신 정의를 알지 못하여 이미 진행 중인 패혈증을 아직 진행하지 않고 있는 것으로 잘못 판단하고 적절한 치료방법을 정하지 못한 것이라 하더라도 그 판단이 현재 우리나라의 일반적 기준으로서의 의학수준과 함께 기록에 나타난 피고인의 경력·전문분야 등 개인적인 조건이나 진료지·진료환경 등을 고려할 때, 통상의 의사의 정상적인 지식에 기한 것이 아니고, 따라서 그것이 과실이라고 단정하기는 어렵다고 할 것이고, 더욱이 감정인 김○○의 감정서 기재에 의하면, 루드비히 안기나에 대한 치료는 구강악안면외과를 제외한 타과에서는 치료가 거의 불가능한 질환이기 때문에 환자의 상태가 전신적으로 악화되기 전까지는 일반적으로 구강악안면외과에서 단독으로 치료하는 것이 대학병원의 일반적인 관례라는 것이므로, 피고인이 원심이 인정한 바와 같은 단순한 대진의뢰 등 소극적 협진마저도 그 시기가 적절치 않았는지 여부와 이에 그치지 않고 내과로 전과하는 등 적극적 협진을 하였다면 그 치료방법이 어떻게 달라져서 피해자의 생명을 구할 수 있었는지 여부가 심리되어야 할 것이다."고 하고, 넷째, 문진의무 위반과실에 대하여 "원심이 피해자의 과거 병력에 대한 문진에서 나아가 피해자의 임신 여부 등에 대하여도 검진하지 않은 것이 피고인의 과실이라고 하려면 봉와직염에 감염된 여자환자라면 19세로서 미혼이라고 하여도 그 임신 여부 검사를 하는 것이 보편적임에도 불구하고 피고인이 그 검사를 하지 않았다거나 위와 같은 여자환자가 증세가 호전되지 않는 경우 임신에 의한 면역기능 저하를 당연히 의심하여 대처하여야 함에도 불구하고 피고인이 그러한 통상적인 예견과 판단도 하지 못한 것이라는 점이 밝혀져야 할 것이다."고 하여 피고인의 업무상과실치사의 유죄를 인정한 원심을 파기·환송하고 무죄 취지로 판시한 바 있다.

제3절 설명의무 위반과 형사책임

1. 설명의무 위반과 전단적 의료행위(Eigenmächtige Heilbehan-dlung)

설명의무는 의사가 환자에게 진단결과나 치료방법, 예후, 부작용 등을 충분히 설명을 해 주고, 환자는 이를 제대로 이해한 후에 자율적인 자기결정으로 자신에 대한 침습행위를 허용한 경우에만 당해 의료행위가 정당성을 갖는다는 이론인 바, 설명의무 위반시 형사책임을 인정할 수 있는지가 논의될 수 있다.

연혁적으로 2차 세계대전에서 유태인생체실험을 경험하였던 독일계국가에서는 설명의무를 다하지 아니한 의료행위에 대하여 그 결과의 양·불량에 상관없이 피해자승낙을 결한 위법행위라는 인식이 강하게 되면서 전단적 의료행위와 연계되어 설명의무 위반시의 처벌에 대한 입법운동이 전개되었다. 실제 오스트리아에서는 형법 제110조에 '전단적(專斷的) 의료'라는 표제 아래 제1항에서 '의학적 원칙에 따른 경우라 하더라도 환자의 동의 없이 치료한 자는 6월 이하의 자유형 또는 360일 이하의 일수벌금형에 처한다'고 규정하여 설명의무 위반에 대한 형사벌을 가하고 있고, 동조 제2항에서는 '치료를 지연한다면 환자의 생명이나 건강에 심각한 위험이 발생할 것이라는 가정 아래 환자의 동의를 받지 않은 경우에는 그 위험이 존재하지 않았고 행위자가 필요한 주의를 기울였다면 이를 알 수 있었을 경우에만 제1항에 따른 형벌에 처해질 수 있다'고 함으로써 예외적으로 환자의 동의가 없더라도 의료행위가 허용될 수 있는 경우에 관하여 규율하고 있다.[29]

    우리나라의 경우 의료법 제24조의2를 통하여 '의료행위에 관한 설명'이라는 제목으로 설명의무의 주체와 상대방, 서면의 동의가 요구되는 대상, 설명의 시기와 방법, 설명 사항, 설명의무의 면제를 각각 규율하고 있다. 동조 제1항은 설명의무의 주체와 상대방, 서면의 동의가 요구되는 대상, 그리고 시기에 관하여 규율하고 있다. 즉, 의사·치과의사 또는 한의사는 사람의 생명 또는 신체에 중대한 위해를 발생하게 할 우려가 있는 수술, 수혈, 전신마취(이하 이 조에서 "수술등"이라 한다)를 하는 경우, 제2항에 따른 사항을 환자 본인에게 설명하고 전자문서를 포함하는 서면으로 그 동의를 받아야 한다고 하였다. 다만, 환자가 의사결정능력이 없는 경우 환자를 대신하여 환자의 법정대리인이 수술동의서를 작성하게 된다. 한편 동조 제1항 단서는 설명의무의 면제와 관련하여 '설명 및 동의 절차로 인하여 수술등이 지체되면 환자의 생명이 위험하여지거나 심신상의 중대한 장애를 가져오는 경우에는 그러하지 아니하다.'라고 하여 긴급성 등의 사유로 인한 예외 규정을 두고 있다. 동조 제2항은 설명 사항에 관한 것인데, 구체적으로 ① 환자에게 발생하거나 발생 가능한 증상의 진단명, ② 수술등의 필요성, 방법 및 내용, ③ 환자에게 설명을 하는 의사, 치과의사 또는 한의사 및 수술등에 참여하는 주된 의사, 치과의사 또는 한의사의 성명, ④ 수술등에 따라 전형적으로 발생이 예상되는 후유증 또는 부작용, ⑤ 수술등 전후 환자가 준수하여야 할 사항이 열거되어 있다. 한편 설명의무와 관련된 절차로 제1항에 따라 동의를 받은 사항 중 수술등의 방법 및 내용, 수술등에 참여한 주된 의사, 치과의사 또는 한의사가 변경된 경우에는 변경 사유와 내용을 환자에게 서면으로 알려야 하고(같은 조 제4항), 의사·치과의사 또는 한의사는 서면의 동의서에 대하여 환자의 동의를 받은 날, 같은 조 제4항에 따른 서면은 환자에게 알린 날을 기준으로 각각 2년간 보존·관리하

---

29) 다만, 동조 제3항에서 '전단적 의료를 받은 자의 요구가 있어야 공소를 제기할 수 있다.'고 되어 있어 친고죄의 성격을 지니고 있다.

여야 한다(의료법 시행령 제10조의11 제3항). 만약 의료법 동조 제1항을 위반하여 환자에게 설명을 하지 아니하거나 서면 동의를 받지 아니하거나 동조 제4항을 위반하여 환자에게 변경 사유와 내용을 서면으로 알리지 아니한 경우, 300만원 이하의 과태료를 부과하도록 하고 있다(의료법 제92조 제1항 제1의3호, 제1의4호).

2. 판례의 태도

우리나라의 판례는 하급심 형사판례[30]에서, 치아로서의 기능을 상실하였고 의학적으로도 치아발치의 필요성이 있었다고 하더라도 환자의 승낙을 받지 않았다면 정당한 의료행위에 해당되지 않는다고 하면서 설명의무 위반으로 인한 업무상과실치상죄를 인정하였으나,[31] 대법원에서도 같은 법리가 적용되는지에 관하여는 명확한 판시가 없었다.

---

30) 서울지방법원 2001. 10. 18. 선고 2001고단916 판결(확정), 민사판결인 서울지방법원 2002. 7. 11. 선고 2001가단81670에서도 위자료배상이 명해졌다.
31) 판결의 사건개요와 법원의 구체적 판단은 다음과 같다.
　ⅰ) 사건개요
　　환자A(여, 70세)는 1999. 10. 8. 뇌출혈로 Y병원에 입원하여 기관절개 수술을 받고 2000. 5. 6. 퇴원하였다가, 육아종 제거수술을 받기 위해 2000. 7. 8. 재입원하였다. 위 수술을 위해서는 환자의 기도에 기관을 삽입해야 하는데, 그 과정에서 환자의 흔들리는 치아가 부러지거나 부서져 환자의 기도로 흡인될 수 있어 이를 예방하기 위하여 미리 흔들리는 치아를 뽑을 필요성이 있어 Y병원 치주과에 협진의뢰하였다. 협진의뢰를 받은 치과의사 D는 2000. 7. 14. "A는 남아있는 8개의 전체 치아가 모두 흔들리고, 염증이 발생하여 다발성 치아발치와 치주치료가 필요하나, 우선 수술시 부러지면서 흡인위험이 있는 하악 좌측 제1소구치만 단순발치 시행하겠습니다."라는 내용으로 1개의 치아발치를 위한 협진진료차트를 작성한 뒤, 자신이 환자의 치아를 뽑은 경험이 없고 구강악 안면외과 의사가 시술하는 것이 낫다고 생각하여 위 발치술을 동료 치과의사인 피고인 P에게 부탁하면서 "A의 치아상태가 전반적으로 좋지 않다"라는 이야기만 하였다. P는 2000. 7. 18. A의 치아를 뽑기 위해 Y병원 수술실로 갔으나, 이미 이비인후과 의사 M이 육아종 제거수술을 마친 상태라서 이상하게 생각하면서도 D에게 들은 이야기만을 근거로 위 챠트도 보지 않은 채 A의 가족들(A는 심신미약상태)에게 아무런 설명이나 동의 없이 치주염이 발생한 8개 치아를 모두 발치하고 치료한 후 수술실을 나와 가족들에게 8개의 치아를 넘겨주면서 치료의 필요성을 설명하였다. 이에 A와 가족들은 P치과의사에 대하여 고소를 하였고, 서울지검에서는 피해자의 동의가 없이 발치하였다고 하면서 업무상 과실치상죄로 불구속기소하였다.
　ⅱ) 법원의 구체적 판단
　　법원은 "치과의사인 P로서는 발치함에 있어, 당시 피해자의 기관지 부위에 돋아난 새살을 제거하기 위한 수술을 위한 기도삽관 과정에서 흔들리는 치아가 빠져 목구멍으로 넘어가 기도가 막히는 것을 사전에 예방하기 위하여 발거한 것이고, 기관지절개부위 수술 전에 치아를 발거하여야 하며, 피해자의 치아 중 T4 1개만을 발거하기로 하였으므로, 이러한 경우 치과의사 업무에 종사하는 자로서는 치과의사 D가 작성한 협진진료기록을 면밀히 검토하여 발거하여야 할 치아의 개수를 확인하고 기관지절개 수술 전에 치아를 발거하여야 할 주의의무가 있음에도 불구하고 이를 게을리한 채 만연히 이미 기관지절개수술이 종료되어 위 수술을 위하여는 더 이상 치아를 발거할 필요성이 없는 피해자는 치아 8개를 발거한 과실로, 이로 인하여 피해자로 하여금 치료일수 불상의 치아손상 등의 상해를 입게 하였다."고 하여 유죄를 선고하였다.

그런데, 대법원 2011. 4. 14. 선고 2010도10104 판결을 통하여 한의사인 피고인이 피해자에게 봉침(蜂針)시술을 행한 직후 쇼크가 발생한 사건에서 의료인이 설명의무를 위반한 채 의료행위를 하여 피해자에게 상해가 발생한 경우 업무상 과실로 인한 형사책임을 지기 위한 요건에 관하여 판시하였는바,[32] 그 내용은 다음과 같다.

가. 사건개요

봉침시술을 함에 있어서 봉침시술 전에 실시하는 알레르기 반응검사(Skin Test)는 봉독액 0.05cc 정도를 팔뚝에 피내주사한 다음 10분 내지 15분 후에 피부반응 등을 살피는 방식으로 하고, 최초의 알레르기 반응검사에서 이상반응이 없음이 확인된 경우에는 통상 시술 시마다 알레르기 반응검사를 하지는 않는다.

이 건 피해자는 2007. 4. 13. ○○한방병원에서 봉독액 알레르기 반응검사를 받았으나 이상반응이 없어 봉침시술을 받은 후, 2007. 4. 16 이후 2007. 5. 8.까지 ○○한방병원에서 약 8회에 걸쳐 시술 전 알레르기 반응검사를 받지 않은 채 봉침시술을 받았고, 2008. 12. 1.에는 '경추염좌'로 경추 부위에 10% 농도의 봉침시술을 받기도 하였는데, 그때마다 시술 후 별다른 이상반응이 없었다.

피고인 1은 2008. 12. 13. 목디스크 치료를 위해 내원한 피해자에게 문진을 하여 피해자로부터 과거 봉침을 맞았으나 별다른 이상반응이 없었다는 답변을 듣고 환부인 피해자의 목 부위에 1 : 8,000의 농도인 봉독액 0.1cc를 1분 간격으로 모두 4회에 걸쳐 시술하였는데 그 투여량은 알레르기 반응검사를 할 때 통상적으로 사용하는 투여량과 같은 정도인 사실, 그런데 피해자는 봉침시술을 받고 5~10분 후 온몸이 붓고 가려우며 호흡을 제대로 할 수 없는 등 아나필락시 쇼크반응을 나타내서 응급처치를 받았고, 이후 피해자는 ○○학교병원에서 향후 3년간 벌독에 대한 면역치료가 필요하다는 진단을 받았다.

---

[32] 그 외에도 동 판결에서는 봉침시술 전 알레르기 반응검사의 실시와 관련한 한의사의 주의의무가 문제되었는데, 이에 대하여 대법원은 "과거 알레르기 반응검사에서 이상반응이 없었고 피고인 1이 시술하기 약 12일 전의 봉침시술에서도 이상반응이 없었던 피해자를 상대로 다시 알레르기 반응검사를 실시할 의무가 있다고 보기는 어렵고, 설령 그러한 의무가 있다고 하더라도 피고인이 4회에 걸쳐 투여한 봉독액의 양이 알레르기 반응검사에서 일반적으로 사용되는 양과 비슷한 점에 비추어 보면 위 피고인이 봉침시술 과정에서 알레르기 반응검사를 제대로 시행하지 않은 채 봉독액을 과다하게 투여한 경우라고 볼 수도 없다. 또한 아나필락시 쇼크는 항원인 봉독액 투여량과 관계없이 발생하는 경우가 대부분이고 투여량에 의존하여 발생하는 경우에도 쇼크증상은 누적 투여량이 일정한계(임계치)를 초과하는 순간 발현하게 될 것인데, 알레르기 반응검사 자체에 의하여 한계를 초과하게 되거나 알레르기 반응검사까지의 누적량이 한계를 초과하지 않더라도 그 이후 봉침시술로 인하여 한계를 초과하여 쇼크가 발생할 수 있는 점을 고려하면 알레르기 반응검사를 하지 않은 점과 피해자의 아나필락시 쇼크 내지 3년간의 면역치료를 요하는 상태 사이에 상당인과관계를 인정하기도 어렵다."고 하여 과실을 부정하였다.

아나필락시 쇼크는 봉침시술에 따라 나타날 수 있는 과민반응 중 전신·즉시형 과민반응으로서 10만 명당 2~3명의 빈도로 발생하는데, 봉독액 용량과 반응관계가 성립하지 않는 경우도 많고 알레르기 반응검사에서 이상반응이 없더라도 이후 봉침시술 과정에서 쇼크가 발생할 수도 있는 등 사전에 예측하는 것이 상당히 어렵다.

나. 대법원의 판단

대법원은 "의사가 설명의무를 위반한 채 의료행위를 하였고 피해자에게 상해가 발생하였다고 하더라도, 의사가 업무상 과실로 인한 형사책임을 지기 위해서는 피해자의 상해와 의사의 설명의무 내지 승낙취득 과정에서의 잘못 사이에 상당인과관계가 존재하여야 하고, 이는 한의사의 경우에도 마찬가지이다."라고 하면서도, "피해자는 이전에도 여러 차례 봉침시술을 받아왔고 봉침시술로 인하여 아나필락시 쇼크 및 면역치료가 필요한 상태에 이르는 발생빈도가 낮은 점 등에 비추어 피고인 1이 봉침시술에 앞서 피해자에게 설명의무를 다하였다 하더라도 피해자가 반드시 봉침시술을 거부하였을 것이라고 볼 수 없으므로, 피고인 1의 설명의무 위반과 피해자의 상해 사이에 상당인과관계를 인정하기는 어렵다."고 하여 한의사의 설명의무 위반을 부정하였다.

3. 설명의무 위반행위에 대한 형법적 적용

설명의무 위반의 경우 의료인의 침습성이라는 실체가 있는 작위가 존재하는 의료행위라기보다는 부작위의 범주에 속하므로 과연 의료인에게 설명의무 위반으로 피해자에게 발생한 사상의 결과에 대하여 형사책임을 부담시킬 수 있는지에 관하여 의학계에서는 이를 수긍하기 어려워한다. 이러한 점 때문에 질병의 치료를 목적으로 수행하는 의료행위에 대하여 대법원이 설명의무 위반을 이유로 업무상과실치사상죄를 유죄로 판단하지 않는 것으로 보인다.[33]

---

33) 대법원 2015. 6. 24. 선고 2014도11315 판결의 경우 "피해자의 남편 공소외 2는 피해자가 화상을 입기 전 다른 의사로부터 피해자가 간경변증을 앓고 있기 때문에 어떠한 수술이라도 받으면 사망할 수 있다는 말을 들었고, 이러한 이유로 피해자와 공소외 2는 피고인의 거듭된 수술 권유에도 불구하고 계속 수술을 받기를 거부하였던 사실을 알 수 있다. 이로 보건대, 피해자와 공소외 2는 피고인이 수술의 위험성에 관하여 설명하였는지 여부에 관계없이 간경변증을 앓고 있는 피해자에게 이 사건 수술이 위험할 수 있다는 점을 이미 충분히 인식하고 있었던 것으로 보인다. 그렇다면 피고인이 피해자나 공소외 2에게 공소사실 기재와 같은 내용으로 수술의 위험성에 관하여 설명하였다고 하더라도 피해자나 공소외 2가 수술을 거부하였을 것이라고 단정하기 어렵다. 원심이 유지한 제1심이 적법하게 채택한 증거를 종합하여 보더라도 피고인의 설명의무 위반과 피해자의 사망 사이에 상당인과관계가 있다는 사실이 합리적 의심의 여지가 없이 증명되었다고 보기 어렵다."고 하였고, 대법원 2018. 5. 15. 선고 2016도13089 판결의 경우에도 "피고인

그러나 최소한 미용성형수술 등과 같이 수술의 필요성이나 긴급성이 상대적으로 적은 의료행위와 관련하여서는 환자에게 수술 여부와 위험성에 관한 숙지 등에 대하여 숙려할 수 있도록 충분한 정보와 시간을 주어야 하는 바, 이러한 영역에서 의료인의 설명의무 위반이 존재할 경우 환자의 악결과 사이에 인과관계를 인정하여 업무상과실치사상죄의 적용을 적극적으로 고려할 필요가 있을 것이다. 대표적인 예로 미용성형수술의 하나인 복부 지방흡입술 중 지방색전증으로 급사하는 경우를 들 수 있다. 실무상 치료목적으로 시행하는 대퇴골두 무혈성괴사증에 의한 인공고관절치환술과 같은 수술의 일반적 합병증으로 지방색전증이 환자에게 발생하여 사망한 경우 수술의 필요성과 긴급성이 중대하므로 의료인은 면책되는 경우가 대부분이다. 즉, 지방색전증의 발생은 사전에 예견하는 방법이나 사후 치료방법이 없기에 지방색전증을 피할 수 있는 유일한 방법은 수술을 하지 않는 것인데 대퇴골두 무혈성괴사증은 적시에 수술하지 않으면 환자가 패혈성 쇼크로 사망할 수 있어 그 위험성이 더 크기 때문에 수술을 강행하여야 할 필요성이 존재하기 때문이다. 반면 의학적 필요성이 없음에도 불구하고 외관상의 심미적 욕구를 충족시키기 위하여 지방흡입술을 하다가 지방색전증이 발생하여 사망에 이르게 된 경우 본질적으로 수술의 필요성, 나아가 긴급성이 없는 상황이기 때문에 의료인이 환자에게 위험성과 합병증 등을 제대로 설명하지 않아 사망 내지 장애가 남는 경우에는 수술하지 않으면 사상에 이르지 않았을 환자에 대하여 불필요한 수술을 막지 못한 것이기 때문에 그 과실책임을 물을 수 있다고 보아야 한다.

제4절   기타 의료범죄의 유형

1. 형법 위반

가. 의료인이 가해자가 되는 경우

(1) 개   요

의료인이 의료행위와 관련하여 형사벌을 받는 경우는 앞서 살펴본 의료과실로 인한 형법

이 수면마취를 유도하는 약제들의 부작용이나 국소마취제인 리도카인에 대한 과민반응 등의 부작용을 설명하였다면 피해자가 이 사건 치료를 받지 않았을 것이라는 점이 합리적 의심의 여지가 없이 증명되었다고 볼 수 없다."고 판시하였다.

제268조 소정의 업무상 과실치사상죄 이외에도 변사체 훼손·은닉 및 장기 이식과 관련하여 문제될 수 있는 형법 제161조의 사체손괴죄, 동법 제163조의 변사체검시방해죄, 의사·한의사·치과의사·조산사가 진단서, 검안서 또는 생사에 관한 증명서를 허위로 작성할 때 성립하는 동법 제233조의 허위진단서작성죄, 환자에 대한 치료 부작위로 인하여 환자가 사망했을 경우 성립되는 동법 제250조의 부작위에 의한 살인, 의료행위 과정에서 지득한 환자의 비밀을 누설하였을 경우 발생하는 동법 제317조의 업무상 비밀누설죄, 진료비의 비보험처리나 이중징수로 인하여 성립될 수 있는 동법 제347조의 사기죄 등이 있다.

이하에서는 환자의 개인의료정보의 누설과 연계된 제317조의 업무상 비밀누설죄, 진료비의 비보험처리나 이중징수로 인하여 성립될 수 있는 동법 제347조의 사기죄를 검토하고, 헌법재판소의 헌법불합치결정으로 효력을 상실한 낙태죄를 살펴보기로 한다.

(2) 개인의료정보와 업무상 비밀누설죄 등

(가) 개인의료정보와 그 누설에 관한 죄책

① 개인의료정보

의료정보(Medical Information, Health Information) 내지 보건의료정보[34]에 관한 현행법상의 명문의 규정은 보건의료기본법(시행 2021. 3. 23., 법률 제17966호, 2021. 3. 23. 일부개정된 것) 제3조의 '보건의료정보'에서 규율하고 있다. 이에 의하면 보건의료정보란 "보건의료와 관련한 지식 또는 부호·숫자·문자·음성·음향 및 영상 등으로 표현된 모든 종류의 자료"라고 규율하고 있으며, 이 중 환자 개인의 질환과 치료에 관련된 보건의료정보가 기록된 것을 진료기록이라 할 수 있다. 제19대 국회에서는 개인의료정보에 대하여 별도의 법률을 통해 규율하고자 개인의료정보보호법안을 논의하였지만 폐기가 되었는데, 동 법안에서는 개인의료정보를 "의료법 제2조에 따른 의료인이 진료과정(건강검진 포함)에서 얻은 개인의 질병·부상에 대한 예방·진단·치료·재활과 출산·사망 및 건강증진에 관한 지식 또는 부호·숫자·문자·음성·음향·영상 등으로 표현된 모든 종류의 자료"라고 규정한바 있다.

---

34) 학계에서는 의료정보와 보건의료정보의 경계를 명확하게 구별하지 않고 혼용하여 사용하고 있으며 의학정보, 진료정보, 건강정보, 헬스케어정보 등의 용어도 맥락에 따라 다양하게 사용되고 있는 상황이다(박민영·최민경, 의료정보의 관리와 비식별화에 관한 법적 과제, 유럽헌법연구 제21호, 2016, 503면). 현행법에서는 보건의료기본법에서 보건의료정보에 대한 정의 규정을 두고 있고, 의료기사 등에 관한 법률에서 의료기관에서 의료 및 보건지도 등에 관한 기록 및 정보의 분류·확인·유지·관리를 주된 업무로 하는 보건의료정보관리사를 의료기사의 하나로 두고 있기 때문에, 이러한 부분을 고려한다면 의료정보와 보건의료정보를 동일한 의미로 파악할 수 있다고 생각한다(최준영, 보건의료정보 관리자의 데이터 분석 능력 향상을 위한 색인 검색 프로그램 활용 방안, 보건과 복지 제20권 제3호, 한국보건학회, 2018. 9, 49-50면).

이와 같은 의료정보의 구체적 범위에 대하여는 다양한 견해가 제기되고 있으나, 대략적으로 의료제공의 필요성을 판단하기 위하여 또는 의료행위를 통하여 수집된 자료 및 이 자료들을 기초로 하여 연구·분석된 정보들을 포괄하는 것으로 진단과 치료행위, 치료 후의 관찰 등을 포함하여 의료행위의 전과정에서 수집된 환자의 건강상태 등에 관한 정보로 보고 있다.35) 환자 개인에 관한 보건의료정보는 여러 가지의 정보가 통합되는데, 환자의 신상에 관한 성명, 주소, 주민등록번호 등과 같은 개인정보,36) 의료기관 내에서 진료를 목적으로 작성되는 것으로 환자의 치료를 위해 수집되는 습관·병력 등과 같은 진료정보, 의료기관 내외에서 활용되는 기록을 의미하는 협의의 의료정보, 개인의 건강증진과 예방에 관한 광범위한 정보로서 건강증진을 위한 일상 정보·유전정보 등을 의미하는 건강정보로 유형별로 세분화될 수 있다.37)

한편 개인정보보호법(시행 2023. 9. 15., 법률 제19234호, 2023. 3. 14. 일부개정)은 개인정보의 처리 및 보호에 관한 사항을 정함으로써 개인의 자유와 권리를 보호하고, 나아가 개인의 존엄과 가치를 구현함을 목적으로 하고 있고, 동법 제2조 제1호에서는 개인정보를 '살아 있는 개인에 관한 정보로 ① 성명, 주민등록번호 및 영상 등을 통하여 개인을 알아볼 수 있는 정보, ② 해당 정보만으로는 특정 개인을 알아볼 수 없더라도 다른 정보와 쉽게 결합하여 알아볼 수 있는 정보,38) ③ ①과 ②를 개인정보의 일부를 삭제하거나 일부 또는 전부를 대체하는 등의 방법으로 추가 정보가 없이는 특정 개인을 알아볼 수 없도록 가명처리함으로써 원래의 상태로 복원하기 위한 추가 정보의 사용·결합 없이는 특정 개인을 알아볼 수 없는 정보'라고 정의하여 개인식별성(Identification)39)에 방점을 두고 있다. 한편 동법 제23조 제1항에서는 개인정보 중 "사상·신념, 노동조합·정당의 가입·탈퇴, 정치적 견해, 건강, 성생활 등에 관한 정보, 그 밖에 정보주체의 사생활을 현저히 침해할 우려가 있는 개인정보로서 대통령령으로 정하는 정보"를 '민감정보'라고 규정하고 있는데, 민감정보에 해당하는 경우 개인정보처리자

---

35) 백윤철, 헌법상 환자의 의료정보에 대한 권리에 관한 연구, 헌법학연구 제11권 제3호, 2005, 343면; 김상겸, 독일의 의료정보와 개인정보보호에 관한 연구, 한·독사회과학논총 제15권 제2호, 2005, 5−6면; 전영주, 의료정보와 개인정보보호, 법학연구 제23호, 2006, 521−540면; 이영규, 개인의료정보침해시 사법적 구제방안, 법학논총 제25집 제1호, 2008, 136면; 김한나·김계현, 의료정보보호에 관한 법적 연구, 경희법학 제45권 제1호, 2010, 397−398면; 박지용, 환자의 프라이버시 및 정보보호의 법적 근거 고찰, 한국의료법학회지 제20권 제2호, 2012, 163면.

36) 헌법재판소 2012. 7. 26.자 2010헌마446 결정에 의하면 보호대상이 되는 개인정보에 대하여 "개인의 신체, 신념, 사회적 지위, 신분 등과 같이 개인의 인격주체성을 특징짓는 사항으로서 그 개인의 동일성을 식별할 수 있게 하는 일체의 정보"를 의미한다고 보고 있다.

37) 김재선, 의료정보의 활용과 개인정보의 보호−미국 HIPPA/HITECH 연구를 중심으로−, 행정법연구 제44호, 2016, 274−275면.

38) 이 경우 쉽게 결합할 수 있는지 여부는 다른 정보의 입수 가능성 등 개인을 알아보는 데 소요되는 시간, 비용, 기술 등을 합리적으로 고려하여야 한다.

39) 박민영·최민경, 전게 논문, 50면.

의 민감정보 처리에 제한에 가해지며 안전성 확보에 필요한 조치를 하여야 할 의무를 부과하고 있다. 의료정보는 그 의의와 세부 유형을 고려할 때 동조항의 '개인의 건강·성생활 등에 관한 정보'를 포섭하는 것이므로 민감정보에 해당한다고 볼 수 있겠다. 다만 개인정보 보호에 관하여 다른 법률에 특별한 규정이 있는 경우 개인정보보호법이 배제되는데(동법 제6조), 의료정보의 경우 보건의료기본법, 의료법, 응급의료에 관한 법률, 국민건강보험법, 의료급여법,[40] 감염병의 예방 및 관리에 관한 법률 등을 통해 보호되는 별도의 규정이 있기 때문에 이들 규정은 개인정보보호법의 특별법으로 우선하여 적용된다고 할 것이다.[41] 즉, 현행법상 의료정보는 별도의 개별법을 통해 규율하지 않고, 다음 항에서 살펴보는 바와 같이 보건의료기본법, 의료법 등의 관련 규정을 통하여 의료정보를 보호하는 방식을 취하고 있다.[42]

이와 같은 현행법 규정에 비추어 볼 때, 개인의료정보는 개인정보 중 민감정보의 하나로, 국민 건강의 보호와 증진을 위해 의료인과 의료기관 등이 행하는 의료행위와 관련된 정보로 이해된다.[43]

② 환자의 개인의료정보 누설에 관한 죄책

형법 제317조 제1항에서는 업무상 비밀누설과 관련하여 의사, 한의사, 치과의사, 약제사, 약종상, 조산사, 변호사, 변리사, 공인회계사, 공증인, 대서업자나 그 직무상 보조자 또는 차등의 직에 있던 자가 그 직무처리중 지득한 타인의 비밀을 누설한 때에는 3년 이하의 징역이나 금고, 10년 이하의 자격정지 또는 700만원 이하의 벌금에 처한다고 규율하고 있다.

또한 의료법은 제19조에서 의료인이나 의료기관 종사자는 이 법이나 다른 법령에 특별히 규정된 경우 외에는 의료·조산 또는 간호업무나 진단서·검안서·증명서 작성·교부 업무, 처방전 작성·교부 업무, 진료기록 열람·사본 교부 업무, 진료기록부등 보존 업무 및 전자의무기록 작성·보관·관리 업무를 하면서 알게 된 다른 사람의 정보를 누설하거나 발표하지 못한

---

40) 의료급여법과 관련하여 개인의료정보에 해당하는 항목이 수집되는 고시 규정의 위헌성에 관한 헌법재판소 2009. 9. 24.자 2007헌마1092 결정에서, 헌법재판소는 "이 사건 고시조항은 의료이용자가 의료급여를 받을 적법한 수급자인지 여부 및 의료급여의 범위 등을 정확하게 확인하려는 데에 그 목적이 있는 것으로서 그 목적은 정당하고, 의료이용자에게 그 수급의 자격이 있는지 여부 및 필요한 급여액의 정도를 파악하기 위하여는 수급권자 자격관리기관인 공단이 상병명 등 정보를 파악하는 것이 필요하다 할 것이어서 의료급여기관이 이러한 정보를 공단에 제공하고 공단이 이러한 정보를 보유하도록 하는 것은 적절한 수단이 된다."고 판단한 바 있다.
41) 이한주, 개인정보보호법상 의료정보 적용의 문제점과 해결방안－개인의료정보보호법 제정방향을 중심으로－, 헌법연구 제3권 제2호, 2016, 106면.
42) 이러한 일련의 법률은 헌법 제17조에 따른 사생활의 비밀 및 자유에 따른 개인정보자기결정권 또는 개인정보관리통제권을 구현한 것으로 파악된다.; 장주봉, 개인정보의 의미와 보호범위, 법학평론 제3호, 서울대학교 법학평론 편집위원회, 2012, 44－45면.
43) 정규원, 의료정보의 활용 및 보호, 정보법학 제6권 제1호, 2002, 3－4면; 이한주, 전게 논문, 99－100면.

다고 하고(제1항), 의료기관 인증에 관한 업무에 종사하는 자나 종사하였던 자는 그 업무를 하면서 알게 된 정보를 다른 사람에게 누설하거나 부당한 목적으로 사용하여서는 아니된다고 하여(제2항), 환자의 개인의료정보를 지득할 가능성이 있는 관련자들이 이를 누설하는 것을 금지함으로써 환자의 개인의료정보를 보호하고 있다. 이를 위반할 경우 3년 이하의 징역이나 3천만원 이하의 벌금에 처한다(의료법 제88조 제1호).

(나) 대법원과 헌법재판소의 태도

① 대법원 2018. 5. 11. 선고 2018도2844 판결

위 사건은 의사인 피고인이 인터넷 커뮤니티 사이트 게시판에 피해자의 위장관 유착박리 수술 사실, 피해자의 수술 마취 동의서, 피해자의 수술 부위 장기 사진과 간호일지, 2009년경 내장비만으로 지방흡입 수술을 한 사실과 당시 체중, BMI 등 개인 정보를 임의로 게시한 것에 대하여 검사가 형법 제317조 제1항 및 구 의료법(2016. 5. 29. 법률 제14220호로 개정되기 전의 것) 제19조에서 금지하고 있는 의료인의 비밀 누설 또는 발표 행위를 하였음을 이유로 기소한 것이었다.

피고인은 원심이 죄형법정주의에 반하는 해석으로 구 의료법 제19조에 관한 법리를 오해하였다는 점을 상고이유로 주장하였는데, 이에 대하여, 대법원은 위 사실관계에 있어서 주된 쟁점이 구 의료법 제19조에서 정한 '다른 사람'에는 생존하는 개인뿐만 아니라 이미 사망한 사람도 포함되는지 여부라고 하면서 죄형법정주의 위반 여부를 판단하였다. 즉, 대법원은 형벌법규 해석에 관한 일반적인 법리, 의료법의 입법 취지, 구 의료법 제19조의 문언·내용·체계·목적 등에 비추어 보면, 구 의료법 제19조에서 정한 '다른 사람'에는 생존하는 개인 이외에 이미 사망한 사람도 포함된다고 보아야 하므로 원심의 판단이 타당하다고 하였다. 그 이유에 대하여 대법원은 "형벌법규에서 '타인'이나 '다른 사람'이 반드시 생존하는 사람만을 의미하는 것은 아니고 형벌법규가 보호하고자 하는 법익과 법문의 논리적 의미를 분명히 밝히는 체계적·논리적 해석을 통하여 사망한 사람도 포함될 수 있다"고 전제하면서, 의료법의 목적과 비밀누설 금지의무를 의료인의 의무로 둔 이유[44]를 토대로 구 의료법 제19조에서 누설을

---

44) 대법원은 "의학적 전문지식을 기초로 사람의 생명, 신체나 공중위생에 위해를 발생시킬 우려가 있는 의료행위를 하는 의료인에 대하여 법이 정한 엄격한 자격요건과 함께 의료과정에서 알게 된 다른 사람의 비밀을 누설하거나 발표하지 못한다는 법적 의무를 부과한 것이고, 그 취지는 의료인과 환자 사이의 신뢰관계 형성과 함께 이에 대한 국민의 의료인에 대한 신뢰를 높임으로써 수준 높은 의료행위를 통하여 국민의 건강을 보호하고 증진하는 데 있다. 따라서 의료인의 비밀누설 금지의무는 개인의 비밀을 보호하는 것뿐만 아니라 비밀유지에 관한 공중의 신뢰라는 공공의 이익도 보호하고 있다고 보아야 한다. 이러한 관점에서 보면, 의료인과 환자 사이에 형성된 신뢰관계와 이에 기초한 의료인의 비밀누설 금지의무는 환자가 사망

금지하고 있는 '다른 사람의 비밀'은 당사자의 동의 없이는 원칙적으로 공개되어서는 안 되는 비밀영역으로 보호되어야 한다고 판단하였다. 그리고 대법원은 구 의료법 제21조 제1항에서 정한 환자의 진료기록 열람·복사청구권의 규정은 환자가 사망하였는지 여부를 묻지 않고 환자가 아닌 다른 사람에게 환자에 관한 기록을 열람하게 하거나 사본을 내주는 등 내용을 확인할 수 있게 해서는 안 된다고 정하고 있는 점을 보더라도 환자가 사망했다고 해서 보호 범위에서 제외된다고 볼 수 없다고 하였다. 이외에도 대법원은 헌법에서 도출되는 환자의 개인정보자기결정권에 비추어 개인의 인격적 이익을 보호할 필요성은 그의 사망으로 없어지는 것이 아니라고 설시하였다.[45]

② 헌법재판소 2016. 12. 29.자 2016헌마94 결정

위 사건은 ○○치과의원 원장인 청구인이 의료인으로서 환자가 아닌 다른 사람에게 환자에 관한 기록을 열람하게 하거나 그 사본을 내주는 등 내용을 확인할 수 있게 하여서는 아니됨에도 불구하고, 2015. 7. 9.경 춘천지방법원에서, 위 법원 2015나1448 손해배상 사건의 준비서면을 제출하면서 2012. 11. 2. 촬영한 □□□의 치아 CT 사진 사본 및 엑스레이 사진 사본을 □□□의 동의없이 제출한 것이 문제되었다. 피청구인은 2015. 10. 30. 청구인에 대하여 의료법위반 혐의로 기소유예처분을 하였고, 청구인은 의료인이 환자와의 의료소송 과정에서 환자의 동의 없이 환자에 대한 CT 사진 등을 법원에 제출하는 행위는 사회상규에 위배되지 아니하는 행위로서 정당행위에 해당하여 위법성이 없다고 주장하였다.

헌법재판소는 구 의료법(2009. 1. 30. 법률 제9386호로 개정되고, 2016. 12. 20. 법률 제14438호로 개정되기 전의 것)상 진료기록의 열람·복사 청구권을 규정하고 있는 제21조의 입법취지가 환자의 개인정보 보호의 측면에 있다는 취지로 판단하였다. 즉, 헌법재판소는 "환자의 기록정보는 가장 엄밀하게 보호되어야 할 개인정보이므로 환자 본인이 아닌 경우에는 열람을 엄격히 제한하고, 법률에 근거가 있는 경우에만 예외적으로 열람을 허용함으로써 환자의 개인정보를 보호하려는 것인 점, 청구인은 운영하던 치과를 다른 의료인에게 양도하여 의료기록을 보

한 후에도 그 본질적인 내용이 변한다고 볼 수는 없다."고 하였다.
45) 대법원은 "사람의 사망 후에 사적 영역이 무분별하게 폭로되고 그의 생활상이 왜곡된다면 살아있는 동안 인간의 존엄과 가치를 보장하는 것이 무의미해질 수 있다. 사람은 적어도 사망 후에 인격이 중대하게 훼손되거나 자신의 생활상이 심각하게 왜곡되지 않을 것이라고 신뢰하고 그러한 기대 속에서 살 수 있는 경우에만 인간으로서의 존엄과 가치가 실효성 있게 보장되고 있다고 말할 수 있다. 사자의 명예를 보호하는 형법 제308조, 저작자 사망 후의 저작인격권 보호에 관한 저작권법 제14조 제2항, 사망한 사람의 인격권에 대한 침해 금지와 그에 대한 구제절차를 정하고 있는 언론중재 및 피해구제 등에 관한 법률 제5조의2는 이 점을 명시한 규정이다."라고 판단하였다.

유할 아무런 권한이 없음에도 임의로 CT 사진 등을 보관하고 있었던 점, 이 사건 손해배상 사건의 쟁점은 환자의 염증으로 인한 상태 악화 후 청구인이 추가적인 CT 촬영을 하는 등 환자의 치료를 위하여 적절한 조치를 취하였는지 여부이고, 청구인도 위와 같은 사정을 잘 알면서도 그와 관계가 없는 발치 당시의 CT 사진 등을 제출한 점, 청구인은 의료법 제21조 제2항 제7호에 따라 병원 양수인을 상대로 법원에 문서제출명령 신청을 하여 CT 사진 등을 법원에 제출할 수 있었음에도 위와 같은 절차를 따르지 아니한 점, 청구인이 법원에 문서제출명령을 신청할 경우 법원에서 문서제출의 필요성이나 범위를 심사하는 과정에서 환자의 개인정보 보호 필요성 등에 대한 검토도 이루어질 수 있으므로 청구인에게 의료법에 따른 절차를 이행하도록 하는 것이 무익한 절차라고 보기 어려운 점 등을 종합하면 청구인의 행위는 정당행위의 요건을 갖추었다고 보기 어려우므로, 피청구인의 기소유예처분이 자의적으로 이루어진 것으로써 청구인의 평등권 및 행복추구권이 침해되었다고 볼 수 없다."고 판단하였다.

(3) 사무장병원과 법적 규제

(가) 사무장병원의 의의와 규제

'사무장병원'은 광의로는 의료기관을 개설할 자격이 없는 비의료인이 의료법인이나 비영리법인의 명의를 빌리거나, 의사 등으로부터 면허를 대여받아 개설한 의료기관[46]을 통칭하는 것으로 이해되기도 하며,[47][48] 협의로는 비의료인이 유자격의료인을 고용하여 그 명의로 의료기관을 개설하고 개설명의자인 의료인이 실제로 의료행위를 제공하는 경우로 보기도 한다.[49]

사무장병원은 비의료인이 투하한 자본을 회수하기 위하여 과다한 영리추구활동을 행하게 되므로 이로 인해 환자진료에 필요한 의료설비나 인력투자가 미비하여 의료서비스의 질 저하

---

[46] 비의료인인 자본가가 병원시설과 기본설비를 갖춘 뒤 봉직의로 고용한 의사 또는 현직을 떠난 은퇴의사의 면허를 빌려 이들을 의료기관 개설자로 신고하는 방법으로 설립하는 형태이다.; 고신정, 건강보험재정마저 위협하는 사무장병원들, 의료정책포럼, 제9권 제1호, 2011, 103면.

[47] 문정림, 사무장병원 근절을 위한 법 개정 추진 현황, 의료정책포럼, 제12권 제1호, 2014, 58면, 한편 광의로 파악할 때 의료인과 비의료인이 동업하여 의료기관을 개설하는 경우도 포섭될 수 있는데, 이와 같은 경우 일률적으로 무효로 보는 것 보다는 의료법의 문언 및 입법취지에 부합하도록 영리적 의료행위가 우려되는 반사회적 동업인 경우에 무효인 것으로 파악해야 한다는 견해로는 김영신, 의료법상 의료기관개설 규정에 관한 판례 고찰, 법학연구, 제21권 제1호, 2013, 309-320면.

[48] 한편 의료인이 주도적으로 의료기관의 개설 및 운영에 참여한 경우라면 비의료인의 의료기관 개설로 보기 어렵다고 보고 있는 견해로는 김영신, 의료법상 금지되는 비의료인의 의료기관 개설의 범위, 법학논고, 제41권, 2013, 91-92면; 장연화, 의료법상 의료기관의 개설제한에 관한 고찰, 법학연구, 제12권 제2호, 2009, 293-295면.

[49] 장연화·백경희, 의료기관의 개설 및 경영 제한의 유형과 문제점에 관한 고찰, 법학논집 제19권 제4호, 2015, 444면.

를 가져올 뿐만 아니라 의료법이 금지하고 있는 영리 목적 환자 유인행위나 의료광고의 한계를 뛰어넘는 과대광고를 행하거나 요양급여비용이나 정부보조금을 부당청구하거나 요양급여비용 수령 후 폐업을 하여 환수조치를 행할 수 없도록 차단하는 방식을 꾀하는 등으로 의료시장질서를 파괴하고 건강보험재정에 누수를 초래하고 있다.[50]

(나) 사무장병원 개설에 대한 규제

① 개설 자체의 금지

우리나라 의료법 제33조 제1항은 '의료인이 의료기관을 개설하지 아니하고는 의료업을 할수 없고, 응급의료에 관한 법률 제2조 제1호에 따른 응급환자를 진료하는 경우, 환자나 환자보호자의 요청에 따라 진료하는 경우, 국가나 지방자치단체의 장이 공익상 필요하다고 인정하여 요청하는 경우, 보건복지부령으로 정하는 바에 따라 가정간호를 하는 경우, 기타 의료법 또는 다른 법령으로 특별히 정한 경우나 환자가 있는 현장에서 진료를 하여야 하는 경우를 제외하고는 개설한 의료기관 내에서 의료업을 하도록' 하고 있고, 동조 제2항에서는 "의사, 치과의사, 한의사 또는 조산사, 국가나 지방자치단체, 의료업을 목적으로 설립된 법인(이하 '의료법인'이라 칭한다), 민법이나 특별법에 따라 설립된 비영리법인, 공공기관의 운영에 관한 법률에 따른 준정부기관, 지방의료원의 설립 및 운영에 관한 법률에 따른 지방의료원, 한국보훈복지의료공단법에 따른 한국보훈복지의료공단이 아니면 의료기관을 개설할 수 없다."고 규정하고 있다. 그러므로 의료기관은 '의료인'과 법률상 인정되는 의료법인, 비영리법인 등만이 개설 가능하며 이들을 제외한 비의료인은 개설 자체가 불가능하도록 원천적으로 비의료인의 유입을 차단하고 있다.[51]

② 개설 후의 제재

의료법은 제87조 제1항에서 의료기관을 개설할 수 없는 비의료인이 의료기관을 개설하였다면 이에 대하여 '5년 이하의 징역이나 2천만원 이하의 벌금'에 처하고 있다. 또한 의료인이 자신의 면허증을 대여하거나 비의료인의 개설행위에 공모하여 가담한 의료인도 같은 법률에 의하여 처벌된다.[52] 그러나 명의대여 없이 단순히 비의료인에게 고용되어 의료행위를 한 의료인은 의료법 제90조에 의하여 300만원 이하의 벌금에 처해진다. 한편 이와 같은 형사벌 외

---

50) 고신정, 전게 논문, 103 – 104면, 문정림, 전게 논문, 58면.
51) 이와 반대로 의료기관을 개설할 자격이 있는 의료인이 비영리법인 등 의료법에 따라 의료기관을 개설할 자격이 있는 자로부터 명의를 빌려 그 명의로 의료기관을 개설한 경우에는 의료법 제33조 제2항에 위배된다고 될 수 없다는 판례로는 대법원 2014. 9. 25. 선고 2014도7217 판결.
52) 대법원 2001. 11. 30. 선고 2001도2015 판결.

에도 의료법 제66조 제1항에서는 의료기관 개설자가 될 수 없는 자에게 고용되어 의료행위를 한 때 1년의 범위에서 면허자격을 정지시킬 수 있다고 규정하고 있다.

그런데 비의료인이 개설한 의료기관에 대하여 업무정지 또는 개설허가의 취소·폐쇄명령을 행할 수 있는지가 문제된다. 왜냐하면 의료기관의 의료업을 정지시키거나 개설허가를 취소하거나 의료기관 폐쇄를 명할 수 있는 경우를 규정한 의료법 제64조에서 직접적으로 비의료인이 의료기관 개설한 경우에 관하여는 명문으로 규율하고 있지 않기 때문이다. 대법원은 "의료인이나 의료법인 등이 아닌 자가 의료기관을 개설하여 운영하는 행위는 형사처벌의 대상이 되는 범죄행위에 해당할 뿐 아니라, 거기에 따를 수 있는 국민보건상의 위험성에 비추어 사회통념상으로 도저히 용인될 수 없는 정도로 반사회성을 띠고 있다는 점, 위와 같은 위반행위에 대하여 단순히 형사 처벌하는 것만으로는 의료법의 실효를 거둘 수 없다고 보이는 점 등을 종합하여 보면, 위 규정은 의료인이나 의료법인 등이 아닌 자가 의료기관을 개설하여 운영하는 경우에 초래될 국민 보건위생상의 중대한 위험을 방지하기 위하여 제정된 이른바 강행법규에 속하는 것으로서 이에 위반하여 이루어진 약정은 무효라고 할 것이다."라고 하여[53] 비의료인에 의한 의료기관의 개설과 관련된 사법상 약정까지도 모두 무효로 판단하였는데, 이에 비추어 본다면 법률상 업무정지나 개설허가 취소 등에 관한 명령규정이 없다고 하더라도 동법 제33조 제2항을 기초로 하여 위와 같은 명령을 할 수 있도록 하는 것이 바람직하다.[54] 그러나 명문으로 존재하지 않는 한계가 있기 때문에 의료법상 행정처분의 근거를 두고 의료관계행정처분규칙을 통하여 구체적인 처분의 내용을 입법화할 필요가 있다.[55]

53) 대법원 2003. 4. 22. 선고 2003다2390, 2406 판결.
54) 장연화·백경희, 전게 논문, 449-450면.
55) 의료법에 있어서 이와 같은 문제점은 의료법에서 정한 의사면허자격정지처분의 세부적 기준인 보건복지부령인 의료관계행정처분규칙에서 구체화하지 아니한 부분에 대하여도 의사면허자격정지처분이 이루어질 수 있는가에 대해서도 발생한다. 이와 관련하여 대법원 1996. 2. 23. 선고 95누16318 판결에서는 "구 의료법(법률 제4732호, 1994. 1. 7., 일부개정) 제53조 제1항에 의하면 의사면허자격정지처분의 세부적인 기준은 보건복지부령으로 정하도록 되어 있으나 위 보건복지부령은 그 규정의 성질과 내용이 의사에 대한 면허자격정지처분의 세부적인 기준이라는 행정청 내의 사무처리준칙을 규정하는 것에 불과하여 보건복지부장관이 관계 행정기관 및 그 직원에 대하여 그 직무권한 행사의 지침을 정하여 주기 위하여 발하는 행정조직 내부에 있어서의 행정명령의 성질을 가지는 것으로서 대외적으로 국민이나 법원을 기속하는 효력이 있는 것은 아니므로 의사면허자격정지처분의 적법 여부는 그 처분이 위 보건복지부령이 정하는 기준에 적합한지 여부에 따라 판단할 것이 아니라 의료법의 규정과 취지에 적합한지 여부에 따라 판단하여야 한다. 따라서 의사면허자격정지처분이 의료법의 규정과 취지에 적합하게 이루어진 이상 그 처분이 처분기준에 관한 위 보건복지부령이 제정되지 아니한 상태에서 이루어졌다고 하여 그 처분이 위법하다고 할 수는 없다."고 판시한바 있다. 동 판결에서 대법원이 의료관계행정처분규칙상 행정처분기준을 행정규칙으로 보는 태도가 부당하다는 견해로는 홍정선, 의료업면허와 그에 대한 행정처분기준의 성질에 관한 판례연구, 한국의료법학회지 제11권 제1호, 2003,76-77면.

(다) 판례의 태도

대법원은 의료인 개인 명의 의료기관의 경우 비의료인이 개설자격을 위반하여 의료기관을 개설·운영하는 '사무장병원'에 해당하는 것인지를 판단하는 기준으로, "비의료인이 그 의료기관의 시설 및 인력의 충원·관리, 개설신고, 의료업의 시행, 필요한 자금의 조달, 그 운영성과의 귀속 등을 주도적인 입장에서 처리하는 것"을 들면서, 비의료인이 필요한 자금을 투자하여 시설을 갖추고 유자격 의료인을 고용하여 그 명의로 의료기관을 개설한 행위는 형식적으로만 적법한 의료기관의 개설로 가장한 것일 뿐 실질적으로는 비의료인이 의료기관을 개설한 경우에 해당한다고 판단하여 왔다.[56] 그런데 이와 같은 '주도성의 법리'를 의료법인의 명의로 의료기관을 개설한 경우에도 동일하게 적용할 것인지 및 구체적 기준에 대하여 대법원은 전원합의체 판결을 통하여 설정하게 되었다. 이하 각각의 유형별로 대법원의 태도를 살펴본다.

① 비의료인이 법인 등의 명의로 비의료인이 의료기관을 개설한 경우

의료기관을 개설할 수 있는 단체의 명의를 빙자하여 비의료인이 의료기관을 개설한 경우 실질적으로 판단하여 의료법 위반으로 보아야 할 것인지에 관하여는 대표적으로 소비자생활협동조합법(이하 '생협법'이라 한다)에 의하여 의료사업을 하는 소비자생활협동조합의 명의를 대여받아 비의료인이 의료기관을 개설한 경우와 의료법인 명의로 비의료기관이 의료기관을 개설한 경우를 들 수 있다.

㉮ 소비자생활협동조합의 명의로 비의료인이 의료기관을 개설한 경우

소비자생활협동조합은 조합원의 공동소유와 공동운영을 전제로 한 사단법인 성격의 비영리법인이므로, 특정 개인이 조합원을 배제하고 실질적으로 의료기관 개설과 운영을 주도하였다면 비의료인이 의료기관을 개설·운영한 것으로 평가할 수 있다.

즉, 대법원[57]은 "생협법은 소비자들의 자주·자립·자치적인 생협조합활동을 촉진함으로써 조합원의 소비생활 향상과 국민의 복지 및 생활문화 향상에 이바지함을 목적으로 제정된 법률로서, 그와 같은 목적을 달성하기 위하여 설립된 생협조합이 비영리법인으로서 할 수 있는 사업과 관련하여, 제45조 제1항 제4호에서 '조합원의 건강개선을 위한 보건·의료사업'을 규정하고, 제11조 제3항에서 '이 법은 조합 등의 보건·의료사업에 관하여 관계 법률에 우선하여 적용한다'고 규정하고 있다. 이와 같이 생협법이 생협조합의 보건·의료사업을 허용하면서 의료법 등 관계 법률에 우선하여 적용되도록 한 것은, 보건·의료사업이 생협조합의 목적달성

---

56) 대법원 2011. 10. 27. 선고 2009도2629 판결 등 참조.
57) 대법원 2014. 8. 20. 선고 2012도14360 판결.

에 이바지할 수 있도록 그 사업수행에 저촉되는 관계 법률의 적용을 선별적으로 제한하여 생협조합의 정당한 보건·의료사업을 보장하기 위한 것일 뿐, 생협조합을 의료법에 의하여 금지된 비의료인의 보건·의료사업을 하기 위한 탈법적인 수단으로 악용하는 경우와 같이 형식적으로만 생협조합의 보건·의료사업으로 가장한 경우에까지 관계 법률의 적용을 배제하려는 것은 아니다"라고 판시하여, 비의료인의 비용과 책임으로 의료기관을 운영한다면 외관상 의료생협조합이 의료기관을 개설하는 것처럼 보인다고 하더라도 의료법 위반에 해당한다고 보았다.

　㉯ 의료법인의 명의로 비의료인이 의료기관을 개설한 경우

　대법원[58]은 의료법인 명의로 개설된 의료기관의 경우, 비의료인의 주도적 출연 내지 주도적 관여를 하였다는 것만으로 비의료인이 의료기관을 개설·운영한 것으로 곧바로 평가하기 어렵다고 보았다. 그 이유로 대법원은 의료법에 의할 때 의료법인은 민법상 재단법인에 해당하므로(법 제50조) 의료법인은 '의료기관 개설·운영을 목적으로 출연된 재산'이라는 실체에 대하여 법인격이 부여된 것이고, 의료법은 의료법인의 시설기준과 설립·운영에 관한 행정적 통제에 대하여 제2절에서 별도의 규제를 두고 있기 때문에, 비의료인이 의료기관의 개설·운영 등에 필요한 자금 전부 또는 대부분을 의료법인에 출연하는 것도 허용될 여지가 있다고 하였다. 그리고 이러한 의료법의 태도는 의료법인을 통해서 의료취약지역에 민간 의료기관의 건립을 유도함으로써 의료기관의 지역적 편중을 해소하는 한편, 민간 의료의 공공성을 제고하고 부작용을 방지하기 위한 행정적 통제 장치를 갖추도록 하는 것에 의의가 있다고 파악하였다. 또한 대법원은 의료법인은 의료기관을 자연인처럼 직접 의료기관을 개설·운영하는 것이 아니라 이사회 등 의사결정기관과 이사 등 업무집행기관을 통하여 의료기관을 개설·운영하도록 되어 있으므로, 비의료인도 의료법인의 이사 등 지위에서 의료기관의 개설·운영에 관한 의사결정 내지 업무집행에 참여하거나 이를 주도할 수 있다고 판시하였다.

　대법원은 의료법인의 본질적 특성에 의하여 비의료인이 주도적으로 의료법인에 재산을 출연하여 의료기관을 개설하거나 임원의 지위에서 의료기관을 운영하는 것은 현행 의료법 내에서 허용될 수 있으므로, 주도성의 법리만으로 사무장병원이라고 판단할 수는 없고 이에 더하여 비의료인이 외형상 형태만을 갖추고 있는 의료법인을 탈법적인 수단으로 악용하여 적법한 의료기관 개설·운영으로 가장하였다는 사정이 인정되어야 의료법인 명의로 개설된 의료기관을 실질적으로 비의료인이 개설·운영하였다고 판단할 수 있다고 보았다. 그리고 대법원은 이러한 사정은 다음 두 가지 사항 중 어느 하나에 해당되면 인정될 수 있다고 하면서, 첫째는

---

58) 대법원 2023. 7. 17. 선고 2017도1807 전원합의체 판결.

비의료인이 실질적으로 재산출연이 이루어지지 않아 실체가 인정되지 아니하는 의료법인을 의료기관 개설·운영을 위한 수단으로 악용한 경우이고, 둘째는 의료법인의 재산을 부당하게 유출하여 의료법인의 공공성, 비영리성을 일탈한 경우이다. 전자는 의료법인 중 '법인'에 관한 사항이고, 후자는 의료법인 중 '의료'에 관한 사항이다."고 하였다. 결국 대법원에 의하면 전자의 측면에서 "비의료인이 실질적인 재산출연 없이 주무관청인 시·도지사를 기망하여 의료법인 설립허가를 받은 경우라면 의료기관을 개설·운영할 시설과 자금이 없는 의료법인을 의료기관 개설의 외형만을 갖추기 위하여 설립한 것으로 평가"할 수 있는 경우이거나, 후자의 측면에서 "비의료인이 의료법인 명의로 의료기관을 개설·운영하면서 공공성, 비영리성을 일탈"한 경우라면, 외형상으로 그 형태만을 갖추고 있는 의료법인을 탈법적인 수단으로 악용하여 적법한 의료기관 개설·운영으로 가장한 사무장병원으로 볼 수 있다는 것이다.[59]

다만, 대법원은 "의료법인이 근거법령에 따라 설립되어 적법한 절차에 따라 의료기관을 개설한 후 시·도지사의 지속적인 관리·감독을 받으면서 상당한 기간 동안 의료기관을 정상적으로 운영하여 왔다면, 그 설립과정에 다소의 미비점이 있었다거나 운영과정에서 일시적으로 의료법인의 재산을 유출하는 횡령·배임 등 위법 행위가 존재하였다는 사정만으로 의료법인의 규범적 본질을 부정하여 의료법인이 의료기관 개설·운영을 위한 탈법적인 수단으로 악용되었다고 단정하기는 어려운 측면"이 있으므로, "의료법인 설립과정의 하자가 의료법인 설립허가에 영향을 미치거나 의료기관 개설·운영이 실질적으로 불가능할 정도에 이르는 것인지 여부나 의료법인의 재산이 유출된 정도, 기간, 경위 및 이사회결의 등 정당한 절차나 적정한 회계처리 절차가 있었는지 여부 등을 종합적으로 고려하여 의료법인의 규범적 본질이 부정될 정도에 이르러 의료기관 개설·운영을 위한 탈법적인 수단으로 악용되었다고 평가될 수 있는지를 판단하여야 한다."고 부언하였다.

---

59) 대법원은 "의료법인의 재산과 출연자 개인의 재산은 철저하게 분리되어야 하고, 의료기관의 운영수익 등은 반드시 의료기관의 운영을 위하여 다시 사용되어야 하며, 출연자 등에게 배분되어서는 아니 된다. 형식적으로 의료법인 명의로 의료기관이 개설·운영되었더라도, 비의료인이 의료법인을 지배하면서 의료기관 운영수익 등을 상당한 기간 동안 부당하게 유출하는 등 공공성, 비영리성을 일탈한 경우라면, 공공성, 비영리성을 전제로 의료기관 개설자격을 부여받은 의료법인의 규범적 본질이 유지되었다고 보기 어렵다. 구체적으로 의료기관의 운영수익 등 의료법인의 재산이 정당한 지출원인 없이 부당하게 재산출연자인 비의료인에게 유출된 경우는 물론, 급여, 보수 등의 형식을 갖추었더라도 이사회 결의 등 정당한 절차나 적정한 회계처리를 거치지 않은 채 합리적인 범위를 지나치게 초과하여 지급된 경우, 의료법인의 재산과 재산출연자인 비의료인의 재산이 구분되기 어려울 정도로 혼용되어 재산출연자인 비의료인이 개인적 필요에 따라 임의로 의료법인의 재산을 입출금한 것으로 보이는 경우 등과 같이 실질적인 관점에서 의료법인의 재산이 재산출연자인 비의료인에게 부당하게 유출된 경우에도, 공공성, 비영리성을 일탈함으로써 규범적 본질이 부정되는 의료법인이 의료기관 개설·운영을 위한 탈법적인 수단으로 악용되었다고 평가할 수 있다."고 하여 그 예시를 적시하였다.

② 비의료인이 의료인의 명의를 대여받아 개설하는 경우

㉮ 의료인의 명의만을 대여받고 비의료인이 무면허 의료행위를 하는 경우

비의료인이 의료인의 명의만을 대여받아 의료기관을 개설하고 명의를 빌려준 의료인은 의료행위를 하지 않고, 비의료인이 무면허 의료행위까지 하는 경우는 의료법 제33조 제2항의 비의료인의 의료기관개설에 해당한다.

㉯ 의료인이 명의도 대여하고, 의료행위까지 하는 경우

이는 비의료인이 자본을 투자하여 설립한 의료기관에서 개설명의자인 의료인이 단순히 명의만을 제공하는 것이 아니라 비의료인에게 고용되어 실제로 의료행위를 전적으로 제공하는 경우이다.

대법원은 "의료인의 자격이 없는 일반인이 필요한 자금을 투자하여 시설을 갖추고 유자격 의료인을 고용하여 그 명의로 의료기관 개설신고를 한 행위는 형식적으로만 적법한 의료기관의 개설로 가장한 것일 뿐 실질적으로는 의료인 아닌 자가 의료기관을 개설한 것으로서 위 의료법 제30조 제2항에 위반된다고 봄이 상당하고, 개설신고가 의료인 명의로 되었다거나 개설신고명의인인 의료인이 직접 의료행위를 하였다 하여 달리 볼 이유가 되지 못한다 할 것이다."라고 판시하였다.[60] 이는 대법원이 의료기관의 개설자를 형식적 개설신고자 또는 허가자로 보지 않고 의료기관의 설립을 실제적으로 주도한 자로 파악하겠다는 것으로 의료기관 개설의 적법을 그 '실질'에 기초하여 판단하겠다는 것이다. 또한 최근에도 대법원은 "구 의료법(2007. 1. 3.법률 제8203호로 개정되기 전의 것. 이하 '의료법'이라고 한다) 제30조 제2항, 제66조 제3호에 의하여 금지되는 의료기관 개설행위는, 비의료인이 그 의료기관의 시설 및 인력의 충원·관리, 개설신고, 의료업의 시행, 필요한 자금의 조달, 그 운영성과의 귀속 등을 주도적인 입장에서 처리하는 것을 의미한다. 따라서 의료인의 자격이 없는 일반인이 필요한 자금을 투자하여 시설을 갖추고 유자격 의료인을 고용하여 그 명의로 의료기관 개설신고를 한 행위는 형식적으로만 적법한 의료기관의 개설로 가장한 것일 뿐 실질적으로는 의료인 아닌 자가 의료기관을 개설한 경우에 해당하고, 개설신고가 의료인 명의로 되었다거나 개설신고 명의인인 의료인이 직접 의료행위를 하였다 하여 달리 볼 수 없다."고 판단하여[61] 같은 입장을 유지하고 있다.[62]

---

60) 대법원 1982. 12. 14. 선고 81도3227 판결.
61) 대법원 2011. 10. 27. 선고 2009도2629 판결.
62) 대법원 1987. 10. 26. 선고 87도1926 판결; 대법원 1995. 12. 12. 선고 95도2154 판결; 대법원 2004. 9. 24. 선고 2004도3874판결 등.

ⓐ 면허증 대여와의 관계

위에서 살펴본 바와 같이 사무장병원의 경우 비의료인으로서는 의료인이나 의료기관 개설이 가능한 법인 등의 명의를 내세워 마치 적법하게 개설된 것과 같은 외관을 갖추고 있다. 특히 의료인의 명의 대여는 그 외관을 갖추게 하는 행위로써 의료법 제87조 제1항 제1호에서 중한 형사벌을 가하는 '면허증 대여'를 의미하는 것이다. 현행 의료법 규정에는 단순히 '면허증을 대여한 자'라고만 되어 있어, 문언상으로는 의료인이 실제로는 의료행위를 하지 않으면서 다른 의료인이나 비의료인이 그 면허에 해당하는 의료행위를 할 것을 알면서도 면허증을 대여하는 경우와 의료인이 비의료인에게 고용되어 의료행위를 제공하면서 동시에 면허를 빌려주어 의료기관을 개설하게 한 경우까지 포함하는 것으로 이해된다.

그런데, 대법원은 면허증 대여에 대하여 "의료의 적정을 기하여 국민의 건강을 보호증진하는 것을 목적으로 하는 의료법의 입법취지나, 이러한 목적을 달성하기 위하여 의료인의 자격에 관하여 엄격한 요건을 정하여 두는 한편 의료인이 아니면 의료행위를 할 수 없다는 것을 그 본질적·핵심적 내용으로 하는 의료법 관계규정의 내용 및 면허증이란 '의료인으로서의 자격이 있음을 증명하는 증명서'인 점 등에 비추어 보면, 의료법에서 금지하고 있는 '면허증 대여'라 함은 타인이 그 면허증을 이용하여 의료인으로 행세하면서 의료행위를 하려는 것을 알면서도 면허증 자체를 빌려주는 것이라고 해석함이 상당하다"고 하여[63] '의료인이 타인이 면허증을 이용하여 의료행위를 하려는 것에 관한 인식'까지 갖추고 있을 것을 추가하여 문언적 의미를 축소해석하고 있는 양상이다. 또한 대법원은 이러한 견지에서 "의료인이 무자격자가 자금을 투자하여 시설을 갖추고 그 의료인 명의로 의료기관 개설신고를 하는 데에 자신의 면허증을 이용하도록 하였다고 하더라도 그 개설 후 의료인 자신이 그 의료기관에서 의료행위를 할 의사로 그리하였고, 또 실제로 개설 후 의료인이 의료행위를 계속하여 왔으며 무자격자가 의료행위를 한 바 없다면, 면허증을 대여한 것으로 볼 수 없다."고 판단하고 있다.[64]

결국 판례에 의할 경우 의료인이 실제로 의료행위를 하는 경우에는 의료법상 면허증 대여에 해당하지 않는 것으로 귀결되는데, 법률해석은 어디까지나 법률조항의 문언과 목적에 비추어 가능한 범위 안에서의 해석을 전제로 하는 것으로, 의료기관 개설을 위하여 면허를 빌려주었으나 자신이 의료행위를 하는 의료인에게 유리하도록 해석하기 위하여 문언상 가능한 해석의 범위를 넘어 다른 의미로 해석할 수는 없다고 할 것이다.[65] 그러므로 위 규정은 법원의 해석에 맡기는 것보다는 명확하게 법문을 한정하여 정비하는 것이 바람직하다.[66]

---

63) 대법원 1994. 12. 23. 선고 94도1937 판결.
64) 대법원 2005. 7. 22. 선고 2005도3468 판결.
65) 헌법재판소 2007. 11. 29.자 2005헌가10 결정; 헌법재판소 1989. 7. 14.자 88헌가5 결정 등.

(라) 사무장병원의 요양급여비용 청구와 사무장병원에 대한 부당이득금 환수

① 사무장병원의 요양급여비용 청구에 대한 사기죄

대법원은 한의원을 개설한 피고인은 의료인이 아니어서 의료법상 의료기관을 개설될 수 없음에도 불구하고 이를 위반하여 한의사를 고용하여 그로 하여금 의료기관을 개설하게 한 뒤 의료행위를 하도록 하여, 해당 피고인이 의료법 위반과 사기죄로 기소된 사안에서, "국민건강보험법 제42조 제1항 제1호는 요양급여를 실시할 수 있는 요양기관 중 하나인 의료기관을 의료법에 따라 개설된 의료기관으로 한정하고 있다. 따라서 의료법 제33조 제2항을 위반하여 적법하게 개설되지 아니한 의료기관에서 환자를 진료하는 등의 요양급여를 실시하였다면 해당 의료기관은 국민건강보험법상 요양급여비용을 청구할 수 있는 요양기관에 해당되지 아니하므로 요양급여비용을 적법하게 지급받을 자격이 없다. 따라서 비의료인이 개설한 의료기관이 마치 의료법에 의하여 적법하게 개설된 요양기관인 것처럼 국민건강보험공단에 요양급여비용의 지급을 청구하는 것은 국민건강보험공단으로 하여금 요양급여비용 지급에 관한 의사결정에 착오를 일으키게 하는 것으로서 사기죄의 기망행위에 해당하고, 이러한 기망행위에 의하여 국민건강보험공단에서 요양급여비용을 지급받을 경우에는 사기죄가 성립한다. 이 경우 의료기관의 개설인인 비의료인이 개설 명의를 빌려준 의료인으로 하여금 환자들에게 요양급여를 제공하게 하였다하여도 마찬가지이다."라고 판시하여 사기죄를 유죄로 인정하였다.

② 사무장병원에 대한 부당이득금 징수

헌법재판소[67]는 사무장병원의 개설시 명의를 대여한 의료인에 대하여 부당한 방법으로 급여비용을 청구하여 지급받은 부분에 대하여 국민건강보험공단이 환수할 수 있도록 한 국민건강보험법 제57조 제1항과 구 의료급여법 제23조 제1항이 위헌인지에 대하여 "[1] 심판대상조항들(국민건강보험법 제52조 제1항(현행법 제57조 제1항), 구의료급여법 제23조 제1항)의 입법취지·입법연혁·체계적 구조 등을 종합하면, 부당한 방법으로 급여비용을 받는다는 것은 급여비용의 청구원인이 되는 사실관계가 관계법령을 위반하거나 실질적 타당성을 결여하여 급여비용의 지급이 부적당한 경우를 의미하고, 그로 인한 부당이득금 징수처분의 대상에 사무장병원의 개설명의자인 의료인이 포함되는 것으로 충분히 해석될 수 있으므로, 심판대상조항들은 명확성원칙에 위배되지 않는다."고 하고, "[2] 사무장병원의 의료인은, 의료법상 의료기관 개설자격이 없는 사무장에게 고용되어 자신의 명의로 의료기관을 개설하도록 함으로써 심판대상조

---

66) 장연화·백경희, 전게 논문, 441－442면.
67) 헌법재판소 2015. 7. 30.자 2014헌바298, 357, 2015헌바120 결정.

항들이 금지하는 부당한 급여비용 청구의 외관을 스스로 형성한 책임이 있으므로, 이러한 책임이 있는 의료인에 대하여 부당이득금을 징수하도록 한 심판대상조항들은 자기책임원리에 위배되지 않는다."고 하며, "[3] 심판대상조항들이 정하는 부당이득금 징수처분은 부당하게 지출된 급여비용을 원상회복함으로써 건강보험 및 의료급여 재정의 건전성을 확보하기 위한 행정처분일 뿐 범죄에 대한 국가 형벌권의 실행으로서의 과벌에 해당하지는 않으므로, 심판대상조항들은 이중처벌금지원칙에 위배되지 않는다."고 하고, "[4] 건강보험 및 의료급여 재정의 건전성 확보가 필요한 상황에서 사무장병원이 재정 누수의 원인으로 작용하고 있는 점, 부당이득금 징수처분 없이 형사처벌만으로는 사무장병원에 대한 실효성 있는 제재로 작용하기 어려운 점, 심판대상조항들은 금액의 전부 또는 일부를 부당이득금으로 징수하도록 하고 있으므로 구체적 사안에 따라 금액의 일부만 징수할 수 있어 의료인의 피해를 최소화하고 있는 점, 해당 의료인은 사무장에 대하여 구상권을 행사하는 방법으로 그 손해가 최종적으로 자신에게 귀속되는 것을 방지할 수 있는 점 등을 고려할 때, 심판대상조항들은 과잉금지원칙에 반하여 재산권을 침해하지 않는다."고 하여 합헌으로 결정한 바 있다.

③ 사무장 병원에 대한 부당이득금 징수권의 소멸시효

대법원[68]은 국민건강보험법 제52조가 정한 보험자의 부당이득금 징수권의 소멸시효기간에 관하여 "구 국민건강보험법(2008. 3. 28. 법률 제9022호로 개정되기 전의 것, 이하 같다) 제79조 제1항은 보험료(보험료의 가산금 포함)를 징수하거나 보험료환급금을 받을 권리, 보험급여를 받을 권리, 보험급여비용을 받을 권리, 같은 법 제43조 제3항의 규정에 의하여 과다납부된 본인일부부담금을 반환받을 권리에 대한 소멸시효기간이 3년이라고 정할 뿐이며, 같은 법 제52조가 정한 보험자의 부당이득금 징수권의 소멸시효기간에 관하여는 규정하고 있지 아니하다. 또한 같은 법 제14조 제1항, 제38조가 보험자인 국민건강보험공단은 국가와는 별개의 법인이고, 또 같은 법에 규정된 것을 제외하고는 민법 중 재단법인에 관한 규정을 준용하고 있는 점 등에 비추어 보면, 위 부당이득금 징수권의 소멸시효기간은 민법 제162조 제1항에 따라 10년이라고 봄이 상당하고, 구 국민건강보험법 제79조 제1항을 적용 또는 유추적용하여 이를 3년이라고 할 수는 없다."고 하여 10년의 시효를 지니고 있음을 판시하였다.

(4) 낙태죄

(가) 낙태의 의의와 종래 법의 규제

낙태는 태아를 자연의 분만기에 앞서 인위적으로 모체 밖으로 배출하거나 또는 태아를 모

---

68) 대법원 2012. 1. 27. 선고 2011두21669 판결.

체 안에서 살해하는 것을 의미하며, 이는 출산을 억제하는 최후의 수단으로서 바라지 않는 임신으로부터 여성을 해방하는 하나의 방법이지만, 태아의 생명 즉, 인간의 생명을 파괴하는 행위이기 때문에 범죄로서 처벌되어 왔다.[69] 낙태는 낙태라는 하나의 상황에서 박탈되는 태아의 생명과 임신을 지속하지 않겠다고 하는 임부의 의지가 동시에 문제되는 영역으로 받아들여지고 있다.[70]

우리나라의 경우 종래 모자보건법상 낙태가 예외적으로 허용되는 경우를 제외하고 형법상 낙태는 처벌을 받도록 규정되어 있었다. 즉, 구 형법 제269조와 제270조에서 전자는 임부인 부녀가 주체가 되어 낙태를 행하는 자기낙태죄의 경우를, 후자는 의료인의 주도 내지 방조 하에 낙태가 행해지는 동의낙태죄의 경우[71]를 규율하면서 부녀와 의료인 등의 처벌에 관하여 규정하고 있었다. 다만 모자보건법 제14조에서는 형법에서 원칙적으로 처벌하는 낙태가 ① 본인이나 배우자가 대통령령으로 정하는 우생학적(優生學的) 또는 유전학적 정신장애나 신체질환이 있는 경우, ② 본인이나 배우자가 대통령령으로 정하는 전염성 질환이 있는 경우, ③ 강간 또는 준강간(準强姦)에 의하여 임신된 경우, ④ 법률상 혼인할 수 없는 혈족 또는 인척간에 임신된 경우, ⑤ 임신의 지속이 보건의학적 이유로 모체의 건강을 심각하게 해치고 있거나 해칠 우려가 있는 경우의 어느 하나에 해당하는 경우 본인과 배우자(사실상의 혼인관계에 있는 사람을 포함한다)의 동의를 받아 임신 24주일 이내에 행할 수 있다고 하여 예외적 허용의 경우를 규정하고 있다(법 제14조 제1항, 시행령 제15조 제1항).

(나) 헌법재판소의 헌법불합치결정

헌법재판소가 낙태죄에 관하여 헌법불합치결정을 하기 전에는 "태아의 자기낙태죄 조항으로 제한되는 사익인 임부의 자기결정권이 위 조항을 통하여 달성하려는 태아의 생명권 보호라는 공익에 비하여 결코 중하다고 볼 수 없다."고 하여, 자기낙태죄 조항이 임신 초기의 낙태나 사회적·경제적 사유에 의한 낙태를 허용하고 있지 아니한 것이 임부의 자기결정권에 대한 과도한 제한이라고 보기 어려우므로, 자기낙태죄 조항은 헌법에 위반되지 아니한다는 취지로 판단하였다.[72] 다만 당시 헌법재판소는 구 모자보건법 제14조에 관한 위헌 여부와 관련하

---

69) 이재상·장영민·강동범, 형법각론 제12판, 박영사, 2021. 9, 88－90면; 함철훈, 생명의 존엄과 인공임신중절, 중앙법학 제6집 제4호, 2004, 11면; 김일수, 낙태죄의 해석론과 입법론, 법학논집, 고려대학교 법학연구원, 1992, 102－104면.

70) 이주희, 낙태관계규정의 실효성 확보 수단, 법학논집 제30권 제2호, 청주대학교 법학연구소 2008. 11, 144－150면.

71) 이는 동의낙태죄로서 신분관계에 의거하여 책임이 가중되는 가중적 구성요건에 해당하며, 의사, 한의사, 조산사, 약제사 또는 약종상이 임신한 여성의 촉탁이나 승낙을 받아 낙태하게 함으로써 성립하는 것이었다.

72) 헌법재판소 2012. 8. 23.자 2010헌바402 전원재판부 결정.

여 "모자보건법 조항은 의사, 그리고 임신한 여성과 그 배우자 및 일정한 경우의 친권자, 후견인, 부양의무자를 형식적인 규율대상으로 하고, 실질적으로는 태아의 생명권과 부모의 프라이버시권을 규율하는 것"이라고 하여[73] 낙태가 예외적으로 허용되는 경우 프라이버시권의 일종으로 낙태의 자유가 거론될 수 있음을 간접적으로 피력하였다.

이후 헌법재판소[74]는 형법 제269조 제1항의 자기낙태죄 조항이 "임신한 여성의 자기결정권에 기한 임신종결 여부 결정의 특성,[75] 생명의 발달단계와 자기결정권의 행사를 고려한 법적 보호 수단 및 정도,[76] 임신한 여성과 태아의 특별한 관계를 고려할 때의 생명보호수단,[77]

---

73) 헌법재판소 2008. 3. 18.자 2008헌마218 결정.

74) 헌법재판소 2019. 4. 11.지 2017헌바127 전원재판부 결정.

75) 여성은 임신을 하게 되면 약 10개월의 기간 동안 급격한 신체적·심리적 변화를 겪게 되며, 출산 과정에서는 극도의 고통과 심하면 사망에까지 이를 수 있는 위험을 경험하게 되는데, 임신을 유지하는 한 그와 같은 신체적 부담, 심리적 불안감, 출산과정의 고통 및 나아가 사망에 이를 수도 있는 위험을 여성 자신의 신체로써 직접 감당해야 한다. 우리 법체계 하에서 모자관계는 출산이라는 객관적이고 확실한 자연적 사실에 의하여 발생하므로, 출산은 모자관계의 형성으로 이어져 출산한 여성은 생모로서 아이에 대한 양육책임을 지게 된다. 여성에게 있어서 자녀의 양육은 20년 가까운 기간 동안 끊임없는 신체적·정신적·정서적 노력을 요구하고, 여성이 처한 다양하고 광범위한 사회적·경제적 상황에 따라 적지 않은 경제적 부담과 직장 등 사회생활에서의 어려움, 학업 계속의 곤란 등을 초래할 수 있다. 이러한 부담과 어려움은 성차별적인 관습, 가부장적 문화, 열악한 보육여건 등의 사회적 문제가 가세할 경우 더욱 가중된다.

76) 헌법재판소는 "국가에게 태아의 생명을 보호할 의무가 있다고 하더라도 생명의 연속적 발전과정에 대하여 생명이라는 공통요소만을 이유로 하여 언제나 동일한 법적 효과를 부여하여야 하는 것은 아니다. 동일한 생명이라 할지라도 법질서가 생명의 발전과정을 일정한 단계들로 구분하고 그 각 단계에 상이한 법적 효과를 부여하는 것이 불가능하지 않다. 예컨대 형법은 태아를 통상 낙태죄의 객체로 취급하지만, 진통 시로부터 태아는 사람으로 취급되어 살인죄의 객체로 됨으로써 생명의 단계에 따라 생명침해행위에 대한 처벌의 정도가 달라진다. 나아가 태아는 수정란이 자궁에 착상한 때로부터 낙태죄의 객체로 되는데 착상은 통상 수정 후 7일경에 이루어지므로, 그 이전의 생명에 대해서는 형법상 어떠한 보호도 행하고 있지 않다. 이와 같이 생명의 전체적 과정에 대해 법질서가 언제나 동일한 법적 보호 내지 효과를 부여하고 있는 것은 아니다. 따라서 국가가 생명을 보호하는 입법적 조치를 취함에 있어 인간생명의 발달단계에 따라 그 보호정도나 보호수단을 달리하는 것은 불가능하지 않다(헌법재판소 2008. 7. 31.자 2004헌바81 결정; 헌법재판소 2012. 8. 23.자 2010헌바402 결정의 반대의견 참조)."고 하면서 "태아가 모체를 떠난 상태에서 독자적으로 생존할 수 있는 시점인 임신 22주 내외에 도달하기 전이면서 동시에 임신 유지와 출산 여부에 관한 자기결정권을 행사하기에 충분한 시간이 보장되는 시기(이하 착상 시부터 이 시기까지를 '결정가능기간'이라 한다)까지의 낙태에 대해서는 국가가 생명보호의 수단 및 정도를 달리 정할 수 있다고 봄이 타당하다."는 의견을 피력하였다.

77) 임신한 여성의 안위가 태아의 안위와 깊은 관계가 있고, 태아의 생명 보호를 위해 임신한 여성의 협력이 필요하다는 점을 고려하면, 태아의 생명을 보호한다는 언명은 임신한 여성의 신체적·사회적 보호를 포함할 때 실질적인 의미를 가질 수 있다. 원치 않은 임신을 예방하고 낙태를 감소시킬 수 있는 사회적·제도적 여건을 마련하는 등 사전적·사후적 조치를 종합적으로 투입하는 것이 태아의 생명 보호를 위한 실효성 있는 수단이 될 수 있다(헌법재판소 2012. 8. 23.자 2010헌바402 결정의 반대의견 참조). 또한 임신한 여성이 결정가능기간 중에 낙태갈등 상황에 처했을 때 전문가로부터 정신적 지지와 충분한 정보를 제공받으면서 충분히 숙고한 후 임신 유지 여부에 대한 결정을 할 수 있도록 함과 아울러 임신·출산·육아에 장애가 되는 사회적·경제적 조건을 적극적으로 개선하는 노력을 기울인다면 태아의 생명 보호에 실질

자기낙태죄 조항의 실효성,[78] 형법적 제재 및 이에 따른 형벌의 위하의 한계와 문제점, 사회적·경제적 사유로 인한 낙태갈등 상황의 중대성을 종합해 볼 때, 자기낙태죄 조항이 모자보건법에서 정한 사유에 해당하지 않는다면 결정가능기간 중에 다양하고 광범위한 사회적·경제적 사유로 인하여 낙태갈등 상황을 겪고 있는 경우까지도 예외 없이 전면적·일률적으로 임신한 여성에게 임신의 유지 및 출산을 강제하고, 이를 위반하여 낙태한 경우 형사처벌하고 있는 것은 그 입법목적을 달성하기 위하여 필요한 최소한의 정도를 넘어 임신한 여성의 자기결정권을 제한하는 것이므로, 입법목적의 달성을 위한 최소한의 불가피한 수단이라고 볼 수 없다. …… 자기낙태죄 조항이 달성하고자 하는 태아의 생명 보호라는 공익은 중요한 공익이나, 결정가능기간 중 다양하고 광범위한 사회적·경제적 사유를 이유로 낙태갈등 상황을 겪고 있는 경우까지도 낙태를 금지하고 형사처벌하는 것이 태아의 생명 보호라는 공익에 기여하는 실효성 내지 정도가 그다지 크다고 볼 수 없다. 반면 앞서 보았듯이 자기낙태죄 조항에 따른 형사처벌로 인하여 임신한 여성의 자기결정권이 제한되는 정도는 매우 크다. 결국, 입법자는 자기낙태죄 조항을 형성함에 있어 태아의 생명 보호와 임신한 여성의 자기결정권의 실제적 조화와 균형을 이루려는 노력을 충분히 하지 아니하여 태아의 생명 보호라는 공익에 대하여만 일방적이고 절대적인 우위를 부여함으로써 공익과 사익간의 적정한 균형관계를 달성하지 못하였다.”고 하면서, 입법목적을 달성하기 위하여 필요한 최소한의 정도를 넘어 임신한 여성의 자기결정권을 제한하고 있어 침해의 최소성을 갖추지 못하고 있으며 법익균형성의 원칙도 위반하였다고 할 것이므로, 과잉금지원칙을 위반하여 임신한 여성의 자기결정권을 침해한다고 보았고, 자기낙태죄와 대향범(對向犯) 관계로 동일한 목표를 실현하기 위한 동의낙태죄 조항도 같은 이유에서 헌법에 합치되지 않는다고 하면서 입법자가 2020. 12. 31. 이전에 개선입법을 할 때까지 위 조항들을 계속 적용하되, 만일 위 일자까지 개선입법이 이루어지지 않는 경우 위 조항들은 2021. 1. 1.부터 그 효력을 상실한다고 하였다.

나. 의료인이 피해자인 경우

의료인이 환자와의 관계에서 피해자가 되는 경우는 환자측이 의료사고를 주장하며 병원에

적인 도움이 될 것이다.

78) 연구결과들에 의하면, 우리 사회에서 지금까지 낙태 추정건수나 낙태율은 지속적으로 감소하고 있는 추세로 보이지만, 이는 피임의 증가, 남아선호사상의 약화, 경제사정의 개선 등 여러 요인이 복합적으로 작용한 결과라고 할 수 있고, 자기낙태죄 조항이 낙태건수나 낙태율의 감소에 의미 있는 영향을 미쳤다고 볼 만한 근거는 찾기 어렵다. 이처럼 낙태갈등 상황에서 형벌의 위하가 임신한 여성의 임신종결 여부 결정에 미치는 영향이 제한적이라는 사정과 실제로 형사처벌되는 사례도 매우 드물다는 현실에 비추어 보면, 자기낙태죄 조항이 낙태갈등 상황에서 태아의 생명 보호를 실효적으로 하지 못하고 있다고 볼 수 있다.

서 난동을 부리거나 의료진을 폭행하고 협박하는 과정에서 성립하는 형법 제260조의 폭행죄와 동법 제283조의 협박죄, 동법 제307조의 명예훼손죄, 동법 제309조의 모욕죄, 동법 제314조의 업무방해죄, 동법 제350조의 공갈죄 등이 있을 것이다.

2. 의료법 등 위반

가. 개 요

의료인은 의료법 위반으로 인하여 형사적 제재와 함께 행정적 제재를 받을 수 있다. 이에는 누구든지 의료기관의 의료용 시설·기재·약품, 그 밖의 기물 등을 파괴·손상하거나 의료기관을 점거하여 진료를 방해하거나 이를 교사 또는 방조할 때 성립하는 동법 제12조 제2항의 의료기관 점거 및 진료방해, 의료인이 환자에 대한 진료를 거부할 때 성립하는 동법 제15조 제1항의 진료거부, 의사나 치과의사가 환자를 대면하여 직접 처방전 등을 교부하지 아니하여 발생하는 동법 제17조 제1항 위반,[79] 의료인이 의료·조산 또는 간호를 하면서 알게 된 환자의 비밀을 누설함에 발생하는 동법 제19조의 비밀누설금지,[80] 환자측에 대하여 진료기록의 열람을 거부할 때 성립하는 동법 제20조 제1항의 기록열람거부, 의료인이 진료기록 등을 보관·작성하지 아니하였을 때 발생하는 동법 제22조의 진료기록부 보관·작성 의무 위반, 의료인 태아 성 감별을 목적으로 임부를 진찰·검사 등을 하거나 32주 이전에 태아의 성을 고지할 경우 성립하는 동법 제20조의 태아 성 감별 행위 등 금지, 의료인 아닌 자가 의료행위를 하거나 의료인이 면허된 것 이외의 의료행위를 동법 제27조 제1항의 무면허 의료행위,[81] 환자의 본인부담금을 면제하거나 할인하는 행위, 금품 등을 제공하거나 불특정 다수인에게 교통편의를 제공하는 행위 등 영리를 목적으로 환자를 의료기관이나 의료인에게 소개·알선·유인하는 행위 및 이를 사주할 때 성립하는 동법 제27조 제3항 소정의 영리목적 환자 유인행위, 사체 검안 후 변사(變死)한 것으로 의심되는 때에는 사체의 소재지를 관할하는 경찰서장에게 신고하여야 할 의무를 위반할 때 발생하는 동법 제26조의 변사체신고규정 위반, 이중개설이나 의

---

79) 대법원 1996. 2. 23. 선고 95누16318 판결에서 대법원은 "산부인과의사가 1991. 7. 10.부터 1992. 10. 28.까지 사이에 4차례에 걸쳐, 방학이나 병가기간이 끝나는 시기부터 출산휴가를 가지려는 여교사들의 부탁을 받아 실제로 진찰하지 아니하고 분만예정일이나 분만일을 실제와 다르게 기재한 허위진단서를 작성하여 준 행위가 의료업에 종사하고 자신이 진찰 또는 검안한 의사가 아니면 진단서를 교부하지 못한다고 규정한 구 의료법(1994. 1. 7. 법률 제4732호로 개정되기 전의 것) 제18조 제1항에 위반되는 행위임이 명백하다."고 판시하였다.
80) 앞서 살펴본 바와 같이 이는 형법 제317조의 업무상 비밀누설죄와 중첩될 수 있다.
81) 면허 의료행위가 영리목적을 띨 경우 보건범죄단속에관한특별조치법 제5조를 함께 위반하게 된다.

료인 아닌 자에 대하여 명의를 대여할 경우 성립하는 동법 제33조 제2항 및 제87조 제1호의 명의대여,[82] 의료광고에 관한 규율을 위배할 때 나타나는 동법 제56조·제57조의 의료광고규정 위반 등이 있다.

나. 태아 성 감별 금지

(1) 태아 성 감별 결과 고지 금지에 관한 구 의료법 조항

구 의료법은 제20조 제2항에서 의료인이 임부에 대한 진찰이나 검사를 하면서 알게 된 태아 성(性) 감별 결과에 대하여 임부 본인, 그 가족 기타 다른 사람 등에게 고지하는 것이 무조건적으로 금지되어 있었으며, 이를 위반할 경우 형사적 제재를 가하고 있었다.

(2) 헌법재판소의 헌법불합치 결정[83]

헌법재판소의 헌법불합치 결정은 병합된 사건에 대한 것이었는데, 헌법재판소 2004헌마1010 사건의 경우 임부의 남편이 청구한 것으로 임신기간과 무관하게 태아에 대한 성 감별 결과의 고지를 일률적으로 금지하는 것은 임부와 가족의 행복추구권과 알 권리를 침해한다는 것이었고, 헌법재판소 2005헌바90 사건의 경우 구 의료법의 태아성감별 금지조항을 위반하여 그 결과를 알려 주어 형벌을 받게 된 산부인과 의사가 동 조항이 자신의 환자에게 그 환자가 원하는 정보를 자유롭게 제공할 수 있는 직업의 자유, 행복추구권, 평등권 등을 침해한다는 것이었다.

헌법재판소는 "태아의 성별 고지를 금지하는 것과 여태아의 낙태를 방지하여 성비의 불균형을 해소한다는 것과의 사이에 상관성이 있다고 보기 어렵고, 최근 몇 년 사이에 출생성비가 자연성비에 가까워지고 있는 현상은 성별 고지 금지보다는 남아선호에 대한 의식의 변화에 기인한 측면이 강한 것으로 볼 수 있을 것이다."라고 하면서 의식의 변화가 이루어지고 있다는 점과 "임신 기간이 통상 40주라고 할 때, 낙태가 비교적 자유롭게 행해질 수 있는 시기가 있는 반면에, 낙태를 할 경우 태아는 물론, 산모의 생명이나 건강에 중대한 위험을 초래하여 낙태가 거의 불가능하게 되는 시기도 있다. 예컨대 모자보건법 제14조는 일정한 우생학적 또

---

82) 대법원 1994. 12. 23. 선고 94도1937 판결; 대법원은 "의료인이 무자격자가 자금을 투자하여 시설을 갖추고 그 의료인명의로 의료기관 개설신고를 하는 데에 자신의 면허증을 이용하도록 하였다고 하더라도 그 개설 후 의료인 자신이 그 의료기관에서 의료행위를 할 의사로 그리하였고, 또 실제로 개설 후 의료인이 의료행위를 계속하여 왔으며 무자격자가 의료행위를 한 바 없다면, 면허증을 대여한 것으로 볼 수 없다."고 하였다.

83) 헌법재판소 2008. 7. 31.자 2004헌마1010, 2005헌바90(병합) 전원재판부 결정.

는 유전학적 정신장애나 신체질환이 있는 경우와 같은 예외적인 경우에는 낙태를 허용하고 있지만, 모자보건법 시행령 제15조 제1항에 따르면, 이러한 예외적인 낙태도 임신한 날로부터 28주가 지나면 이를 하지 못하도록 금지하고 있다. 임신 후반기에 접어들면 대체로 낙태 그 자체가 위험성을 동반하게 되므로 태아와 산모를 보호하기 위해 이를 절대적으로 금지하고 있는 것이다. 따라서 이와 같이 낙태 그 자체의 위험성으로 인하여 낙태가 사실상 이루어질 수 없는 임신 후반기에는 태아에 대한 성별 고지를 예외적으로 허용하더라도 성별을 이유로 한 낙태가 행해질 가능성은 거의 없다고 할 것이다."라고 하여 임신 후반기의 경우 성별 고지의 예외적 허용이 가능하다는 점을 설시하면서 "따라서 이 시기에 한정하여 태아의 성별 고지를 허용하게 되면, 낙태의 위험은 없으면서도 의료인의 직업의 자유를 보장함은 물론, 태아의 부모가 태아에 대한 정보에 접근하는 것도 방해하지 않을 수 있게 된다. 낙태가 거의 불가능하게 되는 시기에 있어서 태아의 성별 정보에 대한 고지의 허용은 이 사건 규정의 입법목적 달성에 특별한 지장을 주지는 않을 것으로 볼 수 있다. 그럼에도 불구하고 성별을 이유로 하는 낙태가 임신 기간의 전 기간에 걸쳐 이루어질 것이라는 전제 하에, 이 사건 규정이 낙태가 사실상 불가능하게 되는 시기에 이르러서도 태아에 대한 성별 정보를 태아의 부모에게 알려 주지 못하게 하는 것은 의료인과 태아의 부모에 대한 지나친 기본권 제한으로서 피해의 최소성 원칙을 위반하는 것이다."라고 보아 구 의료법 조항의 위헌성을 지적하면서, 법 적용의 공백을 방지하기 위하여 구 의료법 조항을 잠정적으로 적용하되 2009. 12. 31.까지 입법자가 새로운 입법을 마련하도록 촉구하는 헌법불합치 결정을 하였다.

(3) 의료법 조항의 개정

헌법재판소에서 시일을 정한 헌법불합치 결정이 되자 2009. 12. 31. 법률 제9906호에 의하여 태아 성 감별의 전면 금지조항을 제한된 범위 내에서, 즉, 임신 32주를 초과한 후부터 의사가 태아 성 감별의 결과를 임부 등에게 고지할 수 있도록 개정되었다.[84]

하지만 태아 성 감별에 대한 고지가 의료법 개정을 통하여 임신 32주를 넘어서부터는 허용되었다고 하나, 이러한 개정 내역은 낙태가 허용되는 시적 범위를 규정한 모자보건법과 균형이 맞지 않으므로 재개정이 필요하다는 주장이 제기되고 있다. 즉, 모자보건법 시행령 제15조 제1항에서는 인공임신중절수술(낙태)의 허용한계에 관하여 모자보건법 제14조에 따른 인공임신중절수술은 임신 24주일 이내에 가능하다고 한 것에 비추어 의료법 제20조 제2항의 기준시점도 임신 24주일로 변경하는 것이 타당하다는 주장이 있다.[85]

---

84) 의료법 제20조(태아 성 감별 행위 등 금지) ② 의료인은 임신 32주 이전에 태아나 임부를 진찰하거나 검사하면서 알게 된 태아의 성(性)을 임부, 임부의 가족, 그 밖의 다른 사람이 알게 하여서는 아니 된다.

다. 영리 목적 환자 유인행위와 의료광고

의료행위는 국민의 생명·신체에 직결되고 건강권의 보호를 목적으로 하고있어 공공성이 존재하기 때문에 규제가 뒤따른다.[86] 하지만 의료행위가 기본적으로 환자라는 의료소비자에 대하여 의료인이 의료서비스를 제공한다는 측면과 이를 토대로 의료시장이 생성되고 경쟁이 유발된다는 현실을 감안한다면, 의료행위도 영리적인 측면을 구비하고 있음을 부인할 수 없고, 따라서 다른 시장 영역에서와 마찬가지로 시장의 기본적인 질서를 해하지 않는 범위 내에서 환자에 대한 의료서비스 경쟁이 일부 허용될 필요도 있다. 이러한 측면에서 의료법에서도 의료인이 영리를 목적으로 하여 환자를 유인하는 것은 특정한 예외를 제외하고 금지되지만, 의료인에게 의료행위에 대한 의료광고를 허용하고 있기도 하다.

(1) 영리 목적 환자 유인행위의 금지

의료법 제27조 제3항에서는 의료법인·의료기관·의료인을 비롯한 누구든지 국민건강보험법이나 의료급여법에 따른 본인부담금을 면제하거나 할인하는 행위, 금품 등을 제공하거나 불특정 다수인에게 교통편의를 제공하는 행위 등 영리를 목적으로 환자를 의료기관이나 의료인에게 소개·알선·유인하는 행위 및 이를 사주하는 행위를 금지하고 있다. 다만, 환자의 경제적 사정 등을 이유로 개별적으로 관할 시장·군수·구청장의 사전승인을 받아 환자를 유치하거나 국민건강보험법 제109조에 따른 가입자나 피부양자가 아닌 외국인(보건복지부령으로 정하는 바에 따라 국내에 거주하는 외국인은 제외한다)환자를 유치하기 위한 행위는 제외된다.

동조항은 의료행위의 비영리성과 공공성이라는 특성을 토대로 영리 목적의 환자유인행위를 규제하고 있다.

(2) 의료광고

현행법상 의료광고에 관한 직접적인 규정은 의료법 제5장의 제56조와 제57조에서 규율하고 있다. 동조항은 의료광고에 관하여 의료행위의 공익성과 비영리성이라는 특수성에 기인하여 의료기관 간의 과당경쟁 방지와 저질화를 막기 위하여 타 상업광고보다 강도 높은 규제를 하고 있다. 종래에는 의료광고의 허용되는 범위를 법령에서 정하는 포지티브 방식으로 규정하였다가, 2007. 1. 3. 의료법 일부개정을 통하여 의료광고가 금지되는 범위를 정하는 네거티브

---

85) 2009. 12. 10.자 메디컬투데이 기사, 태아성감별 32주 허용, 금지와 다를 바 없다.; 2009. 12. 11.자 파이낸셜 뉴스 기사, 산부인과의사회 태아 성감별 허용 24주후로 앞당겨야.
86) 석희태, 병원 개설 법인의 지위, 의료법학 제6권 제2호, 2005. 12, 162-163면.

방식으로 변경하여 현재에 이르고 있다. 이렇게 네거티브 방식으로 의료광고를 규율할 경우 금지되는 것으로 규정되지 않으면 의료광고가 가능하기 때문에 포지티브 방식보다 의료광고의 허용범위가 확장되게 된다.[87]

의료법 제56조에서는 제1항에서 의료법인·의료기관 또는 의료인이 아닌 자는 의료에 관한 광고를 하지 못하도록 하여 주체를 제한하고 있고, 그 내용과 관련하여 제2항에서 금지되는 의료광고의 일반원칙을 적시하고 있으며, 제4항에서는 금지되는 의료광고의 구체적인 내용 등 의료광고에 관하여 필요한 사항은 대통령령인 의료법 시행령 제23조에서 정하고 있다.

따라서 의료인은 의료법 제56조 제2항에서 정하고 있는 ① 보건복지부장관의 신의료기술평가를 받지 아니한 신의료기술에 관한 광고, ② 환자에 관한 치료경험담 등 소비자로 하여금 치료효과를 오인하게 할 우려가 있는 내용의 광고, ③ 거짓된 내용을 표시하는 광고, ④ 다른 의료인등의 기능 또는 진료 방법과 비교하는 내용의 광고, ⑤ 다른 의료인등을 비방하는 내용의 광고, ⑥ 수술 장면 등 직접적인 시술행위를 노출하는 내용의 광고, ⑦ 의료인등의 기능·진료방법과 관련하여 심각한 부작용 등 중요한 정보를 누락하는 광고, ⑧ 객관적인 사실을 과장하는 내용의 광고, ⑨ 법적 근거가 없는 자격이나 명칭을 표방하는 내용의 광고, ⑩ 신문, 방송, 잡지 등을 이용하여 기사(記事) 또는 전문가의 의견 형태로 표현되는 광고, ⑪ 의료법 제57조에 따른 의료광고 심의를 받지 아니하거나 심의받은 내용과 다른 내용의 광고, ⑫ 의료법 제27조제3항에 따라 외국인환자를 유치하기 위한 국내광고, ⑬ 소비자를 속이거나 소비자로 하여금 잘못 알게 할 우려가 있는 방법으로 제45조에 따른 비급여 진료비용을 할인하거나 면제하는 내용의 광고, ⑭ 각종 상장·감사장 등을 이용하는 광고 또는 인증·보증·추천을 받았다는 내용을 사용하거나 이와 유사한 내용을 표현하는 광고(다만, 의료법 제58조에 따른 의료기관 인증을 표시한 광고, 정부조직법 제2조부터 제4조까지의 규정에 따른 중앙행정기관·특별지방행정기관 및 그 부속기관, 지방자치법 제2조에 따른 지방자치단체 또는 공공기관의 운영에 관한 법률 제4조에 따른 공공기관으로부터 받은 인증·보증을 표시한 광고, 다른 법령에 따라 받은 인증·보증을 표시한 광고, 세계보건기구와 협력을 맺은 국제평가기구로부터 받은 인증을 표시한 광고 등 대통령령으로 정하는 광고 중 어느 하나에 해당하는 경우는 제외함), ⑮ 그 밖에 의료광고의 방법 또는 내용이 국민의 보건과 건전한 의료경쟁의 질서를 해치거나 소비자에게 피해를 줄 우려가 있는 것으로서 대통령령으로 정하는 내용의 광고는 금지된다. 금지되는 의료광고의 구체적인 기준은 의료법 시행령 제23조 제1항[88]에 규정되어 있다.

---

87) 곽명섭, 의료광고 관련 의료법 개정과정의 문제점과 의료광고 사전심의제도 등의 개선방안, 법과 정책연구, 제10집 제1호, 2010. 4, 206면 이하 참조; 홍승희, 의료광고 네거티브제 도입에 따른 문제 동향, 형사정책연구소식, 제100호, 2007, 44면.

또한 광고형식과 관련하여 제3항에서 ① 방송법상의 방송, ② 국민의 보건과 건전한 의료경쟁의 질서를 유지하기 위하여 제한할 필요가 있는 경우로서 대통령령으로 정하는 방법으로는 의료광고를 할 수 없도록 하고 있다.

(3) 헌법재판소와 판례의 태도

(가) 헌법재판소 2005. 10. 27.자 2003헌가3 전원재판부 결정

헌법재판소는 "의료광고를 규제하는 이유는 소비자(환자)의 보호, 공정거래의 확보, 의료행위의 숭고함의 유지라고 할 수 있다. 의료는 고도의 전문적 지식과 기술을 요하므로 일반 상품이나 용역과는 차이가 있으며 국민의 건강에 직결되는 것이므로 소비자를 보호하고 의료인 간의 불공정한 과당경쟁을 막기 위하여 의료광고에 대한 합리적 규제가 필요하다. … 의료인의 기능이나 진료방법에 대한 광고가 소비자들을 기만하는 것이거나, 소비자들에게 정당화되지 않은 의학적 기대를 초래 또는 오인하게 할 우려가 있거나, 공정한 경쟁을 저해하는 것이라면, 그러한 의료광고는 허용될 수 없으며, 이에 대해서는 국민의 보건과 건전한 의료경쟁질서를 위하여 강력한 규제가 필요하다."고 하여 의료행위를 광고하는 경우의 규제 필요성을 인정하는 한편 "그러나 객관적인 사실에 기인한 것으로서 소비자에게 해당 의료인의 의료기술

---

88) 동조항에서는 ① 법 제53조에 따른 신의료기술평가를 받지 아니한 신의료기술에 관하여 광고하는 것, ② 특정 의료기관·의료인의 기능 또는 진료 방법이 질병 치료에 반드시 효과가 있다고 표현하거나 환자의 치료경험담이나 6개월 이하의 임상경력을 광고하는 것, ③ 의료인, 의료기관, 의료서비스 및 의료 관련 각종 사항에 대하여 객관적인 사실과 다른 내용 등 거짓된 내용을 광고하는 것, ④ 의료인등이 수행하거나 광고하는 기능 또는 진료 방법이 다른 의료인등의 것과 비교하여 우수하거나 효과가 있다는 내용으로 광고하는 것, ⑤ 다른 의료인등을 비방할 목적으로 해당 의료인등이 수행하거나 광고하는 기능 또는 진료 방법에 관하여 불리한 사실을 광고하는 것, ⑥ 의료인이 환자를 수술하는 장면이나 환자의 환부(患部) 등을 촬영한 동영상·사진으로서 일반인에게 혐오감을 일으키는 것을 게재하여 광고하는 것, ⑦ 의료인등의 의료행위나 진료 방법 등을 광고하면서 예견할 수 있는 환자의 안전에 심각한 위해(危害)를 끼칠 우려가 있는 부작용 등 중요 정보를 빠뜨리거나 글씨 크기를 작게 하는 등의 방법으로 눈에 잘 띄지 않게 광고하는 것, ⑧ 의료인, 의료기관, 의료서비스 및 의료 관련 각종 사항에 대하여 객관적인 사실을 과장하는 내용으로 광고하는 것, ⑨ 법적 근거가 없는 자격이나 명칭을 표방하는 내용을 광고하는 것, ⑩ 특정 의료기관·의료인의 기능 또는 진료 방법에 관한 기사나 전문가의 의견을 신문 등의 진흥에 관한 법률 제2조에 따른 신문·인터넷신문 또는 잡지 등 정기간행물의 진흥에 관한 법률에 따른 정기간행물이나 방송법 제2조제1호에 따른 방송에 싣거나 방송하면서 특정 의료기관·의료인의 연락처나 약도 등의 정보도 함께 싣거나 방송하여 광고하는 것, ⑪ 법 제57조제1항에 따라 심의 대상이 되는 의료광고를 심의를 받지 아니하고 광고하거나 심의 받은 내용과 다르게 광고하는 것, ⑫ 외국인환자를 유치할 목적으로 법 제27조제3항에 따른 행위를 하기 위하여 국내광고 하는 것, ⑬ 의료법 제45조에 따른 비급여 진료비용의 할인·면제 금액, 대상, 기간이나 범위 또는 할인·면제 이전의 비급여 진료비용에 대하여 허위 또는 불명확한 내용이나 정보 등을 게재하여 광고하는 것, ⑭ 각종 상장·감사장 등을 이용하여 광고하는 것 또는 인증·보증·추천을 받았다는 내용을 사용하거나 이와 유사한 내용을 표현하여 광고하는 것을 금지된다고 규정하고 있다.

이나 진료방법을 과장함이 없이 알려주는 의료광고라면 이는 의료행위에 관한 중요한 정보에 관한 것으로서 소비자의 합리적 선택에 도움을 주고 의료인들 간에 공정한 경쟁을 촉진하므로 오히려 공익을 증진시킬 수 있는 것이다."라고 하면서 "오늘날 이 사건 조항이 제정된 1973년도에 비해 의료정보에 대한 수요가 비약적으로 늘어났으며 의료소비자들이 합리적 선택을 하기 위해서는 의료제공자인 의료인 혹은 의료기관의 기술과 진료방법에 대한 정확한 정보가 필요하게 되었다. 생활수준의 향상으로 질병의 유형과 특성이 변화하여 과거에는 세균성 질병이 주된 치료의 대상이었지만 오늘날에는 암, 비만, 고혈압, 당뇨병과 같은 질환이 주된 치료대상이 되고 있는바, 질병구조의 질적 변화에 따른 의료의 전문화와 기술화는 한편으로 의료정보의 원활한 유통을 더욱 필요로 하게 되었다. 또한 비약적으로 증가되는 의료인 수를 고려할 때, 이 사건 조항에 의한 의료광고의 금지는 새로운 의료인들에게 자신의 기능이나 기술 혹은 진단 및 치료방법에 관한 광고와 선전을 할 기회를 배제함으로써, 기존의 의료인과의 경쟁에서 불리한 결과를 초래할 수 있는데, 이는 자유롭고 공정한 경쟁을 추구하는 헌법상의 시장경제질서에 부합되지 않는다. 그러므로 국가가 소비자 보호와 과당경쟁을 이유로 의료광고를 일률적으로 금지하는 후견적 입장을 여전히 견지하는 것은 한계가 있다. 오늘날 이 사건 조항에 의한 의료광고 금지를 회피하기 위한 편법으로 의료에 관한 소위 기사성 광고 혹은 의견성 광고가 범람하여 이 사건 조항의 취지와 의료경쟁질서가 훼손되고 있는 것이 현실이다. 또한 인터넷의 확산으로 의료인의 기능과 진료방법에 관한 정보를 광고하는 것을 금지할 경우 그 단속의 실효성과 형평성이 심히 문제되는바, 현실적으로는 의료업계의 자율적 규제를 통하여, 즉 의료인의 인터넷 홈페이지에 대해 소속단체나 전문학회별로 일정한 인증제도를 실시하는 등의 방법으로 부당한 광고를 규제하는 것이 보다 효율적인 측면이 있다. 또한 이 사건 조항이 아니더라도 그 입법목적은 다른 규정들에 의하여 충분히 달성될 수 있다는 점에서도 이 사건 조항은 필요한 범위를 벗어난 것이다."라고 하여 변화된 시대적 인식과 의료도 시장경제질서에 의하여 영리추구의 측면을 지니고 있다는 점을 인정하였다.

그러한 이유로 '특정의료기관이나 특정의료인의 기능·진료방법'에 관한 광고를 금지하는 의료법(2002. 3. 30. 법률 제6686호로 개정되기 전의 것) 제46조 제3항 및 그 위반시 형사벌을 처하도록 하는 동법 제69조는 "의료인의 기능과 진료방법과 같은 중요한 의료정보의 유통제한은 의료인에게 자신의 기능과 진료방법에 관한 광고와 선전을 할 기회를 전면적으로 박탈함으로써 표현의 자유를 제한하고, 의료인이 다른 의료인과의 영업상 경쟁을 효율적으로 수행하는 것을 방해함으로써 직업수행의 자유를 제한하고 있다. 나아가 이 사건 조항은 소비자의 의료정보에 대한 알 권리를 제약하게 된다. 그러므로 이 사건 조항은 보호하고자 하는 공익보다 제한되는 사익이 더 중하다고 볼 것이므로 이 사건 조항은 법익의 균형성 원칙에도 위배된다.

따라서 이 사건 조항은 비례의 원칙에 위배하여 표현의 자유와 직업수행의 자유를 침해한다.”
고 보아 위헌결정을 한 바 있다.

(나) 대법원 2004. 10. 27. 선고 2004도5724 판결

대법원은 “위 조항(영리 목적 환자 유인행위)의 입법취지는 의료기관 주위에서 환자 유치를
둘러싸고 금품수수 등의 비리가 발생하는 것을 방지하고 나아가 의료기관 사이의 불합리한
과당경쟁을 방지하려는 데에 있는 점, 의료기관도 영리를 목적으로 하는 이상 소비자인 환자
들에게의 접근을 완전히 봉쇄할 수는 없으므로 구 의료법 제46조는 의료법인·의료기관·의
료인이 보건복지부령이 정하는 방법에 의하여 광고를 할 수 있도록 하되 허위 또는 과장 광
고를 하지 못하도록 규정하고 있을 뿐인 점, 환자유치과정에서의 위법행위는 상당 부분 구
의료법 제46조 위반으로 처벌이 가능한 점 등에 비추어 보면, 의료기관·의료인이 스스로 자
신에게 환자를 유치하는 행위는 그 과정에서 환자 또는 행위자에게 금품이 제공되거나 의료
시장의 질서를 근본적으로 해하는 등의 특별한 사정이 없는 한, 구의료법 제25조 제3항의
환자의 ‘유인’이라 할 수 없다.”고 하면서 “피고인 1이 피해자 등을 상대로 ○○병원에서 계
약금 3만원으로 예약을 하면 시중보다 싼 금액인 20만원으로 건강검진을 받을 수 있다고 선
전한 행위는 단순한 홍보를 넘어 환자를 소개 또는 알선한 것이라고 보아야 한다”는 이유로
피고인들의 행위를 유죄로 판단한 원심을 피고인이 위 병원으로부터 따로 금품을 제공받은
점이 없다는 점과 위 병원 스스로 환자를 유치하는 과정에서 환자나 구체적 행위자인 피고
인에게 금품이 제공된 것이 아니라는 점, 이러한 행위가 의료시장의 질서를 근본적으로 해할
정도에 이른 것이 아니라는 점을 들어 이를 파기하고 피고인들의 행위를 무죄로 판단하였다.

(다) 대법원 2008. 2. 28. 선고 2007도10542 판결

위 대법원 판결은 여드름 약물 스케일링 시술과 관련된 것인데, 대법원은 “제1심판결이 적
법하게 채택하여 조사한 증거들에 의하여, 피고인의 사용인 강○○이 피고인이 운영하는 ‘○
○○○○’의 홈페이지에 2006. 7. 일자불상경 약 50일간 청소년을 대상으로 여드름 약물 스
케일링 시술시 50%를 할인한다는 내용의 광고를 게재한 사실을 인정한 다음, 이 사건 광고의
내용만으로는 ○○○○○의 여드름 약물 스케일링 시술비가 다른 의료기관에서 정하고 있는
시술비보다 저렴하다는 것인지, 단순히 ○○○○○이 종전에 정하고 있던 시술비를 할인하였
음을 알리는 취지에 불과한 것인지조차 분명하지 않고, 할인 기간 및 대상 시술을 제한하고
있을 뿐 아니라 경제적 여력이 충분하지 못한 청소년들만을 그 대상으로 삼고 있는 등의 사
정에 비추어 보면, 피고인의 행위가 의료시장의 질서를 근본적으로 해할 정도에 이르렀다고는

보이지 않으므로, 이는 구 의료법 제25조 제3항에 정한 환자유인행위에 해당한다고 볼 수 없다고 판단하였는바, 이러한 원심의 판단은 위 법리에 따른 것으로서 정당한 것으로 수긍이 가고, 거기에 상고이유의 주장과 같은 법리오해 등의 위법이 없다."고 판시하였다.

(라) 헌법재판소 2010. 10. 28.자 2009헌마55 결정

헌법재판소는 "구 의료법(2008. 2. 29. 법률 제8852호로 개정되고, 2009. 1. 30. 법률 제9386호로 개정되기 전의 것) 제27조 제3항은 …… '국민건강보험법이나 의료급여법에 따른' 본인부담금의 면제나 할인행위를 금지하고 있는데, 위 조항의 문리해석 및 국민건강보험법과 의료급여법이 급여비용의 일부를 본인이 부담하도록 규정하는 점, 국민건강보험법에 의한 가입자 및 피부양자와 의료급여법에 의한 수급자가 급여비용의 일부를 부담하는 경우에 그 일부 부담 부분을 '본인부담금'이라고 본 대법원의 해석 등을 종합적으로 고려하면, 구 의료법 제27조 제3항에서 말하는 '본인부담금'이란, 국민건강보험법에 의한 요양급여를 받는 자(가입자 및 피부양자)나 의료급여법에 의한 수급자가 급여비용의 일부를 부담하는 경우에 그 부담 부분을 의미한다고 할 것이지, 국민건강보험이나 의료급여의 대상이 아닌 모든 경우에 환자 본인이 부담하는 비용을 의미하는 것은 아니라고 할 것이다."고 하여, "청구인이 할인 이벤트의 대상으로 삼은 보톡스 주사, 제모 시술 등은 국민건강보험법 또는 의료급여법에 의한 급여대상 진료에 해당하지 아니하므로, 이에 대한 환자 본인의 부담금액에 대한 할인행위는 구 의료법 제27조 제3항에서 말하는 '본인부담금' 할인행위에 해당하지 아니함에도 불구하고, 피청구인은 이 사건 기소유예처분을 하였는바, 이는 법리오해에 기초하여 이루어진 자의적인 처분에 해당하고, 그로 말미암아 청구인의 평등권과 행복추구권이 침해되었다고 할 것이므로 이 사건 기소유예처분은 취소되어야 한다."고 판단하였다.

(마) 대법원 2012. 9. 13. 선고 2010도1763 판결

위 판결의 사안은 X안과의원 원장인 피고인 甲은 피고인 주식회사 Y와 그 대표이사인 乙과의 사이에, 2008. 3. 7. Y의 인터넷 홈페이지에 라식·라섹 수술에 대한 이벤트 광고를 하기로 하는 광고 계약을 체결하였고, 이에 따라 Y와 乙은 2008. 3. 11.부터 같은 달 24. 까지 '◇◇◇과 함께하는 라식/라섹 90만원 체험단 모집'이라는 제목으로 이벤트 광고를 게재하고, 위 기간동안 2회에 걸쳐 Y의 30만 명의 회원들에게 위와 동일한 내용의 이벤트 광고를 이메일로 각 발송한 행위가 문제된 것이었다.

대법원은 항소심에서 유죄로 인정한 부분인 전자메일 발송행위 역시 무죄 취지로 판단하였고, 그 근거로 죄형법정주의, 의료광고와 환자유인행위 사이의 경계, 의료소비자의 알 권리와 의료인의 직업수행의 자유 및 표현의 자유를 들었다.

대법원은 "형벌법규는 문언에 따라 엄격하게 해석·적용하여야 하고 일반적으로 피고인에게 불리한 방향으로 확장해석하거나 유추해석하여서는 안되는 것이나, 형벌법규의 해석에 있어서도 가능한 문언의 의미 내에서 당해 규정의 입법 취지와 목적 등을 고려한 법률체계적 연관성에 따라 그 문언의 논리적 의미를 분명히 밝히는 체계적·논리적 해석방법은 그 규정의 본질적 내용에 접근한 해석을 위한 것으로서 죄형법정주의의 원칙에 부합한다. …… 한편 의료광고는 그 성질상 기본적으로 환자를 유인하는 성격을 지닌다. 그런데 이를 구 의료법 제27조 제3항에서 금지하는 환자유인행위에 해당한다고 하면, 이는 의료인의 직업수행의 자유 및 표현의 자유는 물론이고 의료소비자의 '알 권리'를 지나치게 제약하고, 나아가 새로운 의료인이 의료시장에 진입하는 것을 제한함으로써 의료인 사이의 경쟁을 통한 건전한 발전을 저해할 우려가 적지 아니하므로, 의료광고에 대한 관계에서는 위 법규정에서 금지하는 환자유인행위를 제한적으로 해석할 필요가 있다."고 판시하였고, "위와 같은 환자유인행위에 관한 조항의 입법취지와 관련 법익, 의료광고 조항의 내용 및 연혁·취지 등을 고려하면, 의료광고행위는 그것이 구 의료법 제27조 제3항 본문에서 명문으로 금지하는 개별적 행위유형에 준하는 것으로 평가될 수 있거나 또는 의료시장의 질서를 현저하게 해치는 것 등의 특별한 사정이 없는 한 구 의료법 제27조 제3항에서 정하는 환자의 '유인'에 해당하지 아니하고, 그러한 광고행위가 의료인의 직원 또는 의료인의 부탁을 받은 제3자를 통하여 행하여졌다고 하더라도 이를 환자의 '소개·알선' 또는 그 '사주'에 해당하지 아니한다고 봄이 상당하다."고 하면서 "피고인 甲이 피고인 주식회사 Y를 통하여 이메일을 발송한 행위는 불특정 다수인을 상대로 한 의료광고에 해당하므로 특별한 사정이 없는 한 구 의료법 제27조 제3항의 환자의 '유인'이라고 볼 수 없고, 위와 같은 광고 등 행위가 피고인 甲의 부탁을 받은 피고인 주식회사 Y 등을 통하여 이루어졌다고 하더라도 환자의 '소개·알선' 또는 그 '사주'에 해당하지 아니한다고 보아야 한다."고 하여 무죄 취지의 결론을 도출하였다

그리고 대법원은 동 판결에서 환자유인행위와 의료광고의 관계에 대하여 "의료광고행위는 그것이 구 의료법 제27조 제3항 본문에서 명문으로 금지하는 개별적 행위유형에 준하는 것으로 평가될 수 있거나 또는 의료시장의 질서를 현저하게 해치는 것 등의 특별한 사정이 없는 한 구 의료법 제27조 제3항에서 정하는 환자의 '유인'에 해당하지 아니하고, 그러한 광고행위가 의료인의 직원 또는 의료인의 부탁을 받은 제3자를 통하여 행하여졌다고 하더라도 이를 환자의 '소개·알선' 또는 그 '사주'에 해당하지 아니한다고 봄이 상당하다."고 하여 기존의 대법원 판결과 달리 양자의 관계를 규명하였다. 대법원은 양자 모두 환자를 유인하는 성격을 지니고 있으므로, 의료광고행위도 환자유인행위에 포섭될 수 있는 가능성을 제시하되, 의료광고

행위가 환자유인행위가 되기 위한 요건으로 ① 의료법 제27조 제3항에서 명문으로 금지하는 개별 행위유형에 준하는 것으로 평가될 것, 또는 ② 의료시장의 질서를 현저하게 해칠 것 등의 '특별한 사정'을 요구하고 있는 것으로 파악된다.[89]

(바) 대법원 2016. 6. 23. 선고 2014도16577 판결

위 판결의 사안에서 의료인의 거짓 경력에 관한 의료광고가 존재하는지가 문제된 것은 피고인이 미국 치주과학회 정회원이 아님에도 위 경력이 포함된 유리액자 형태의 약력서를 자신이 운영하던 치과의원 내에 게시하여 허위 광고를 하였다는 부분이다.

대법원은 "의료법 제56조 제3항은 '의료법인·의료기관 또는 의료인은 거짓이나 과장된 내용의 의료광고를 하지 못한다.'라고 규정하고 있는데, 여기에서 '의료광고'라 함은 의료법인·의료기관 또는 의료인이 그 업무 및 기능, 경력, 시설, 진료방법 등 의료기술과 의료행위 등에 관한 정보를 신문·인터넷신문, 정기간행물, 방송, 전기통신 등의 매체나 수단을 이용하여 널리 알리는 행위를 의미한다."고 하면서 "위 공소사실에 의하더라도 피고인은 유리액자 형태의 약력서를 위 의원 내에만 게시하였을 뿐 이를 신문, 잡지, 방송이나 그에 준하는 매체 등을 이용하여 일반인에게 알린 것은 아닌 점, 위 약력서는 의원을 방문한 사람만 볼 수 있어 그 전파가능성이 상대적으로 낮아 피고인의 경력을 널리 알리는 행위라고 평가하기는 어려운 점 등을 위 법리에 비추어 살펴보면, 피고인의 위와 같은 행위를 의료광고에 해당한다고 보기는 어렵다."고 보아 "결국 피고인이 거짓 경력이 포함된 약력서를 의원 내에 게시한 행위가 표시·광고의 공정화에 관한 법률 제3조 제1항의 거짓 표시행위에 해당함은 별론으로 하고, 의료법 제56조 제3항 의 거짓 의료광고에 해당한다고는 볼 수 없다."고 하여 무죄 취지로 판단하였다.[90]

(사) 대법원 2019. 4. 25. 선고 2018도20928 판결

위 판결의 사안은 인터넷 성형쇼핑몰 형태의 통신판매 사이트를 운영하는 피고인들이 '병원 시술상품을 판매하는 배너광고를 게시하면서 배너의 구매 개수와 시술후기를 허위로 게시하였다.'는 표시·광고의 공정화에 관한 법률 위반죄의 범죄사실로 각 벌금형의 약식명령을 받아 확정되었고, '영리를 목적으로 병원 시술상품을 판매하는 배너광고를 게시하는 방법으로

---

89) 백경희, 의료법상 환자유인행위와 의료광고의 관계에 관한 일별 – 대법원 2012. 9. 13 선고 2010도1763 판결 –, 한국의료법학회지 제20권 제2호, 2012, 153 – 158면.

90) 이에 대한 평석으로는 백경희, 의료인의 거짓 경력에 관한 의료광고에대한 고찰, 과학기술법연구 제22집 제3호, 2016, 163 – 192면 참조.

병원에 환자들을 소개·유인·알선하고, 그 대가로 환자들이 지급한 진료비 중 일정 비율을 수수료로 의사들로부터 지급받았다.'는 의료법 위반 공소사실로 기소된 사안이었다.

위 사안에서 대법원은 "공소사실에 따른 의료법 위반죄는 유죄로 확정된 표시·광고의 공정화에 관한 법률 위반죄의 범죄사실과 동일성이 있다고 보기 어렵고, 1죄 내지 상상적 경합관계에 있다고 볼 수도 없으므로, 표시·광고의 공정화에 관한 법률 위반죄의 약식명령이 확정되었다고 하여 그 기판력이 공소사실에까지 미치는 것은 아니라"고 하면서, "인터넷 성형쇼핑몰 형태의 통신판매 사이트를 운영하는 피고인 갑 주식회사의 공동대표이사인 피고인 을, 병이 의사인 피고인 정과 약정을 맺고, 위 사이트를 통하여 환자들에게 피고인 정이 운영하는 ○○의원 등에서 시행하는 시술상품 쿠폰을 구매하게 하는 방식으로 ○○의원 등에 환자들을 소개·알선·유인하고 그에 대한 대가로 시술쿠폰을 이용하여 시술받은 환자가 지급한 진료비 중 일정 비율을 수수료로 ○○의원 등으로부터 받은 행위는 환자와 의료인 사이의 진료계약 체결의 중개행위를 하고 그 대가로 수수료를 지급받는 등 단순히 의료행위나 의료기관 및 의료인 등에 대한 정보를 소비자에게 나타내거나 알리는 의료법 제56조에서 정한 의료광고의 범위를 넘어서 의료법 제27조 제3항 본문의 영리를 목적으로 환자를 의료기관 또는 의료인에게 소개·알선하는 행위를 하였다"고 보아, 피고인 정은 피고인 을, 병이 위와 같이 영리를 목적으로 환자를 의원에 소개·알선·유인하는 행위를 사주한 것이므로 이는 유죄에 해당한다고 보았다.

라. 전화를 활용한 진료 및 처방과 원격의료

(1) 전화를 활용한 진료 및 처방의 성격

의사와 환자 사이에 진료와 처방의 매체로 사용된 전화기는 '말소리를 전파나 전류로 바꾸었다가 다시 말소리로 환원시켜 공간적으로 떨어져 있는 사람이 서로 이야기를 할 수 있게 만든 기계'로[91] 전화기 또한 정보통신기술의 하나이다. 즉, 환자가 의료기관에 내원하여 의사와 직접 대면할 수 없는 상황에서 정보통신기술의 하나인 전화를 활용하여 의사가 환자에 대하여 문진을 행한 것은 의사와 환자 사이의 원격의료로서 원격진료에 해당하는 형태이고, 전화를 활용한 처방은 원격진료에 부수하는 의료행위로 볼 수 있다.[92]

---

91) 표준국어대사전(https://ko.dict.naver.com/#/entry/koko/290bcc34f8e646e28c0bd47135e7eabf, 2021. 4. 10. 최종 방문)
92) 백경희·장연화, 전화 처방과 처방전 발급의 의료분업에 관한 법적 고찰, 입법과 정책 제12권 제2호, 2020. 8, 297면.

(2) 원격의료의 유형과 현행법의 규정

(가) 원격의료의 의의와 유형

원격의료(Telemedicine)가 최초로 도입된 국가는 미국이다. 미국은 방대한 국토로 인해 지리적으로 도시와 떨어진 격오지가 많아 의료혜택을 상대적으로 누리기 어려운 경우가 많으며, 이러한 상황 외에도 군대와 교도소와 같이 일정한 기간 일정한 공간을 이탈하지 못하는 경우도 존재하는바, 원격의료는 이들의 건강권 보호를 위한 수단으로 고안되었다.[93] 따라서 원격의료의 핵심 지표는 도시와 격오지라는 '원거리'가 전제되고, 그 공간적 거리를 '정보통신기술'을 활용하여 해소한다는 것에 있다.

원격의료는 사회의 발전과 과학기술의 발달로 점차 외연이 확대되고 필요성이 증가하고 있기에, 원격의료는 일률적으로 정의하기 어렵다. 세계보건기구(World Health Organization, WHO)에서는 최근 원격의료에 대하여 "원거리를 주된 요소로 하여 정보 및 통신기술의 활용을 통하여, 모든 보건의료종사자가 환자의 질병과 부상에 대한 진단과 치료, 그 예방, 연구 및 평가, 지속적 정보 교환을 하는 것, 보건의료종사자에 대한 지속적 교육을 하는 것, 기타 개인과 지역 사회의 건강을 증진시키기 위한 건강관리 서비스 등"이라고 정의한 바 있는데,[94] 이 또한 가변적일 수 있다.

원격의료의 유형은 의료인과 의료인 간 이루어지는 경우와 의료인과 환자 간 이루어지는 경우로 크게 대별될 수 있다. 전자의 유형으로는 의사와 의사 사이에 특정 환자의 치료 방법을 찾기 위하여 원격으로 화상회의를 통해 논의하는 PACS(Picture Archiving Communications System) 내지 현지 의료인이 현지 환자의 화상 및 데이터를 원격으로 원격지 의사에게 전송한 뒤 원격지 의사가 현지 의료인을 통하여 환자를 진료하거나 자문을 통해 진료를 지원하는 원격자문[95]이 대표적이다.[96] 후자의 유형으로는 환자가 집안 등에서 원격의료를 위해 필요한 기기를 활용하여 자신의 상태를 원격지 소재 의료기관의 의사에게 전송하고 원격지 의사가

93) 안무업, 외국의 원격의료 추진 동향 및 시사점, 보건복지포럼 제106호, 2005, 41−43면; 김대중, 주요국의 원격의료 추진 현황과 시사점−미국과 일본을 중심으로−, 보건·복지 Issue & Focus 제270호, 2015, 2; Lynn D. Fleisher and James C. Dechene, Telemedicine And E−Health Law, ALM Media, New york, 2006, pp.1−12.
94) World Health Organization, Telemedicine, Global Observatory for eHealth series, Volume 2, 2010, pp.8−9.
95) https://www.hhs.gov/sites/default/files/telehealth−faqs−508.pdf(2021. 4. 10. 최종 방문)
96) 주로 임상에서 원격통신장치를 활용하여 전송된 환자의 화상 및 데이터 등 기록을 바탕으로 한 의료개입(medical intercention)의 양상을 띠는 것이라고 보인다.; 이종구, 미국 원격의료에 관한 최근 동향과 의료법 개정안의 검토, 법학논총, 2016, 10.

환자의 상태를 확인하는 모니터링을 하는 원격 환자모니터링이나 직접 환자에 대한 진료와 처방까지 행하는 원격진료 내지 비대면진료97)가 있다. 이외에도 의료인이 의료인, 환자를 비롯한 비의료인에 대하여 원격으로 질병이나 그 치료 등에 관한 의료 관련 교육을 하거나 진료의 전단계에 해당하는 상담을 의료서비스 차원에서 실시하는 경우도 원격의료의 하나의 유형으로 포함되고 있다.98)

이와 같이 원격의료의 유형이 확대되면서 미국은 최근 전자와 같이 의료인과 의료인 사이에 이루어지는 원격의료는 임상적 측면에서 활용된다는 특성에 착안하여 원격지 의료(遠隔地醫療, 이러한 관점에서는 그 용어로 Telemedicine로 사용하고 있다)로 세분화하여 파악하고, 후자의 의료인과 환자를 비롯한 비(非) 의료인 사이에서 이루어지는 원격진료와 원격교육의 형태를 원격건강관리서비스(Telehealth)로 이해하면서 전자와 구별하는 견해도 나타나고 있다.99)100) 이러한 미국의 경향은 미국과 유사하게 광활한 영토를 가지고 있는 캐나다에서도 나타난다. 즉, 캐나다에서는 원격의료의 유형과 관련하여 의사와 다른 의료전문가들 사이에 특정한 환자의 사례에서 진단을 확인하거나 치료법에 대한 의견을 결정하기 위하여 정보통신기술을 이용하는 원거리자문(Teleconsultation), 의사가 의료인 및 환자들에게 전문적 의료 지식을 원격으로 전달하는 원격교육(Tele-education), 의사가 환자에 대하여 의학적 진단과 치료를 위해 정보통신기술을 이용하는 임상 원격의료(Telemedicine)로 분류하고 있고, 이들을 포괄하는 상위개념으로 원격의료(Telehealth)를 사용하고 있다.101)

97) 이는 원격의료의 초기 논의에서 사용된 유비쿼터스 헬스(Ubiquitous Health)의 정의와도 상통하는 대목이 있다. 유비쿼터스 헬스도 당뇨나 고혈압, 치매 등의 만성질환자가 일상생활에서 휴대폰이나 홈 네트워크를 이용하여 언제, 어디서든 건강상태를 확인할 수 있도록 도움을 받는 경우를 상정하고 있기 때문이다.; 조형원, u-Health의 현황과 법적 문제, 의료법학, 제7권 제2호, 2005. 12, 140.
98) 이우정·홍승욱·박정화·정영철, 의료법상의 원격의료에 대한 법적 쟁점, 한국의료법학회지 제11권 제1호, 2003. 6, 51-53; 윤영한, 우리나라 원격의료산업의 글로벌 경쟁력 강화를 위한 정책 과제, 통상정보연구, 제13권 제3호, 2011. 9, 329면.
99) 백경희, 미국의 원격의료에 관한 고찰-코로나 19 대처에 대한 시사점을 중심으로-, 법학논고 제70집, 2020, 368-369면.
100) Center for Connected Health policy(The National Telehealth Policy Resource Center), State Telehealth Laws, Public Health Institute, Fall 2018, pp.1; 신문근, 원격의료의 법제화방안 연구, 법제현안 제2001-6호, 2001. 12, 3-4, 120면.
101) 백경희·심영주, 캐나다의 원격의료에 대한 법제에 관한 고찰-우리나라에 대한 시사점을 중심으로-, 강원법학 제60권, 2020, 120-121; Hussein Z. Noorani, M. ScJocelyne Picot, "Assessment of Videoconferencing in Telehealth in Canada", Technology report no. 14, Canadian Coordinating Office for Health Technology Assessment, May 2001, pp.vii-viii.

(나) 원격의료에 관한 현행법의 규정

① 의료법상 원격의료 규정

우리나라는 2002. 3. 30. 법률 제6686호로 의료법을 개정하면서 제30조의2에 원격의료에 관한 조문을 신설하였다. 우리나라 의료법에서 원격의료를 법제화한 이유에 대하여는 '국민들이 양질의 의료서비스 제공에 대한 욕구가 높아지고 있는 한편 의료기관에서 이용할 수 있는 정보통신기술이 크게 발전하는 등 변화하는 보건의료환경에 적절히 적응하여 전반적으로 의료의 질을 향상시킬 목적'이라고 설명하였다.[102]

2002년에 신설된 위 원격의료에 관한 규정은 현행 의료법 제34조에서도 그 구조를 그대로 유지하고 있다. 동조 제1항에서는 의료업에 종사하는 의사·치과의사·한의사, 즉 원격지 의사는 의료인이 의료기관 내에서 의료업을 하여야 한다는 제33조 제1항에도 불구하고, 컴퓨터·화상통신 등 정보통신기술을 활용하여 먼 곳에 있는 의료인에게 의료지식이나 기술을 지원하는 원격의료를 할 수 있다. 이 때 먼 곳에 있는 의료인에는 의사·치과의사·한의사 외에 조산사, 간호사가 포함되며, 이들을 현지 의료인이라고 칭하고 있다. 동조 제2항에서는 원격자문 형태의 원격의료를 행하는 원격지 의사와 이를 받으려는 현지의료인 양자 모두 원격진료실과 데이터 및 화상(畵像)을 전송·수신할 수 있는 단말기, 서버, 정보통신망 등의 장비를 갖추도록 의무를 부담지우고 있다(의료법 시행규칙 제29조).[103] 동조 제3항과 제4항에서는 원격지 의사와 현지 의료인의 책임 소재에 관하여 규율하고 있는데, 제3항에서는 '원격지 의사는 환자를 직접 대면하여 진료하는 경우와 같은 책임을 진다'는 원칙을 규정하고 있고, 제4항에서 그 예외로 '원격지 의사의 원격의료에 따라 의료행위를 한 현지 의료인이 의사, 치과의사, 한의사인 경우, 그 의료행위에 대하여 원격지 의사의 과실을 인정할 만한 명백한 근거가 없으면 환자에 대한 책임이 현지 의사, 치과의사, 한의사에게 있는 것으로 본다'는 규정을 두고 있다.

동조의 내용에 비추어 볼 때 우리나라는 앞서 살펴 본 다양한 원격의료의 유형 중에서 원격지 의사와 현지 의료인 사이에 이루어지는 임상의 원격자문 형태만을 명문으로 규정하고 있다.[104] 원격자문의 형태는 현지 의료인이 현지 환자에 대하여 부담하는 진료채무가 정보통신기술을 수단으로 하여 원격지 의사에게도 적용되는 방식으로 이루어지는 것으로 보인다.[105]

102) 김성순 의원 등이 2001. 6. 15. 의안번호 160830호로 발의하여, 2002. 2. 28. 그 내용을 보건복지위원장의 대안에 포함한 뒤 원안대로 의결되었다.
103) 류화신, 원격의료에서의 의사의 책임원리, 비교사법, 제12권 제1호, 2005, 561면.
104) 정용엽, 원격의료의 민사책임 및 법제 개선에 관한 연구, 경희대학교 일반대학원 법학과 박사학위 논문, 2005, 61-69면.

② 감염병예방법상 한시적 비대면진료 규정

감염병예방법(감염병의 예방 및 관리에 관한 법률, 이하 '감염병예방법'이라 한다)에서는 제49조의3에서 의료인, 환자 및 의료기관 보호를 위하여 한시적으로 비대면진료를 허용할 수 있도록 조문을 신설하였다. 즉, 동조 제1항에서는 '의료업에 종사하는 의사·치과의사·한의사는 감염병과 관련하여 재난 및 안전관리 기본법 제38조제2항에 따른 심각 단계 이상의 위기경보가 발령된 때에는 환자, 의료인 및 의료기관 등을 감염의 위험에서 보호하기 위하여 필요하다고 인정하는 경우 의료법 제33조 제1항에도 불구하고 보건복지부장관이 정하는 범위에서 유선·무선·화상통신, 컴퓨터 등 정보통신기술을 활용하여 의료기관 외부에 있는 환자에게 건강 또는 질병의 지속적 관찰, 진단, 상담 및 처방을 할 수 있다'고 하여 현행 의료법이 허용하는 원격자문 외의 앞서 살펴본 원격의료의 모든 유형의 허용 가능성을 열어두고 있다. 동조는 감염병예방법이 법률 제17642호로 2020. 12. 15. 일부개정되면서 신설되었다.

감염병예방법상 한시적 비대면진료의 신설 이유에 대해서는 심각한 감염병 위기 상황 시 환자 및 의료인의 감염 예방과 의료기관 보호를 위하여 한시적 비대면진료의 허용 근거를 마련하게 되었다고 설명하고 있다. 실제 우리나라의 2020년 상황을 돌이켜 볼 때, 코로나 19가 조기에 진정되지 않으면서 의료기관에서 주기적으로 진단과 처방을 받아야 하는 만성 질환자들이 감염 가능성을 우려하여 의료기관에 내원하지 못함으로써 의료 공백이 발생하는 문제에 직면하자, 보건복지부는 2020. 2. 24.부터 한시적으로 의사의 의료적 판단에 의거 안전성이 확보되는 것으로 판단될 때 지역과 대상의 제한 없이 환자와 의사 사이의 전화를 활용한 진료와 처방을 — 의료법이 정한 원격자문의 형태에 반한다는 것을 인식하면서도 — 허용하여 왔다.[106][107] 그리고 이러한 실례를 경험한 이후, 감염병예방법상 명문의 규정을 통하여 심각한 감염병 위기라는 특수한 상황에서는 전화를 활용한 진료·처방을 넘어선 원격의료의 유형도 비대면진료로 허용하게 된 것이다.

③ 양 규정의 관계

우리나라는 2002년부터 의료법상 원격의료에 관한 명문규정을 두어 왔었는데, 2022년 감

---

105) 윤석찬, 원격의료(Telemedizin)에서의 의료과오책임과 준거법, 저스티스 통권 제80호, 2004. 8, 25－27면; 백경희, 헬스케어 산업화에 관한 민법적 쟁점, 비교사법 제27권 제3호, 2020, 37－38면.
106) 중앙일보 2020. 4. 29.자 기사, 병원 꼭 직접 가야돼? 코로나 한방에 날아간 20년 명분; 연합뉴스 TV 2020. 10. 21.자 기사, 중대본 "최근 집단감염 지속…방역관리 만전 기해야"
107) 2021. 2. 23. 보건복지부에 의하면 코로나19 상황에서 2020. 2. 24.부터 전화진료 및 처방으로 약 1년 간 총 64억원이 청구된 것으로 집계되었는데, 이 중 전화처방은 전국 병의원 등 의료기관에서 9462곳이, 대리처방은 3010곳이 참여해 행위 수가가 발생하였다고 한다.; 데일리팜 2021. 2. 23.자 기사, 전화처방 9462곳·대리처방 3010곳, 연 282억원 청구.

염병예방법 개정을 통하여 감염병 위기 시 한시적 비대면진료에 관한 규정이 신설되면서 원격의료와 비대면진료의 관계가 어떠한지가 문제될 수 있다.

정부는 코로나19 사태에서 한국판 뉴딜을 발표하는 과정에서 비대면진료라는 용어를 사용하였고 전화 진료와 처방을 한시적으로 허용하면서 이를 비대면진료라 칭하기도 하였다. 비대면진료 역시 원격의료와 마찬가지로 통일된 정의가 존재하지 않는데, 학계에서 '비대면진료'에 대해서는 의료인이 환자를 직접 대면하지 않는다는 점에 주안점을 두어 그러한 상황에서 받게 되는 의료행위의 다양한 양상을 포괄적으로 지칭하는 것으로 설명하고 있다. 그런데 비대면진료에는 원격의료의 유형 외에도 최근 의학 기술의 발달로 개발이 되고 있는 디지털 치료제(Digital Therapeutics) — 인공지능(Artificial Intelligence), 증강현실(Virtual Reality), 스마트폰의 애플리케이션과 같은 매체를 활용한 프로그램을 질병의 예방과 진단, 관리, 치료에 사용하는 경우 — 를 이용하는 경우도 포섭한다고 파악하기도 하므로, 비대면진료가 원격의료보다 광의의 개념으로 이해될 수 있다.[108]

감염병예방법상 의사와 환자 사이의 비대면진료는 감염병위기가 심각 단계 이상일 경우에서만 적용되기 때문에, 그와 같은 전제조건을 갖추지 못한 때에는 다시 의료법상 원격자문 형태의 원격의료만이 허용되게 된다. 따라서 향후 의료법 개정을 통하여 원격의료의 유형을 확대하면서 비대면진료와의 관계도 재설정할 필요가 있다.

(3) 의료법 제34조의 원격의료 해당 여부

원칙적으로 의료인은 이 법에 따른 의료기관을 개설하지 아니하고는 의료업을 할 수 없고, 개설한 의료기관 내에서만 의료업을 하여야 한다(의료법 제33조 제1항 본문). 다만 예외적으로 응급의료에 관한 법률 제2조제1호에 따른 응급환자를 진료하는 경우, 환자나 환자 보호자의 요청에 따라 진료하는 경우, 국가나 지방자치단체의 장이 공익상 필요하다고 인정하여 요청하는 경우, 보건복지부령으로 정하는 바에 따라 가정간호를 하는 경우, 그 밖에 이 법 또는 다른 법령으로 특별히 정한 경우나 환자가 있는 현장에서 진료를 하여야 하는 부득이한 사유가 있는 경우, 의료인은 의료기관 외에서 의료업을 수행할 수 있다. 그러므로 의료인이 컴퓨터·화상통신 등 정보통신기술을 활용하여 먼 곳에 있는 의료인에게 의료지식이나 기술을 지원하는 원격의료를 할 수 있다고 규정한 의료법 제34조 제1항은 의료법 제33조 제1항의 예외에 해당하게 된다.

대법원[109]은 의료법 제33조 제1항의 취지에 대하여 "의료법이 위와 같이 의료인에 대하여

---

108) 김지연, 비대면 시대, 비대면 의료 국내외 현황과 발전방향, KISTEP Issue Paper 통권 제288호, 2020, 3면.

의료기관 내에서 의료업을 영위하도록 정한 것은, 그렇지 아니할 경우 의료의 질 저하와 적정
진료를 받을 환자의 권리 침해 등으로 인하여 의료질서가 문란하게 되고 국민의 보건위생에
심각한 위험이 초래되므로 이를 사전에 방지하고자 하는 보건의료정책상의 필요에 따른 것"
이라고 판시하여 의료법 제33조 제1항에 따라 의료인은 의료기관 내에서 환자를 대면하여 의
료업을 수행하는 것이 원칙이고, 의료법 제34조 제1항이 규정한 원격의료의 형태는 의료인
대 의료인 간 원격자문으로 한정된 것으로 제33조 제1항의 예외라고 판단하였다. 즉, 대법원
은 "현재의 의료기술 수준 등을 고려할 때 의료인이 전화 등을 통해 원격지에 있는 환자에게
의료행위를 행할 경우, 환자에 근접하여 환자의 상태를 관찰해가며 행하는 일반적인 의료행위
와 반드시 동일한 수준의 의료서비스를 기대하기 어려울 뿐 아니라 환자에 대한 정보 부족
및 의료기관에 설치된 시설 내지 장비의 활용 제약 등으로 말미암아 적정하지 아니한 의료행
위가 이루어질 수 있고, 그 결과 국민의 보건위생에 심각한 위험을 초래할 가능성을 배제할
수 없다. 이는 앞서 본 의료법 제33조 제1항의 목적에 반하는 결과로서 원격진료의 전면적인
허용을 뒷받침할 정도로 제반 사회경제적 여건 및 제도가 완비되지 않은 상태라는 점과 더불
어 현행 의료법이 원격의료를 제한적으로만 허용하고 있는 주요한 이유이기도 하다. 이와 같
은 사정 등을 종합하면, 의료인이 의료인 대 의료인의 행위를 벗어나 정보통신기술을 활용하
여 원격지에 있는 환자에게 행하는 의료행위는 특별한 사정이 없는 한 의료법 제33조 제1항
에 위반된다고 봄이 타당하다."고 하였다.

(4) 의료법 제33조 제1항 제2호의 적용 문제

전화를 활용한 진료 및 처방행위가 의료기관 외에서 의료업을 수행할 수 있는 예외사유인
의료법 제33조 제1항 제2호의 '환자나 환자 보호자의 요청에 따라 진료하는 경우'에 해당하는
지가 문제될 수 있다. 실제 한의원을 운영하는 한의사인 피고인이 2013. 12. 27. 위 한의원에
서 환자를 직접 진료하지 않고 전화로 상담한 후 한약을 제조하여 택배로 배송한 행위가 문
제된 사안에서, 대법원[110]은 원심[111]이, "의료법 제33조 제1항 제2호에서 정한 '환자나 환자
보호자의 요청에 따라 진료하는 경우'를 규정하고 있는 것은, 의료인이 환자나 환자 보호자의
요청을 받아 환자의 진료에 필요한 기구, 장비 등을 가지고 그 환자가 있는 장소를 방문하여

---

109) 대법원 2020. 11. 12. 선고 2016도309 판결; 해당사건의 공소사실의 요지는 의료인이 일정한 경우를 제
　　외하고는 그 의료기관 내에서 의료업을 하여함에도 불구하고 피고인은 2014. 4. 7. 일부 환자들에게 내
　　원을 통한 진찰 없이 전화상의 문진만을 실시하고 2014. 4. 9. 다이어트 한약을 처방하여 배송하는 등
　　의료행위를 하였다는 것이다.
110) 대법원 2020. 11. 5. 선고 2015도13830 판결.
111) 의정부지방법원 2015. 8. 28. 선고 2014노2790 판결.

진료행위를 하는 경우를 염두에 둔 것으로, 환자의 요청이 있다 하여 의료인이 전화로 환자를 진료한 것은, 의료법 제33조 제1항 제2호에서 정한 '환자나 환자 보호자의 요청에 따라 진료하는 경우'에 해당하지 않고 의료법 제33조 제1항을 위반한 행위라고 판단한 것"이 타당하다고 판시하였다. 따라서 대법원은 '환자나 환자 보호자의 요청'은 전화를 활용한 진료와 처방이 허용될 수 있는 '특별한 사정'에 해당한다고 파악하지 않은 것으로 이해된다.

(5) 의사가 직접 진찰한 것인지의 문제

전화를 활용한 진료 및 처방이 의사가 직접 진찰한 것으로 볼 수 있는지도 문제된다.

대법원[112]은 산부인과 의사인 피고인 甲이 2006. 1. 4. 위 자신이 운영하는 A산부인과에서 이전에 1회 이상 병원을 방문하여 진료를 받았던 환자들과 전화 통화를 통하여 진료하는 등 직접 진찰하지 아니한 채 그 명의로 '푸링' 정제약 등 속칭 '살 빼는 약'에 관한 처방전을 작성한 후, 환자의 위임을 받은 B약국을 운영하는 약사인 피고인 乙 측에 교부하는 행위가 문제된 사안이었다. 특히 사안에서 공소사실이 2006. 1. 4.부터 2007. 7. 26.까지 이루어졌기 때문에 의료법이 2007. 4. 11. 법률 제8366호로 개정되기 전과 후의 의료법의 적용을 받게 되었고, 검사는 의료법상 의사가 환자와 대면하지 아니하고 전화나 화상 등을 이용하여 환자의 용태를 스스로 듣고 판단하여 처방전 등을 발급한 행위를 하나로 묶어 2007. 4. 11. 개정되기 전의 구 의료법 제18조 제1항에서 정한 '자신이 진찰한 의사' 또는 2007. 4. 11. 개정된 구 의료법 제17조 제1항에서 정한 '직접 진찰한 의사'가 아닌 자가 처방전 등을 발급한 경우[113]에 해당한다고 보아 기소하였다.

대법원은 "위 개정 전 조항에서 '자신이 진찰한 의사'만이 처방전 등을 발급할 수 있다고 한 것은 그 문언의 표현으로 볼 때 의사라 하더라도 당해 환자를 스스로 진찰한 바가 없이 진료기록만을 보거나 진찰내용을 전해 듣기만 한 것과 같은 경우에는 그 환자에 대한 처방전 등을 발급해서는 안 된다는 것, 즉 처방전 등의 발급주체를 제한한 규정이지 진찰방식의 한계나 범위를 규정한 것은 아님이 분명하다. 의사가 환자를 진찰하는 방법에는 시진, 청진, 촉진, 타진 기타 여러 가지 방법이 있다 할 것인데, '자신이' 진찰하였다는 문언을 두고 그 중 대면진찰을 한 경우만을 의미한다는 등 진찰의 내용이나 진찰 방법을 규제하는 것이라고 새길 것은 아니다."라고 판단하였다.[114] 그리고 대법원은 개정 후의 조항과 관련하여서 "조항에서 사

---

112) 대법원 2013. 4. 11. 선고 2010도1388 판결.
113) 현행 의료법도 제17조 제11항에서 처방전 발급과 관련하여 '직접 진찰한 의사'로 동일하게 규율되고 있다. 하지만 헌법재판소(헌법재판소 2012. 3. 29.자 2010헌바83 결정)는 이를 대면진료 의무를 규율한 것으로 판단하고 있다.
114) 그 이유로 대법원은 "이는 형벌법규의 해석은 '문언이 가지는 가능한 의미의 범위' 내에서 하여야 한다

용된 '직접'의 문언적 의미는 중간에 제3자나 매개물이 없이 바로 연결되는 관계를 뜻하므로, 문언해석만으로 곧바로 '직접 진찰한 의사'에 전화 등으로 진찰한 의사가 포함되는지 여부를 판단하여 단정하기는 어렵다고 보인다. 따라서 가능한 문언의 의미 내에서 위 규정의 입법 취지와 목적 등을 고려한 법률체계적 연관성에 따라 그 문언의 의미를 분명히 밝히는 체계적·논리적 해석방법이 필요하다. 그런데 위 개정 후 조항 단서에서는 "환자를 직접 진찰한 의사가 부득이한 사유로 진단서·검안서 또는 증명서를 내줄 수 없으면 같은 의료기관에 종사하는 다른 의사가 환자의 진료기록부 등에 따라 내줄 수 있다."고 규정하고 있으므로,115) 단서의 반대해석상 위 '직접' 진찰은 '자신이' 진찰한 것을 의미하는 것으로 볼 수 있다."고 하여 개정 후 조항에서 규정한 '직접 진찰한 의사'의 의미는 개정 전 조항의 '자신이 진찰한 의사'와 동일한 것으로 파악하였다.

결국 대법원은 개정 전후의 위 조항은 어느 것이나 스스로 진찰을 하지 않고 처방전을 발급하는 행위를 금지하는 규정일 뿐 대면진찰을 하지 않았거나 충분한 진찰을 하지 않은 상태에서 처방전을 발급하는 행위 일반을 금지하는 조항이 아니므로, 죄형법정주의 원칙, 특히 유추해석금지의 원칙상 전화 진찰을 하였다는 사정만으로 '자신이 진찰'하거나 '직접 진찰'을 한 것이 아니라고 볼 수는 없다고 보아 구 의료법 제17조 제1항을 위반하지 않았다고 판단하였다.

마. 무면허 의료행위

무면허 의료행위에 대하여는 의료법 제27조 제1항에서 규율하고 있다는 점과 판례의 내용에 대해서는 (상)권에서 기술한 바 있으나, 최근 형사적 관점에서 한의사의 진단을 위한 의료기기 사용에 관한 대법원 전원합의체 판결 등이 잇따라 선고되었기에 관련된 내용을 추가하

는 내재적 한계를 벗어나는 것으로서 죄형법정주의의 원칙에 어긋나는 것이다. 따라서 의사가 환자를 직접 대면하지는 않았지만 전화나 화상 등을 이용하여 환자의 용태를 스스로 듣고 판단하여 처방전 등을 발급하였다면, 이를 위 개정 전 조항에서 말하는 '자신이 진찰한 의사'가 아닌 자가 처방전 등을 발급한 경우에 해당한다고 할 수는 없다. 환자의 용태나 질환의 내용 등에 따라서는 전화 등을 통한 진찰의 방법이 매우 부적절한 경우가 있겠지만 그러한 행위를 금지하고 그에 위반한 행위에 대하여 형사처벌을 하려면 법률에 명확한 규정이 있어야 한다. 이를 규제할 필요가 있다고 하여 문언상 처방전 등의 발급 주체를 규제하는 것임이 분명한 위 개정 전 조항을 적용하는 방법으로 형사처벌을 하는 것은 형벌법규를 피고인에게 불리하게 확장해석하거나 유추해석하는 경우에 해당할 뿐이다."라고 하여 죄형법정주의를 근거로 들었다.

115) 이외에도 대법원은 "위 법률 제8366호가 밝히고 있는 개정이유는 '법 문장의 표기를 한글화하고 어려운 용어를 쉬운 우리말로 풀어쓰며 복잡한 문장은 체계를 정리하여 쉽고 간결하게 다듬으려는 것'이라고 하고 있을 뿐이므로, '직접 진찰한'이라는 부분과 '자신이 진찰한'이라는 부분을 달리 볼 수 없다"고 파악하였다.

여 살펴보고자 한다.

(1) 현행법 규정과 무면허 의료행위의 유형

우리나라 의료법 제2장 의료인, 제3절 의료인의 제한 중 제27조에서 '무면허 의료행위 등 금지'의 제목으로 제1항에서 '의료인이 아니면 누구든지 의료행위를 할 수 없으며 의료인도 면허된 것 이외의 의료행위를 할 수 없다.'고 하여 무면허 의료행위를 정의하고 있다. 동 조항에서 알 수 있듯이 무면허 의료행위는 비(非)의료인의 의료행위와 의료인의 면허된 것 이외의 의료행위로 구분된다. 따라서 의료법상 의료인인 '보건복지부장관의 면허를 받은 의사·치과의사·한의사·조산사·간호사'가 아니면 의료행위를 할 수 없고, 이와 같은 면허를 받은 의료인이라고 하더라도 자신의 면허 범위를 넘어선 의료행위를 해서는 안 된다.[116]

무면허 의료행위에 해당하는 경우 의료법에 의하여 5년 이하의 징역이나 5천만원 이하의 벌금의 형사적 처벌에 처하게 되며(제87조의2 제1항 제2호), 무면허 의료행위를 영리 목적으로 의사가 아닌 사람이 의료행위를 업(業)으로 한 행위, 치과의사가 아닌 사람이 치과의료행위를 업으로 한 행위, 한의사가 아닌 사람이 한방 의료행위를 업으로 한 행위를 한 경우 '부정의료업자'로서 보건범죄단속에 관한 특별조치법에 따라 무기 또는 2년 이상의 징역에 처하고 이 경우 100만원 이상 1천만원 이하의 벌금까지 병과된다(동법 제5조).

(2) 우리나라의 의료체계

우리나라의 경우 대한민국의 수립 전에는 양방 의료보다 전통 한의학을 중심으로 한 한방 의료가 우세를 점하고 있었다. 이후 대한민국이 수립되면서 1951년 국민의료법이 제정되었고, 동법을 통하여 이원적 의료체계가 공식적으로 인정되었다. 이원적 의료체계의 요체는 의료업자로서 '한의사' 명칭과 한의사에 대한 의사와 동등한 자격 등급의 부여, 의료기관으로서 '한의원'의 명칭을 사용할 수 있게 하는 것에 있었다.[117] 반면 의료일원화는 양방 의료행위와 한방 의료행위를 하나로 통합하는 것을 지칭하는 것으로, 결국 의료행위와 이를 수행하는 주체가 일원화되는 것을 의미한다.[118] 따라서 의료일원화 체계 내에서는 한 명의 의료수행자가

---

116) 백경희, 의료인의 면허 외 의료행위에 대한 형사적·행정적 책임에 관한 고찰, 사법 통권 제30호, 2014, 197-198면.
117) 엄석기·강봉석·권순조, 근대부터 건국 초기까지의 의약체계 법령 고찰－이원적 의약체계 정립을 중심으로－, 한국의사학회지 제26권 제2호, 2013, 17-18면.
118) 의료일원화의 순기능과 역기능에 관하여는 안예리·백경희, 의료일원화 논의와 의료소비자의 보호에 관한 고찰－양·한방 의료행위의 구별과 판례의 태도를 중심으로－, 소비자문제연구 제54권 제1호, 2023, 134-136면 참조.

양방 의료행위와 한방 의료행위의 양자를 동시에 제공하게 되므로, 면허도 일원화되게 되며 그 전제로 의료교육도 일원화하고 있다.[119]

국민의료법은 의료업자를 의사와 치과의사, 한의사, 보건원·조산원·간호원으로 구분하고 (동법 제2조), 의료기관을 병원, 의원, 한의원, 의무실, 요양소, 산실로 나누어 규정하였으며, 의사가 아니면 의업을 할 수 없고 한의사가 아니면 한의업을 할 수 없다고 명시하였고(동법 제40조), 이에 따라 의사는 양방 의료행위만을, 한의사는 한방 의료행위만을 수행할 수 있도록 하여 취득한 면허의 범위 내로 의료행위를 제한하였다.

이원적 의료체계는 국민의료법을 계승한 의료법에도 동일하게 유지되었다. 국민의료법이 1962. 3. 20. 법률 제1035호를 통하여 의료법으로 전부 개정되었을 때, 의료법에서는 의료인을 의사와 치과의사, 한의사, 조산원, 간호원의 5종으로 구분하면서 의사는 의료와 보건지도에 종사하도록 하고(제3조), 한의사는 한방 의료에 종사하도록 하여(제5조) 면허에 따라 양방 의료행위와 한방 의료행위를 수행하도록 하였다. 이러한 이원적 의료체계는 현행 의료법에서도 그대로 유지되고 있다.

대법원[120]도 의료법이 의사와 한의사가 '동등한 수준의 자격'을 갖추고, '각자 면허된 것' 이외의 의료행위를 행할 수 없도록 이원적 의료체계를 규정한 것은 "한의학이 서양의학과 나란히 독자적으로 발전할 수 있도록 함으로써 국민으로 하여금 서양의학뿐만 아니라 한의학이 이루고 발전시켜 나아가는 의료혜택을 누릴 수 있도록 하는 한편, 의사와 한의사가 각자의 영역에서 체계적인 교육을 받고 국가로부터 관련 의료에 관한 전문지식과 기술을 검증받은 범위를 벗어난 의료행위를 할 경우 사람의 생명, 신체나 일반 공중위생에 발생할 수 있는 위험을 방지하기 위한 것이다."라고 판시하였다.

(3) 양방 의료행위와 한방 의료행위의 구별

위와 같이 우리나라는 이원화된 의료체계를 지니고 있지만, 의료관계법령에서 의사와 한의사가 받은 면허로 수행할 수 있는 의료행위의 내용을 정의하거나 그 범위를 명확히 제시한 규정이 없으므로, 양방 의료행위와 한방 의료행위의 구체적인 내용과 범위는 법원과 헌법재판소의 해석을 통하여 해결되고 있다.

대법원은 종래에는 "의료법령에는 의사, 한의사 등이 면허를 받은 의료행위의 내용을 정의하거나 그 구분 기준을 제시한 규정이 없으므로, 의사나 한의사의 구체적인 의료행위가 '면허받은 것 외의 의료행위'에 해당하는지 여부는 구체적 사안에 따라 이원적 의료체계의 입법 목

---

119) 이평수, 의료일원화의 내용 및 과제, 의료정책포럼 제13권 제4호, 2015, 40면.
120) 대법원 2014. 1. 16. 선고 2011도16649 판결.

적, 관련 법령의 규정 및 취지, 기초가 되는 학문적 원리, 당해 의료행위의 경위·목적·태양, 의과대학 및 한의과대학의 교육과정이나 국가시험 등을 통한 전문성 확보 여부 등을 종합적으로 고려하여 사회통념에 비추어 합리적으로 판단하여야 한다."고 하여 의사가 수행하는 양방 의료행위와 한의사가 수행하는 한방 의료행위 사이의 구별기준을 제시하여 왔다.

한방 의료행위의 정의에 대하여 대법원 2011. 5. 13. 선고 2007두18710 판결 및 헌법재판소 2013. 12. 26. 선고 2012헌마551·561 결정 등에서는 "우리의 옛 선조들로부터 전통적으로 내려오는 한의학을 기초로 한 질병의 예방이나 치료행위를 하는 것"이라고 규정하고 있고, 한의약 육성법상의 '한의약'에 관한 정의에서는 '우리의 선조들로부터 전통적으로 내려오는 한의학(韓醫學)을 기초로 한 한방 의료행위와 이를 기초로 하여 과학적으로 응용·개발한 한방 의료행위 및 한약사(韓藥事)'라고 하여 한방 의료행위를 기술하고 있다(동법 제2조 제1호).

한편 양방 의료행위에 대하여는 현행법이나 법원의 판례와 헌법재판소의 결정 등에서 명시적으로 정의한 바는 없는데, 상위개념으로서의 의료행위의 정의를 양방 의료행위로 통용하여 사용하고 있는 것으로 이해된다.[121]

(4) 한의사의 진단을 위한 의료기기 사용에 대한 대법원의 판단 기준

(가) 종전의 구분기준

대법원은 "의료법은 의사, 한의사 등의 면허된 의료행위의 내용에 관한 정의를 내리고 있는 법조문이 없으므로 구체적인 행위가 면허된 것 이외의 의료행위에 해당하는지 여부는 구체적 사안에 따라 구 의료법의 목적, 구체적인 의료행위에 관련된 규정의 내용, 구체적인 의료행위의 목적, 태양 등을 감안하여 사회통념에 비추어 판단하여야 할 것이다"라고 하거나,[122] "이원적 의료체계의 입법 목적, 관련 법령의 규정 및 취지, 기초가 되는 학문적 원리, 당해 의료행위의 경위·목적·태양, 의과대학 및 한의과대학의 교육과정이나 국가시험 등을 통한 전문성 확보 여부 등을 종합적으로 고려하여 사회통념에 비추어 합리적으로 판단하여야 한다."고 판시한 것이 주를 이루어 왔다.[123]

그리고 대법원[124]은 한의사의 의료공학의 발전에 따라 새로 개발되거나 제작된 의료기기 사용이 한의사의 '면허된 것 이외의 의료행위'에 해당하는지 여부에 대해서 위 법리에 기초하

---

121) 백경희·장연화, 양방의료행위와 한방의료행위의 의의 및 중첩 양상에 관한 판례의 태도에 대한 고찰, 한국의료법학회지 제22권 제1호, 2014, 130면; 장연화·백경희, 무면허의료행위와 한의사의 진단용 의료기기 사용에 관한 고찰, 형사법의 신동향 통권 제53호, 2016. 12, 275면.

122) 대법원 2011. 5. 26. 선고 2009도6980 판결.

123) 대법원 2021. 12. 30. 선고 2016도928 판결.

124) 대법원 2014. 2. 13. 선고 2010도10352 판결.

여, "관련법령에 한의사의 당해 의료기기 등 사용을 금지하는 취지의 규정이 있는지, 당해 의료기기 등의 개발·제작 원리가 한의학의 학문적 원리에 기초한 것인지, 당해 의료기기 등을 사용하는 의료행위가 한의학의 이론이나 원리의 응용 또는 적용을 위한 것으로 볼 수 있는지, 당해 의료기기 등의 사용에 서양의학에 관한 전문지식과 기술을 필요로 하지 않아 한의사가 이를 사용하더라도 보건위생상 위해가 생길 우려가 없는지 등을 종합적으로 고려하여 판단하여야 한다."고 하였다

이 중 '기초가 되는 학문적 원리'에 따른 구분은 다시 진단방법의 특성과 치료방법이나 치료재료의 특성에 따라서도 차이가 있다.125)

먼저 학문적 기초에 따른 구분은 의학적 전문지식의 기초가 서양으로부터 도입된 것인지 아니면 전통적으로 우리 선조들로부터 내려온 한의학에 근거한 것인지에 따라 구별하자는 것이다. 이는 2003. 8. 6. 법률 제6965호로 한의약육성법이 제정될 당시 한방 의료행위를 '우리의 선조들로부터 전통적으로 내려오는 한의학을 기초로 한 의료행위'로 정의하였던 것이나 헌법재판소나 대법원이 한방 의료행위를 정의해 온 것과 같은 맥락이다.126) 예를 들어 필러시술의 경우 전적으로 서양의학의 원리에 따른 시술이고 그 시술에 약침요법 등 한의학의 원리가 담겨 있다고는 볼 수 없다는 이유로 양방 의료행위로 파악하는 대법원의 판단이 그러하다.127)

다음으로 진찰방법 특성에 따른 구분은 양방 의료행위가 인체의 해부조직을 기본으로 분석적으로 파악하는 것과 달리, 한방 의료행위는 인체를 하나의 소우주로 보고 종합적으로 바라보므로 그 접근방식이 다르다는 것에 착안하고 있다.

마지막으로 치료방법이나 치료재료의 특성에 따른 구분이다. 치료방법과 관련하여 양방 의료행위에서는 질병의 원인이 세균이나 바이러스 등 외부적 인자에 기인한 것이므로 치료방법도 그 원인을 제거함에 치중해 온 반면, 한방 의료행위는 사람의 기력이 약하여 질병을 유발하는 사기(邪氣)를 인체가 방어하지 못한다고 보아 몸의 정기(正氣)를 강화하는 것에 방점을 두고 있다는 것에 차이가 있다.128) 관련 사건으로는 하급심법원이 "피고인이 이 사건 IPL을 사용한 것은 환자의 피부에 발생한 병변에 대한 외과적 처치를 목적으로 한 것이 아니라 이러한 병변을 인체의 균형이 무너짐으로 인하여 생긴 경락의 울체(鬱滯)로 보고 여기에 한의학에서 전통적으로 내려오는 빛을 사용하여 이를 해소하고 온통경락(溫通經絡)하기 위한 것으로

---

125) 안예리·백경희, 양·한방의료행위의 구분과 의료일원화 논의에 관한 고찰, 부산대학교 법학연구 제64권 제2호, 2023. 5, 123－124면.
126) 이미선·권영규, 판례분석을 통한 한방의료행위 개념의 법적 근거 고찰, 한국한의학연구논문집 제15권 제3호, 2009, 27면.
127) 대법원 2014. 1. 16. 선고 2011도16649 판결.
128) 이부균, 한방의료행위의 개념요소와 유형에 관한 법적 고찰, 의료법학 제13권 제2호, 2012, 274－275면.

보이는 점 등을 종합하여 볼 때, 한의에서 행해지는 IPL의 사용은 현대 이학적인 기기를 이용하여 경락을 자극하고 기혈순행을 높여 질병을 치료하기 위한 것이라고 인정하여, 피고인이 이 사건 IPL을 이용하여 면허된 것 이외의 의료행위를 하였다는 공소사실에 대하여 범죄의 증명이 없는 경우에 해당한다."는 이유로 무죄를 선고한 것이 있다.[129] 한편 치료재료의 특성에 따른 구분에 해당하는 것으로는 대법원이 "한약은 동물·식물·광물에서 채취된 것으로서 주로 원형대로 건조·절단 또는 정제된 생약을 말하는데 이 사건 필러시술로 주입한 히알루론산은 첨단장비를 이용하여 박테리아를 발효시켜 생산하는 것으로서 한약이라고 볼 수 없는 점"이라고 한 것을 들 수 있다.[130]

(나) 대법원 2022. 12. 22. 선고 2016도21314 전원합의체 판결

① 사실관계

위 판결의 사안에서 검찰은 한의사인 피고인이 2010. 3. 2.경 환자 공소외인을 진료하면서 초음파 진단기기를 사용하여 공소외인의 신체 내부에 대하여 2012. 6. 16.까지 공소외인에게 총 68회 초음파 촬영을 함으로써 초음파 화면을 통해 나타난 모습을 보고 진단하는 방법으로 진료행위를 하여 면허된 것 이외의 의료행위를 하였음을 이유로 기소하였다. 공소외인의 경우 X대학교병원에서 자궁내막증식증이라는 진단명으로 치료를 받았으나 상태가 호전되지 아니하였고, 피고인 운영의 한의원이 자궁난소 치료 전문병원이라는 인터넷 광고를 알게 된 이후에 피고인 운영의 한의원을 방문하였다. 공소외인은 피고인 운영의 한의원에서 침 치료를 받으면서 한약을 처방받는 등 꾸준히 진료를 받았는데 이 과정에서 피고인은 공소외인에게 초음파검사를 실시하였다. 이후 공소외인은 2012. 7. 초순경 산부인과 병원에서 초음파검사를 받은 결과 덩어리가 보이므로 큰 병원에서 진료를 받으라는 권유를 받았고, Y병원에서 진료를 받았는데 조직검사 결과 자궁내막암 2기로 진단받게 되었다. 당시 초음파 진단기기는 질병을 진단하는 목적으로 사용되는 제품으로 의료기기법 제2조 제1항 제1호가 규정한 의료기기에 해당하는데, 의료기기는 사용목적과 사용 시 인체에 대하여 미치는 잠재적 위해성의 정도에 따라서 1등급(잠재적 위해성이 거의 없는 의료기기)에서부터 4등급(고도의 위해성을 가진 의료기기)까지 분류된다. 피고인이 공소외인에게 사용한 초음파 진단기는 2등급으로 분류되어 있었다.

② 대법원의 판단

대법원 2022. 12. 22. 선고 2016도21314 전원합의체 판결을 통하여 대법원은 "의료행위

129) 서울동부지방법원 2010. 7. 22. 선고 2010노449 판결.
130) 대법원 2014. 1. 16. 선고 2011도16649 판결.

관련 법령의 규정과 취지는 물론 의료행위의 가변성, 그 기초가 되는 학문적 원리 및 과학기술의 발전과 응용 영역의 확대, 이와 관련한 교육과정·국가시험 기타 공적·사회적 제도의 변화, 의료행위에 통상적으로 수반되는 수준을 넘어선 보건위생상 위해 발생 우려가 없음을 전제로 하는 의료소비자의 합리적 선택가능성 등을 감안하면, 한의사의 진단용 의료기기 사용에 관하여 종전 판단기준은 새롭게 재구성될 필요가 있다."는 점을 지적하면서, 그 이유에 대하여 "한의사의 한방 의료행위와 의사의 의료행위가 전통적 관념이나 문언적 의미만으로 명확히 구분될 수 있는 것은 아닐 뿐더러, 의료행위의 개념은 의료기술의 발전과 시대 상황의 변화, 의료서비스에 대한 수요자의 인식과 필요에 따라 달라질 수 있는 가변적인 것이기도 하고, 의약품과 의료기술 등의 변화·발전 양상을 반영하여 전통적인 한방의료의 영역을 넘어서 한의사에게 허용되는 의료행위의 영역이 생겨날 수도 있는 것이다."고 상술하였다. 그리고 그 새로운 기준으로 "한의사가 의료공학 및 그 근간이 되는 과학기술의 발전에 따라 개발·제작된 진단용 의료기기를 사용하는 것이 한의사의 '면허된 것 이외의 의료행위'에 해당하는지는 관련 법령에 한의사의 해당 의료기기 사용을 금지하는 규정이 있는지, 해당 진단용 의료기기의 특성과 그 사용에 필요한 기본적·전문적 지식과 기술 수준에 비추어 한의사가 진단의 보조수단으로 사용하게 되면 의료행위에 통상적으로 수반되는 수준을 넘어서는 보건위생상 위해가 생길 우려가 있는지, 전체 의료행위의 경위·목적·태양에 비추어 한의사가 그 진단용 의료기기를 사용하는 것이 한의학적 의료행위의 원리에 입각하여 이를 적용 내지 응용하는 행위와 무관한 것임이 명백한지 등을 종합적으로 고려하여 사회통념에 따라 합리적으로 판단하여야 한다."고 하면서, 종전 판단 기준과 달리, 한방 의료행위의 의미가 수범자인 한의사의 입장에서 명확하고 엄격하게 해석되어야 한다는 죄형법정주의 관점에서, 진단용 의료기기가 한의학적 의료행위 원리와 관련 없음이 명백한 경우가 아닌 한 형사처벌 대상에서 제외됨을 의미한다."는 점을 부기하였다.[131]

구체적으로 전원합의체 판결의 다수의견은 한의사의 초음파 진단기기 사용 금지 취지의 규정이 존재하지 않는다고 하고, 그와 관련하여 진단용 방사선 발생장치를 설치한 의료기관의 경우 안전관리책임자를 선임해야 하나 초음파 진단기기는 그렇지 않은 점, 초음파 진단기기 취급자인 의료기사를 지도할 수 있는 사람에 의사·치과의사는 규정되어 있고 한의사는 포함되지 않으나 이것이 한의사의 초음파 진단기기 사용 금지 규정으로 볼 수 없는 점, 한의원에서 초음파 검사료가 국민건강보험법상 요양급여·법정 비급여에 해당하지는 않으나 특정 진

---

131) 동 판결에 대한 평석으로는 김성은·백경희, 한의사의 진단을 위한 의료기기 사용에 관한 소고-대법원 2022. 12. 22. 선고 2016도21314 전원합의체 판결에 관한 평석을 중심으로-, 과학기술과 법 제14권 제1호, 2023, 31-62면 참조.

료방법이 요양급여 대상 등에 해당하지 않더라도 한의사의 초음파 진단기기 사용이 금지된다고 해석할 수 없다고 하였다. 그리고 한의사의 진단보조수단으로서의 초음파 진단기기 사용이 의료행위에 통상적으로 수반되는 수준을 넘어서는 보건위생상 위해가 생길 우려가 있는 경우에 해당한다고 단정하기 어렵다고 하고, 그 이유로 초음파 진단기기는 초음파 투입에 따라 인체 내에서 어떠한 생화학적 반응이나 조직의 특성 변화가 없는 등 인체에 안전한 점, 초음파 진단기기인 '범용초음파영상진단장치'는 위해도 2등급(잠재적 위해성이 낮은 의료기기)으로서 혈압계나 체온계 등 일상생활 영역에서 널리 이용되는 의료기기와 크게 다르지 않은 점, 종전의 헌법재판소 결정 당시와 비교하여 최근 국내 한의과대학·한의학전문대학원은 모두 진단학과 영상의학 등을 전공필수 과목으로 하여 실무교육이 이루어지고 있고 한의사 국가시험에도 영상의학 문제가 출제되고 있으며 출제비율이 증가하는 등 진단용 의료기기 사용과 관련한 의료행위의 전문성 제고의 기초가 되는 교육제도·과정이 지속 보완·강화되어 온 점, 범용성·대중성·기술적 안전성이 담보되는 초음파 진단기기에 대한 한의사의 사용을 허용하는 것은 의료서비스에 대한 국민의 선택권을 합리적인 범위에서 보장하는 것이고, 보건위생상 위해 우려 없이 진단이 이루어질 수 있다면 자격이 있는 모두에게 사용권한을 부여하는 방향으로 구 의료법 제27조 제1항이 해석되어야 하는 점, 초음파 진단기기를 사용한 검사·진단에 관한 전문성이 인정되는 영상의학과 전문의를 제외할 경우 초음파 진단기기의 사용에 관한 전문성 또는 오진 가능성과 관련하여 그 사용으로 인한 숙련도와 무관하게 유독 한의사에 대해서만 이를 부정적으로 볼만한 유의미한 통계적 근거를 찾을 수 없는 점, 한의사는 한약의 위험성에 대한 설명의무 및 전원조치 의무가 있는바 이는 한의사가 일정범위 내에서 서양의학의 관점 및 지식까지도 갖추었음을 전제로 하는 것이므로 한의사가 이러한 주의의무를 다하기 위해서라도 초음파 진단기기의 사용 필요성이 인정된다고 설시하였다. 마지막으로 다수의견은 전체 의료행위의 경위·목적·태양에 비추어 한의사의 초음파 진단기기 사용이 한의학적 의료행위의 원리에 입각하여 이를 적용 또는 응용하는 행위와 무관한 것임이 명백히 증명되었다고 보기 어렵다고 하였다. 그 이유로 초음파 진단기기의 원리는 초음파가 특정 물체에 송신·반사되는 시간과 양을 물리적으로 측정하는 물리학적 원리에 기초한 것으로, 군사용도로 개발·사용되었고 이미 생활가전 등 다양한 분야에 활용되고 있는 점, 한의사의 전통적인 진찰법으로는 완전한 진찰이 이루어지지 않거나, 진단의 정확성과 안전성을 보다 높이기 위하여 보조적인 진단수단으로 현대 과학기술에서 유래한 진단기기를 사용하는 것을 한의학적 원리와 배치되거나 무관하다고 볼 수 없는 점, 진단행위와 치료행위는 불가분의 관계에 있고, 한의사가 침술·한약치료 등 한방 치료행위 시행의 전제가 되는 해당 질환의 변증유형 확정을 위하여 이루어진 진단행위 역시 한의학적 원리와 일정한 관련성을 지닌 것으로 볼 수 있으므로 진단

·설명 과정에서 서양의학적 용어를 일부 사용한 사정만으로 한의사의 의료행위가 한의학적 원리에 의하지 않았음이 명백하다고 보기 어려운 점, 2011. 7. 14. 개정 한의약 육성법 제2조 제1호에서의 '한의약'의 개념이 우리의 선조들로부터 내려오는 한의학을 기초로 한 한방 의료 행위와 이를 기초로 하여 과학적으로 응용·개발한 한방 의료행위 및 한약사를 의미하므로 법 개정 취지와 환자들의 건강을 보호·증진하고 의료서비스 선택권을 고려하여야 하며, 각국의 전통의학에 근거중심 의학의 체계를 갖추도록 한 세계보건기구의 권고에 비추어 볼 때 한방 의료행위의 과학화는 불가피한 시대적 요청이라는 점을 설시하였다.

(다) 대법원 2023. 8. 18. 선고 2016두51405 판결

위 사건은 한의사가 뇌파계를 파킨슨병, 치매 진단에 사용한 행위를 무면허 의료행위로 판 단하여 행한 한의사면허 자격정지처분에 불복한 행정사건이었다. 의료인이 면허 외의 의료행 위를 수행한 경우 보건복지부장관 또는 시장·군수·구청장은 해당 의료기관에 대하여 그 의 료업을 1년의 범위에서 정지시키거나 개설 허가를 취소하거나 의료기관 폐쇄를 명할 수 있다 (의료법 제64조 제1항 제2호). 한편 이와 같은 행정처분의 세부적인 기준에 대하여 의료법에서 는 보건복지부령인 의료관계행정처분규칙으로 정하도록 하였고(의료법 제68조), 동규칙 제4조 에서는 별표를 통하여 구체화하였다. 즉, 전자에 대하여 의료법 제64조 제1항 제2호에 따라 업무정지 3개월 범위 내에서 처분을 부과하게 할 수 있다.

원심[132]은 원고의 위의 행위에 대하여 한의사가 면허된 것 이외의 의료행위를 하였다고 보기 어렵다고 하여 무면허 의료행위가 아니라고 판단하였다. 항소심은 그 이유로 의료기기의 용도나 작동원리가 한의학적 원리와 접목되어 있어 한의학의 범위 내에 있는 의료기기의 사 용은 허용할 필요성이 있다는 점, 한의사의 진료과목상 원고는 뇌파계를 사용하여 한방신경정 신과 진료를 하였던 것으로 보이는 점, 원고가 전통적 한의학적 진찰법인 복진(服診) 또는 맥 진(脈診)을 통해 파킨슨병 등을 진단함에 있어 뇌파계를 병행 또는 보조적으로 사용한 것은 절진(切診)의 현대화된 방법 또는 기기를 이용한 망진(望診)이나 문진(問診)의 일종으로 파악 할 수 있다는 점, 한의과대학 교과과정 중 진단학의 내용 및 한의사 국가시험의 평가 항목상 뇌파기기에 관한 출제빈도에 비추어 충분한 교육이 이루어지고 있고, 의사 국가시험과 비교할 때 비중에 있어 차이가 있는 것은 한의학과 양학에서 뇌파기기가 차지하는 비중 등의 차이에 서 비롯된 것에 불과하지 전문성 등에 대한 척도로 보기 어렵다는 점, 뇌파계의 경우 일반인 에게도 판매가 이루어지고 있는 것으로 보이고, 한방용 의료기기와 구별하여 판매가 허가되고

---

132) 서울고등법원 2016. 8. 19. 선고 2013누50878 판결.

있지 않다는 점, 영상의학과에서 취급하는 X-ray, CT기기, MRI기기 및 초음파기기 등의 경우 특수의료장비의 설치 및 운영에 관한 규칙 제2조 제2항에 의거 이들 기기의 설치와 등록에 영상의학과 전문의 자격이 있는 의사를 고용하여야 할 필요가 있고 이들 기기를 의료기사를 통해 사용하는 경우 의료기사 등에 관한 법률 시행령 제2조 제1항 제2호에 의하여 한의사의 지도가 금지되는 것에 반하여, 뇌파계의 경우 그와 같은 제한이 없다는 점, 뇌파계의 측정 결과가 즉시 자동으로 추출되는 것은 아니라도, 환자의 머리에 전극이 부착된 캡을 씌운 후 일정 시간이 지난 후 그 검사결과가 기계 자체에서 뇌파 데이터를 자동적으로 추출하고 측정 결과를 분석하므로 그것이 어떠한 임상적 의미를 지니는지 판단한 것만이 의사의 역할이므로 서양의학에 관한 전문지식이나 기술을 필요하지 않는다는 점을 들어 한의사의 뇌파계 사용이 보건위생상 위해의 우려가 없다고 보아 무면허 의료행위가 아니라고 판단하였다.

　　대법원은 앞서의 전원합의체 판결의 법리에 원용하면서, 원심의 이유 설시에 다소 부적절한 부분이 있지만 원심의 판단에 필요한 심리를 다하지 아니한 채 논리와 경험의 법칙을 위반하여 자유심증주의의 한계를 벗어나거나 관련 법령의 법리를 오해하여 판결에 영향을 미친 잘못이 없다고 판단하였다.

제5절 의료형사소송의 개시

1. 개 관

　　형사절차에서 작성되는 서면으로는 고소장, 변호인 의견서, 공판 준비서면, 증거 및 증인 신청서, 증거 인부서, 증인신문사항, 변론요지서, 구속적부 심사청구서, 보석청구서, 고소취하서, 합의서, 항소장, 항소이유서, 상고장, 상고이유서 등을 들 수 있다. 형사사건에서 작성되는 서면은 범죄의 구성요건사실을 비롯하여 만약 해당 사건에 위법성조각사유, 책임조각사유 등이 있을 경우 이를 기술하여야 하고, 수사나 재판과정에서 위법성이 존재할 경우 적시하여야 할 것이다.

　　수사절차와 관련하여 2020년 형사소송법의 개정으로 검·경 수사권이 조정되었다. 당시 개정이유는 2018. 6. 21. 법무부장관과 행정안전부장관이 발표한 '검·경 수사권 조정 합의문'의 취지에 따라 검찰과 경찰로 하여금 국민의 안전과 인권 수호를 위하여 서로 협력하게 하고, 수사권이 국민을 위해 민주적이고 효율적으로 행사되도록 하려는 것이라고 밝히고 있다.

조정의 대상이 되는 일반 수사기관은 검사와 사법경찰관리이다.[133] 종래에는 검사가 사법경찰관리를 지휘·감독하는 관계였는데, 법개정을 통하여 양자는 서로 대등한 상호 협력관계로 변경되었다. 즉, 검사의 수사지휘권은 기존 형사소송법 제197조를 삭제하면서 폐지되었고, 제195조를 신설하면서 검사와 사법경찰관은 수사, 공소제기 및 공소유지에 관하여 서로 협력하여야 하고, 수사를 위하여 준수하여야 하는 일반적 수사준칙에 관한 사항은 대통령령인 '검사와 사법경찰관의 상호협력과 일반적 수사준칙에 관한 규정'에 의하여 정하도록 되어 있다. 구체적으로 사법경찰관은 위와 같이 1차적 수사권을 지니며 범죄를 수사한 때에는 범죄의 혐의가 인정되면 검사에게 사건을 송치하고, 그 밖의 경우에는 그 이유를 명시한 서면과 함께 관계 서류와 증거물을 검사에게 송부하도록 하여 1차적 수사종결권을 갖게 되었다(제245조의5 신설). 검사는 제한된 범위 내에서 범죄의 혐의가 있다고 사료하는 때에는 범인, 범죄사실과 증거를 수사하는 1차적 수사권을 지니며(형사소송법 제196조, 검찰청법 제4조 제1항 제1호 단서[134]), 사법경찰관의 1차적 수사에 대한 수사감독권인 시정조치 등의 요구(형사소송법 제197조의3), 송치사건 및 영장신청사건에 대한 보완수사요구(형사소송법 제197조의2), 불송치사건에 대한 재수사요청(형사소송법 제245조의8), 수사경합시 송치요구(형사소송법 제197조의4) 등을 갖는다. 또한 검사 작성의 피의자신문조서의 증거능력에 대하여는 '내용인정'을 요건으로 규정하게 되었는데(형사소송법 제312조 제1항), 이로써 사법경찰관 작성의 피의자신문조서와 증거능력이 동일한 것으로 제한되었다.[135]

---

133) 이주원, 형사소송법 제4판, 박영사, 2022, 87-89면.

134) 1. 범죄수사, 공소의 제기 및 그 유지에 필요한 사항. 다만, 검사가 수사를 개시할 수 있는 범죄의 범위는 다음 각 목과 같다.
　　가. 부패범죄, 경제범죄 등 대통령령으로 정하는 중요 범죄
　　나. 경찰공무원(다른 법률에 따라 사법경찰관리의 직무를 행하는 자를 포함한다) 및 고위공직자범죄수사처 소속 공무원(「고위공직자범죄수사처 설치 및 운영에 관한 법률」에 따른 파견공무원을 포함한다)이 범한 범죄
　　다. 가목·나목의 범죄 및 사법경찰관이 송치한 범죄와 관련하여 인지한 각 해당 범죄와 직접 관련성이 있는 범죄

135) 제312조(검사 또는 사법경찰관의 조서 등) ① 검사가 작성한 피의자신문조서는 적법한 절차와 방식에 따라 작성된 것으로서 공판준비, 공판기일에 그 피의자였던 피고인 또는 변호인이 그 내용을 인정할 때에 한정하여 증거로 할 수 있다. <개정 2020. 2. 4.>
　　② 삭제 <2020. 2. 4.>
　　③ 검사 이외의 수사기관이 작성한 피의자신문조서는 적법한 절차와 방식에 따라 작성된 것으로서 공판준비 또는 공판기일에 그 피의자였던 피고인 또는 변호인이 그 내용을 인정할 때에 한하여 증거로 할 수 있다.
　　④ 검사 또는 사법경찰관이 피고인이 아닌 자의 진술을 기재한 조서는 적법한 절차와 방식에 따라 작성된 것으로서 그 조서가 검사 또는 사법경찰관 앞에서 진술한 내용과 동일하게 기재되어 있음이 원진술자의 공판준비 또는 공판기일에서의 진술이나 영상녹화물 또는 그 밖의 객관적인 방법에 의하여 증명되

이하에서는 수사개시와 관련하여 수사기관이 범죄혐의를 두게 되는 원인인 수사의 단서로
서, 범죄피해자 또는 일정한 관계에 있는 고소권자가 행할 수 있는 '고소'를 중심으로 고소 절
차와 작성례를 살펴보기로 한다.

2. 고소와 고소의 절차

가. 고소의 의의

고소는 범죄의 피해자 또는 그와 일정한 관계에 있는 자가 주체가 되어 수사기관에 대하여
특정한 범죄사실[136]을 신고하여 범인의 처벌을 구하는 의사표시를 말한다. 그렇기 때문에 고
소는 제3자가 주체가 되는 고발과 차이점이 있다. 범죄사실의 특정 정도는 고소인의 의사가
구체적으로 어떤 범죄사실을 지정하여 범인의 처벌을 구하고 있는 것인가를 확정할 수만 있
으면 된다. 한편 단순히 피해사실을 신고하거나 민원을 접수하는 정도는 처벌을 구하는 의사
표시가 아니기 때문에 고소에 해당하지 않는다.[137]

고, 피고인 또는 변호인이 공판준비 또는 공판기일에 그 기재 내용에 관하여 원진술자를 신문할 수 있었
던 때에는 증거로 할 수 있다. 다만, 그 조서에 기재된 진술이 특히 신빙할 수 있는 상태하에서 행하여
졌음이 증명된 때에 한한다.
⑤ 제1항부터 제4항까지의 규정은 피고인 또는 피고인이 아닌 자가 수사과정에서 작성한 진술서에 관하
여 준용한다.
⑥ 검사 또는 사법경찰관이 검증의 결과를 기재한 조서는 적법한 절차와 방식에 따라 작성된 것으로서
공판준비 또는 공판기일에서의 작성자의 진술에 따라 그 성립의 진정함이 증명된 때에는 증거로 할 수
있다.
136) 대법원 2003. 10. 23. 선고 2002도446 판결; 고소는 고소인이 일정한 범죄사실을 수사기관에 신고하여
범인의 처벌을 구하는 의사표시이므로 그 고소한 범죄사실이 특정되어야 할 것이나 그 특정의 정도는 고
소인의 의사가 구체적으로 어떤 범죄사실을 지정하여 범인의 처벌을 구하고 있는 것인가를 확정할 수만
있으면 된다.
137) 대법원 2012. 2. 23. 선고 2010도9524 판결; 출판사 대표인 피고인이 도서의 저작권자인 피해자와 전자
도서(e-book)에 대하여 별도의 출판계약 등을 체결하지 않고 전자도서를 제작하여 인터넷서점 등을
통해 판매하였다고 하여 구 저작권법 위반으로 기소된 사안에서, 피해자가 경찰청 인터넷 홈페이지에
'피고인을 철저히 조사해 달라'는 취지의 민원을 접수하는 형태로 피고인에 대한 조사를 촉구하는 의사
표시를 한 것은 형사소송법에 따른 적법한 고소로 보기 어렵다는 이유로 공소를 기각한 원심판단을 정당
하다고 하였다.

나. 고소의 절차

(1) 고소권자

범죄로 인한 피해자는 고소할 수 있다(형사소송법 제223조). 이때의 피해자는 직접적 피해자를 의미하며, 보호법익의 주체는 물론 범죄행위의 객체가 된 자도 포함된다. 고소를 할 때는 소송행위능력, 즉 고소능력이 있어야 하나, 고소능력은 피해를 입은 사실을 이해하고 고소에 따른 사회생활상의 이해관계를 알아차릴 수 있는 사실상의 의사능력으로 충분하므로, 민법상 행위능력이 없는 사람이라도 위와 같은 능력을 갖추었다면 고소능력이 인정된다.[138]

피해자가 아니라고 하더라도 친권자, 후견인 등과 같이 무능력자의 행위를 일반적으로 대리할 수 있는 피해자의 법정대리인은 독립하여 고소할 수 있고, 법정대리인의 지위는 고소시점에만 있으면 족하다.[139] 대법원[140]은 무능력자의 보호를 위하여 "법정대리인의 고소권은 무능력자의 보호를 위하여 법정대리인에게 주어진 고유권이므로, 법정대리인은 피해자의 고소권 소멸 여부에 관계없이 고소할 수 있고, 이러한 고소권은 피해자의 명시한 의사에 반하여도 행사할 수 있다."고 하였다. 피해자가 사망한 때에는 그 배우자, 직계친족 또는 형제자매는 고소할 수 있으나, 피해자의 명시한 의사에 반하지 못한다(형사소송법 제225조). 그리고 피해자의 법정대리인이 피의자이거나 법정대리인의 친족이 피의자인 때에는 피해자의 친족도 독립하여 고소할 수 있다(형사소송법 제226조).

하지만 자기 또는 배우자의 직계존속을 고소하지 못한다(형사소송법 제224조).

(2) 고소의 절차

고소는 서면 또는 구술로써 검사 또는 사법경찰관에게 하여야 하고, 검사 또는 사법경찰관이 구술에 의한 고소 또는 고발을 받은 때에는 조서를 작성하여야 한다(형사소송법 제237조). 고소조서는 독립된 조서일 필요는 없으며, 수사기관이 고소권자를 증인 또는 피해자로서 신문한 경우에 그 진술에 범인의 처벌을 요구하는 의사표시가 포함되어 있고 그 의사표시가 조서에 기재되면 고소는 적법하다.[141]

고소는 대리인으로 하여금 하게 할 수 있는데(형사소송법 제236조), 대리권이 수여되었음이 실질적으로 증명되면 충분하고 대리권 수여방식과 관련하여서는 제한이 없으므로 반드시 위

---

138) 대법원 2011. 6. 24. 선고 2011도4451, 2011전도76 판결.
139) 이주원, 전게서, 92면.
140) 대법원 1999. 12. 24. 선고 99도3784 판결.
141) 대법원 1966. 1. 31. 선고 65도1089 판결, 대법원 1985. 3. 12. 선고 85도190 판결.

임장을 제출하거나 대리의 표시를 하여야 하는 것은 아니다.[142]

(3) 고소기간

고소기간은 친고죄[143]가 아닌 일반범죄의 경우 고소기간에 제한이 없다.

3. 고소장의 구체적 작성례

가. 사망사건의 경우

피해자인 망아가 가와사키병의 치료 과정 중 사망한 사례

고 소 장

고 소 인   ○ ○ ○
　　　　　　◎ ◎ ◎
피고소인   1. ✕ ✕ ✕
　　　　　　2. □ □ □
죄　　　명   업무상과실치사

고소취지

고소인은 피고소인들을 업무상과실치사, 의료법 위반으로 고소하오니 처벌하여 주시기 바랍니다.

고소내용

1. 고소요지

　　피고소인들은 고소외 망 ● ● ●(이하 망아라 합니다)의 가와사키병에 대하여 최선의 주의의무를 다하여 치료 하여야 함에도 불구하고 아스피린 병용투여의무, 면역글로불린 및 케로라 약물투여 시 심부전 추적검사의무, 심정지 시 응급처치의무 등을 불이행한 진료상 과실로 망아로 하

---

142) 대법원 2001. 9. 4. 선고 2001도3081 판결.
143) 제230조(고소기간) ① 친고죄에 대하여는 범인을 알게 된 날로부터 6월을 경과하면 고소하지 못한다. 단, 고소할 수 없는 불가항력의 사유가 있는 때에는 그 사유가 없어진 날로부터 기산한다.

여금 심정지로 사망에 이르게 한 죄책이 있습니다.

2. 당사자들의 관계
가. 고소인들
고소외 망아는 이건 의료사고로 사망한 피해자이고, 고소인들은 망아의 부모입니다.

나. 피고소인들
피고소인들은 조합계약 하에 위 주소지에서 △△어린이병원(이하 '피고소인병원'이라 합니다)이라는 상호로 2차 의료기관을 운영하는 소아청소년과 전문의들로서 이 건 사고를 일으킨 자들입니다.

3. 이 건 사고의 경위
가. 코로나 확진 후 가와사키병 이환
망아는 2022. 8. 22.경 코로나확진 되어 치료받았으나, 8. 24경 열이 나고, 손발이 차고, 누워만 있고, 못 먹고, 배뇨/배변 장애 등 상태로 악화되어 피고소인병원에 8. 25. 11:51경 내원한 뒤 입원하여 피고소인2로부터 진료를 받게 되었습니다.

나. 혈액검사 결과와 가와사키병 진단
망아는 8. 25.경 피고소인병원 내원 직후 채취한 혈액검사 결과 "WBC 11.2(정상 3.6~9.9), CRP 0.6(정상 0~0.5)"로 전신감염질환, "pro-BNP 8818.64~11374.65(정상 0~300), CK-MB 6.56(정상 1~5.1), Troponin I 0.39(정상 0~<1.5)"로 심부전 등 심질환을 의심할 수 있는 내용이 나타났습니다. 이에 대해 피고소인 1은 망아를 가와사키병으로 진단하였습니다.

다. 가와사키병 치료 전 심질환 여부, 중증도 배제 진단의 불이행
피고소인1은 망아가 가와사키병 합병증으로 관상동맥혈전, 심근경색, 심부전 등 심질환 합병증을 일으킬 수 있기 때문에 심전도검사, 심초음파검사를 시행하여 심질환 발병여부, 중증도, 악화정도 등에 대하여 진단하여야 함에도 불구하고 이에 대한 평가와 진단을 하지 않았습니다.
망아는 8. 25.경 가와사키병 이환에 따른 심질환에 대한 배제진단을 받지 못해 심질환 치료는 물론 심질환에 대한 밀착감시, 경과관찰를 받지 못하였습니다.

라. 아스피린 병용 투여 불이행
피고소인1은 망아를 가와사키병으로 진단하고 면역글로불린을 투약하였습니다.

가와사키병은 관상동맥혈전, 심근경색, 심부전 등 심질환 합병증을 일으킬 수 있기 때문에 아스피린을 병용투여 하여야 함에도 피고소인1은 아스피린을 병용투여하지 않았습니다. 이후 망아는 아스피린을 투약 받지 못하여 관상동맥에 혈전이 발생하였고 결국 심정지에 이르게 되었다고 추정됩니다.

마. 혈전위험이 있는 케로라약을 비대면으로 간접처방하고 경과관찰 없이 투약

케로라는 심근경색 등 심관상동맥 내에 혈전발생을 증가시킬 수 있는 약입니다. 이 때문에 망아와 같이 관상동맥혈전증의 위험이 있는 가와사키 환아에게 케로라를 투약할 때에는 치명적인 부작용을 일으킬 수 있어 위험성이 더욱 배가되므로 주의하여야 합니다. 즉, 가와사키병 자체가 관상동맥혈전증을 유발시키는 질환인데다가 케로라를 투약하게 되면 혈전 발생 위험성이 매우 높아질 수 있습니다.

그럼에도 불구하고 피고소인2는 8. 25. 19:10경 망아에 대하여 케로라 처방 시 직접 관찰하는 등의 대면 진단을 하지 아니한 채 비대면으로 처방하였습니다. 피고소인2는 8. 25. 22:41경 망아가 심정지 된 후에서야 처음으로 직접 대면진료를 하게 된 것입니다. 또한 피고소인2는 전화처방을 하면서 케로라가 혈전발생 위험이 있으니 급성심질환에 대한 경과관찰을 하라고 지시하지 않았고, 간호사도 혈전발생 위험성을 전혀 고려하지 않았습니다.

바. 면역글로불린 및 케로라 투약 중 심질환 경과관찰의무 불이행

피고소인들은 망아가 관상동맥혈전, 심근경색, 심부전 등 심질환 합병증을 일으킬 수 있는 가와사키병에 이환되어 8. 25. 15:30경 면역글로불린 16−1(총 16개의 면역글로불린 투약 계획)을 투약하기 시작할 때(피고소인1책임), 늦어도 19:10경 케로라를 병용투약할 때(피고소인2책임)부터라도 관상동맥혈전증 등 심질환이 발생하였는지, 악화되고 있는지 등에 대하여 경과관찰을 하여 심정지 이전에 조기진단하고, 골든타임 내에 응급처치를 하여 구명하여야 합니다. 그럼에도 피고소인들은 실시간 경과관찰을 하지 않아 망아의 심질환 악화를 모르고 있다가, 8. 25. 22:38경 심정지가 발생한 후에서야 뒤늦게 발견하였습니다.

사. 골든타임 내 응급처치 불이행

망아는 8. 25. 22:38경 이전부터 쇼크가 발생하였고 피고소인병원 간호사 고소외 김은주에 의하여 22:38경 얼굴창백, 의식혼미, 22:39경 산소포화도 측정안됨, 맥박 없음, 동공확대 등 심정지상태에서 발견되었습니다.

그렇다면 피고소인2는 3~5분 이내의 골든타임인 5분 내에 3~5분 간격으로 반복하여 에피네프린을 투약하고, 3~5분 이내에 기관삽관 하 산소공급 등 응급처치를 하여야 함에도 불구하고 에피네프린은 심정지 발견 7분 후인 22:45경 처음 투약하고, 다시 15분 후인 23:00경 2차 투약하는 등 응급에피네프린 투약의무를 불이행하여 불가역적 뇌손상을 입었습니다. 또한 피고소인2는 기관절개술은 전혀 시행하지 않았습니다.

아. 심정지상태로 3차 의료기관인 ▽▽대학병원 이송

피고소인2의 응급처치 불이행으로 망아는 8. 25. 23:42경 ▽▽대학병원 응급실 도착 당시 심장무수축, 의식반응 없음, 저체온(35.0℃) 등 사망상태였습니다. 체온은 성인의 경우 사망 후 저하되고, 영유아는 더 빨리 저하되는바, 망아의 체온이 35.0℃였던 점에 비추어 피고소인병원에서 이미 사망하였다고 추정됩니다. 그리고 망아는 2022. 8. 26. 00:25경 사망선고를 받았습니다.

4. 의학적 관련 지식 및 규범적 주의의무
가. 코로나바이러스감염증-19(COVID-19)와 가와사키병

COVID-19과 가와사키병의 구체적인 관련성은 아직 정확히 밝혀지지 않았지만, 역학조사결과 코로나바이러스에 감염된 환자들 중에서 가와사키병 발병률이 30배 가량 증가했고, 심질환 합병증을 더 많이 보여, 코로나감염 환아에게 가와사키병이 병발한 경우 심질환 합병증의 진단 및 치료에 주의의무가 더 가중됩니다.

나. 가와사키병에 대하여
1) 개념

가와사키병은 주로 영유아의 여러 장기에 침범되며 병리학적으로 전신성 혈관염의 소견을 보이는 원인불명의 소아 급성열성 발진성 질환으로 이 질환의 예후는 비교적 양호하나 심장혈관계가 침범되면 관상동맥혈전, 심근경색등의 치명적인 합병증이 발생할 수 있습니다. 가와사키 환아에게 심질환치료를 하지 않을 경우 15~25%에서 관상동맥 염증 또는 동맥류가 발생하고 이에 동반된 관상 동맥의 색전으로 인한 심근 경색을 일으켜 급성기에 사망을 초래할 수 있으며 후에 허혈성 심질환을 일으킬 수 있습니다.

2) 가와사키병 배제검사

가와사키병은 병력청취, 신체검사, 혈액 및 소변검사, 심장초음파 등을 시행하여 심혈관계의 이상(심염, 심전도의 변화, 이상 청진 소견, 흉부X선상 심장확대, 심에코도상 관상동맥류의 발견), 소화기의 이상(설사, 구토, 복통, 담낭 종대, SGOT·SGPT의 상승), 단백뇨, 침사(沈渣)백혈구의 증가, 핵좌방이동을 동반한 백혈구의 증가, 혈소판 증가 등 발병여부, 중증도, 진행정도 등을 평가하여야 합니다.

3) NT-proBNP수치 상승을 통한 관상동맥혈전증, 급성심부전 등 심질환평가

가와사키병은 양호하게 회복되나, 심질환 합병증이 발병하는 경우 사망위험이 있습니다. 가와사키병으로 심질환이 발병하는 경우 NT-proBNP 검사에 높은 수치가 나타납니다. 따라서 가와사키환아에게 NT-proBNP농도가 증가한다면 관상동맥혈전증, 급성심부전이 발생하였을 위험성이 높으므로 심초음파검사를 하고 응급심질환치료를 하여야 합니다.

4) 가와사키병의 치료방법으로 아스피린과 면역글로블린의 병용투여

가와사키병은 관상동맥류를 일으키지 않으면 대부분 양호하게 회복되지만 치료하지 않을 경우 1% 이하에서 사망할 수 있습니다.

가) 필수적 아스피린 투약

가와사키병은 관상동맥혈전증을 일으키므로 아스피린 50mg/kg(미국에서는 80-100mg/kg까지 허용하고 있음)을 1일 2~3회에 나누어 투여하여야 합니다. 급성기가 지나 열이 내린 경우에는 관상동맥류의 확대가 있을 경우에는 아스피린을 지속적으로 계속 투여하는 것이 임상의학실천당시 진료지침입니다. 가와사키병에 있어서 혈소판증가증과 과응집성이 빈번하게 관찰되는데, 아마 혈관염과 면역복합체와의 연관속에 발생하리라 추측되고 있습니다. Weiss는 혈소판 응집이 동맥혈전 생성에 주요 역할을 하고, 이러한 동맥혈전으로 인하여 관상동맥의 폐색과 이에 따른 허혈성 질환이 초래된다고 하였습니다. 따라서 가와사키병의 치료는 관상동맥류의 발생과 혈전 생성의 예방에 주목적을 두고 있습니다.

나) 면역글로불린 투여

가와사키병에는 아스피린투약과 병용하여 면역글로불린을 투약하여야 합니다.

면역글로불린 투약요법은 1984년 Furusho 등이 가와사키병의 합병증인 관상동맥혈전 예방에 좋은 효과가 있다고 보고한 이후 고용량 아스피린과 면역글로불린 병용투여가 표준적 진료지침이 되었습니다. 이에 가와사키병의 치료에는 아스피린이 사용되고 있으며, 고용량은 항염효과가 있고, 저용량은 혈전 예방 효과로 관상동맥 병변의 빈도를 감소시키기 위해 면역글로불린과 병용투여 하고 있습니다.

다. 케로라 투약 시 주의의무

케로라 주사약은 중대한 심혈관계 혈전 반응, 심근경색증의 위험을 증가시킬 수 있고, 망아와 같이 가와사키병의 합병증으로 심혈관계 질환의 위험 인자가 있는 경우 더 위험할 수 있기 때문에 투약하지 않거나 투약 시 "신중히 모니터링"하여야 합니다.

라. 응급처치 상 주의의무
1) 4분 이내 기관삽관 하 산소공급의무

판례(대전지방법원 2007. 12. 12. 선고 2006가합7574 판결)는 "심정지가 발생하면 뇌의 ATP(생물에 있어서 없어서는 안 되는 에너지의 저장이나 공급과 운반을 중개하는 중요물질) 공급이 감소하기 시작하며, 4~5분이 경과하면 뇌의 ATP 공급이 중단되어 비가역적 손상이 시작되는 것으로 알려져 있다. 특히 뇌의 경우 높은 대사요구량으로 인하여 다른 장기보다 저산소성 손상에 취약하다... 기관삽관을 통한 산소공급이나 인공호흡은 환자 상태가 악화(저산소증, 저환기, 기도폐쇄 의심 혹은 예방, 심폐정지 전 상태)되는 경과이면 지체하지 않고 바로 시행하여야 하며, 기관삽관의 기준은 다음과 같다. ㉮ 무호흡, ㉯ 중추신경의 호흡통제소실, ㉰ 기도를 열어주는 방법에도 불구하고 기도폐쇄가 호전되지 않는 경우, ㉱ 호흡이 증가되어 피로가 누적되는 경우, ㉲ 양압환기가 필요하거나 높은 흡기악이 필요한 경우, ㉳ 기도보호반사가 약한 경우, ㉴ 진정 혹은 마비 유도가 필요한 경우. 기관삽관이 이루어진 후 튜브가 주기관지 내에 적절히 위치하였는지 확인하는 방법은 흉부 엑스레이나 기관지내시경을 통한 방법인데 기본적으로 흉부 엑스레이로 확인한다. 기관삽관이 주기관지를 지나 양 기관지 중 한쪽으로 들어가는 경우 삽관되지 않은 폐의 허탈이 발생할 수 있고, 이로 인해 저산소혈증이 생길 수 있다."고 하여 4~5분 이내에 산소공급이 적절하게 이루어져야 한다고 판시하고 있습니다.

따라서 응급처치는 4분 이내에 빨리 할수록 좋습니다. 판례(인천지방법원 2003. 7. 2. 선고 2001가합11624 판결)는 "① 0~4분 : 심폐소생술을 실시하면 뇌손상 가능성이 거의 없다. ② 4~6분 : 뇌 손상 가능성이 높다. ③ 6~10분 : 뇌 손상이 확실하다. ④ 10분 이상 : 심한 뇌 손상 또는 뇌사상태가 된다."고 하면서 심장과 호흡이 멈춘 지 4분 이내에 시작하면 살아날 가능성이 높지만, 시간이 갈수록 뇌가 손상되어 사망하게 된다고 판시하였습니다.

임상에서 윤상갑상막절개술은 3분 이내에 응급으로 시행할 수 있습니다.

2) 에피네프린 투약의무

에피네프린은 산소공급과 마찬가지로 가능한 빨리 투여하여야 하고, 1차 투여 후 3~5분 단위로 반복하여 투여하여야 합니다. 에피네피린은 최소한 심장 무수축 쇼크 발생 후 늦어도 5분 이내에 투약되어야 합니다.

5. 피고소인들의 업무상과실치사죄

가. 가와사키병 치료 전 심질환 여부, 중증도 배제진단 불이행의 과실

피고소인1은 가와사키병 합병증으로 관상동맥혈전, 심근경색 등 심질환 합병증이 발생할 수 있다는 사실을 잘 알고 있었습니다. 따라서 망아에 대하여 가와사키병을 진단하였다면 심질환 이왕여부, 병세의 중증도 등을 진단하기 위한 영상 검사를 시행하였어야 하나 이를 하지 않은 과실이 있습니다.

나. 아스피린 병용투여 불이행의 과실

가와사키병 치료에 있어서 면역글로불린 투약시에는 아스피린을 병용투여하여 관상동맥 혈전이 발생하는 것을 방지하여야 하나, 피고소인1은 이를 하지 않은 과실이 있습니다.

다. 혈전위험이 있는 케로라 약을 비대면 처방하고 경과관찰을 게을리한 과실

케로라는 혈전발생 위험성을 높이는 약물임에도 불구하고 피고소인들은 망아의 대면 진료 없이 약을 처방하였고, 혈전발생 위험성을 고려한 경과관찰을 하거나 지시하지도 않았습니다. 피고소인들은 제대로 된 경과관찰을 하지 않아 망아의 심질환 악화를 모르고 있다가, 8. 25. 22:38 경 심정지가 발생한 후에서야 뒤늦게 발견하였습니다.

라. 골든타임 내 응급처치 불이행의 과실

피고소인2는 적어도 심정지가 확인된 위 22:38경으로부터 3~5분 이내의, 골든타임 내에 에피네프린 투약, 기관삽관 하 산소공급 등 응급처치를 하여야 함에도 불구하고 이를 하지 않은 과실이 있습니다. 이로 인해 망아는 불가역적 뇌손상을 입었고 결국 사망하였습니다.

6. 결론

이에 고소인들은 이 건 고소에 이르게 되었는바, 피고소인들을 철저히 조사하시어 혐의가 인정되면 엄중히 처벌하여 주시기 바랍니다.

증명방법

1. 증제1호증   주민등록등본
1. 증제2호증   가족관계증명서
1. 증제3호증의 1   피고소인병원 경과기록지
1. 증제3호증의 2   피고소인병원 간호기록지

1. 증제3호증의 3   피고소인병원 진단검사결과지
1. 증제3호증의 4   피고소인병원 진단서
1. 증제3호증의 5   피고소인병원 진료비 세부산정내역
1. 증제3호증의 6   피고소인병원 응급 진료비 세부산정내역
1. 증제4호증의 1   ○○병원 응급실기록지
1. 증제4호증의 2   ○○병원 진단검사결과지
1. 증제4호증의 3   사망진단서
1. 증제5호증   면역글로불린을 재투여한 가와사끼병 환아에서
                    관상동맥 병변에 관한 임상고찰
1. 증제6호증   가와사키병 진단의 최신 지견
1. 증제7호증   가와사키병에서 진단적 지표로서의 NT－proBNP
1. 증제8호증   가와사키병의 진단과 치료
1. 증제9호증   가와사키병에서 면역글로불린 조기치료의 안정성과 효과
1. 증제10호증   2020년 한국심폐소생술 가이드라인
1. 증제11호증   2015 한국형 심폐소생술 가이드라인(전문가용)
1. 증제12호증   약학정보원－케로라주
1. 증제13호증의 1   대한의사협회 의료감정원 사실조회
1. 증제13호증의 2   ××대 임상약리학교실 사실조회

첨부서류

1. 위 입증서류   각 1부
1. 위임장   1부

                         2023.   .   .
                         위 원고 소송대리인
                         변호사 × × × (인)

○○경찰서장 귀중

나. 상해사건의 경우

피해자가 결핵에 감염된 상태에서 치료를 하지 않은 채 디스크수술을 하여 결핵성 뇌염으로 이환되어 영구장애에 이른 사례

고 소 장

고 소 인   ○ ○ ○(피해자의 딸)
피 해 자   ● ● ●
피고소인   1. × × ×
      2. □ □ □
죄   명   업무상과실치상

고소취지

고소인은 피고소인들을 업무상과실치상으로 고소하오니 처벌하여 주시기 바랍니다.

고소내용

1. 고소요지
피고소인들은 고소인에게 결핵 감염된 사실을 알고도 감염관리를 하지 아니한 채 결핵치료를 아니한 채 무리하고 미숙하게 디스크수술을 하여 결핵균이 뇌로 전이되어 뇌염에 이환케 하고, 결핵성 뇌염이 발생하였음에도 결핵치료를 아니하여 결핵성 뇌염에 의한 급성뇌경색의 영구장애에 이르게 한 업무상 과실이 있습니다.

2. 당사자들의 관계
가. 고소인
고소인은 피해자 ●●●의 딸입니다. 피해자는 이건 수술 전 폐실질에 좁쌀결핵이 감염되어

있었음에도 피고소인들은 이를 무시하고 결핵치료를 받지 못해 결핵성 뇌염으로 악화되고, 이어서 급성뇌경색까지 발생하여 식물인간 상태의 중증상해를 입게 된 의료사고 피해자입니다.

나. 피고소인들

피고소인 ×××(이하 '피고소인 1'이라 합니다)은 △△병원 척추관절센터 진료팀장이자 정형외과 전문의로서 피해자에 대한 폐결핵을 무시하고 척추수술을 강행하여 영구장애를 입게 한 가해의사입니다.

피고소인 ㅁㅁㅁ(이하 '피고소인 2'라 합니다) 위 △△병원 내과중점센터 내과 전문의로서 피해자에 대한 결핵성 뇌염에 대한 진단 및 치료를 게을리 하여 영구장애를 입게한 가해의사입니다.

3. 이 건 사고의 경위
가. 피고소인1의 디스크 및 폐결핵 진단
1) 요추MRI, 흉부X선/CT검사

피고소인1은 2016. 6. 28.경 △△병원에서 원고에 대한 요추 MRI검사결과 디스크진단을 내렸습니다.

피고소인1은 수술전 검사로 흉부 X선검사에서 "좁쌀 폐결핵(양쪽 폐 전체에 다발성 결절 진단), 미만성 간질성 폐질환"을, 흉부 CT검사에서 "폐렴 후유증(염증성 육아종을 동반한 바이러스성 폐렴)" 등 폐결핵, 폐렴 등 폐질환을 진단하였음에도 폐결핵의 종류와 진행병기에 대한 추가 배제검사와 치료를 하지 않았습니다.

2) 폐결핵 진단설명 미실시

피고소인1은 흉부X선/CT결과에 대하여 피해자 및 보호자인 고소인을 비롯한 가족들에게 전혀 설명하지 않고, 디스크 수술의 필요성 만을 강조하였습니다.

3) 디스크 수술

피해자는 결핵에 이환된지도 모른 채 2016. 7. 1.경 △△병원에 입원하여 피고소인1로부터 디스크수술을 받았습니다.

나. 뇌염 증상 발생 및 방치
1) 발열 및 어지럼, 오심, 두통 등 증상

피해자는 이 사건 수술 다음날인 7. 2.경부터 고열, 현훈, 오심, 구토 등 뇌염증상이 나타났음에도 피고소인1은 정형외과 의사라는 이유로 척추 수술부위만 신경 썼을 뿐, 뇌염에 대한 감별검사를 하거나 감염내과, 신경과와 협진하지 아니한 채 피해자를 방치하였습니다.

피해자는 7. 2. 15:10경 고열(37.7℃)로 측정된 이래, 7. 23.경 ▽▽병원으로 전원될 때까지 고열이 급속히 악화지속되었습니다.

2) 뇌염 배제검사 미실시

피고소인1은 해열제 및 오심 완화제를 투여하였음에도 피해자의 고열, 두통, 어지러움증, 오한, 울렁거림, 구토, 무기력증 등이 지속적으로 악화되고 있다면 그 원인이 무엇인지를 배제하기 위한 진단을 시행하고, 원인치료를 하였어야 함에도 해열제와 오심완화제 만을 반복하여 투약하였습니다.

3) 전신사정의무 위반

피고소인1은 최소한 수술 후 주기적으로 시행하여야 할 WBC, ESR, CRP 등 혈액배양검사, 두통, 어지러움증, 울렁거림, 오한 등이 어느 정도이고, 전날과 비교할 때 어떤 변화가 있는지에 대한 문진을 통해 원인규명에 노력하였어야 합니다.

피고소인1이 어느 분야의 전문의인지와 무관하게 정형외과적 수술을 위해 입원한 환자라고 할지라도 심근경색이나 뇌경색, 뇌출혈, 감염 등 다른 질환이 발생할 수 있으므로 임상증상에 대한 감별진단을 하거나 해당전문의와 협진하거나 전문과로 전과시켜 피해자로 하여금 "임상의학 실천당시의 의료수준에 맞는 치료"를 받도록 하여야 할 법적 의무가 있습니다. 그럼에도 피고소인 김주영은 발열이 발생했는지조차 제 때 인지하지 못하였고, 발열의 원인을 감별할 수 있는 혈액검사 및 혈액배양검사를 시행하지 않았습니다.

피고소인1은 이 사건 수술 직후 같은 날 14:09경 시행한 혈액검사에서도 감염여부를 기본적으로 검사하는 ESR, CRP검사는 뺀 채 WBC 검사만을 실시하였고, 피해자에게 뇌염으로 인한 고열, 두통 등 임상증상이 악화되었음에도 7. 6.경까지 5일간 혈액검사를 하지 않았습니다.

특히 피해자는 7. 3. 20:00경 37.5℃로 측정되었고, 7. 4. 09:18경에는 발열과 함께 어지럽고 울렁거리고 투통이 있다고 호소하였습니다. 피해자는 7. 17.까지 발열, 어지러움, 식은땀, 머리가 터질 듯한 두통, 구토, 울렁거림은 더욱 악화되었지만 배제검사를 단 1번도 받지 못했습니다.

다. 피고소인들의 뇌염 배제 진단을 하지 못한 과실

피고소인1은 피해자가 지속적으로 '속도 안 좋고, 어지럼증, 머리가 너무 아픈데 약을 먹어도 나아지지 않고 있다'고 호소하자, 7. 18. 09:25경 마지못해 뇌MRI검사를 실시하였습니다. 검사 결과 뇌염의 전형적인 영상인 "우측 뇌실 주위 T2의 고농도의 작은 타원형, 좌측 두정엽과 우측 후두부에 작은 혈관장애"가 보였음에도 피고소인1은 이를 간과하였습니다.

이와 같이 뇌염을 진단할 수 있음에도 피고소인2는 "(뇌실 주위 T2의 고농도 타원은) 별 의미는 없으나 추후 뇌혈관계 문제나 혈관성 치매 등이 생길 수 있으니 경과관찰을 요한다."고 하고 진통제(트라마롤 서방정)만을 처방하면서 피해자를 안심시켰습니다.

라. 피고소인들의 지속적인 방치

피해자에게 뇌염의 전형적인 임상증상인 두통, 구토, 발열이 지속되었으나, 피고소인1은 이에 대한 적극적 배제검사를 하지 않았습니다. 2016. 7. 22. 08:00경에는 피해자이 침대에서 일어나려 하였으나 곧 쓰러질 듯하여 주변 사람들이 피해자을 부축하여 침대에 바로 눕힐 정도로 상태가 악화되었습니다. 피해자는 두통, 구토로 음식물을 제대로 먹지 못했습니다.

피해자는 7. 23. 09:00경 "어지럼, 오심은 없는데 머리가 아프다. 기운이 없고 몸이 내 맘 같지 않다"며 침상 안에서 구부정하게 웅크린 채 심한 오한(몸 전체를 부들부들 떨며 이불을 덮고 있는 상태)이 나타났습니다. 옆 사람과 대화할 때는 눈을 마주쳤으나 대화를 하지 않는 때에는 의지가 없어 눈을 감고 있는 지경이었습니다. 묻는 말에 대답만 "응"이라고 할 뿐 몸이 축 처져 있고, 좌측 팔을 들지 못하며, 발목을 당겨보라는 말에도 시행하지 못하였습니다.

마. 뒤늦은 전원조치

피고소인1은 7. 23. 11:15경 피해자에게 "휠체어에 타 보라"고 지시하였으나, 피해자가 그 지시에 따르지 못하고 누워버리자 당황한 나머지 치료를 포기하고, 대학병원 신경외과로 전원결정을 하였습니다.

바. 피해자의 현 상태

대학병원으로 전원 된 후 시행한 검사 결과 피해자는 결핵성 뇌염, 뇌경색증 진단 하에 항생제 및 항혈전제, 항결핵제로 치료하였으나 사실상 식물인간 상태가 계속되고 있습니다.

4. 피고소인1의 업무상 주의의무와 그 위반
가. 결과예견의무 위반 및 사전결과회피의무
1) 6. 28. 흉부X선 결과

피고소인1은 이 사건 수술 전 피해자에게 좁쌀 결핵이 존재했음을 인지하였고 그렇다면 결핵을 방치할 경우 뇌염으로 확대될 수 있음을 충분히 예견할 수 있었으나 아무런 처치를 하지 않고 수술을 강행하였습니다.

전술한 바와 같이 피해자는 6. 28. 시행한 흉부X선 검사에서 양쪽 폐에 결핵이 감염되어 있는 상태였습니다.

2) 7. 2. 흉부X선 및 CT결과

진료기록감정 의사가 7. 2.자 흉부X선, CT 필름을 직접 확인한 결과 작은 결절, 즉, 좁쌀 결핵균이 있다고 감정하였습니다. 피고소인2의 정상판독은 잘못 된 것이라고 회신하였습니다.

3) 이 사건 수술 전 피해자의 뇌결핵 부존재

피해자는 이 사건 수술 전 뇌결핵에 감염되지 아니하였습니다.

4) 결핵균 감염으로 수술연기까지 고려

피고소인1은 디스크수술 연기를 고려할 정도로 결핵감염을 우려하였습니다.

5) 무리한 수술강행

피고소인1은 결핵균 감염을 알고도 항생체로 치료하다가 수술하자는 상식에 부합하지 않는 설명을 하였습니다. 더구나 결핵균에는 항결핵제를 투약하여야 함에도 항생제치료를 권유한 것은 과실에 해당됩니다.

또한 피해자가 성인으로서 의식이 명료함에도 불구하고 그 수술동의를 피해자가 아닌 남편으로부터 징구하여 피해자의 자기결정권을 침해하였습니다.

나. 사후 결과 확대 방지의무 위반
1) 폐결핵의 뇌로 전이 확산방지의무 불이행

피고소인1은 피해자에게 폐결핵이 있다는 것을 진단하고도 뇌로 확산되는 것을 방지하기 위한 어떤 조치도 취하지 아니하였습니다. 그에 따라 피해자는 결핵이 결핵성 뇌염으로 전이되었는바 피해자는 이건 수술 전인 6. 28.~6. 30.경 사이에는 결핵성 뇌염에 걸리지 않았습니다.

결핵성 뇌염은 이 사건 수술 후인 최소한 7. 6.경 무렵 발병한 것으로 추정됩니다. 결핵균 전이에도 피고소인2는 뇌염(결핵성)에 대한 배제진단과 항결핵제 투약을 하지 아니하여 뇌염이 발병, 악화된 것입니다.

감염내과 진료기록감정 의사는 "발열증상 만으로는 좁쌀결핵이 뇌로 전이되었다고 판단할 수 없다"고 한바, 이를 뒤집어 해석하면 발열 이외에 ESR/CRP도 같이 상승하면 뇌로 전이되었다고 판단할 수 있다는 취지입니다. 결국 피해자에게는 ESR/CRP/발열지속이 모두 나타나 결핵균이 뇌로 전이되었다고 추정할 수 있습니다.

2) 이 사건 수술 후 결핵성 뇌염 감염에도 배제진단 아니한 과실
가) 항생제 반코마이신 투약에도 감염증상 악화

피고소인1은 2016. 6. 29.경 혈액검사결과 감염이 의심되는 결과가 나오자, 7. 1.경부터 가장 강력한 항생제(반코마이신)를 투여하기 시작하였습니다. 그러나 반코마이신을 투약하였음에도 피해자의 감염증세는 오히려 악화되었습니다.

ESR은 염증성 질환이 있을 경우 수치가 상승하는데, 염증진단은 물론 치료개선이 되는지를 관찰하는데 사용되고 있습니다. 피해자의 ESR수치가 개선되지 않은 것은 염증치료가 되지 않았다는 것으로 평가할 수 있습니다.

CRP은 결핵 등 감염균으로 뇌염이 생기거나 뇌조직이 괴사될 때 상승되는바, 피해자는 결핵균이 뇌에 침투하여 뇌염을 일으켰기 때문에 지속적으로 상승하고 있었습니다.

나) 결핵 등 다양한 원인 고려 아니한 과실

반코마이신으로도 치료되지 않는다면 피고소인1은 세균 이외의 다양한 감염원인을 고려하여 결핵배제검사를 하여야 합니다. 항생제가 듣지 않는 이유는 결핵균이기 때문인바, 이때에는 항결핵제를 투약하여야 합니다. 그럼에도 불구하고 피고소인1이 항결핵제를 투약하지 아니하였는바, 이로써 피해자에 대한 결핵치료는 전혀 되지 않고 악화에 이르게 된 것입니다.

다) 감염 임상증상 악화에도 방치

피해자는 피고소인2의 항생제치료에도 불구하고 7. 8. ～ 7. 17.경 지속적으로 발열, 두통, 어지러움, 오심, 오한, 구토, 식은땀 등의 증상을 보였는바, 그렇다면 피고소인1은 디스크 수술부위는 이상이 없었다면, 디스크 수술 부위 이외의 부위에서 감염이 있는지에 대하여 배제하는 검사를 수행하였어야 합니다.

라) 구토, 설사지속 방치

피해자는 7. 20.경에도 구토와 발열증상이 있었습니다. 감염내과 진료기록감정 의사조차 구토와 발열이 새로이 발생한 증상이 아니라고 할 정도로 수술 이후 지속되었음에도 피고소인1은 피해자의 뇌염을 의심하지 않았습니다.

3) 결핵정밀검사 거부
가) 병리과의 TB PCR검사 등 결핵검사 권고

결핵배제진단을 위해서는 항산균 도말검사(AFB stain)와 중합효소연쇄반응검사(Tb－PCR) 등 특수결핵검사가 필요합니다. 이 때문에 병리과에서는 7. 5.경 피고소인에 대하여 결핵배제진단을 위해 AFB stain, Tb-PCR 검사를 권고하였습니다.

실제 7. 23.경 뒤늦게 피해자를 전원받은 대학병원에서는 피해자가 응급실에 내원하자마자 결핵균배양검사를 실시하였습니다. 이런 검사는 어느 병원에서도 실시할 수 있는 보편적 검사임에도 피고소인2는 이를 시행하지 않았습니다.

따라서 피고소인1이 병리과에서 권고한 7. 5.경에 결핵검사를 하였다면 피해자의 결핵감염을 진단할 수 있었고, 피해자는 7. 5.경부터는 항결핵제를 투약 받을 수 있었습니다.

나) 피고소인1의 TB PCR검사 미실시

그러나 피고소인1은 아무런 이유 없이 결핵검사권고를 거부하였습니다.

피고소인1은 7. 22.이 되어서야 TB PCR검사를 처방하였는데, 7. 22.경에 할 수 있는 처방을 7. 5.경 하지 못할 이유가 없습니다. 즉, 이건에서 결핵검사를 하지 못한 귀책사유가 피해자에게 없습니다.

다) 조직검사도 미실시

피고소인1은 7. 6.경 변연절제한 조직검사를 하였다면 결핵균을 동정할 수 있었습니다.

그러나 피고소인1은 아무런 이유 없이 조직검사를 하지 않았습니다. 진료기록감정 의사는 중복검사-1차 수술부위와 같아서 안한 것같다-라고 하는데, 이는 잘못된 감정으로 보입니다. 왜냐하면 같은 부위라도 시간에 따라 감염여부와 감염의 중증도가 달라지기 때문에 검사 시행이 필요하고, 피해자의 경우 1차 수술 후 농양이 발생하여 제거한 것인바, 조직 자체가 1차와 다른 사정이 있었습니다.

라) 뇌척수액검사, 뇌CT/MRI검사를 하였다면 조기검사 가능

이건 뇌염에 대하여 뇌척수액검사를 하였다면 조기에 뇌결핵을 진단할 수 있었음에도 피고소인1은 이를 하지 않았습니다.

4) 결핵 치료 아니한 과실
가) MRI상 뇌염발견 무시

피고소인1은 7. 18. MRI검사결과 뇌에 병변이 발견되었고, 뇌혈관질환을 의심한다는 영상의학과의 자문까지 받았습니다. 그럼에도 불구하고 피고소인1은 응급처치 없이 단순히 경과관찰만 하였습니다.

나) 비의학적 처방

피고소인1은 단순 경과관찰에 그친 것이 아니라, "입맛 당기는 음식을 조금씩 자주 먹어보라"는 비의학적 처방을 하였습니다. 뇌염으로 오심, 어지러움이 발생하였음에도 단순히 못 먹어서 발생한 전해질불균형으로 오진을 한 것입니다. 더구나 전해질불균형이라면 전해질보충치료를 하였어야 함에도 그 조차도 하지 아니하여 피해자의 뇌염을 악화시켰습니다.

다) 직접 대면진료 하지 아니한 위법행위

피고소인1은 7. 5.경 간호사의 이상보고에 대하여도 피해자를 직접대면진료를 하지 아니하고 어떤 처방도 내리지 아니한 채 방치하였습니다.

피해자가 7. 21.경에도 지속적으로 구토와 발열이 나고, 어지러움, 오심 등이 발생하였음에도 피고소인1은 피해자를 직접 대면진료하지 아니하였습니다. 피해자는 의사를 본적이 없습니다. 진료 및 진단의 시작은 환자를 대면하여 시진, 청진, 촉진, 타진, 문진하는 것입니다. 피고소인1은 간호사의 말만 듣고 비대면 간접진료를 하는 바람에 피해자의 뇌염을 조기에 진단하지 못한 것입니다.

라) 결핵치료를 하지 아니함

피고소인1은 7. 7.~7. 23.경까지 결핵치료를 전혀 하지 않았습니다.

5) 불가역적 손상 이후 지연된 전원 조치

피해자는 7. 23.경 1 결핵성 뇌염으로 의식혼돈, 지남력 상실 상태에 이르게 되어서야 대학병원으로 전원되었습니다. 피해자는 7. 23.경 불가역적 뇌손상을 입고 의식소실과 혼돈, 지남력 소실 등 중증단계에서 뒤늦게 대학병원으로 전원되어 CT/MRI, 뇌척수액검사를 받자마자 그 즉시 결핵성 뇌염을 진단받고 항결핵치료를 받으면서 겨우 목숨만은 구하였지만 중증 장애에 이르게 되었습니다.

5. 결론

피고소인1은 이 사건 수술의 집도의, 주치의로서 업무상 주의의무를 다 하지 않은 과실로 인해 피해자에게 뇌경색이라는 영구 중상해에 이르게 하였습니다.

피고소인2는 피고소인1의 협진 요청으로 피해자의 뇌염 증상을 충분히 진단하고 처치할 수 있었음에도 불구하고 만연히 진통제만을 처방하여, 피소인1과 더불어 피해자의 악결과를 회피하지 못하고 방치한 과실이 있습니다.

이에 피해자는 이 사건 고소에 이르게 되었는바 피고소인들을 철저히 조사하여 혐의가 인정되면 엄중히 처벌하여 주시기 바랍니다.

증명방법

1. 증제1호증   주민등록등본
1. 증제 2호증   가족관계증명서
1. 증제 3호증의 1   △△병원 입퇴원확인서
1. 증제 3호증의 2   △△병원 수술기록지
1. 증제 3호증의 3   △△병원 경과기록지
1. 증제 3호증의 4   △△병원 간호기록지
1. 증제 3호증의 5   △△병원 혈액검사결과지
1. 증제 3호증의 6   △△병원 영상검사결과지
1. 증제 3호증의 7   △△병원 협진기록지
1. 증제 4호증의 1   ▽▽대학병원 진단서
1. 증제 4호증의 2   ▽▽대학병원 입원초진기록지
1. 증제 4호증의 3   ▽▽대학병원 경과기록지
1. 증제 5호증뇌간   뇌염 치험 1례 논문
1. 증제 6호증   △△지방법원 2017가합××××× 판결문
1. 증제 7호증   △△지방법원 2017가합×××× 진료기록감정회신

첨부서류

1. 위 입증서류   각 1부
1. 위임장   1부

2023.   .   .

위 원고 소송대리인

변호사　×　×　×　(인)

○○경찰서장　귀중

제2장

의료분쟁과 소송대체적 분쟁해결제도

의료분쟁과 소송대체적 분쟁해결제도

제1절　의료분쟁과 화해

1. 화해의 의의

화해란, 당사자간에 다툼이 있는 법률관계에 대하여 서로 양보하여 그 다툼을 마치고 합의 아래 분쟁을 종료짓기로 약정함으로써 성립하는 계약이다(민법 제731조). 일본에는 시담(示談)이라는 특유한 제도가 있는데, 우리나라의 화해계약과 유사한 제도이다. 원시시대에는 복수나 탈취 등 자력구제에 의하여 분쟁을 해결하였으나 재판제도가 정착되면서 이러한 자력구제는 금지되었다. 그러나 재판은 일도양단적인 결론에 이르는 것이어서 법률적으로는 해결될지 몰라도 분쟁당사자로부터 마음에서 우러나오는 동의를 받는 데는 적합하지 않다는 단점이 있다. 화해는 이해당사자가 서로 양보하여 당사자간의 다툼을 자치적으로 해결할 수 있다는 점에서 재판제도가 발달한다고 하여도 존재의 의의가 있기 때문에, 의료분쟁에서도 화해의 역할은 아무리 강조해도 지나치지 않다.

2. 유사제도와의 비교

화해계약과 유사한 제도로는 재판상 화해, 조정, 중재 등이 있다.

가. 재판상 화해

재판상 화해는 분쟁당사자가 법원에서 서로 양보하여 분쟁을 종결짓는 것으로서 소송상 화해(민사소송법 제225조)와 제소전 화해(민사소송법 제385조)가 있다. 이는 재판의 일종으로 화해조서가 작성되며, 화해조서는 확정판결과 같은 효력을 지닌다.

의료소송에서는 소송계속 중 법원의 권유나 당사자간의 대화를 통하여 소송상화해가 이루어지는 경우가 적지 않은 바, 이때 작성된 화해조서는 확정판결과 같아 강제집행을 할 수 있다.

나. 조 정

조정이란, 법원이나 기타 국가기관의 알선으로 당사자가 합의하여 다툼을 해결하는 제도이다. 의료분쟁에서의 조정제도로는 민사조정법에 의한 민사조정과 의료사고 피해구제 및 의료분쟁 조정 등에 관한 법률에서 규정된 한국의료분쟁조정중재원에 의한 조정, 소비자기본법에 의한 소비자분쟁의 조정이 있다.

이는 분쟁이 발생한 경우 제소 전에 미리 조정을 통하여 해결한다는 점에서 화해와·비슷하나, 상호 양보가 반드시 필요하지 않다는 점에서 화해와 다르다.

다. 중 재

분쟁에 대한 판단을 제3자인 중재인에게 맡기고, 중재인의 결정에 상호복종함으로써 다툼을 해결하는 일종의 사적 재판이다(중재법 제1조). 당사자의 상호양보를 전제하지 않는다는 점에서 화해와 다르고, 국가기관의 개입이 없다는 점에서 조정과 다르다. 물론 조정이나 중재판정은 모두 판결과 동일한 효력을 갖는다. 의료분쟁에서의 중재제도로 의료사고 피해구제 및 의료분쟁 조정 등에 관한 법률에서 규정된 한국의료분쟁조정중재원에 의한 중재를 들 수 있다.

3. 화해계약의 성립요건

가. 분쟁의 존재

화해계약은 당사자간 분쟁을 중지할 것을 목적으로 하는 계약이므로 분쟁이 전제되어야 한다. 예를 들어, 의료계약상 의무위반이 있었는지, 있다면 배상액은 얼마나 되는지 여부 등 법률관계의 실체가 당사자간에 확정되어 있지 않아야 한다.

나. 당사자간의 상호양보

화해계약은 당사자간의 상호양보를 요건으로 하고 있으므로 어느 일방이 양보하는 것은 화해라고 할 수 없다. 일방적인 양보는 청구의 인낙이나 청구의 포기가 된다.

다. 당사자의 자격

화해계약의 당사자는 분쟁의 대상이 된 법률관계의 당사자로서 당해 분쟁에 대한 처분권한을 갖고 있어야 한다. 의료분쟁에 있어서 가해의사와 피해환자가 대표적인 당사자에 해당된다. 그러나 의료분쟁이 발생한 경우 당사자간에는 감정의 골이 깊어져 직접적인 대화가 힘들기 때문에 친인척들이 나서는 경우가 많은데, 이 때에는 대리권을 가져야 한다. 의료법인의 경우 병원장이나 원무부장 등이 법인으로부터 화해계약에 관한 대리권을 수여받아 계약을 체결하여야 한다. 예를 들어, 법인으로부터 아무런 권한을 수여받지 못한 원무과 직원이나 환자로부터 대리권을 위임받지 못한 환자의 친지와 화해한 경우는 정당한 화해의 효력이 발생하지 않는다.

4. 화해계약의 효력

화해계약은 당사자 일방이 화해를 통해 양보한 권리가 소멸되고 상대방이 그 권리를 취득하는 효력이 있다(민법 제732조). 화해계약으로써 종래의 법률관계를 소멸시키고, 새로운 법률관계를 창설하게 된다. 따라서 종래에 당사자 사이에 분쟁이 계속되었던 법률관계는 화해계약의 내용으로 바뀌면서 확정된다.

따라서 화해가 이루어진 이상 원칙적으로 착오를 이유로 취소하지 못한다(민법 제733조). 예를 들어, 이비인후과의사가 축농증 치료 후 뇌농양의 상해를 입은 환자와 사이에 손해배상을 해주기로 하고, 대신 양자는 향후 일체의 이의제기를 하지 않기로 하는 화해계약을 체결한 경우에 이비인후과의사는 후에 과실행위나 인과관계의 부존재 등 착오를 주장하면서 화해계약의 취소를 주장하지 못한다. 왜냐하면 이비인후과의사와 환자 사이의 위 합의는 그 법률적 성질이 화해계약이라고 할 것이고, 양자 사이에는 분쟁이 이어지다가 이를 종결짓기 위하여 합의에 이른 것으로서 의사의 수술행위와 환자의 수술 후 발생한 증세 사이의 인과관계 유무 및 그에 대한 의사의 귀책사유의 유무는 분쟁의 대상인 법률관계 자체에 관한 것이기 때문에 뇌농양이 축농증 수술행위로 인한 것이 아니라거나 그에 대하여 책임이 없다는 등의 이유를 들어 위 합의를 취소할 수 없다고 할 것이다.[1]

---

1) 대법원 1995. 10. 12. 선고 94다42846 판결, 대법원 2003. 7. 11. 선고 2003다21599 판결.

5. 화해의 효력에 관련된 문제들

가. 공서양속

의료분쟁으로 인한 화해시 지나치게 적거나 지나치게 많은 금액으로 합의한 경우에도 그 효력이 있는지가 문제된다. 예를 들어, 갑자기 가장인 남편이 수술 도중 사망하자 장사를 치르기도 전에 전후사정을 모른 채 저액으로 합의한 경우나 반대로 환자가 뇌사상태에 빠지자 당황한 나머지 몇 억을 배상하기로 하고 합의한 사례가 종종 있다. 이러한 경우 상대방의 궁핍, 경솔 또는 무경험으로 현저하게 공정을 잃은 법률행위이기 때문에 무효이다(민법 제104조). 물론 공서양속 위반 여부는 배상액과 실손해액의 불균형만으로 판단할 수 없고, 상대방의 곤궁상태, 피해의 심각함, 배상자의 자력, 화해에 이르기까지의 경과 등 여러 사정을 고려하여 판단하여야 한다.

대법원[2]은 "해외파견근무 중 교통사고로 사망한 피해자의 부(父)가 별로 교육을 받지 못하고 시골에서 날품팔이로 생계를 유지하는 66세의 노인으로서 원래 아는 것과 경험이 없고 사고경위도 알지 못한데다가 아들이 사망했다는 비보에 큰 충격을 받아 경황이 없는 상태에서 가해회사의 규모나 신용에 비추어 위 가해회사 직원들의 말을 진실한 것으로 믿고 위 망인의 사망에 따른 손해배상금으로 지급받을 수 있는 금액보다 훨씬 적은 금액만을 지급받으면서 위 가해회사가 제시한 합의서에 날인한 것이라면 위 합의는 경솔, 궁박(窮迫), 무경험상태에서 이루어진 현저하게 공정을 잃은 법률행위로서 무효이다."라고 판시한 바 있다.

의료사건의 화해에 있어서는 과오의 원인, 내용, 피해자의 증상, 피해의 장래예측 등에 있어서 당사자간의 의학지식에 커다란 격차가 있는 것이 보통이고, 그것이 화해의 효력에 영향을 미칠 것이라고 생각될 수 있다. 하물며 환자측에게 의료과실의 내용을 숨기고 과실이 없다던가 혹은 극히 경미하다고 하면서 위로금조의 화해가 이루어진 경우에는 공서양속 위반으로 무효가 될 수 있고, 경우에 따라서는 사기에 의한 화해계약으로 취소할 수도 있다.

가해의사가 사망한 환자의 분묘로 3년간 매일 찾아가 빌기로 하는 화해계약을 하였다면 이는 선량한 풍속 기타 사회질서에 위반한 사항을 내용으로 하는 법률행위이기 때문에 무효이다(민법 제103조).

---

2) 대법원 1987. 5. 12. 선고 86다카1824 판결.

나. 착 오

화해로 확정되는 법률관계는 화해계약의 내용 그 자체이다. 실체적인 진실 여부에 불구하고 그와 같이 법률관계를 결정하고자 하는 것이 화해이기 때문이다.

대법원3)은 "화해계약이 성립되면, 특별한 사정이 없는 한, 그 창설적 효력에 의하여 종전의 법률관계를 바탕으로 한 권리의무 관계는 소멸되고 계약 당사자간에는 종전의 법률관계가 어떠하였느냐를 묻지 않고 화해계약의 의사표시에 착오가 있더라도 이것이 당사자의 자격이나 목적인 분쟁 이외의 사항에 관한 것이 아니고 분쟁의 대상인 법률관계 자체에 관한 것일 때에는 이를 취소할 수 없다."고 전제하고, "화해계약 당사자 사이에 수술 후 발생한 새로운 증세에 관하여 그 책임 소재와 손해의 전보를 둘러싸고 분쟁이 있어 오다가 이를 종결짓기 위하여 합의에 이른 것이라면, 의사의 수술행위와 환자의 수술 후의 증세 사이의 인과관계의 유무 및 그에 대한 의사의 귀책사유의 유무는 분쟁의 대상인 법률관계 자체에 관한 것으로서, 의사는 환자의 수술 후의 증세가 의사의 수술행위로 인한 것이 아니라거나 그에 대하여 가해자에게 귀책사유가 없다는 등의 이유를 들어 그 합의를 취소할 수 없다."고 하여 화해의 확정효를 인정하고 있다.

또 확정효가 미치는 범위는 당사자간의 분쟁대상으로 된 것이며 이 대상에 대하여 서로 양보하여 확정한 사항에 한정되고, 분쟁대상의 전제 내지 기초로서 예정된 사항 기타 분쟁의 대상으로 되지 않았던 사항에 착오가 있을 때는 착오에 의한 의사표시로서 민법 제109조의 적용을 받는다.

대법원4)은 피해자측이 가해자의 사용자와 사이에 사고가 오로지 피해자의 과실로 인하여 발생한 것으로 착각한 나머지 이를 자인하고 치료비를 포함한 합의금만을 받고 일체의 손해배상청구권을 포기하기로 합의한 후 당해 사고가 가해자의 과실이 경합된 사실을 뒤늦게 알고나서 화해계약의 취소를 구한 사건에 대하여 "민법상 화해계약에 있어서는 당사자는 착오를 이유로 취소하지 못하고 다만 화해당사자의 화해의 목적인 분쟁 이외의 사항에 착오가 있는 때에 한하여 취소할 수 있는 바, 민법 제733조에서 '화해의 목적인 분쟁 이외의 사항'이라함은 분쟁의 대상이 아니라 분쟁의 전제 또는 기초가 된 사항으로서 쌍방 당사자가 예정한 것이어서 상호양보의 내용으로 되지 않고 다툼이 없는 사실로 양해된 사항을 말한다."고 하면서 취소주장을 받아들였다. 즉, 대법원은 위와 같은 경우 사고가 피해자의 과실로 인하여 발생하였다는 점에 대하여는 "쌍방 당사자 사이에 다툼이 없어 양보의 대상이 되지 않았던 사

---

3) 대법원 1995. 10. 12. 선고 94다42846 판결.
4) 대법원 1992. 7. 14. 선고 91다47208 판결.

실로서 화해의 목적인 분쟁의 대상이 아니라 그 분쟁의 전제가 되는 사항에 해당하는 것이므로, 위 사고발생에 가해자의 과실이 경합되어 있는데도 피해자측이 피해자의 일방적 과실에 의한 것으로 착각하여 합의를 한 것이라면 착오를 이유로 화해계약을 취소할 수 있다."고 하였다.[5]

손해배상의 화해에 있어서 착오에 의한 무효가 문제되는 것은 예기치 못한 손해의 증대의 경우를 제외하면 그리 많지 않다. 의료소송에서는 환자의 사망이 당해 치료행위의 결과라고 당사자 쌍방이 당초부터 당연한 전제로서 인정하고, 그 전제 하에서 배상액의 화해를 한 바, 후에 그 죽음은 의료과실과는 아무 관계없는 자살이었다는 것이 판명됐다고 하는 경우를 생각할 수 있다. 예를 들어, 의사로부터 만성간염을 치료받던 환자가 병원에서 사망하자 자신의 의료과실로 인하여 간부전으로 사망한 것으로 착각하고 환자의 상속인과 화해계약을 체결하였으나, 그 후 부검결과 사인이 심관상동맥협착증으로 밝혀진 경우에 의사는 당해 화해계약에 대하여 착오를 이유로 취소가 가능하다. 대법원[6]은 "의사가 자신의 의료과실로 인하여 환자가 사망한 것으로 착오를 일으켜 손해배상금을 지급하기로 화해계약을 체결하였으나 이는 자신의 잘못으로 환자가 의료과실로 사망한 것으로 잘못 알고 의사와 환자유족 사이에 의사가 일정의 손해배상금을 지급하고 유족은 민형사상의 책임을 묻지 않기로 화해가 이루어졌으나 그 후 부검결과 사인이 치료행위와는 무관한 것으로 판명된 경우 위의 사인에 관한 착오는 화해의 목적인 손해배상의 액수, 민형사사건의 처리 문제 등에 관한 것이 아니고 다툼의 대상도 아니고, 상호 양보의 내용으로 된 바도 없는 그 전제 내지 기초에 관한 착오이므로 이를 이유로 위 화해계약을 취소할 수 있다."고 하였다.

다. 화해 후의 손해 증대

통상 화해는 '일정액의 배상금의 지불 약속과 동시에 그 이상의 일체의 청구를 포기한다.'는 권리포기조항을 둔다. 그에 의하여 당사자 특히 배상의무자는 분쟁이 종결된 것을 확인하고 법적인 안정을 얻게 된다. 따라서 화해 후에 배상금 이상의 손해가 현실로 생겼다는 이유로 추가하여 청구하는 것이 원칙적으로 허용되지 않는 것은 당연하다. 그러나 화해 당시 거의 예기치 못한 손해가 후에 발생한 것과 같은 경우에 일률적으로 추가청구를 부정하는 것은 구체적 정의에 반하는 결과가 된다. 그래서 예외적으로 화해 후의 추가청구가 허용된다.

화해 후의 손해증대에 의한 추가청구의 가부는 교통사고의 화해를 둘러싸고 많은 판결이

---

5) 대법원 1997. 4. 11. 선고 95다48414 판결; 대법원 2020. 10. 15. 선고 2020다227523 판결.
6) 대법원 1990. 11. 9. 선고 90다카22674 판결; 대법원 2001. 10. 12. 선고 2001다49326 판결.

나오기 시작하여 그것이 축적되어 오늘에 이르고 있다. 대법원[7]은 "교통사고로 상해를 입은 피해자가 그 병상이 호전되고 안정가료를 취하면 임상병상이 없어질 것이라는 의사의 말만 믿고 치료비와 손해배상금을 받고 이후의 치료비 및 손해에 대하여는 일체의 권리를 포기하며 장래 장애가 발생하더라도 민·형사상의 소송이나 이의를 제기하지 아니하기로 합의가 이루어졌다고 하더라도 그 뒤 병세가 더 악화가 되면 피해자의 정신에 현저한 장애를 남겨 언제나 타인의 간호를 필요로 하는 상태에까지 이르게 되고, 그 노동능력의 95%가 상실될 것으로 예상되는 등 격심한 후유장애가 있게 되었다면 피해자가 그러한 경우까지도 예상하여 아무런 이의를 하지 않기로 합의한 것이라고 쉽게 단정할 수는 없다."라고 하여 착오로 인한 화해계약의 취소를 인정한 바 있다.

판례의 축적을 통하여 오늘날에 있어서는 예외적으로 추가청구가 허용되는 것이 확정되고 있으나 그 이론구성에는 여러 가지가 있고 ① 착오에 의한 무효, ② 묵시의 해제조건의 성취, ③ 신의칙에 의한 한정해석, ④ 공서양속 위반 등의 이론이 있다. 이러한 문제의 본질은 법적 안정과 구체적 정의의 비교형량에 있다. 그러한 측면에서 예외적으로 추가청구가 허용되는 요건으로는 ① 전손해를 정확히 파악하기 어려운 상황에서 조급히, ② 소액의 배상금을 가지고 화해되었고, ③ 화해 당시 예상하지 못하였던 손해가 후에 생긴 경우이고, 결국은 개별 사례를 중심으로 구체적으로 결정할 수밖에 없다.

이러한 의료과실의 화해에 있어서도 교통사고의 화해와 기본적으로는 다를 바가 없다고 생각된다. 오히려 의료과실의 화해에서는 배상의무자인 의사는 치료의 적정이나 증상의 추이 등에 대하여 전문가일 뿐 아니라 본래 자신의 치료행위와 그 후의 추이에 책임을 지고 있기 때문에 화해가 불공정하게 이루어질 가능성이 크므로 추가청구의 가능성이 더욱 높다고 해야 할 것이다. 다시 말해 첫째는 의료과실의 경우 사고내용이 교통사고에 비하여 복잡하고 전문적일 뿐 아니라 피해자측이 과오내용을 충분히 알지 못하는 경우가 많고, 따라서 증상의 장래 예측이 더욱 곤란하게 되고, 더구나 예측하지 못한 것에 대하여 피해자측의 실수가 문제되지 않는 경우가 많기 때문에 추가청구의 폭이 확대될 가능성이 충분히 있다. 둘째는 교통사고의 화해는 교통사고의 비전문가간에 체결되지만 의료과실의 화해는 전문가와 비전문가 사이에서 이루어진다. 그렇다면 피해자측에게는 예측할 수 없었으나, 의사측은 충분히 예측할 수 있었다고 볼 여지가 있는 것이어서 양자 간 차이가 존재한다.

---

7) 대법원 1987. 4. 14. 선고 86다카1994 판결.

라. 복수의 배상의무자 중 한 사람과의 화해의 효과

의료과실을 불법행위로 구성할 때 공동불법행위자나 사용자책임 등 복수의 배상의무자가 발생하는 경우 그 중의 한 사람과 화해하여 동인에 대한 나머지 청구권을 포기했을 때, 그 채무면제의 효과가 당해 배상의무자의 부담부분의 한도로 다른 배상의무자에게도 미치느냐 여부가 문제이다.

이에 대하여 절대적 효력설, 상대적 효력설, 절충설 등으로 나누어진다.

절대적 효력설은 그 채무면제의 효력은 민법 제419조, 민법 제506조의 유추적용에 의하여 다른 배상의무자에게 미친다고 한다. 그렇지 않으면 피면제자는 후에 다른 배상의무자로부터의 구상을 피할 수 없고, 면제를 받은 의미가 없게 된다고 한다. 이 설에 대해서는 절대효를 인정하는 것이 면제자(피해자)의 통상의 의사에 반하고, 피해자에게 예상 외의 손해를 주게 된다는 비판이 있다.

상대적 효력설은 다른 배상의무자에 대한 효력을 부정한다. 이 설은 면제자의 의사가 화해당사자간에만 효력을 미치는 것으로 해석하는 것이 일반적이며, 따라서 특별한 사정이 없는 한 면제는 절대효를 갖지 않는다고 한다.

절충설은 피면제자의 부담부분이 다른 배상의무자의 그것에 비하여 현저히 큰 경우에는 절대효를 인정하고 같거나 혹은 작은 경우에는 부정한다. 이 절충설에 대해서도 부담부분에 따라서 차이를 갖는다는 것이 면제자의 일반적인 의사라고 간주하는 것은 지나친 의제라는 비판이 있다.

검토컨대 상대적 효력설이 타당하다고 본다. 그 이유는 민법 제419조 자체가 임의규정이고, 따라서 문제는 당사자의 의사해석에 달려있기 때문이다. 면제의사의 내용을 문제로 삼을 때 배상의무자의 자력과의 관계가 중요하다. 피해자가 자력이 있는 배상의무자와 화해하고 나머지를 면제할 때는 그 화해에 의하여 모든 것을 종결하였다고 보는 것이 옳겠지만, 만약 자력이 없는 자와 화해할 때에는 그 나머지에 관하여 자력있는 다른 배상의무자로부터 받겠다는 의사가 있다고 보는 것이 자연스럽다. 따라서 화해당사자의 의사에 따라 상대적인 효력을 갖는다고 해석하여야 할 것이다. 판례는 상대적 효력설에 따른 것이 많다.[8]

---

8) 東京高判 昭和 49. 4. 30. 判時 742호 61頁; 東京地判 昭和 49. 3. 27. 判時 755호 82頁; 最高判 昭和 45. 4. 21. 判時 248호 125頁.

제2절 의료분쟁과 민사조정

1. 조정의 의의 및 기능

판결에 의한 분쟁해결은 일도양단(All or Nothing)적으로 되면서 당사자간에 감정의 골이 깊어지게 되어 분쟁의 종식이 아니라 새로운 분쟁의 시작이 되기도 한다. 화해는 당사자간의 상호양보를 전제로 하기 때문에 이미 분쟁이 야기되어 감정적으로 대립된 당사자가 제3자의 개입없이 이루어지기는 어려운 점이 많다. 이러한 폐단을 막기 위하여 법관이나 조정위원회가 제3자로 나서서 합의를 도출해 내는 것이 조정제도의 본래 목적이다.

조정제도는 소송에 비하여 경제적으로 신속하게 처리되며, 무엇보다 당사자간의 감정대립을 상대적으로 줄일 수 있다는 데 장점이 있다.

우리나라는 아직 미국처럼 소송망국론까지 가지는 않았지만 국민의 권리의식이 강해지면서 모든 분쟁을 소송으로 끌고 가려는 경향이 나타나고 있다.

소송은 당사자간의 분쟁을 명확히 해주는 장점이 있는 반면 분쟁해결을 위한 사회적 반대급부가 지나치게 많이 소요된다. 조정제도는 우리나라의 법문화와 가장 친한 제도라고 한다.[9]

따라서 조정제도는 우리 법문화가 지향해야할 하나의 모델이 되어야 하지 않을까 생각한다. 특히 원인규명이 쉽지 않은 의료소송에 있어서는 조정제도의 활성화가 다른 여타 소송에 비하여 시급히 요구된다.

2. 법원에서의 민사조정 제도의 절차

우리나라에서 법원에서 진행하는 민사조정 제도는 일반적으로 다음의 <도표 2-1>[10]과 같이 하나는 당사자가 민사조정법에 의하여 조정신청을 하는 방법과 다른 하나는 수소법원에

---

9) 즉, 함병춘교수는 한국인의 의식구조에 대하여 '한국인은 신의 영광보다는 인간적인 호의를, 구제보다는 감정 정화를, 정의보다는 평화를, 진실보다는 조화를, 심판보다는 중재를 선호한다.'고 지적하고 있고, 린다 루이스교수는 우리나라 민사법정에서의 판사가 심판관보다는 중재자로서 더 중요하게 기능하는 것을 발견하였다고 한다.; 박동성, 의료분쟁해결의 사회적 배경에 관한 연구, 서울대학교 대학원 인류학과 석사학위 논문, 1993. 1면, Hahm Pyong·Choon, Korean Jurisprudence·Politics and Law, Seoul Yonsei University Press 1986. p179, Linda Lewis, Mediation and Judicial Process in a Korean District Court, Ph. D. Dissertation, Columbia University, 1984.
10) 홍일균, 민사조정제도와 의료과실소송, 고려대학교 특수법무대학원 제1기 의료법 최고위자과정 교재, 1997, 3면.

서 당사자의 신청 혹은 직권으로 조정에 회부하는 방법이 있다. 대개는 수소법원의 직권에 의한 방법으로 조정이 이루어지고 있다.

당사자의 조정신청에 의하여 절차가 진행되는 경우는 조정담당판사가 직접 조정하거나 조정위원회로 하여금 조정하도록 한다. 의료분쟁에 대하여는 조정담당판사가 의료지식이나 경험이 부족하기 때문에 전문의가 조정위원으로 있는 조정위원회에 맡기는 경향이 강하다.

의료소송절차에 있어서 수소법원이 조정절차로의 회부는 환자측의 어느 정도의 입증이 있은 후 의사에게 과실이 있어 보일 때 하게 된다. 이때 수소법원이 직접 조정하거나 각급법원에 설치된 조정위원회에서 조정하게 한다.

조정에 회부되면 ① 조정을 하지 아니하는 결정, ② 조정의 불성립, ③ 조정의 성립 등으로 종결된다. 첫째, 조정을 하지 아니하는 결정은 예를 들어 매일 죽은 사람의 묘소에 가서 참배하도록 하는 조정을 신청한다든지 앞으로 의업에 종사하지 못한다는 내용으로 조정신청을 하는 것과 같이 조정함이 적당하지 아니하거나 부당한 목적으로 조정신청한 경우에 내리게 되는 결정이다. 둘째, 조정이 불성립되는 경우는 당사자간에 합의가 이루어지지 않거나 합의내용이 상당하지 않은 경우에 내리는 결정으로 소위 강제조정결정이 내려질 수 있다. 민사조정법 제30조에서 '조정담당판사는 합의가 성립되지 아니한 사건 또는 당사자 사이에 성립된 합의의 내용이 적당하지 아니하다고 인정한 사건에 관하여 직권으로 당사자의 이익이나 그 밖의 모든 사정을 고려하여 신청인의 신청 취지에 반하지 아니하는 한도에서 사건의 공평한 해결을 위한 결정을 할 수 있다.'고 한 것이 그것이다. 셋째, 조정이 원만히 성립되면 조정조서가 작성되고, 조정은 재판상 화해와 동일한 효력이 있다(민사조정법 제29조).

도표 2-1 **조정절차**

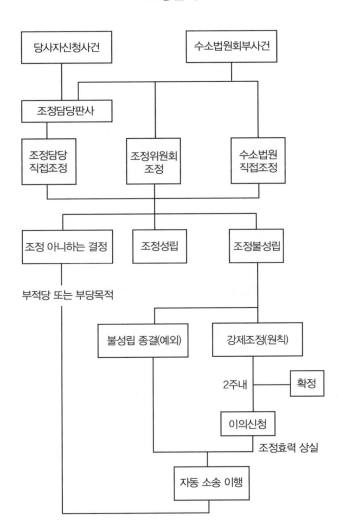

조정절차

3. 조정제도의 운영 방향

의료과실소송에 있어서 각급 법원 의료전담부에서는 전문의들을 조정위원으로 위촉하여 적극적으로 민사조정에 나서고 있다. 각 조정위원회는 조정장 1인과 조정위원 2인 이상으로 구성하고, 조정장은 판사가 맡는다(민사조정법 제9조).

조정위원은 전문적 지식 외에 일반 사회생활상의 풍부한 지식, 경험, 시간적인 여유, 조정에 대한 열의 등을 구체적으로 고려하여 위촉하고 있다. 조정위원들이 적극적이고 능동적으로 조정을 할 수 있도록 조정에 회부된 사건의 개요, 주요쟁점, 자료 등을 조정기일 전에 조정위원에게 제공하고 있다.

의료과실소송 실무에 있어서도 재판부는 조정위원을 통하여 의학지식과 경험 등에 관하여 많은 조언을 구하고 도움을 받고 있다. 다만, 재판부가 조정위원에 지나치게 의존하여서는 아니 될 것이다. 예를 들어, 이미 소송과정에서 진료기록감정회신이나 사실조회회신을 통한 결과로 확인된 의학적 사실에 관하여 조정위원에게 다시 자문을 구하는 과정에서 기존의 증명방법을 통한 결과와 상치되는 조정위원의 의견이 도출될 경우 재판부의 심증이 흔들리고 전반적인 사실인정에 영향을 미치게 되는 점을 유념하여 재판부가 조정제도와 소송의 경계를 명확히 하는 운용의 묘를 발휘하여야 할 것이다.

제3절   의료사고 피해구제 및 의료분쟁 조정 등에 관한 법률의 제정과 운용 현황

1. 의료분쟁의 국면과 의료분쟁조정법의 도입 이유

가. 의료분쟁의 국면

오늘날 의학의 발전에 힘입어 평균수명이 점점 늘어가고 있음에도 불구하고 아직도 치료방법이 없거나 그 실체가 밝혀지지 않은 질병이 있다. 그렇기 때문에 현대의학의 실천적 한계가 있고 이로 인하여 의료사고는 지속적으로 발생하고 있는 것이 현실이다. 과거에는 의료사고를 당하더라도 환자는 의료분야의 전문성과 밀실성이라는 장벽에 부딪혀 감히 법을 통한 구제를 시도조차 하지 못한 채 포기하는 경우가 대부분이었지만, 사회전반에 걸쳐 권리의식이 강화됨에 따라 더 이상 의료영역은 법적 분쟁에서 성역이 아니며 이를 증명하듯이 의료분쟁은 매년 꾸준히 증가하고 있다.

나. 의료분쟁조정법의 도입 이유

의료분쟁의 증가가 곧 환자측에게 실질적으로 의료기관으로부터 보상을 받는다거나 의사의 책임이 인정되는 사례가 증가한다는 것을 의미하지는 않는다. 의료분쟁에 있어서 환자측은 의료기관 내지 의사를 상대로 하여 형사고소나 의료과실소송을 제기하더라도 의료과실이나 인과관계를 입증하는 것이 쉽지 않고, 또 의사의 입장에서는 의료 자체가 갖고 있는 불완전성으로 인하여 불가항력적으로 의료사고가 발생한 경우에도 추정의 법리로 인하여 의사의 진료권 즉, 직업상의 자유가 제한될 가능성도 있다. 이에 더하여 의료분쟁에 관한 소송이 제기될 경우 의료과실과 인과관계의 입증을 위한 절차인 진료기록감정과 사실조회 등에 상당한 시일이 소요되고 있어 환자는 신속하게 권리를 구제받지 못하고, 의사는 과실 여부가 판단되지 못한 상황에 묶이게 되어 양자에게 불가피한 기다림을 강요하게 된다.

바로 이러한 문제점 때문에 의료분쟁을 신속·공정하고 효율적으로 해결하고 의료인에게 안정적인 진료환경을 조성하기 위하여 특수법인 형태로 의료분쟁조정위원회를 설립하고, 보건의료인이 업무상과실치사상죄를 범한 경우에도 조정이 성립하거나 조정절차 중 합의로 조정조서가 작성된 경우와 같이 환자측이 충분한 손해배상을 받은 것을 조건으로 하여 피해자의 명시한 의사에 반하여 공소를 제기할 수 없도록 하며, 일부 무과실 의료사고에 대한 국가보상제도를 도입하도록 하고, 의료사고로 인한 손해배상을 제도적으로 보장하기 위해 의무적인 의료배상공제조합제도를 운영하는 것 등을 주내용으로 하는 의료분쟁조정법의 도입이 그동안 논의되었던 것이다.

2. 법안에 대한 사회적 논의와 법의 제정

오랜 시간 동안 국회를 표류하였던 의료사고 피해구제 및 의료분쟁 조정 등에 관한 법률안은 2009. 12. 29. 국회 상임위인 보건복지가족위원회를 통과하게 되었다. 그런데 통과법안은 입증책임전환의 명시적인 규정을 회피하고 의사에 대한 형사처벌특례를 허용하였으며 의료배상공제조합의 임의화를 골자로 하고 있어 의료계에 대한 지나친 특혜를 부여하고 환자의 피해구제를 도외시한다는 시민단체의 비판이 거세었다.11) 공정거래위원회에서도 소액 다수의 소비자 피해를 효과적으로 구제하기 위하여 공식브리핑을 통하여 의료사고의 입증책임을 환

---

11) 2009. 12. 30.자 의료분쟁조정과 피해구제를 위한 법안의 국회상임위 통과에 대한 경실련 입장 성명발표, 2009. 12. 31.자 의료사고 피해구제 및 의료분쟁 조정법의 재검토를 요구하는 건강세상 네트워크의 성명발표.

자에서 의사로 전환하는 방안을 지지한다는 입장을 표명하였다.[12] 한편 서울지방변호사회도 불가항력 의료사고에 대한 국가보상조항이 도피조항으로 활용될 소지가 있고, 다른 사고에서도 불가항력적인 점이 있음에도 불구하고 의료사고에 한하여 국가가 보상하여야 할 필연성은 없으므로 반대한다는 입장을 보였었다.

이러한 이유로 인하여 국회 법제사법위원회 제2법안심사소위원회는 2010. 2. 24. 위 법안을 심의하면서 입증책임의 주체문제 외에 의사의 형사처벌을 면제하는 특례조항과 무과실 의료사고에 대한 국가보상에 대한 보다 신중한 검토가 필요하다는 판단 아래 유보하였으나,[13] 법제사법위원회 전체회의 후 본회의 상정되어 2011. 3. 11. 가결되어 2011. 4. 7. 공포되었다.

3. 의료사고 피해구제 및 의료분쟁 조정 등에 관한 법률의 개관

가. 한국의료분쟁조정중재원 설치로 인한 절차의 간소화

의료사고 피해구제 및 의료분쟁 조정 등에 관한 법률의 목적은 의료분쟁의 조정 및 중재 등에 관한 사항을 규정함으로써 의료사고로 인한 피해를 신속·공정하게 구제하고 보건의료인의 안정적인 진료환경을 조성함에 있다(동법 제1조). 그리고 동법에 의하여 의료분쟁을 신속·공정하고 효율적으로 해결하기 위하여 한국의료분쟁조정중재원이 설립되었다(동법 제6조).

나. 다양한 분쟁해결절차의 선택 가능

분쟁당사자는 조정절차가 진행 중이더라도 합의나 중재신청에 의해 분쟁을 해결할 수 있으며(동법 제37조 제1항·제43조 제2항), 당사자가 의료사고 피해구제 및 의료분쟁 조정 등에 관한 법률에 따른 조정절차를 거치지 않고 곧바로 소송을 제기할 수 있도록 임의적 조정전치주의를 취함으로써(동법 제40조) 당사자에게 다양한 분쟁해결절차를 택할 수 있도록 하고 있다.

다. 의료사고감정단의 설치를 통한 감정업무

의료사고감정단은 의료분쟁의 조정 또는 중재에 필요한 사실조사, 의료행위등을 둘러싼 과실 유무 및 인과관계의 규명, 후유장애 발생 여부 등 확인, 다른 기관에서 의뢰한 의료사고에 대한 감정의 업무를 수행하며(법 제25조), 감정단의 업무를 효율적으로 수행하기 위하여 상임 감정위원 및 비상임 감정위원으로 구성된 분야별, 대상별 또는 지역별 감정부를 둘 수 있다

12) 2009. 12. 22.자 데일리메디 기사, 공정위 '의료사고 입증책임 의사로 전환.'
13) 2010. 2. 25.자 메디파나 뉴스, 의료분쟁조정법 국회 법사위서 '제동.'

(법 제26조). 감정부는 당사자나 이해관계인 또는 참고인으로 하여금 출석하게 하여 진술하게 하거나 조사에 필요한 자료 및 물건 등의 제출을 요구할 수 있으며(법 제28조 제1항), 의료사고가 발생한 보건의료기관의 보건의료인 또는 보건의료기관개설자에게 사고의 원인이 된 행위 당시 환자의 상태 및 그 행위를 선택하게 된 이유 등을 서면 또는 구두로 소명하도록 요구할 수 있다(동조 제2항). 감정부에 소속된 감정위원 또는 조사관은 의료사고가 발생한 보건의료기관에 출입하여 관련 문서 또는 물건을 조사·열람 또는 복사할 수 있다(동조 제3항). 또한 감정부는 의료사고 감정결과를 감정서로 작성하여 조정부에 송부하며(법 제29조 제1항), 감정부에 소속된 감정위원은 조정부의 요청이 있는 경우에는 조정부에 출석하여 감정결과를 설명하여야 하고, 조정부가 감정결과에 대해 재감정을 요구할 경우 기존 감정절차에 참여하지 아니한 감정위원으로 새로이 감정부를 구성하여 재감정을 실시하게 된다(법 제30조).[14]

이와 같은 의료사고감정단의 설치는 의료과실소송에 있어 환자측이 의료인측의 과실 유무 및 인과관계를 입증하기 위하여 지출하는 경제적 비용과 시간적 노고를 절감할 수 있게 되었다. 다만 조정중재위원회가 의료사고감정단의 감정의견을 참작하여 조정결정을 내리게 되므로 감정의 객관성과 공정성, 획일성이 확보되어야 할 것이며, 이와 같은 감정의견이 추후 의료과실소송에서 유력한 증거로 사용될 수 있다는 점을 고려할 때,[15] 법을 통한 조정·중재절차와 소송절차가 연계되어 양자의 경계가 모호해질 가능성을 주의하여야 할 것이다.

라. 의료분쟁 조정 절차

의료분쟁의 당사자 또는 대리인은 의료중재원에 분쟁의 조정을 신청할 수 있으며(법 제27조 제1항), 이 때 대리인은 법정대리인, 배우자, 직계존·비속, 형제자매, 법인 또는 보건의료기관의 임직원, 변호사 등이다(동조 제2항).

조정신청서를 송달받은 피신청인이 조정에 응하고자 하는 의사를 의료중재원에 통지하게 되면 조정절차가 개시되지만, 피신청인이 조정신청서를 송달받은 날부터 14일 이내에 그 의사를 통지하지 아니한 경우 원장은 조정신청을 각하한다(법 제27조 제8항). 하지만 의료사고가 사망 또는 1개월 이상의 의식불명, 장애 정도가 중증에 해당하는 경우 등에는 지체없이 조정절차가 개시되어야 하며, 피신청인이 조정신청서를 송달 받은 날을 조정절차 개시일로 본다(동조 제9항).

조정부는 신청인, 피신청인 또는 이해관계인으로 하여금 조정부에 출석하여 발언할 수 있

---

14) 의료감정 의견의 객관성과 획일성 보장이 어렵다는 점을 예상한 것으로 보인다.
15) 신은주, '의료사고 피해구제 및 의료분쟁 조정 등에 관한 법률'에 있어서 조정제도 및 향후 전망, 한국의료법학회지 제19권 제1호, 2011, 137면.

게 하여야 한다(법 제30조 제1항). 조정절차는 원칙적으로 공개하지 아니하나, 조정부의 조정위원 과반수의 찬성이 있는 경우 공개할 수 있다(법 제32조).

조정은 그 절차의 개시된 날부터 90일 이내에 조정결정을 하여야 하며, 필요한 경우 30일을 더 연장할 수 있도록 하여 최대 120일 이내에 조정결정을 완료하여야 하는 바(법 제33조 제1항·제2항, 제43조 제4항), 이와 같이 조정신청으로부터 조정결정시까지 일정한 시한을 정하여 둠으로 인하여 의료과실소송의 고질적인 병폐였던 재판진행의 장기화가 해소되게 되었다. 신청인과 피신청인은 조정결정서 정본을 송달받은 날부터 15일 이내에 동의 여부를 의료중재원에 통보하여야 하고, 이 경우 15일 이내에 의사표시가 없는 때에는 동의한 것으로 본다(동법 제36조 제2항). 당사자 쌍방이 조정결정에 동의하거나 동의한 것으로 보는 때에 조정이 성립하고(동조 제3항), 성립된 조정은 재판상 화해와 동일한 효력이 있다(동조 제2항).

만약 조정절차 진행 중 당사자 사이에 합의가 이루어진 경우 조정부는 조정절차를 중단하고 당사자가 합의한 내용에 따라 조정조서를 작성하여야 한다(법 제37조 제1항, 제2항). 이러한 조정조서는 재판상 화해와 동일한 효력이 있다(동조 제4항).

마. 의료분쟁 중재 절차

당사자는 분쟁에 관하여 조정부의 종국적 결정에 따르기로 서면으로 합의하고 중재를 신청할 수 있으며(법 제43조 제1항), 당사자는 합의에 따라 중재를 담당할 조정부를 선택할 수 있다(법 제43조 제3항). 중재절차에 관하여는 조정절차에 관한 의료분쟁조정법의 규정을 우선 적용하고, 보충적으로 중재법을 준용한다(법 제43조 4항).

바. 불가항력 의료사고 무과실 보상제도의 도입

의료사고 피해구제 및 의료분쟁 조정 등에 관한 법률이 제정되면서 동법 제46조에서는 그간 논의가 되어 왔던 보건의료인의 과실은 없으나 현대 임상의학의 한계로 불가항력적으로 발생한 분만사고의 발생시 그 책임을 분배함에 있어 국가의 주도 아래 기금을 조성하여 피해를 보상하기 위한 규정을 두게 되었다.[16] 동조항이 무과실의 불가항력적인 분만사고에 있어서 예외적으로 위험책임을 도입한 것인지 아니면, 특별희생에 대한 보상으로 이해하여야 하는지가 문제될 수 있다.[17] 분만행위가 의료행위의 범주에 해당하는 이상 분만행위나 산부인과

---

16) 제46조(불가항력 의료사고 보상) ① 한국의료분쟁조정중재원은 보건의료인이 충분한 주의의무를 다하였음에도 불구하고 불가항력적으로 발생하였다고 의료사고보상심의위원회에서 결정한 분만(分娩)에 따른 의료사고로 인한 피해를 보상하기 위한 사업을 실시한다.

17) 동조항에서 보상사업의 요건을 '보건의료인이 충분한 주의의무를 다하였음에도 불구하고' '불가항력적으로 발생하였다고 의료사고보상심의위원회에서 결정한 분만에 따른 의료사고'라고 규정하고 있는바, 의료사고

내의 분만시설과 그 운영을 위험책임의 '허용된 위험원'으로 보기는 어렵다는 점, 그리고 동조
항에서 피해에 대한 '배상(賠償)'이 아닌 '보상(補償)'의 문구를 사용하였다는 점에 비추어, 의
료사고 보상사업은 위험책임의 적용범주와는 그 본질을 달리한다. 따라서 무과실의 불가항력
적인 분만사고로 범위를 국한하여 의료사고 보상사업으로 정한 근거는 위험책임법리의 도입
이 아니라 분만사고의 의의와 그 특수성으로 인하여 도출된 산모 측의 특별희생에 대한 보상
으로 파악하여야 할 것이다.18)

　　한편 현행법상 의료사고 보상사업의 대상의 범위에 대하여는 분만 과정에서 생긴 신생아
의 뇌성마비 또는 분만 이후 분만과 관련된 이상 징후로 인한 신생아의 뇌성마비, 분만 과정
에서의 산모의 사망 또는 분만 이후 분만과 관련된 이상 징후로 인한 산모의 사망, 분만 과정
에서의 태아의 사망 또는 분만 이후 분만과 관련된 이상 징후로 인한 신생아의 사망의 사고
로 실시하도록 되어 있고(동법 시행령 제22조), 보상금의 지급기준은 3천만원의 범위에서 뇌성
마비의 정도 등을 고려하여 보상심의위원회에서 정하도록 규정되어 있다. 보상금의 재원에
2023. 6. 13. 법률 제 19458호로 국가가 전액 부담하는 것으로 개정되었다.19) 이와 같이 의
료사고 보상사업의 대상 범위를 법제화함에 있어서는 여러 가지 현실적·정책적 요소가 고려
된 것으로 보이나, 여전히 보상대상의 범위와 보상금의 지급기준이 지나치게 제한적이어서 현
실과 괴리가 있는 점 등에 관하여 논의가 제기되고 있다.

사. 손해배상금의 대불제도

　　동 의료분쟁조정법에서는 의료사고로 인한 피해자가 ⅰ) 조정이 성립되거나 중재판정이
내려진 경우 또는 제37조제1항에 따라 조정절차 중 합의로 조정조서가 작성된 경우, ⅱ) 소

　　보상의 요건적 표지는 '무과실'과 '불가항력'으로 발생한 '분만 의료사고의 피해'라 할 것이다. 이때 해당
　　보상요건상 '무과실'과 '불가항력'은 병행적으로 갖추어져야 할 표지들이지만 불가항력의 법적 개념은, 천
　　재지변 등과 같은 면책사안을 가리키는바, 그 어의적 개념은 진료시술상 무과실의 개념보다 좁다. 그러므
　　로 분만시술상 보건의료인이 '무과실'로 민사손해배상책임이 면책되어도, 해당 분만시술의 악결과가 불가
　　항력의 사유에 의한 것이 아니라면 의료사고 보상사업의 적용범위에 해당하지 않게 된다는 난점이 제기된
　　다. 이러한 문제점에 대하여는 백경희·안법영, 분만 의료사고에 대한 보상사업─의료사고 피해구제 및
　　분쟁조정 등에 관한 법률 제46조에 관하여─, 의료법학 제12권 제2호, 2011, 11─61면 참조.
18) 안법영·백경희, 의료사고 보상사업상 보상청구권의 법적 의미에 관한 일별─ 의료사고 피해구제 및 의료
　　분쟁 조정 등에 관한 법률 제46조에 관하여 ─, 한국의료법학회지 제19권 제2호, 2011, 90─92면.
19) 종래에는 국가와 보건의료기관개설자 중 분만 실적이 있는 자가 보상재원을 분담하도록 시행령에 규정되
　　어 있었다.
　　시행령 제21조(보상재원의 분담비율 등) ① 법 제46조제1항에 따른 의료사고 보상사업에 드는 비용(이하
　　이 조에서 "분담금"이라 한다)은 다음 각 호의 구분에 따라 부담한다.
　　1. 국가: 100분의 70
　　2. 보건의료기관개설자 중 분만(分娩) 실적이 있는 자: 100분의 30

비자기본법 제67조제3항에 따라 조정조서가 작성된 경우, iii) 법원이 의료분쟁에 관한 민사
절차에서 보건의료기관개설자, 보건의료인, 그 밖의 당사자가 될 수 있는 자에 대하여 금원의
지급을 명하는 집행권원을 작성한 경우의 어느 하나에 해당함에도 불구하고 그에 따른 금원
을 지급받지 못하였을 경우 미지급금에 대하여 조정중재원에 대불을 청구하면 조정중재원이
이를 대불해 주고, 해당 보건의료기관개설자 또는 보건의료인에게 그 대불금을 구상할 수 있
도록 하고 있다(동법 제47조 제1항, 제6항).

　이러한 대불제도는 피해자는 의료기관에 지불능력이 없는 경우에도 배상금을 지급받을 수
있도록 함으로써 환자가 완전하게 배상금에 대한 정산을 받을 수 있도록 보장하는 것이다.[20]

아. 형사처벌특례제도의 도입

　동법은 의료사고로 인하여 형법 제268조의 죄 중 업무상과실치상죄를 범한 보건의료인에
대하여는 조정이 성립하거나 조정절차 중 합의로 조정조서가 작성되거나 화해중재판정서가 작
성된 경우 피해자의 명시한 의사에 반하여 공소를 제기할 수 없다고 하여 반의사불벌죄의 특
례를 인정하였다. 다만, 피해자가 신체의 상해로 인하여 생명에 대한 위험이 발생하거나 장애
또는 불치나 난치의 질병에 이르게 되는 등 중상해를 입은 경우를 제외하였다(동법 제51조).

　동법의 형사처벌특례제도에 대하여 종래 보건의료인에 대한 특혜 시비가 있어 왔다. 그러
나 형사처벌에 있어서 피해자의 의사를 존중하도록 하고 궁극적으로 피해자에 대한 신속하고
공정한 구제를 목적으로 하고 있으므로 피해자의 이익에도 부합하는 측면도 존재한다.[21]

20) 신은주, 전게 논문, 138면.
21) 한 걸음 더 나아가 피해자의 피해회복 정도 및 확실성 등을 고려하여 특례의 효과를 단계적으로 확대하는
　것이 최근 형사사법에 있어 강조되고 있는 회복적 사법의 취지에 부합한다고 하면서 적용대상과 주의의무
　위반에 따라 동법에서 인정하고 있는 업무상과실−경상해 외에 업무상 과실−중상해, 중과실−경상해, 중
　과실−중상해, 업무상 과실−사망 순으로 확대할 필요가 있다고 주장하는 견해로는 이백휴, 의료분쟁에
　있어 형사처벌특례제도의 확대 필요성과 방안, 한국의료법학회지 제19권 제1호, 2011, 124−126면.

제3장

의료분쟁과 증거

의료분쟁과 증거

제1절   진료기록

1. 진료기록의 개념과 기능

가. 진료기록의 개념

진료기록부, 조산기록부 또는 간호기록부란, 진료가 시작되면서부터 끝날 때까지 환자에 대하여 진료할 때마다 그 진료에 관한 사항을 기재해야 할 서류이다. 이러한 진료기록부·조산기록부 및 간호기록부 등을 통칭하여 진료기록 또는 의무기록이라고 한다. 의사는 진찰·검사 등을 통하여 진단하며, 그 진단에 따라 치료의 내용과 방법을 선정하고 시행한다. 환자의 병상은 자연치유력(Homeostasis)이나 치료의 효과 등에 의하여 빨리 낫기도 하고 완치되기도 한다. 진료할 때마다 병상의 변화에 대한 진찰, 이에 수반한 진단, 치료가 이루어지게 된다. 이와 같은 진찰, 검사, 진단, 치료, 간호 등의 내용이나 경과에 관한 사항이 진료에 관한 사항이다.

진료기록은 임상의 실제에 있어 통상 진료기록부,[1] 입퇴원 요약지·의사지시전·수술경과 기록지·검사결과지, 간호기록[2] 등으로 표시되어 있는데, '진료기록'이라는 명시적인 표시가

---

[1] 대법원은 "'진료기록부'는 그 명칭 여하를 불문하고 환자의 진료를 담당한 의사·치과의사·한의사가 그 의료행위에 관한 사항과 소견을 상세히 기록하고 서명한 것을 말하고, 의사·치과의사·한의사 이외의 자가 작성한 조산기록부, 간호기록부, 물리치료대장, 방사선촬영대장 등과는 구별된다."고 하였다(대법원 2006. 9. 8. 선고 2006도413 판결).

[2] 헌법재판소도 "의료법 제21조 제1항은 간호기록의무만을 규정하고 있을 뿐, 간호기록부의 종류나 작성방법에 관하여 아무런 규정이 없고, 달리 하위법규인 대통령령이나 부령에 위임한 바도 없다. 따라서 의료법시

없더라도 위에서 살펴본 바와 같은 진료에 관한 사항이 기재되어 있다면 진료기록에 해당한다고 볼 수 있다.

한편 진료기록에는 환자의 개인식별정보도 함께 기재되어 있는데, 이러한 취지에서 대법원[3]은 "의료법의 개정 연혁, 내용 및 취지, 관련 법령의 규정, 의무기록에 기재된 정보와 사생활의 비밀 및 자유와의 관계 등에 비추어 보면, 이 사건 규정의 적용 대상이 되는 전자의무기록에 저장된 '개인정보'에는 환자의 이름·주소·주민등록번호등과 같은 '개인식별정보'뿐만 아니라 환자에 대한 진단·치료·처방 등과 같이 공개로 인하여 개인의 건강과 관련된 내밀한 사항 등이 알려지게 되고, 그 결과 인격적·정신적 내면생활에 지장을 초래하거나 자유로운 사생활을 영위할 수 없게 될 위험성이 있는 의료내용에 관한 정보도 포함된다고 새기는 것이 타당하다."고 하여 진료기록에 기재된 개인정보의 범위에 대하여 판시한 바 있다.

나. 진료기록의 기능

(1) 의학상 의의

의학상 진료기록은 사망증례검토회의의 자료, 병리해부의 생존 중 임상학적 정보, 환자 퇴원 후 추적조사, 임상의학적 연구의 자료, 다수증례의 통계적 자료, 의과학생 교육과 의사의 졸업 후 교육교재로서의 자료로 이용되고, 병원에서는 환자의 진료정보 청구에 대한 사무자료, 질병분류별 환자 수, 각종 평균 재원 일수, 사망률, 부검율, 병상이용율, 분만건수, 입원경과별 환자수 등의 기초자료로 사용된다.[4]

(2) 소송상 의의

과거의 역사적 사실에 관하여 다툼이 있을 때 행하게 되는 의료과실소송에서, 특히 민사소송에 있어서 양 당사자는 주장증명을 위한 사실과 과실의 존부에 관하여 증명하기 위한 자료로써 진료기록이 가지는 가치는 크다. 또한 의료사고에 관한 형사사건에 있어서도 업무상과실에 관한 피의사건에서도 사실관계의 증명을 위한 중요한 증거로써 사용된다. 그 외에 교통사고의 가해자와 피해자 사이에 다툼이 있을 때에도 병원의 치료행위와 후유증의 존부에 관하

행규칙 제17조는 새로운 의무를 부과하는 '위임명령'이 아니라 '집행명령'에 불과하고, 간호기록미기재죄의 성립 여부는 간호행위 및 그 소견을 정확하게 모두 기재하였느냐 여부만으로 판단해야 하고, 의료법 제21조 및 같은법 시행규칙 제17조가 말하는 '간호기록부'는 '투약 및 처치기록부'만을 의미하는 것은 아니다." 고 판시하였다(헌법재판소 2001. 2. 22.자 2000헌마604 전원재판부 결정).

3) 대법원 2013. 12. 12. 선고 2011도9538 판결.

4) 淺井登美彦, 医療過誤訴訟における診療録の意義－實例と新民事訴訟法から－, 診療錄管理, 第9券 第2号, 1997, 46－47頁.

여 진료기록은 증거로서 사용되기도 한다.[5]

2. 진료기록 기재 의무

가. 진료기록 기재 의무

의료인의 진료기록부등에 대한 기록 및 보존의무는 의료법 제22조에 규정되어 있다. 의료법상 의료인은 각각 진료기록부, 조산기록부, 간호기록부, 그 밖의 진료에 관한 기록, 즉 의무기록을 갖추어 두고 그 의료행위에 관한 사항과 의견을 상세히 기록하고 서명하여야 하고(동법 제22조 제1항), 의료인이나 의료기관 개설자는 진료기록부 등을 법정된 보존연한을 준수하고 보존방법에 의거하여 보존하여야 한다(동조 제2항). 또한 의료인은 진료기록부등을 거짓으로 작성하거나 고의로 사실과 다르게 추가기재·수정하여서는 아니된다(동조 제3항).

의료인이나 의료기관 개설자는 진료기록부등을 전자서명법에 따른 전자서명이 기재된 전자문서로 작성·보관할 수 있다(동법 제23조 제1항).[6] 이는 전자의무기록(EMR, Electronic Medical Record)에 해당하는데, 종래의 종이에 수기로 작성하던 의무기록 방식에 정보통신기술을 접목하여 병원에서 발생한 환자에 대한 의료정보를 전자문서(Electronic Document)의 형식으로 전산화[7]하는 의료서비스 시스템을 지칭한다.[8] 전자의무기록의 경우 저장의 형태가 서식이 아닌 전자화되어 저장되는 것이기 때문에 전자의무기록을 안전하게 관리·보존하는 데에 필요한 시설과 장비를 갖추어야 하고(동조 제2항, 동법 시행규칙 제16조), 누구든지 정당한 사유 없이 전자의무기록에 저장된 개인정보를 탐지하거나 누출·변조 또는 훼손하여서는 아니 된다(동법 제23조 제3항).[9]

위와 같이 현행법상 의사 등 의료인에게 진료기록 등을 작성하도록 한 취지에 대하여 대법

---

5) 淺井登美彦, 전게 논문, 46-47頁.
6) 대법원 2013. 12. 12. 선고 2011도9538 판결: "전자의무기록은 의료정보화를 촉진하기 위하여 2002. 3. 30. 법률 제6686호로 개정된 의료법에서 처음 규정되었고, 이로써 종래 문서 형태로 한정되던 진료기록부등을 전자의무기록으로 대체할 수 있게 되었다."
7) 전자의무기록의 특수성은 비용절감과 효율성으로 대별될 수 있다. 비용절감의 측면은 그동안 종이문서로 작성한 의무기록의 경우 문서의 작성과 보관에 있어 들어가는 시간적, 경제적 비용이 전자문서화함으로써 대폭 감소된다.; 백경희·이인재, 전자의무기록에 대한 소고, 한국의료법학회지 제24권 제2호, 2016, 54면.
8) 조인숙·최원자·최완희·김민경, 국내 전자간호기록 개발 및 실무적용 현황 조사, 임상간호연구 제19권 제3호, 2013, 346면.
9) 대법원은 "초음파 영상판독결과와 검사내역 등 진료기록을 삭제하거나 조작에 관여한 피고인 B과 다른 공범자들이 이 사건 낙상사고를 은폐하기 위하여 의무기록에 기재하지 않거나 일부를 삭제한 행위를 증거인멸과 사전자기록등변작죄의 실행행위라고 보아, 위 피고인과 다른 공범자들 사이에 이 사건 공소사실 중 증거인멸과 사전자기록등변작죄에 대한 공모공동정범이 성립하였다."고 판단한 부분에 법리를 오해하고 판단을 누락한 잘못이 없다고 하였다(대법원 2020. 11. 26. 선고 2020도11623 판결).

원은 "의사가 진료기록부를 작성하도록 한 취지는 진료를 담당하는 의사 자신으로 하여금 환자의 상태와 치료의 경과에 관한 정보를 빠트리지 않고 정확하게 기록하여 이를 그 이후의 계속되는 환자치료에 이용하도록 함과 아울러 다른 관련 의료종사자에게도 그 정보를 제공하여 환자로 하여금 적정한 의료를 제공받을 수 있도록 하고, 의료행위가 종료된 이후에는 그 의료행위의 적정성을 판단하는 자료로 사용할 수 있도록 하고자 함에 있다."고 판시한 바 있다.[10]

의료인이 진료기록부등 기재·서명의무를 위반한 경우 500만원 이하의 벌금에 처하고(동법 제90조), 진료기록부등을 거짓으로 작성하거나 고의로 사실과 다르게 추가기재·수정한 경우 3년 이하의 징역이나 3천만원 이하의 벌금에 처한다(동법 제88조 제1호).

나. 위반시 소송법적 효과

의료사고 발생시 의료과실의 개재 여부를 판단할 수 있는 가장 중요한 증거인 진료기록의 은닉, 폐기, 위·변조를 가하여 진료기록 기재에 관한 의무를 위반하는 등의 행위는 소송에서 증명방해(Beweisvereitelung)를 행한 대표적인 경우이다. 증명방해란 당사자의 입증행위를 상대방이 방해하는 것으로 입증방해행위는 인증·서증·검증·감정 등 모든 입증방법을 그 대상으로 하고 있다. 이와 같은 증명방해 행위자에 대하여 증거법상 제재를 가하자는 논의가 등장하게 되었는데, 증명책임이 전환되도록 하여야 한다는 견해, 법관의 자유심증의 범위 내에서 증명부담자의 주장의 진위를 자유롭게 평가하여야 한다는 견해, 법관이 자유재량으로 증명자의 주장을 진실한 것으로 의제할 수 있다는 견해가 그것이다.[11]

우리나라 대법원 판례는 다음에서 나타나는 바와 같이 자유심증설을 취하고 있다.

(1) 대법원 1995. 3. 10. 선고 94다39567 판결

대법원은 원고에 대하여 행해진 전방경추융합술 후 원고에게 하반신마비가 발생한 사안에서 "의료분쟁에 있어서 의사측이 가지고 있는 진료기록 등의 기재가 사실인정이나 법적 판단을 함에 있어 중요한 역할을 차지하고 있는 점을 고려하여 볼 때, 의사측이 진료기록을 변조한 행위는, 그 변조이유에 대하여 상당하고도 합리적인 이유를 제시하지 못하는 한, 당사자간의 공평의 원칙 또는 신의칙에 어긋나는 증명방해행위에 해당한다 할 것이고, 법원으로서는 이를 하나의 자료로 하여 자유로운 심증에 따라 의사측에게 불리한 평가를 할 수 있다."고 하

---

10) 대법원 1997. 8. 29. 선고 97도1234 판결.
11) 김상영, 의료과오소송에 있어서의 인과관계, 과실의 입증책임, 법학연구 제37권 제1호, 1996, 220면; 조재건, 의료과오소송에 있어서의 입증책임, 민사법연구 제8집, 2000, 307면.

면서 "원심이 인정한 바와 같이 이 사건 소 제기후 의사진료기록(차트) 등에 대한 제1심 법원의 서증조사기일에 제출된 1987. 3. 16. 최종 작성된 피고 김○○ 명의의 의사진료기록(차트)(갑 제8호증의1) 및 레지던트 소외 황○○ 명의의 의사진료기록(차트)(갑 제8호증의10)의 기재 중 원고에 대한 진단명의 일부가 흑색 볼펜으로 가필되어 원래의 진단명을 식별할 수 없도록 변조되어 있다면, 피고측이 그 변조이유에 대하여 상당하고도 합리적인 이유를 제시하지 못하고 있는 이 사건에 있어서, 이는 명백한 증명방해행위라 할 것이므로, 원심이 이를 피고 김○○의 수술과정상의 과오를 추정하는 하나의 자료로 삼았음은 옳고, 거기에 소론과 같은 증명방해행위에 관한 법리오해의 위법이 있다고 할 수 없다."고 판단하였다.

(2) 대법원 1999. 4. 13. 선고 98다9915 판결

대법원은 원고에 대한 척수검사 시술 후 하반신마비가 초래된 사안에서 "당사자 일방이 증명을 방해하는 행위를 하였더라도 법원으로서는 이를 하나의 자료로 삼아 자유로운 심증에 따라 방해자측에게 불리한 평가를 할 수 있음에 그칠 뿐 증명책임이 전환되거나 곧바로 상대방의 주장사실이 증명된 것으로 보아야 하는 것도 아니다. 이 사건에서 보면, 원심은 이 사건 진료기록이 가필된 점까지 감안하여 자유로운 심증에 따라 위와 같은 사실인정을 하였으므로 원심의 조치는 정당하고, 거기에 상고이유의 주장과 같은 법리오해 또는 판단유탈의 위법이 없다."고 판시하였다.

(3) 대법원 2008. 7. 24. 선고 2007다80657 판결

대법원은 뇌손상을 입은 환자에 대한 모니터링에 관한 의무기록이 부재한 사안에서 "이 사건과 같이 수술 후 진정제 투여 등을 통하여 진정상태를 계속 유지하고 있던 환자에게 뇌로 공급되는 산소의 전반적인 감소로 인한 저산소성 뇌손상이 발생하였는데, 의사 측이 환자에게 진정상태를 유지하는 기간 중 심전도, 혈압 및 산소포화도를 지속적으로 모니터하여 환자에게 산소가 공급되는 정도를 파악할 수 있었음에도 불구하고 의무기록에는 뇌로 공급되는 산소의 전반적인 감소가 있었다고 볼 만한 아무런 기재가 없는 경우에 있어서는, 의사 측에서 심전도, 혈압 및 산소포화도의 이상 소견이 없이도 다른 원인에 의하여 환자에게 저산소성 뇌손상이 발생할 수 있음을 입증하지 못하는 이상, 진료기록의 기재 여하에 불구하고 산소포화도의 감소 또는 심정지 등 환자에게 뇌로 공급되는 산소의 전반적인 감소를 시사하는 임상상태가 현실적으로 있었다고 추정하는 것이 타당하고, 나아가 임상경과의 관찰을 소홀히 하여 그 임상상태를 제대로 발견하지 못하였다거나 그 임상 상태를 발견하였음에도 그 내용을 이 사건 의무기록에 제대로 기재하지 아니함으로 말미암아 그 임상상태에 대응한 적절한 치료가 이루어지지 못한 것으로 추정할 수 있을 것이다."라고 판시하였다.

(4) 대법원 2010. 7. 8. 선고 2007다55866 판결

대법원은 스테로이드제 안약의 투여로 녹내장이 발생하였다는 이유로 안약을 처방한 의사측의 과실책임을 주장한 사안에서 원고측이 제기한 진료기록의 사후 허위의 가필·정정 주장에 관하여 "의사측이 진료기록을 사후에 가필·정정한 행위는, 그 이유에 대하여 상당하고도 합리적인 이유를 제시하지 못하는 한, 당사자간의 공평의 원칙 또는 신의칙에 어긋나는 증명방해행위에 해당하나, 당사자 일방이 증명을 방해하는 행위를 하였더라도 법원으로서는 이를 하나의 자료로 삼아 자유로운 심증에 따라 방해자측에게 불리한 평가를 할 수 있음에 그칠 뿐 증명책임이 전환되거나 곧바로 상대방의 주장 사실이 증명된 것으로 보아야 하는 것은 아니며, 그 내용의 허위 여부는 의료진이 진료기록을 가필·정정한 시점과 그 사유, 가필·정정 부분의 중요도와 가필·정정전후 기재 내용의 관련성, 다른 의료진이나 병원이 작성·보유한 관련 자료의 내용, 가필·정정 시점에서의 환자와 의료진의 행태, 질병의 자연경과 등 제반 사정을 종합하여 합리적 자유심증으로 판단하여야 한다. 위 법리에 비추어 원심판결 이유를 살펴 보면, 원심은 이 사건 진료기록이 가필·정정되었을 가능성까지 감안하여 자유로운 심증에 따라 판시와 같은 사실을 인정하였으므로 원심의 조치는 정당하고, 상고이유 주장과 같은 증명책임에 관한 법리오해 등의 위법이 없다."고 하여 원고측의 주장을 배척하였다.

(5) 대법원 2014. 11. 27. 선고 2012다11389 판결

대법원은 원심에서 피고 의원의 진료기록이 환자에 대한 의료행위의 적정성을 판단하는 자료로 사용할 수 있도록 상세하고 성실하게 기록되어 있지 않다고 판단하여 이를 의료행위의 경과 및 과실 판단에 참작한 것에 대하여 심리미진이나 진료기록부의 변조에 관한 법리를 오해한 위법 등이 없다고 하였다.

3. 진료기록의 기재·서명의무자와 기재사항

가. 진료기록 기재·서명의무자

의료인은 각각 진료기록부, 조산기록부, 간호기록부, 그 밖의 진료에 관한 기록을 갖추어 두고 그 의료행위에 관한 사항과 의견을 상세히 기재하고 서명하여야 한다(의료법 제22조 제1항). 헌법재판소[12]는 의료법이 의료인에게 의료행위와 그 소견을 기록하도록 한 취지에 대하여, "의료행위를 담당하는 이들로 하여금 환자의 상태와 치료의 경과에 관한 정보를 빠뜨리지 않고 정확하게 기록하여 이를 그 이후 계속되는 환자치료에 이용하도록 함과 아울러 다른 의료관련 종사자들에게도 그 정보를 제공하여 환자로 하여금 적정한 의료를 제공받을 수 있도록 하고, 의료행위가 종료된 이후에는 그 의료행위의 적정성을 판단하는 자료로 사용할 수 있도록 하고자 함에 있다 할 것이고 특히 간호사에게 간호기록부를 작성하도록 한 취지는 이와 같은 목적에 덧붙여 담당의사의 지시에 따른 정확한 처치가 이루어지는 것을 담보하는데 있다."고 하였다.

진료기록부의 경우 반드시 진료를 한 의사가 기재하여야 한다. 진료를 하지 않은 의사는, 진료를 한 의사를 보조하기 위하여 그 의사의 구술에 의하여 기재할 때를 제외하고는 진료기록부에 기재하여서는 안 된다. 대법원[13]은 "진료기록부에 의료행위에 관한 사항과 소견을 기록하도록 한 의료법상 작위의무가 부여된 의무의 주체는, 구체적인 의료행위에 있어서 그 환자를 담당하여 진료를 행하거나 처치를 지시하는 등으로 당해 의료행위를 직접 행한 의사에 한한다."고 보아 아무런 진료행위가 없었던 경우에는 비록 주치의라고 할지라도 그의 근무시간 이후 다른 당직의에 의하여 행하여진 의료행위에 대하여까지 그 사항과 소견을 진료기록부에 기록할 의무를 부담하는 것은 아니라고 보았다. 종합병원 등에서는 복수의 의사가 관여하는 일이 많다 보니 진료한 의사가 기재하지 않고, 진료하지 않은 주치의가 진료한 것처럼 기재하는 경우가 있다. 이것은 진료기록부 기재의무에 위반할 소지가 있으며, 적어도 복수의 의사가 관여하는 경우는 기재한 의사가 서명을 해야 한다.

또한 진료기록부의 정확성과 적정성을 담보하기 위하여 의사의 서명을 누락하여서는 안 된다.[14] 이와 같은 서명의무와 관련하여 헌법재판소[15]는 진료기록부에 서명을 하지 아니하였음을 이유로 의료법 위반으로 기소유예처분을 받은 것과 관련하여, "의료인에게 진료기록부 서명을 강제하는 이 사건 법률조항은 의료인의 직업수행의 자유를 제한하는 것이나, 이는 진료기록부가 직접 진료를 행한 의료인에 의하여 작성되었다는 점과 어느 의료인이 언제 어떠한 기재사항을 기록한 것인지 등 책임소재를 명확하게 함으로써 진료기록부의 진실성을 담보하기 위한 것으로서 이는 국민 건강의 보호증진(의료법 제1조)이라는 공공복리를 달성하기 위한 수단이라고 할 것이다."라고 하여 의사의 직업수행의 자유를 침해하지 않는다고 하고, "이 사건 법률조항이 수의사, 약사 등 다른 직업의 경우와 달리 보다 확대된 의무를 부과하거나 더 엄한 제재를 두고 있는 것은, 의료인의 경우 환자의 신체와 생명을 직접 치료하는 것이므

---

12) 헌법재판소 2001. 2. 22.자 2000헌마604 전원재판부 결정.
13) 대법원 1997. 11. 14. 선고 97도2156 판결.
14) 대법원 2016. 6. 23. 선고 2014도16577 판결; 대법원 2017. 4. 28. 선고 2015도12325 판결.
15) 헌법재판소 2009. 12. 29.자 2008헌마593 결정.

로, 환자의 상태와 치료의 경과에 관한 정보를 정확하게 기록하여 이를 계속적 환자치료에 이
용하도록 하고, 다른 의료종사자에게도 그 정보를 제공하고, 의료행위가 종료된 이후에는 그
적정성을 판단하는 자료로 사용할 수 있도록 하는 것이므로 그러한 차이를 두고 있는 것은
합리적 이유가 있다고 볼 것이다."라고 판단하여 평등원칙에 위배되지 않는다고 하였다.

나. 기재사항

진료기록부 등은 아래의 구분에 따라 해당 사항을 기재하여야 한다(의료법 시행규칙 제14조).

(1) 진료기록부

(가) 진료를 받은 사람의 주소 · 성명 · 연락처 · 주민등록번호 등 인적사항

(나) 주된 증상(이 경우 의사가 필요하다고 인정하면 주된 증상과 관련한 병력(病歷) · 가족
력(家族歷)을 추가로 기록할 수 있다.)

(다) 진단결과 또는 진단명

(라) 진료경과(외래환자는 재진환자로서 증상 · 상태, 치료내용이 변동되어 의사가 그 변동을
기록할 필요가 있다고 인정하는 환자만 해당한다)

(마) 치료 내용(주사 · 투약 · 처치 등)

(바) 진료 일시(日時)

(2) 조산기록부

(가) 조산을 받은 자의 주소 · 성명 · 연락처 · 주민등록번호 등 인적사항

(나) 생 · 사산별(生 · 死産別) 분만 횟수

(다) 임신 후의 경과와 그에 대한 소견

(라) 임신 중 의사에 의한 건강진단의 유무(결핵 · 성병에 관한 검사를 포함한다)

(마) 분만 장소 및 분만 연월일시분(年月日時分)

(바) 분만의 경과 및 그 처치

(사) 산아(産兒) 수와 그 성별 및 생 · 사의 구별

(아) 산아와 태아부속물에 대한 소견

(자) 산후의 의사의 건강진단 유무

(3) 간호기록부

(가) 간호를 받는 사람의 성명

  (나) 체온·맥박·호흡·혈압에 관한 사항

  (다) 투약에 관한 사항

  (라) 섭취 및 배설물에 관한 사항

  (마) 처치와 간호에 관한 사항

  (바) 간호 일시(日時)

4. 진료기록부의 기재 및 서명시기

원칙적으로 진료기록은 진료를 하고 나면 지체 없이 기재하고 서명하여야 한다. 그러나 임상 현실에 있어서 진단의 경우에는 진료기록의 기재를 진단 후 즉시 기재할 수 있으나, 수술의 경우 수 시간이 소요되기 때문에 수술을 이루는 매 행위를 순간순간마다 곧바로 기재·서명하는 것이 수월하지는 아니하다. 더구나 3차 의료기관의 경우 진료기록을 작성하는 의사가 대부분 수련의이기 때문에, 과중한 업무로 인하여 제때에 진료기록을 기재·서명하는 것이 어렵다. 그렇다고 하더라도 진료기록은 작성 주체가 의료행위에 관한 기억이 상쇄되지 않는 범위 내에서 가능한 한 진료 직후에 기재하고 서명하는 것이 바람직하다.[16]

대법원[17]은 피고인 의사가 수혈사고가 있었던 일시 무렵에 함께 주치의로 근무한 의사가 휴가 중이고 환자의 수가 평소보다 많아서 피고인이 실제 의료행위를 행한 날보다 더 뒤에 진료기록이 작성된 사안에서, "의사는 그 진료기록부를 작성함에 있어서 최선을 다하여 그 의료행위에 관한 사항과 소견을 알기 쉽고 신속·정확하게 기록할 수 있는 시기와 방법을 택하여야 할 것이나, 의료법에서 진료기록부의 작성 시기와 방법에 관하여 구체적인 규정을 두고 있지 아니하므로, 의사가 의료행위에 관한 사항과 소견을 위와 같은 목적에 따라 사용할 수 있도록 기재한 것이면 그 명칭의 여하를 불문하고 위 법조에서 말하는 진료기록부에 해당하는 것이고, 그 작성의 구체적인 시기와 방법은 당해 의료행위의 내용과 환자의 치료경과 등에 비추어 그 기록의 정확성을 담보할 수 있는 범위 내에서 당해 의사의 합리적인 재량에 맡겨져 있다고 보아야 할 것이고, 의료법시행규칙 제17조 제1호(현행 의료법시행규칙 제14조 제1호에 해당)가 진료기록부에 가. 진료를 받은 자의 주소·성명·주민등록번호·병력 및 가족력, 나. 주된 증상, 진단결과, 진료경과 및 예견, 다. 치료내용(주사·투약·처치 등), 라. 진료일시분을 한글과 한자로 기재하여야 한다고 규정하고 있다고 하여 달리 볼 것은 아니다."라고 설시하면서 "기록에 비추어 살펴보면, 피고인이 1995. 7. 22. 08:00 이전에 위 최○○에 대한 의무기록지

---

16) 백경희, 진료기록의 편중성과 진료기록 기재의무 위반에 관한 고찰, 법학논총 제20집 제1호, 254면.

17) 대법원 1997. 8. 29. 선고 97도1234 판결.

를 작성한 것으로 인정한 조치는 정당하고, 거기에 채증법칙에 위배하여 사실을 오인한 위법
이 없으며, 원심이 확정한 피고인의 위 최○○에 대한 의료행위의 내용과 위 최○○의 치료
경과 등에 비추어 볼 때 피고인이 작성한 위 의무기록지는 그 기록의 정확성을 담보할 수 있
는 것으로 같은 법 제21조 제1항(현행 의료법 제22조 제1항에 해당)에 따라 위 최○○에 대한
의료행위에 관한 사항과 소견을 상세히 기록한 진료기록부"라고 판단하였다.

헌법재판소[18]도 진료기록 기재 후 서명의 시기에 관하여 "통상적인 법해석 방법에 따르더
라도 이 사건 법률조항에 의한 서명의무의 이행시점은 '진료기록부의 작성을 마친 즈음'이라
고 충분히 예측 가능하고, 청구인의 주장 자체에 의하더라도 청구인은 이 사건에서 문제된 진
료기록부의 작성을 마친 때로부터 적어도 2년여가 지난 시점에야 서명하였다는 것이므로, 피
청구인이 이 부분 혐의를 인정함에 있어 법리오해나 사실오인의 잘못을 저지른 것이라고 할
수 없다."고 하여 의료인이 진료기록을 작성한지 2년이 넘어서 서명한 것은 진료기록에 대한
서명 의무를 불이행한 것이라고 보았다.

5. 진료기록부의 기재방법

우리나라의 진료기록부는 대개 영어, 독어, 불어, 라틴어 등으로 기재하고 있다. 그것도 약
어로 기재하거나 흘려 써서 다른 의료진이나 환자 측이 해독하지 못하는 경우가 많다.

대법원[19]은 "비록 의료법이 진료기록부의 작성방법에 관하여 구체적인 규정을 두고 있지
아니하므로 의사에게는 스스로 효과적이라고 판단하는 방법에 의하여 진료기록부를 작성할
수 있는 재량이 인정된다고 할 것이지만, 어떠한 방법을 선택하든지 환자의 계속적 치료에 이
용하고, 다른 의료인들에게 정보를 제공하며, 의료행위의 적정성 여부를 판단하기에 충분할
정도로 상세하게 기재하여야 한다."고 하고, "의사는 이른바 문제중심 의무기록 작성방법
(Problem Oriented Medical Record), 단기 의무기록 작성방법, 또는 기타의 다른 방법 중에서
재량에 따른 선택에 의하여 진료기록부를 작성할 수 있을 것이지만, 어떠한 방법에 의하여 진
료기록부를 작성하든지 의료행위에 관한 사항과 소견은 반드시 상세히 기록하여야 한다."고
하였다. 이러한 법리에 의하여 대법원은 피고인 의사가 환자 양○○의 단기의무기록지에 그
림으로 궤양의 치료과정을 기록하였고 환자 양○○, 이○○의 각 단기의무기록지에 간호사들
의 실수로 위 각 투약사고가 발생한 사실을 기록함으로써 각 진료기록부를 상세히 기록하였
다고 할 것이고, 위 환자들의 진료기록부에 위 투약사고 후의 경과 즉, 아무런 부작용이 나타

---

18) 헌법재판소 2009. 12. 29.자 2008헌마593 결정.
19) 대법원 1998. 1. 23. 선고 97도2124 판결.

나지 않은 사실을 기록하지 않았다고 하여 이를 탓할 수는 없다."라고 하여 진료기록 기재의무의 위반은 없다고 보았다.

한편 의료법 시행규칙에서는 의료인은 이를 한글로 기록하도록 노력해야 한다는 규정을 신설하였다(제14조 제2항). 실제 의료소비자로서의 환자의 입장에서 진료기록의 내용을 이해하는 것에는 많은 어려움이 있고, 진료기록이 의료분쟁의 해결에 있어서 중요한 역할을 하고 있어 의료인 외에 분쟁해결기관과 법원 등의 제3자도 진료기록의 내용을 이해하고 탐색하는 작업을 하게 되는 상황에 비추어 진료기록의 기재 언어를 한글화하고자 하는 노력은 유의미한 것으로 보인다.

6. 진료기록부 등의 보존

가. 진료기록부 등 보존의무

의료인이나 의료기관 개설자는 진료기록부등[제23조제1항에 따른 전자의무기록(電子醫務記錄)을 포함하며, 추가기재·수정된 경우 추가기재·수정된 진료기록부등 및 추가기재·수정 전의 원본을 모두 포함한다]을 보건복지부령으로 정하는 바에 따라 보존하여야 할 의무를 부담하며(의료법 제22조 제2항), 의료인이 이러한 보존의무를 위반한 경우 500만원 이하의 벌금에 처한다(법 제90조).

나. 보존의무자

병원에 근무하는 의사(소위 봉직의 또는 근무의)가 한 진료에 관한 기록과 수술기록은 그 병원의 개설자 또는 관리자가, 기타의 진료에 관한 것은 그 의사(개업의)가 보관한다.

다. 보존방법과 보존기간

(1) 보존방법

진료에 관한 기록은 원본 그대로 보존하여야 한다. 다만, 그 양이 방대하고 쉽게 훼손될 우려가 있으므로 마이크로필름 또는 광디스크 등에 원본대로 수록, 보존할 수 있도록 하였다. 이 방법으로 진료에 관한 기록을 보존하는 경우에는 필름의 표지에 필름 촬영책임자가 촬영일시 및 성명을 기재하고 서명 또는 날인하여야 한다(의료법 시행규칙 제15조 제2항, 제3항).

한편 환자의 진료기록부를 더욱 안전하고 효과적으로 보호하기 위하여 휴·폐업 중인 의료기관 개설자가 진료기록부 등을 직접 보관할 때에는 보건복지부령으로 정하는 사항을 준수하도록 하고, 보건복지부장관은 진료기록보관시스템을 구축·운영할 수 있도록 하는 등의 내용으로 의료법이 개정(법률 제17069호)됨에 따라, 하위법령인 시행규칙 제30조의4부터 제30조의7까지를 신설하여 진료기록부 등을 직접 보관하는 의료기관 개설자는 허가받은 진료기록부 등의 보관 기간, 방법 및 장소를 준수하도록 하고, 질병 또는 국외 이주 등의 사유가 발생한 경우 직접 보관을 대신할 책임자를 지정하거나 진료기록부 등을 관할 보건소장에게 이관하도록 하며, 보건복지부장관으로부터 진료기록보관시스템의 구축·운영 업무를 위탁받는 기관은 진료기록부 등의 동일성을 검증할 수 있는 장비를 갖추도록 하였다.

(2) 보존기간

진료기록 보존기간은 ① 2년 : 처방전, ② 3년 : 진단서 등 부본(진단서·사망진단서 및 시체검안서 등을 따로 구분하여 보존할 것), ③ 5년 : 환자 명부, 검사내용 및 검사소견기록, 방사선 사진(영상물을 포함한다) 및 그 소견서, 간호기록부, 조산기록부, ③ 10년 : 진료기록부, 수술기록이다(의료법 시행규칙 제15조 제1항). 이와 같이 진료기록의 보존기간을 2∼10년의 단기간으로 규정한 것은 의사에게 지나치게 장기간 기록보관의무를 지우게 되면 과도한 부담을 주게 되기 때문이고, 한편으로는 채권이나 불법행위책임의 손해배상청구권이 3∼10년의 단기소멸시효를 두고 있어서 이와 균형을 맞추기 위한 조치라고 보여진다.

다만, 소멸시효의 기산점에 관하여는 다음과 같은 문제가 있다.

첫째, 진료기록부의 보존의무 기간의 개시일을 언제로 보아야 하는지, 즉, 처음 진료일을 기준으로 하여야 하는가, 아니면 마지막으로 진료한 날을 기준으로 하여야 하는가 하는 문제가 있다. 예를 들어, 1986. 3. 15.∼1987. 5. 10.까지 결핵으로 입원 치료를 받았다고 가정하자. 위 환자에 대한 진료기록 보관기간은 1996. 3. 15.까지인가, 1997. 5. 10.까지인가, 혹은 각각의 날짜별로 순차적으로 보관의무기간이 면제되는가?[20] 이때는 치료 마지막 날짜를 기준으로 보관의무기간이 진행된다고 보아야 할 것이다. 왜냐하면 병의 치료는 일련의 경과(Process)로 보아야 하며, 이를 기계적으로 하나하나의 단편적인 의료기술의 제공으로 볼 수는 없기 때문이다. 의무기록은 전체로써의 의미를 가지는 것이지, 개개의 치료행위를 떼어내서는 별 의미가 없다.

둘째, 같은 질병으로 입원과 퇴원을 반복하여 그 기간이 4∼5년 또는 그 이상 된 경우에 최초의 진료기록이 보존기간을 넘어섰을 때에는 어떻게 할 것인가 하는 문제가 있다. 예를 들

---

20) 초일불산입의 원칙상 각 경우 진료종료 다음 날부터 시효를 기산한다.

어, 결핵으로 1년간 입원치료를 받은 후 어느 정도 치유되어 퇴원하였다가, 3년 후 다시 6개월간 입원치료하고 퇴원하였으나, 재발되어 2년 후 또다시 입원하였을 경우에 그 환자에 대한 진료기록은 언제까지 보관하여야 하는지에 관한 것이다. 같은 질병의 연장이나 후유증, 합병증 등으로 보여질 경우에는 역시 마지막 치료시를 기준으로 하여야 할 것이다. 즉, 위와 같은 경우는 마지막 2년간 치료를 마친 다음 날부터 보관의무기간이 진행된다. 그러므로 경우에 따라서는 당해 환자에 대한 진료기록은 평생을 보관하여야 하는 수도 있다. 그러나 감기나 골절 환자와 같이 병명은 같아도 전혀 다른 질환일 경우에는 각각 시효기간이 진행된다. 예를 들어, 2021년 교통사고로 팔이 골절되었고, 2023년 등산 도중 같은 부위의 팔이 골절되었다고 가정하면 이는 전혀 다른 질환에 따른 치료이므로 따로따로 시효가 진행된다.

셋째, 만약 진료기록의 보존의무기간 만료일 직전에 법규의 개정으로 보존의무기간이 연장되거나 단축된 경우의 보존기간은 어떻게 되는지의 문제이다. 이는 개정된 법규에 따라 연장되거나 단축된다고 보아야 할 것이다. 예를 들어, 1986. 1. 10.경 제왕절개술로 출산한 환자에 대한 기록이 있다고 가정하자. 1986년 당시의 의료법시행규칙은 수술기록을 5년간 보관하도록되어 있었다. 그 규칙에 따르면 위 산모에 대한 수술기록은 1991. 1. 10.까지 보관하면 된다. 그러나 보건복지부에서는 현행 의료법시행규칙을 위 기간만료일 전인 1990. 1. 9.자로 개정하여 수술기록은 10년간 보존하도록 기간을 연장하였다. 그렇다면 아직 보존기간 만료일 전에 규칙이 개정되었기 때문에 위 산모에 대한 수술기록은 1996. 1. 10.까지 연장된다고 보아야 한다. 만약 위의 예에서 수술 4년이 지난 1990. 1. 9.자로 규칙이 개정되어 수술기록을 3년간만 보관하도록 하였다고 가정한다면 의사는 그 즉시 기록보관의무가 면제되므로 파기해도 된다. 이에 대하여 하급심판례[21]는 8년만에 산부인과의원에서 신생아가 뒤바뀐 것을 안 부모가 1994년 의사를 상대로 손해배상소송을 제기한 사건에 관하여 "위 분만시술 당시인 1985. 2. 14. 당시의 의료법시행규칙 제18조에는 진료기록부 및 수술기록 등 모든 진료기록은 5년간 보존하도록 규정되어 있었으나 위 5년 경과전인 1990. 1. 9. 위 규정이 개정, 시행되어 위 진료기록 중 진료기록부와 수술기록은 그 보존기간이 10년으로 연장되었으므로 피고는 원고 부부의 위 요구 당시까지 위 기록을 보존할 의무가 있었다 할 것이다."라고 판시하여 진료기록 보존의무의 연장을 인정한 바 있다.

21) 서울지방법원 1996. 9. 18. 선고 94가합101443 판결.

7. 진료기록의 송부

의료인 또는 의료기관의 장은 다른 의료인 또는 의료기관의 장으로부터 제22조 또는 제23조에 따른 진료기록의 내용 확인이나 진료기록의 사본 및 환자의 진료경과에 대한 소견 등을 송부 또는 전송할 것을 요청받은 경우 해당 환자나 환자 보호자의 동의를 받아 그 요청에 응하여야 한다. 다만, 해당 환자의 의식이 없거나 응급환자인 경우 또는 환자의 보호자가 없어 동의를 받을 수 없는 경우에는 환자나 환자 보호자의 동의 없이 송부 또는 전송할 수 있다(의료법 제21조의2 제1항). 그리고 의료인 또는 의료기관의 장이 응급환자를 다른 의료기관에 이송하는 경우에는 지체 없이 내원 당시 작성된 진료기록의 사본 등을 이송하여야 한다(동법 제21조의2 제2항). 의료인 또는 의료기관의 장이 이를 위반한 경우 500만원 이하의 벌금에 처한다(동법 제90조).

8. 의료분쟁 관련 진료기록의 구체적 검토사항

진료기록의 서식은 각 의료기관에 따라 다양하나 최소한 갖추어져야 할 기본 서식들과 그 서식에 포함되어야 하는 기본 내용은 거의 다 비슷하다. 어떤 형태의 서식이든 진료기록 전체를 통하여 진단과 치료의 타당성을 입증할 수 있고 결과를 나타낼 수 있는 내용이 상세히 기록되어 있는지 검토하여야 한다. 각 서식을 통해 다음의 내용에 대한 정보를 얻을 수 있다.

다음에서는 편의상 진료기록 서식을 크게 외래기록지, 응급실기록지, 입원기록지로 나누어 살펴보도록 하겠다.

가. 외래기록지

외래기록지는 환자가 외래진료를 받을 때마다 작성되는 것이다. 이 서식을 통해 내원 날짜, 주소, 병력, 신체조사결과, 검사명, 검사결과, 치료계획, 진료 의사의 정보를 얻을 수 있으며 임상 각 과별로 다른 용지에 기록하게 된다.

나. 응급실기록지(Emergency Room Record)

응급실기록지는 응급실을 내원하는 모든 환자에게 작성되는 것이다. 이 서식을 통해 환자의 인적사항, 내원방법, 도착시간 및 환자를 데리고 온 사람, 병력, 신체 상태, 검사소견, 진단명, 치료 사항, 환자의 처리(입원, 귀가, 다른 병원으로의 후송, 사망 등), 응급실 퇴실시 환자의 상태 등에 대한 정보를 얻을 수 있다. 예를 들어 사고로 인한 상해환자일 경우에는 상해의 양상, 원인, 환자가 발견된 장소, 병원으로 운반해 온 방법, 알코올이나 약물 중독 여부, 치료 내용 등에 대한 상세한 정보를 얻을 수 있다.

다. 입원기록지

(1) 진단요약색인기록지(Diagnostic Summary Index)

환자가 입원한 이후 순서대로 진료내용을 요약하여 기록의 맨 앞에 첨부하게 되는 서식이다. 기재되는 내용으로는 입·퇴원일과 진단명, 수술명이며 약에 대한 과민반응, 알레르기, 특이체질 등 치료에 참고할 사항 등을 기록하기도 한다.

(2) 입퇴원기록지(Admission and Discharge Record)

입퇴원기록지는 환자의 인적사항을 비롯하여 입원시부터 퇴원시까지의 진단, 검사명, 수술명 등에 대해 간략하게 요약정리해 놓은 것이다. 환자가 퇴원할 무렵에 주치의나 담당 전공의가 작성하는 것으로 크게 환자의 인적사항과 진료 내용 요약 두 가지로 구분된다.

환자의 인적사항에는 환자의 이름, 등록번호, 성별, 연령, 주민등록번호, 주소, 본적, 전화번호, 직업, 결혼상태, 입퇴원 일시, 입원과, 병실 호수, 환자구분(의보, 산재, 일반 등) 등 환자를 확인하기 위한 사항들이 기재되어 있다. 진료내용의 경우 최종 진단명, 수술, 처치, 검사명, 치료결과와 퇴원 형태, 추후 진료계획, 퇴원과명, 주치의사 및 담당 전공의사의 서명 등이 기재된다.

(3) 퇴원요약지(Discharge Summary)

입원기간동안 환자 질병의 경과, 검사, 치료 및 결과에 대한 것을 한눈에 볼 수 있게 요약해 놓은 것으로서 주치의나 담당의사가 환자 퇴원 직후에 기록하게 된다.

퇴원 요약지는 환자의 진료 내용을 짧은 시간에 효과적으로 검토하여 진료에 참고하는 것이기 때문에 간결하면서도 환자의 질병, 검사, 치료에 관한 주요 내용 즉, ① 주소 및 질병상태, ② 임상검사, 방사선검사, 특수 검사, 신체조사 결과, ③ 최종 진단명, ④ 치료내용과 그 효과, ⑤ 향후 치료계획 및 퇴원약 처방, ⑥ 기록자의 서명, 입퇴원일 등에 대한 정보를 얻을 수 있다.

(4) 병력기록지(History)

입원시 문진을 통해 환자의 병력을 자세하게 기록하여 향후 진단 및 치료의 방향을 계획하는 데 활용하게 되며 통상 인턴이 기록하며 주치의나 담당전공의사가 검토 후 확인부서 (Countersign)를 하게 된다.

통상 환자 입원 후 24시간 이내에 작성하는 것이 원칙이며 환자에게 직접 병력을 진술받는 것이 가장 좋으나 의사소통이 쉽지 않은 경우에는 환자에 대해 잘 알고 있는 가족으로부터 정보를 얻게 되며 ① 주소(C.C), ② 현병력(P.I.: Present Illness), ③ 과거력(P.H.: Past History), ④ 개인력(Personal History), ⑤ 가족력(F.H.: Family History), ⑥ 신체 각계의 조사 (R. O. S.: Review of System) 등에 대한 정보를 얻어 작성하게 된다.

(5) 신체검진기록지(Physical Examination)

병력 조사 후 환자의 신체 각 부분을 자세히 조사하여 검진 내용을 상세히 기록하는 것으로 통상 인턴이 기록하고 주치의나 담당 전공의사가 확인부서(Countersign)한다.

신체 검진은 시진, 촉진, 타진, 청진의 4가지 방법을 이용하여 환자의 머리부터 발끝까지의 상태를 조사하게 되며 ① 활력징후(혈압, 맥박, 호흡, 체온), ② 체중 및 신장, ③ 전신, ④ 피부, ⑤ 머리, 눈, 귀, 코, 후두부, ⑥ 목, ⑦ 흉부 및 폐, ⑧ 심장, ⑨ 복부, ⑩ 요부 및 사지 등에 대한 정보를 얻을 수 있으며 위 병력과 신체조사를 종합하여 잠정적 진단을 내리며 향후 치료 방향을 계획하여 기록하게 된다.

(6) 경과기록지(Progress Note)

경과기록지는 입원기록으로부터 시작하여 입원 기간 중 연속적으로 기록하여 퇴원 또는 사망시까지 환자의 치료 경과를 날짜별로 기재하는 것으로 치료 경과에 대한 정보를 종합적으로 얻을 수 있다.

특히, 이 서식은 치료에 따른 환자의 주호소의 호전여부, 검사상 결과 및 이상소견, 치료계획, 치료 효과 등의 임상 경과를 포괄적으로 기재하여 치료에 참여하는 의료진 누가 보더라도 그 환자의 상태를 상세히 파악할 수 있으며 ① 입원기록, ② 경과기록, ③ 전과기록, ④ 인수인계기록 등으로 구성되어진다.

(7) 타과 의뢰서(Consultation Record)

타과 의뢰서는 타과적(他科的) 문제 발생시, 즉 자기 전문영역 밖의 문제가 환자에게 발생되었거나 의심이 갈 때(예를 들어, 산부인과 입원환자에게 안과적 문제가 발생하였을 경우) 보다 정확한 진단 및 치료를 위해 다른 과 전문의사에게 협의 진료를 의뢰하는 것이다.

이 서식은 크게 의뢰 내용과 회신 내용 두 가지로 구분되어 진다. 의뢰 내용은 환자명, 등록번호, 진단명, 의뢰 사유, 의뢰과, 주치의 내지 담당의사의 서명 등을 기재하게 된다. 회신 내용은 협진을 의뢰받은 과에서 환자의 상태를 살핀 후, 환자의 병력을 간단히 요약하고 진단 및 치료계획을 기재하게 된다.

(8) 의사지시기록지(Doctor's Orders)

의사지시기록지는 주치의나 담당의사가 환자의 진단과 치료에 필요한 검사, 처치, 투약 등에 대한 사항 및 퇴원지시 사항에 대해 기재한 것으로 환자에게 시행되는 모든 검사, 처치, 투약에 대한 정보를 얻을 수 있다.

간혹, 전화나 구두로 지시를 내리는 경우가 있는데 이 경우에는, 전화지시는 T/O(Telephone Order), 구두지시는 V/O(Verbal Order)로 기재되어진다.

(9) 수술, 검사, 마취 동의서(Operation Permission)

수술·검사·마취 전에 담당의가 환자 본인 및 가족에게 수술검사마취와 관련하여 목적, 방법, 합병증, 사망률, 예후 등에 대해 설명을 한 후 동의을 얻기 위한 것으로 설명자의 서명, 설명이 이루어진 시점, 설명이 되어진 내용, 설명을 들은 환자 및 보호자의 서명 등이 기재되어 있다. 수술, 검사, 마취 동의서는 수술(마취, 검사) 전 수술(마취, 검사)방법, 목적, 합병증, 사망가능성 등에 대해 환자 및 보호자에게 상세히 설명하고 수술(마취, 검사)에 동의를 얻어 위 동의서에 서명을 받게 된다. 이 서식에는 설명 내용이 간단한 메모 형식으로 기재되어 있으며 차후 설명한 내용이 구체적으로 무엇이었는지 알 수 있다.

특히, 이 서식은 법적 문제가 발생했을 경우 설명의무 위반과 관련하여 중요한 입증자료가 되므로 설명 내용이 성실하게 기재되어야 한다.

(10) 수술기록지(Operation Record)

수술기록지는 수술을 담당한 의사가 수술과정에 대해 기록하는 것으로 수술에 관한 중요한 사실들을 누락됨이 없이 자세히 기록해야 한다. 기재내용을 자세히 살펴보면, ① 수술 집도의와 보조의사의 이름과 서명, ② 수술 전 진단명, ③ 수술 후 진단명, ④ 수술명, ⑤ 수술과정 및 수술상 소견, ⑥ 수술 후 환자의 상태, ⑦ 수술일자 등이 포함되어 기재되어야 한다.

(11) 마취기록지(Anesthesia Record)

수술 중 마취의사가 수분 간격으로 환자의 상태(혈압, 맥박, 호흡, 산소포화도 등)에 대해 기록한 것으로 마취제의 종류, 양, 마취방법, 시간, 수술명, 수술의사명이 포함되며 집도의에게 환자 상태에 대한 정보를 제공한다.

(12) 회복실기록지(Recovery Room Record)

수술 후 회복실에서 회복실 간호사가 수분 간격으로 환자 상태(혈압, 맥박, 호흡, 산소포화도, 의식 상태 등)에 대해 기록한 것으로 회복실에서 시행된 처치 및 회복실로부터 병동으로 옮겨질 때의 상태 등을 포함하여 기재되는 것으로 수술실 출발부터 병실 도착시까지의 환자 상태가 모두 기록되어 있다.

(13) 활력징후기록지(T.P.R Chart)

이 서식은 담당 간호사가 입원시부터 퇴원시까지 환자의 활력징후 즉, 혈압, 체온, 맥박, 호흡에 대해 의시지시에 따라 일정 간격으로 기재하는 것으로 맥박과 체온은 점과 점을 이어 그래프로 나타내며 혈압 및 호흡은 측정 수치를 그대로 기재하게 된다. 이외에 식이, 배변 및 배뇨 횟수, 신장, 체중, 기타 배액량, 섭취량 및 배설량 등이 기재되어 진다.

(14) 투약기록지(Medication Record)

이 서식을 통해 환자에게 투여 되어지는 모든 약물에 대한 정보를 얻을 수 있다. 기재내용을 자세히 살펴보면, 약품명, 용량, 투여경로, 투여시간, 투여자(간호사)의 내용이 포함되며 투여자는 반드시 약물 투여 후 투여시간을 기재하고 서명을 해야 한다.

(15) 간호정보조사지

이 서식은 환자 입원 당시 담당 간호사가 환자에 대한 종합적 정보를 얻어 간호의 기본 정보를 활용하고 타 의료인과의 정보 공유를 목적으로 작성되어 진다. 환자명, 등록번호, 나이, 성별, 체중, 신장, 종교, 가족력, 가족사항, 주소, 전화번호, 진단명, 입원 경위, 배뇨 및 배변 양상, 주호소 등을 포함하게 되며 환자 본인에게 입원 안내(식이, 병실안내, 낙상 방지, 회진시간 등)를 한 후 서명을 받게 된다.

(16) 간호기록지(Nurse's Record)

이 서식은 환자가 입원수속을 마치고 병실에 도착했을 시점부터 퇴원 또는 사망시점까지 환자의 상태변화, 주호소(主呼訴), 간호 내용, 간호에 대한 환자의 반응, 의사에게 보고한 사항, 지시사항의 수행 등에 대해 간호사가 시간대별로 자세히 기록한 것이다. 이 기록은 의료진 사이의 의사소통의 도구로써 중요한 역할을 하게 되며 특히, 시간대별 환자의 상태 변화를 상세히 알 수 있는 장점이 있다. 또한 의료진 사이의 중요한 의사소통의 역할을 하는바, 반드시 공인된 약어만을 사용하며, 의사 및 간호사의 성과 이름을 모두 기재하고 잘못 기록한 것은 두 줄을 긋고 'error'로 표시하고 서명하며 모든 간호기록에는 날짜, 시간이 반드시 기록되어야 하며 기록자의 서명이 있어야 한다.

(17) 전과 · 전동기록지

이 서식은 환자를 다른 과로 전과하거나 현재 환자가 상주하고 있는 병원 내 장소에서 다른 장소로 이동할 경우와 같이 작성되는 기록이다. 예를 들어 산부인과 환자가 내과로 전과되는 경우나 일반병동에 입원 중인 환자가 중환자실로 이송되는 경우에 작성되는 기록으로 환자명, 등록번호, 전과 보내는 과, 전과 받은 과, 전동 보내는 곳, 전동 받는 곳 등의 정보를 기재하고 전과 보내는 사유 내지 전동 보내는 사유를 작성하여 환자에 대한 종합적인 정보를 간단히 요약하게 된다.

(18) 임상병리검사기록지(Laboratory Reports)

이 서식은 환자의 일반혈액검사, 일반화학검사, 혈액응고검사, 전해질검사, 동맥혈가스분석검사, 각 배양검사(혈액, 객담 소변, 조직), 소변검사에 대한 검사결과를 보고하는 것으로 의뢰하는 검사명, 의뢰의사, 의뢰날짜, 보고날짜, 검사결과 등에 대해 기재한다.

(19) 조직병리검사보고서(Pathology Report)

검사, 수술시 채취된 조직에 대한 검사결과를 보고하는 것으로 의뢰하는 검사명, 채취된 조직, 의뢰의사, 의뢰날짜, 보고날짜, 검사결과 등에 대해 기재되어 있다.

(20) 방사선검사보고서(X-ray Report)

이 서식은 단순방사선촬영, MRI, CT 등의 방사선 검사결과를 보고하는 것으로 방사선과 전문의가 판독을 하고 그 내용을 기재하고 환자의 인적사항, 판독의사의 서명, 최종진단명 등을 포함하게 된다.

(21) 심전도검사보고서(Electrocardiographic Report)

이 서식은 심장질환의 진단을 위해 시행된 심전도 결과를 보고하는 것으로 검사 직후 출력된 검사결과지에 판독결과가 함께 기재되어 나온다.

(22) 중환자기록지(I.C.U Record)

이 서식은 일반 병동이 아닌 중환자실 내에서 작성, 사용되어지는 기록지로서 일반 병동과는 달리 한 장의 기록지에 활력징후의 변화, 투약, 수혈, 투여량 및 배설량, 몸무게, 식이, 간호기록지, 간호처치, 검사 및 검사결과 등이 기재되어 있어 한 눈에 환자의 상태, 시행되어진 처치, 결과 등을 알 수 있다.

(23) 물리치료기록지

이 서식은 주로 재활의학과에서 환자의 물리치료시 작성, 사용되어지는 기록지로서 의식상태, 근력검사, 관절가동력, 경련성, 기능수준 등을 알 수 있다.

(24) 작업치료기록지

이 서식은 주로 재활의학과에서 환자의 물리치료시 작성, 사용되어지는 기록지로서 관절가동력, 경련성정도 등에 대한 신체적 상태와 인지기능 등을 알 수 있다.

(25) 영양상담 협의진료 의뢰서

이 서식은 환자의 영양상담에 대한 협진의뢰시 작성, 사용되어지는 기록지이다.

(26) 입원약정서

이 서식은 입원시 환자에게 병원의 제반규정을 따르겠다는 점, 진료비부분에 대해 환자 및 연대보증인이 부담하겠다는 점, 소송에 관한 점 등에 대한 것으로서 약정인의 서명과 연대보증인 2인의 서명을 받게 된다.

(27) 상급병실 사용신청서

상급병실사용신청서는 상급병실을 사용할 것을 신청하며 입원료 차액은 본인이 전액 부담하겠다는 신청서이다.

(28) 전원기록지

이 서식은 환자를 타 병원으로 이동할 경우 작성되는 기록으로서 진료의뢰서라고도 한다. 환자명, 등록번호, 진단명, 전원 보내는 사유, 전원 보내는 곳, 전동 받는 곳 등의 정보를 작성하여 환자에 대한 종합적인 정보를 간단히 요약하게 된다.

제2절　수술실 내 폐쇄회로 텔레비전의 설치·운영

1. 제도의 도입 배경

수술실은 위생상 무균 조작이 요구되므로 의료인과 환자 이외의 자의 개입을 불허하고 외부와 차단되는 공간이다. 그리고 환자는 수술을 위하여 마취가 된 상태이므로 수술실 내의 상황을 인지하기 어렵고 의사표현도 불가능한 상황이기 때문에, 수술실이라는 공간은 의료인과 환자 사이의 정보가 대등하지 않은 측면이 존재한다. 하지만 우리나라에서는 수술실에서 무자격자에 의하여 대리수술이 이루어지거나 공장형 수술이 시행되는 사건, 마취된 혹은 마취 회복과정에 있는 환자에 대하여 의료인이 성범죄를 저지르거나 환자의 명예를 훼손하는 사건 등이 연이어 발생하고 있다. 이를 시정하기 위하여 수술실 내 폐쇄회로 텔레비전22)(소위 'CCTV'라 한다)를 설치하여야 한다는 법안이 발의되어 왔고, 그 방식은 환자·보호자 측에서 수술 등에 대한 촬영을 요구할 경우 의료인에게 촬영거부 권한을 부여하지 아니하고 의무적으로 촬영하자는 것이다. 이에 대하여 의료계를 중심으로 반대하는 입장에서는 수술실 내 폐쇄회로 텔레비전을 설치하는 원인이 된 사건들은 극소수 의료인의 일탈행위에 해당한다는 점, 일률적으로 수술실 내 폐쇄회로 텔레비전의 설치 의무화는 환자와 의사 간 관계를 감시와 불신으로 변질시켜 의사가 수술을 기피하는 등 방어진료를 유발할 수 있고 수술 업무에 종사하는 의료인의 인격권을 침해할 수 있다는 점, 수술실 내에 폐쇄회로 텔레비전을 의무적으로 설치하는 국외의 입법례는 존재하지 않는다는 점을 이유로 들었다.

2. 의료법상 규정

우리나라는 2021. 9. 24. 법률 제18468호로 의료법 일부개정 시 38조의2의 신설을 통하여 수술실 내 폐쇄회로 텔레비전의 설치·운영에 관한 명문의 규정을 도입하였고, 2023. 9. 25.부터 시행하고 있다. 그 도입이유에 대하여는 의료기관에서 수술을 하는 과정에서 의료사고가 발생하거나 비자격자에 의한 대리수술이나 마취된 환자에 대한 성범죄 등 불법행위가 발생하

---

22) 폐쇄회로 텔레비전이란 개인정보보호법 제2조 제7호의 일정한 공간에 설치되어 지속적 또는 주기적으로 사람 또는 사물의 영상 등을 촬영하거나 이를 유·무선망을 통하여 전송하는 장치로서 대통령령으로 정하는 장치인 고정형 영상정보처리기기이다. 개인정보보호법 시행령 제3조에서는 폐쇄회로 텔레비전을 ⅰ) 일정한 공간에 지속적으로 설치된 카메라를 통하여 영상 등을 촬영하거나 촬영한 영상정보를 유무선 폐쇄회로 등의 전송로를 통하여 특정 장소에 전송하는 장치, ⅱ) 가목에 따라 촬영되거나 전송된 영상정보를 녹화·기록할 수 있도록 하는 장치의 어느 하나에 해당하는 장치라고 하고 있다.

고 있으나, 수술실은 외부와 엄격히 차단되어 있어 의료과실이나 범죄행위의 유무를 규명하기 위한 객관적 증거를 확보하기 어렵기 때문에, 의료기관의 수술실 내부에 폐쇄회로 텔레비전을 설치하도록 하고 환자 또는 환자의 보호자가 요청하는 경우 수술 장면을 촬영하도록 의무화함으로써, 수술실 안에서 발생할 수 있는 불법행위를 효과적으로 예방하고 의료분쟁 발생 시 적정한 해결을 도모하려고 하는 것에 있다고 밝히고 있다.

가. 폐쇄회로 텔레비전의 설치 기준

의료법 제38조의2에서는 전신마취 등 환자의 의식이 없는 상태에서 수술을 시행하는 의료기관의 개설자는 수술실 내부에 폐쇄회로 텔레비전을 설치하도록 의무화하고, 이 경우 국가 및 지방자치단체는 폐쇄회로 텔레비전의 설치 등에 필요한 비용을 지원할 수 있도록 하였다(동조 제1항).

이 법에서 정한 것 외에 폐쇄회로 텔레비전의 설치·운영 등에 관한 사항은 개인정보 보호법에 따른다(동조 제11항).

나. 촬영의 범위 및 촬영 요청의 절차

의료기관의 장이나 의료인에 대하여 수술실 내 폐쇄회로 텔레비전을 통하여 수술 장면을 촬영하여야 할 의무는 환자 또는 환자의 보호자가 요청하는 경우(의료기관의 장이나 의료인이 요청하여 환자 또는 환자의 보호자가 동의하는 경우를 포함한다) 전신마취 등 환자의 의식이 없는 상태에서 수술을 하는 장면에 대하여 발생한다(동조 제2항 전단). 이 때 녹음 기능은 사용할 수 없는 것이 원칙이지만, 환자 및 해당 수술에 참여한 의료인 등 정보주체 모두의 동의를 받은 경우에는 그러하지 아니하다(동조 제3항). 다만 ① 수술이 지체되면 환자의 생명이 위험하여지거나 심신상의 중대한 장애를 가져오는 응급 수술을 시행하는 경우, ② 환자의 생명을 구하기 위하여 적극적 조치가 필요한 위험도 높은 수술을 시행하는 경우, ③ 전공의의 수련환경 개선 및 지위 향상을 위한 법률 제2조 제2호에 따른 수련병원등의 전공의 수련 등 그 목적 달성을 현저히 저해할 우려가 있는 경우, ④ 그 밖에 제1호부터 제3호까지의 규정에 준하는 경우로서 보건복지부령으로 정하는 사유가 있는 경우의 어느 하나에 해당하는 정당한 사유가 있으면 이를 거부할 수 있다(동조 제2항 후단).

다. 영상정보의 열람·제공의 절차

의료기관의 장은 ① 범죄의 수사와 공소의 제기 및 유지, 법원의 재판업무 수행을 위하여 관계 기관이 요청하는 경우, ② 의료분쟁조정법 제6조에 따른 한국의료분쟁조정중재원이 의료분쟁의 조정 또는 중재 절차 개시 이후 환자 또는 환자 보호자의 동의를 받아 해당 업무의 수행을 위하여 요청하는 경우, ③ 환자 및 해당 수술에 참여한 의료인 등 정보주체 모두의 동의를 받은 경우의 어느 하나에 해당하는 경우를 제외하고는 촬영한 영상정보를 열람(의료기관의 장 스스로 열람하는 경우를 포함한다)하게 하거나 제공(사본의 발급을 포함한다)하여서는 아니 된다(동조 제5항).

의료기관의 개설자는 보건복지부장관이 정하는 범위에서 제2항에 따라 촬영한 영상정보의 열람 등에 소요되는 비용을 열람 등을 요청한 자에게 청구할 수 있다(동조 제8항).

라. 보관기준 및 보관기간

의료기관의 장은 폐쇄회로 텔레비전으로 촬영한 영상정보가 분실·도난·유출·변조 또는 훼손되지 아니하도록 보건복지부령으로 정하는 바에 따라 내부 관리계획의 수립, 저장장치와 네트워크의 분리, 접속기록 보관 및 관련 시설의 출입자 관리 방안 마련 등 안전성 확보에 필요한 기술적·관리적 및 물리적 조치를 하여야 하며(동조 제4항), 촬영한 영상정보를 30일 이상 보관하도록 하고 보관기준 및 보관기간의 연장 사유 등은 보건복지부령으로 정한다(제38조의2 제9항·제10항).

마. 영상정보의 탐지 등의 금지와 위반 시 제재

누구든지 이 법의 규정에 따르지 아니하고 촬영한 영상정보를 탐지하거나 누출·변조 또는 훼손하여서는 아니 되며(동조 제6항), 촬영한 영상정보를 이 법에서 정하는 목적 외의 용도로 사용하여서는 아니 된다(동조 제7항).

이를 위반하여 촬영한 영상정보를 탐지하거나 누출·변조 또는 훼손한 자, 촬영한 영상정보를 이 법에서 정한 목적 외의 용도로 사용한 자, 영상정보를 열람하게 하거나 제공한 자는 5년 이하의 징역이나 5천만원 이하의 벌금에 처한다(제87조의2 제2항 제3의3호, 제3의4호, 제3의2호).

또한 제38조의2 제2항에 따른 절차에 따르지 아니하고 같은 조 제1항에 따른 폐쇄회로 텔레비전으로 의료행위를 하는 장면을 임의로 촬영한 자는 3년 이하의 징역이나 3천만원 이하의 벌금에 처한다(제88조 제3호). 제38조의2 제4항을 위반하여 안전성 확보에 필요한 조치를 하지 아니하여 폐쇄회로 텔레비전으로 촬영한 영상정보를 분실·도난·유출·변조 또는 훼손당한 자는 2년 이하의 징역이나 2천만원 이하의 벌금에 처한다(제88조의2 제2호).

바. 제 언

수술실 내 폐쇄회로 텔레비전 의무적 설치의 입법화는 의료인의 일탈행위를 사전에 예방할 수 있어 도입의 정당성은 충족된다. 하지만 수술실 내 폐쇄회로 텔레비전을 의무화하더라도 수술이 큰 문제 없이 종결되거나 의료사고라고 판단되지 않을 경우, 제도 도입의 실익이 예측한 것보다 크지 않을 수도 있다. 또한 정상적 범주 내에 있는 수술결과에 대하여도 갈등을 증폭시킬 수 있고 의사가 중증질환에 대한 수술을 기피하는 경우 환자의 생명에 돌이킬 수 없는 피해가 야기된다는 측면이 여전히 존재한다. 그럼에도 불구하고 문제가 유발된 일련의 사건의 주요 쟁점이 부적절한 자가 수술실에 참여하였는지 여부나 수술행위 외에 불필요하고 부적절한 행위를 하는지 여부에 있음을 고려할 때, 수술실 내 폐쇄회로 텔레비전 제도의 존재 이유가 있으며, 이외에도 철저한 수술실 출입통제·관리방식을 마련하고 성범죄 등 부적절한 행위를 행한 의료인에 대한 실효적 제재수단도 강구할 필요가 있다.[23]

제3절   증명방법

위의 진료기록이나 수술실 내 폐쇄회로 텔레비전을 통해 촬영한 영상정보를 비롯하여 진료기록에 대한 감정 등은 의료분쟁과 관련하여 민사사건과 형사사건 모두 의료과실과 인과관계를 증명하기 위한 자료로 활용된다. 그런데 형사사건의 경우 수사기관과 법원의 주도로 위의 여러 가지 자료를 수집하고 고려하게 되지만, 민사사건의 경우 당사자주의와 변론주의의 적용을 받고 증명책임의 분배로 인하여 손해배상 청구를 하는 환자 측에서 증명을 위한 자료를 수집하고 주장하여야 한다.

이러한 측면에서 이하에서는 의료민사소송을 전제로 한 증명방법과 관련된 구체적 내용과 서식례를 살펴보고자 한다.

---

23) 김성은·최아름·백경희, 수술실 CCTV 설치의 쟁점과 입법방향에 관한 소고(小考), 의료법학 제22권 제2호, 2021, 130-133면.

1. 증거보전

가. 증거보전의 의의와 필요성

증거보전이란 제소 전 또는 소송계속 중에 있더라도 소송의 진행경과상 아직 증거조사에 이르지 않은 단계에서 특정의 증거방법을 미리 조사해 두었다가 본안소송에서 사실인정에 쓰고자 할 때 사용하는 증거조사 방법이다. 이는 본안소송을 통하여 정상적인 증거조사를 할 때까지 기다리고 있다가는 조사가 불가능하게 되거나 곤란하게 될 염려가 있는 증거를 미리 조사하여 그 결과를 보전하여 두려는 별도의 부수절차로서 민사소송법 제8절 제375조－제384조에 규정되어 있다.

나. 증거보전의 필요성

증거보전은 진료내용의 조기파악과 진료기록 위·변조방지를 위해서 필요하다.

첫째, 의료행위는 진료실이나 수술실 등 밀실에서 행해지고, 진료정보를 대개 의사측에서 가지고 있을 만큼 진료정보의 편중성이 심하기 때문에 환자측에서는 진료경과조차 파악하기 힘들다는 특징이 있다. 수술실에서 마취된 환자상태의 환자는 스스로도 어떤 치료를 받았는지 알지 못하고, 치료경과에 대한 기록도 모두 의사측에서 가지고 있다. 환자가 조각난 기억의 일부와 진단서·진찰권·투약봉지·피해사진 등 단편적인 자료만을 가지고 의료과실여부를 판단하기는 쉽지 않다. 의료과실여부를 알기 위해서는 의사가 가지고 있는 진료기록, 방사선필름, 혈액·소변검사지, 조직병리검사지 등의 자료를 사전에 입수할 필요가 있다.

둘째, 진료기록이나 각종 검사지 등을 의사가 가지고 있어 의료사고가 발생하면 언제든지 기록의 위·변조나 폐기, 은닉의 개연성이 있어[24] 소송 전에 확보할 필요가 있다. 서울고등법원[25]은 경추신경수술직후 하반신마비에 이른 환자의 진료기록 중 진단명이 지워진 사건에 대하여 "이 사건 소제기 후 원고에 대한 의사기록 중 원고의 진단명 중 일부가 피고병원측 사람의 소행으로 흑색볼펜으로 가필되어 원래의 진단명을 식별할 수 없게 변조된 점 등에 비추어 보면 … 시술상 과실로 인한 것으로 일응 추정된다."고 하여, 의료기관에서 진료기록을 위·

---

24) 의사는 의료사고가 발생한 경우 환자로부터 이의를 제기당하고 싶지 않는다는 이유로 작성하지 않았던 진료기록을 새롭게 작성하거나, 내용의 일부를 변경하거나 삭제·누락시키기도 하며, 진료기록 자체를 은닉·폐기하는 경우도 있다. 그 외에 진료기록을 기재하지 아니하거나 비치하지 않는 경우도 있다.; 배병일, 의료과오소송에서의 입증방해－대법원 1999. 4. 13. 선고 98다9915 판결, 의료법학 창간호, 2000, 232－233면.
25) 서울고등법원 1994. 6. 22. 선고 92나67782 판결.

변조할 개연성이 높다는 점을 인정하고 있다. 실무상 의사측에서 진료기록을 보관하고 있음을 기화로 위·변조하게 되면 환자측에서 위·변조하였다는 점을 후에 입증한다는 것은 어렵다. 따라서 진료기록은 가능하면 빨리 확보할 실익이 있고, 증거보전이 한 방법이다.

이처럼 증거보전절차는 의료과실소송의 원활한 진행을 위하여 요구되는 제도임과 동시에 소송당사자가 소송전 증거수집을 통하여 분쟁의 쟁점이 되는 사실관계를 명확하게 확정할 수 있게 됨으로써 오히려 불필요한 소송을 예방할 수도 있다. 예를 들어 증거보전결과 의료과실이 없거나 입증이 힘들다고 판단하면 무익한 소송을 사전에 막을 수도 있고, 만약 의료기관에 의한 진료기록 위·변조가 명백히 밝혀진 경우에는 증명방해를 주장하며 의사측의 과실을 추정시킬 수도 있다. 다만, 의료법 제21조를 통하여 환자측에서도 진료기록을 받아볼 수 있도록 개정됨으로써 증거보전의 필요성은 많이 감소되었으나 위·변조의 개연성이 있는 한 기습적인 진료기록 확보절차가 필요하다는 점에서 존재 의의가 있다.

다. 증거보전절차

(1) 관할법원

증거보전의 관할법원은 제소전과 제소후가 다르다.

제소 전에는 진료기록 소지자의 거소 또는 검증 목적물의 소재를 관할하는 지방법원 단독판사의 소관이다. 예를 들어 A의료법인의 본점소재지는 대전지방법원이고, 산하의료기관인 B병원은 서울중앙지방법원 관할지에 소재할 경우, 만약 B병원에서 의료사고가 발생하였다고 하여도 본안소송은 원칙적으로 대전지방법원이지만, 증거보전절차의 관할법원은 B병원의 관할법원인 서울중앙지방법원에 증거보전신청서를 제출하여야 한다.

소송계속 중에는 증거를 사용할 심급의 법원이 관할권을 가지나(민사소송법 제376조 제1항), 급할 경우는 문서소지자의 거소, 검증목적물의 소재지를 관할하는 지방법원에도 신청할 수 있다(민사소송법 제376조 제2항). 위 예에서 A의료법인의 소재지인 대전지방법원에 제소하였다면 증거보전절차는 본안계속중인 법원에 신청하여야 한다. 그러나 이때도 급할 경우에는 진료기록의 소재지인 서울중앙지방법원에 신청할 수 있다.

(2) 신청인

증거보전절차는 원칙적으로 당사자의 신청에 의하여 개시되나(민사소송법 제375조), 소송계속 중에는 법원이 직권으로 개시할 수 있다(민사소송법 제379조).

(3) 상대방의 표시

증거보전의 상대방은 본안소송의 상대방, 즉, 피고를 의미하나 반드시 진료기록의 소지자와 일치하는 것은 아니다. 즉, 환자를 여러 병원에서 진료한 경우 전의의 과실은 인정되나, 후의의 과실을 인정하기 어려운 경우(예를 들어 치료시기를 놓쳐 이미 사망에 이른 환자를 후송 받아 치료하게 된 경우)에 있어서 전의와 후의가 자매병원과 같이 특수한 관계에 있다면 후의의 진료기록도 위·변조될 가능성이 높다. 따라서 이러한 경우 전의를 피신청인으로 하여 후의에 대하여도 증거보전신청을 할 수 있다. 상대방이 개인인지 의료법인인지가 불명확할 경우가 가끔 있는바, 이때는 관할보건소 또는 보건복지부에 문의하면 알 수 있다.

나아가 증거보전의 신청은 상대방을 지정할 수 없는 경우에도 할 수 있다. 이 경우 법원은 상대방이 될 사람을 위하여 특별대리인을 선임할 수 있다(민사소송법 제378조).

(4) 증명할 사실의 기재

증거보전에 있어 증명할 사실은 '피신청인이 의사로서 다해야 할 진료상의 주의의무에 반하여 ○○○한 행위를 한 결과 ○○○한 결과를 발생시킨 사실' 등 의사의 과실, 과실과 손해 사이의 인과관계에 관한 사실주장의 기재이며 입증취지이기도 하다.

어느 정도 구체적으로 기재해야 하는가 여부는 현실적인 문제인데 아직 증거수집 단계이므로 소장기재와 같이 구체적으로 작성하는 것은 불가능하므로 실무상 어느 정도 추상적으로 기재하여도 괜찮다. 더욱이 이에 대하여는 소명을 필요로 하지 않다고 본다.

(5) 보전하고자 하는 증거

증거는 진료기록, CCTV, 엑스레이필름 등 조사해야 할 목적물을 구체적으로 특정하여 기재한다(민사소송법 제377조 제1항 제3호).

(6) 증거보전의 사유

(가) 기재방법

증거보전의 사유에 대하여 소명하여야 한다(민사소송법 제377조 제2항).

실무상 진료기록에 관한 한 보전의 필요성에 대하여 보존기간만료의 경우까지 포함하여 변조, 멸실, 훼손의 우려가 있음을 근거로 하는 것이 압도적으로 많다. 더구나 위·변조의 우려에 대한 소명은 사실상 없는 것과 같고, 있어도 겨우 신청서 끝 부분 내지 신청서에 첨부하여 제출된 신청인 혹은 대리인 작성의 답변서, 진술서 등에 '위·변조, 멸실, 훼손의 우려가 있다.' 라는 추상적인 문구의 기재 정도가 많다.[26] 이에 대해 이러한 현실운용은 종종 기습적으로 증거조사가 실시될 뿐 아니라 검증의 방법으로 실시되는 경우가 많기 때문에 상대방은 민사소송법 제344조의 제출의무가 없음에도 불구하고 문서제출의무까지 부담하는 등 현행법 해석의 틀을 벗어나고 있으므로 구체적인 위험을 소명할 필요가 있다는 지적이 있다.[27]

그러나 첫째, 의료사고발생시 진료기록의 위·변조, 은닉, 훼손 등은 보편적으로 볼 수 있는 현상이자[28] 정형적인 행동양식의 하나이고, 둘째, 환자는 해석상 의료기록 열람, 사본청구권이 있고, 특히 의료법 제20조 제2항에 의해 실체법상 검사기록 및 방사선필름 등의 사본교부청구권이 있고, 셋째, 소송 전에 의사가 환자에게 진료기록을 보여준다고 하더라도 아무런 불이익을 입지 않고, 넷째, 실체적 진실 발견에 기여하고, 다섯째, 현실적으로 환자측에서 구체적 사유를 엄격히 소명하는 것은 곤란하다는[29] 등의 이유가 있기 때문에 위·변조의 우려가 있다는 뜻만을 신청서에 추상적으로 기재하여도 충분하다고 보는 것이 통설이다.

다만 이 절차의 남용을 방지하기 위해 당해 의사가 전에 위·변조의 전력이 있다든가 환자측으로부터 진료상의 문제점에 대하여 설명을 요구받았는데도 불구하고 아무 이유 없이 거절하였다든가, 전후모순 내지 허위의 설명을 했다던가, 기타 불성실 또는 책임회피적 태도로 일관하고 있는 것 등의 정황적 사유의[30] 소명은 필요하다.

(나) 소명방법

소명방법에 대하여는 진단서, 진찰권, 환자·가족의 진료경과에 관한 진술서, 의학문헌 등이 있다. 이들 소명방법의 서증은 증거보전결정정문 송달시 상대방에게 동시에 송달되므로 진료경과에 관한 진술서는 잘못이 없도록 정확히 기재하여야 한다. 의학문헌에 대하여는 통상 당해 사건에서 문제가 되는 질병, 치료방법에 관한 의학사전, 표준적 교과서 등을 제출하면 충분하고, 특히 전문적인 학회지를 제출할 필요는 없다고 본다.

라. 증거보전결정에 대한 불복금지

증거보전결정에 대하여는 신청이 인용되었든, 기각되었든 간에 항고 등 불복할 수 없다(민사소송법 제380조).

---

26) 鈴木忠一·三ケ月章 監修, 新·實務 民事訴訟講座, 日本評論社, 1981, 175頁.
27) 大竹たかし, 提訴前の證據保全實務上の諸問題ー 改ざんのおそれを保全事由とするカルテ等の證據保全を中心として, 判夕 361號, 76頁.
28) 鈴木忠一·三ケ月章 監修, 前揭書, 196頁.
29) 권광중, 醫療訴訟의 節次上의 諸問題, 재판자료 제27집, 1985, 373면.
30) 廣島地決 1986. 11. 21.(判時 1224號, 76頁).

마. 증거조사의 방법

증거보전 절차에 있어서의 증거조사 방법은 본안소송의 증거조사를 하는 경우와 같다.

증인신문, 서증, 검증, 감정, 당사자신문 등이 모두 가능하다. 예를 들어 증언이 필요한 치료의사나 간호사 등이 사직, 사망 직전, 해외이민 등으로 본안소송에서 출석하기 어려운 경우에는 증거보전절차로서 증인신문을 할 수 있다. 증거보전절차에서 신문한 증인을 당사자가 변론에서 다시 신문하고자 신청한 때에는 법원은 그 증인을 신문하여야 한다(민사소송법 제384조).

실무상 진료기록에 대한 증거보전절차가 많이 활용된다. 진료기록에 대한 증거조사방법으로는 서증의 조사와 검증 등 2가지가 있다. 서증의 신청절차는 신청인이 진료기록을 소지하고 있지 않으므로, ① 법원에 서증조사를 신청하는 방법, ② 신청인이 법원에 대하여 문서제출명령을 발하여 달라는 신청을 하는 방법, ③ 신청인이 법원에 대하여 문서송부촉탁신청을 하는 방법의 3가지가 있다.[31] 경우에 따라서는 검증과 서증의 방법을 같이 결정하기도 한다.

이러한 검증의 관행에 대해, 진료기록은 그 기재 내용인 의미 사상을 증거자료로 하고,[32] 검증에 의하면 문서제출의무가 없는 자에게도 그 의무를 부과하게 되며, 무엇보다도 본안에 있어서의 절차도 똑같이 서증으로 하고 있으므로 서증으로 해야 한다[33]는 비판이 있다. 그러나 증거보전은 문서의 내용의 취조가 아니라 문건으로서의 문서의 외용의 취조가 채용되고 있고,[34] 진료기록 중 외국어로 된 부분은 번역문이 필요하므로 그 의미 내용을 바로 알 수 없고, 검증의무는 국가의 재판권에 복종하는 자가 국가에 대하여 부담하는 공법상의 의무이므로 검증으로 하는 것이 옳다는 반론이 있다.

실무상 우리 법원은 검증조서를 꾸며야 하는 번거로움이 있어서인지 검증절차보다는 서증절차를 더 선호하는 경향이 있는 듯하다.

바. 증거조사의 절차

(1) 신청 이후 기일까지의 주의사항

증거보전신청서와 소명절차 등을 제출하여 문제가 없다고 하면 구체적인 증거조사기일을 법원과 협의하는 것이 좋다. 사전에 상대방 의료기관의 진료일, 진료시간을 조사하여 증거조

---

31) 권광중, 전게 논문, 369면.
32) 권광중, 전게 논문, 369면.
33) 中川善之助 · 兼子一 監修, 醫療過誤 · 國家賠償, 實務法律大系 第5卷, 靑林書院新社, 1979, 266頁.
34) 鈴木忠一 · 三ケ月章 監修, 前揭書, 198頁.

사기일을 지정받을 필요가 있다. 또한 진료기록이나 엑스레이 필름 등의 현황이 중요한 경우 사진기사를 동행하여 촬영할 필요가 있을 수도 있다.

(2) 결정문의 송달

결정문의 송달방법은 증거조사의 목적을 달성하는데 결정적인 역할을 하기 때문에 매우 중요하다. 왜냐하면 증거조사는 상대방이 진료기록 등의 위·변조, 은닉, 훼손을 방지하기 위하여 사전에 증거로서 확보하는 절차인 만큼 증거보전 결정문이 너무 일찍 상대방에게 송달되면 그 목적을 이루지 못할 우려가 있으므로 증거조사기일에 가능한 가까운 시일에 송달하여야 한다.

실무상 송달방법으로 ① 증거조사일시에 법원사무관이 출석한 의사 또는 의료기관의 대표자 등 의료기관개설자에게 직접 송달하는 이른바 동시송달방법(민사소송법 제 177조 제1항), ② 상대방의 감정적 반발을 방지하지 위하여 1~2시간 내에 행하는 집행관에 의한 송달방법(민사소송법 제176조 제1항), ③ 우편집배원에 의한 우편송달방법(민사소송법 제176조 제2항) 등이 주로 이용되고 있다.[35] 다만 ①의 경우는 증거조사일시에 갑자기 의사에게 전달할 경우 의사가 당황해하거나 공격적인 인상을 풍기는 경우가 있어 증거조사분위기가 불안정해 질 수 있어 법원에서 꺼리는 경향이 있다. ③의 경우는 증거조사기일보다 최소한 3~7일 이전에 송달되어 증거조사기일에는 이미 진료기록이 위·변조 내지 은닉되는 문제가 있어 환자측에게 불리하다. 일본에서도 증거보전절차 직전에 집행관에 의한 특별송달방법을 취하는 이유가 여기에 있다.

따라서 환자측 변호사로서는 법원과 사전에 충분한 협의를 통하여 ②의 방법을 이용하여 증거보전의 효과가 반감되지 않도록 노력해야 할 것이다.

(3) 증거보전 당일의 주의사항

증거조사기일은 신청인과 상대방에게 통지하여야 한다. 다만 긴급을 요할 때는 그러하지 아니하다(민사소송법 제381조).

증거조사절차는 진료기록의 복사, 위·변조된 기록현황에 대한 사진촬영, X선 필름, CT필름, MRI필름, 내시경필름 등의 복사이다. 상대방에게 복사장치가 되어 있으면 쉬우나 그렇지 않을 경우 민사소송법 제355조 제2항에 의거 법원에 유치시킨 후 다른 병원에서의 필름복사, 스캐닝, 디지털카메라로의 재촬영 등을 할 수 있도록 해야 한다. 표본 또는 슬라이드 된 조직

---

35) 池田伸之, 證據保全とその後の檢討手續, 醫療事故紛爭の上手な對處法, 1993年, 113頁

에 대하여는 복사할 수 없으므로 현존물에 대한 사진촬영으로 대신 하는 수밖에는 없다. 심전도기록, 뇌파검사기록 등 양이 방대한 경우에는 특히 의료과실을 입증하는 것이 아닌 한 검증조서상 문서가 존재한다는 사실을 기재하게 하고 개별복사는 하지 않을 수도 있다. 위와 같은 복사촬영물은 검증조서에 첨부되므로 처음부터 2부를 부탁해야 한다. 특히 종이문서상 수정액으로 지운 부분이나 다른 시간에 추가기입한 진료기록(필기구의 두께나 잉크가 종이 뒷면에 배어든 정도 등에서 시각상 차이가 있는 경우)은 디지털카메라로 촬영하여 위·변조항변에 이용하여야 한다.

의사가 진료기록에 대하여 분실, 훼손, 타 기관으로의 이송 등의 사유를 댈 때는 그 시기, 이유, 현 상황 등의 설명을 구하고 조서에 기재토록 하여야 한다.

진료기록에 대하여 컴퓨터에 전자문서로 저장하는 경우에는 의료법상 전자서명을 받아두어야 한다. 그렇지 않은 경우에는 종이문서로 작성하고 서명날인하여 두어야 한다. 임상에서는 PC에 저장하여 두었다가 프린트하여 제출하는 경우가 많으나, 이는 전자서명법에 의한 공인전자서명[36]이 되어 있지 않아 의료법 위반이다. 이런 경우에 진료기록을 작성하거나 수정한 일시에 대한 기록도 같이 제출하도록 하여, 만에 하나 전자기록의 조작에 대하여 항변할 수 있도록 하여야 한다.

사. 증거조사 후의 절차

진료기록 중에는 라틴어, 영어, 독어, 불어 등 외국어와 약자로 기재되어 있는 부분이 많이 있으므로 우선 번역작업이 필요하다. 이를 전문적으로 번역하여 주는 곳이 있으나 개별적으로 부탁하는 경우가 많다.[37]

일단 번역이 끝나면 환자측이나 변호사는 관련 의학서적, 판례 검토 등을 통해 문제점을 파악하도록 한다. 그 후 구체적인 문제점을 자문의사에게 묻는 것이 좋다. 변호사는 의학에는 문외한이기 때문에 왜곡된 정보나 우연한 기회에 접한 단편적 의학문헌 등으로 사건을 잘못 접근하는 경우가 있다. 따라서 판례와 객관적인 의학관련자료는 물론이고, 가능하면 자문의사

---

36) 공인전자서명이라 함은, ① 전자서명생성정보가 가입자에게 유일하게 속하고, ② 서명 당시 가입자가 전자서명생성정보를 지배·관리하고 있고, ③ 전자서명이 있은 후에 당해 전자서명에 대한 변경여부를 확인할 수 있고, ④ 전자서명이 있은 후에 당해 전자문서의 변경여부를 확인할 수 있는 등의 요건을 갖추고, 전자서명법에 의한 공인인증기관이 발급한 공인인증서에 기초한 전자서명을 말한다. 공인인증서라 함은 전자서명법 제15조(인증서의 발급 등)의 규정에 따라 전자서명생성정보가 가입자에게 유일하게 속한다는 사실을 확인하고 이를 증명하는 공인인증기관이 발급하는 인증서를 말한다(한국보건산업진흥원에서 2004. 12. 발간한 '전자의무기록에 대한 공인전자서명 적용 지침' 1면 용어해설항 부분 참조).
37) 의사나 간호사출신이 모여 의료사고를 전문적으로 자문을 하는 기관이 활동하고 있고, 의료사고 시민단체 등에서 일정한 비용을 받고 번역이나 진료기록검토를 하여 주고 있다.

의 객관적이고 공정한 지도를 받아야 한다.

아. 증거보전절차의 효과

증거보전에 관한 기록은 본안소송의 기록이 있는 법원에 보내지고, 조사된 결과는 변론에 제출됨으로써 본안소송에서 실시한 증거조사의 결과와 동일한 효력을 가진다(민사소송법 제382조).

증거조사에 관한 비용은 소송비용의 일부로 한다(민사소송법 제384조).

자. 증거보전신청서 및 결정문 작성례

(1) 증거보전신청에 대한 작성례

증거보전신청서

　신 청 인　○ ○ ○
　　　　　　　○○시 ○○면 ○○리 100번지
　　　　　　　위 신청인 대리인 변호사 ○○○
　　　　　　　서울 서초구 서초동 △△△

　피신청인　학교법인 ××병원
　　　　　　　××시 ××구 ××
　　　　　　　대표자 이사장 ×××

위 사건에 관하여 신청인은 증거보전을 위하여 다음과 같이 검증 및 제시명령을 구합니다.

다　음

신청취지

1. 이건에 대하여 피신청인의 주소지 소재 ××병원 의무기록실에 임하여 피신청인이 소지하는 검증목적물 기재의 문서를 검증한다.
2. 피신청인은 위 문서를 이건 증거조사기일에 현장에서 제시하라.

---

3. 위 증거조사기일은 2023년   월   일   :   경 실시한다.

라는 결정을 구합니다.

신청이유

1. 증명하여야 할 사실

피신청인의 피용자인 신경외과 의사 ×××가 신청인에 대한 치료에 임함에 있어서 의사로서 다해야 할 업무상의 주의의무를 위반하여 위 신청인으로 하여금 하반신마비 등의 신체적 상해를 입게 한 사실

2. 감정목적물

피신청인 병원 의무기록실에서 보관하고 있는 신청인 ○○○(주민등록번호 000000－0000000 ○○시 ○○면 ○○리 100번지)에 대한

1. 진단요약색인기록지 (Diagnostic Summary Index)

2. 입퇴원기록지 (Admission and Discharge Record)

3. 퇴원요약지 (Discharge Summary)

4. 병력기록지 (History)

5. 신체검진기록지 (Physical Examination)

6. 경과기록지 (Progress Note)

7. 수술기록지 (Operation Record)

8. 의사지시전 (Doctor's Orders)

9. 협의진단기록지 (Consultation Record)

10. 임상병리검사보고서 (Laboratory Reports)

11. 조직병리검사보고서 (Patholgy Report)

12. 그래프기록지 (Graphic Record)

13. 약물투입배출표 (Intake and output chart)

14. 실측정치기록지 (Vital sign Record)

15. 검사결과기록지 (Flow Sheet)

16. 간호기록지 (Nurses' Record)

17. 방사선기록지 (X－ray Report)

18. 방사선필름 (X－ray Film, CT Film, MRI Film 등)

19. 심전도검사보고서 (Electrocardiographic Report)

20. 뇌파검사보고서 (Electroencephalographic Report)

21. 마취기록지 (Anesthesia Record)

22. 회복실기록지 (Recovery Room Record)

23. 수혈기록지 (Transfusion Record)

24. 응급실기록지 (Emergency Room Record)

25. 수술, 마취청약서 (Operation Anesthesia Consent Form)

26. 자퇴서약서 (Discharge Consent Form)

27. 기타 위 환자와 관련된 진료기록 일체

3. 검증장소
××시 ××구 △△△
××병원 의무기록실

4. 증거보전을 필요로 하는 사유
가. 당사자의 관계
(1) 신청인
신청인은 위 피신청인의 병원에서 척추강협착증수술을 받은 환자 입니다.

(2) 피신청인
피신청인은 위 주소지에 본 사무소를 개설하고, 대한민국 교육이념에 기하여 고등교육 실시를 목적으로 ××병원과 기타 교육기관 및 필요한 부대사업을 유지 운영하는 의료법인으로서 이건 의료사고를 일으킨 신경외과 전문의 ×××의 사용자입니다.

나. 의료과실의 발생
위 ×××는 2022. 3. 15. 13:00경 피신청인 병원 수술실에서 신청인에 대한 관절후궁절제술, 수핵제거술, 후방척추간 고정술 및 척추강 나사못 고정술에 임하였는바, 이러한 경우 신경외과의 사로서는 수술기구나 장치 등으로 신경, 혈관 등이 직접 손상 받지 않도록 하여야 할 업무상 주의의무가 있음에도 불구하고 이를 게을리 하여 신청인으로 하여금 이건 수술 후 하반신마비에 이르게 한 것입니다.

다. 손해배상책임의 근거

피신청인은 신청인과 진료계약을 체결하였으면 선량한 관리자의 주의의무를 다하여 진료당시의 소위 임상의학의 실천에 있어서의 의료수준에 따라 필요하고도 적절한 진료조치를 다하여야 할 채무를 지고 있음에도 불구하고, 이를 위반하여 신청인으로 하여금 위와 같은 상해에 이르게 하였으므로 채무불이행책임을 져야 할 것입니다.

라. 보존의 필요성

신청인은 위 ×××의 과실에 대하여 진료계약상의 채무불이행책임을 묻고자 소송을 준비 중에 있습니다. 그러나 의료소송에 있어서는 입증 상 진료기록이 극히 중요한 증거가 되지만 이들 자료는 모두 피신청인의 지배 아래에 있고 위·변조의 우려가 있습니다.

또한 진료기록 중에는 보존의무가 없거나 보존기간이 단기간으로 법정되어 있는 경우가 포함되어 있어 폐기될 위험성도 높습니다.

대법원 1995. 3. 10. 선고 94다39567 판결(원심 서울고등법원 1994. 6. 22.선고 92나67782판결)은 의사가 진료기록에 기재된 진단명을 볼펜으로 지운 사건에 대하여 "…한편 이 사건 소제기 후 위 원고에 대한 의사기록 중 위 원고의 진단명 중 일부가 위 병원측 사람의 소행으로 흑색 볼펜으로 가필되어 원래의 진단명 중 식별할 수 없게 변조된 점(입증방해) 등에 비추어 보면, 의사의 시술상 과실로 인한 것으로 일응 추정된다 할 것이다…"고 하면서 진료기록의 위변조 개연성이 어느 병원에나 있다고 하였습니다.

5. 특별송달신청

신청인은 이 건 결정문에 대하여 민사소송법 제176호 제1항에 의거 집행관에 의한 특별송달을 신청합니다. 이 건 신청에 이르게 된 이유는 본안소송 시까지 기다릴 때 피신청인이 검증목적물을 위·변조 혹은 은닉할 우려가 있어 그 전에 증거를 확보하기 위한 필요성이 있기 때문입니다.

위와 같은 이유로 이 건 신청에 대한 검증결정문이 통상의 우편송달방법 등 검증일시보다 지나치게 일찍 피신청인에게 송달될 때는 역시 피신청인이 위 검증목적물을 개찬하거나 훼손할 우려가 높습니다.

위 결정문은 검증일시에 근접하여 피신청인에게 송달하는 것이 증거보전의 실익을 얻을 수 있을 것입니다. 서울지법 2020카키○○○○호 증거보전(신청인: ×××, 피신청인: 학교법인 ××대학교)사건에서도 "5월 30일에 집행관 송달신청하여 검증 2시간 전에 송달되도록 신청하십시오(2020. 5. 30. 15시에 집행관이 도착되도록)"이라는 특별명령이 내려진 바 있습니다.

소명자료

1. 소갑 제1호증   주민등록등본
1. 소갑 제2호증   진단서
1. 소갑 제3호증의 1, 2   각 사진

첨부서류

1. 위 소명자료   각 1부
1. 법인등기부등본   1부
1. 위임장   1부

2023.   6.   .

위 신청인의 대리인

변호사 ○ ○ ○(인)

서울중앙지방법원   귀중

(2) 증거보전결정문에 대한 실례

서울중앙지방법원
제○○단독
결   정

사   건 2023카기○○○○ 증거보전
신 청 인 ○ ○ ○
          서산시 ○○면 ○○리 100번지
          신청인대리인 변호사 ○○○
피신청인 학교법인 ××병원
          서울 강남구 △△△

주　문

이 사건에 대한 증거조사(서증조사)를 다음과 같이 실시한다.

가. 서증조사기일: 2023. 5. 8. 15:00

나. 서증조사장소: 피신청인 송달장소와 같음

이　유

신청인의 이사건 신청은 이유 있으므로 주문과 같이 결정한다.

2023.　　.　　.

판사　○　○　○

(3) 증거보전(검증)결정문의 실례

인천지방법원
결　정

사　　　건　2015카기○○○○ 증거보전

신 청 인　○　○　○

인천 서구 △△△

신청인대리인 변호사 ○○○

피신청인　1. × × ×

인천 미추홀구 △△△ (××치과)

2. 의료법인 ××재단

인천 부평구 △△△

대표이사 ×××

주   문

1. 인천 남동구 ××치과 내에서 피신청인1이 보관하고 있는 신청인에 관한 별지 목록 기재 서류 일체를, 인천 부평구 의료법인 ××재단 내에서 피신청인2가 보관하고 있는 신청인에 관한 별지 목록기재 서류일체를 각 검증한다.

2. 피신청인들은 위 문서들을 증거조사기일에 현장에서 각 제시하라.

3. 위 검증은 피신청인 1에 대하여 2023. 5. 8. 14:00에 인천 남동구 ××치과 내에서, 피신청인 2에 대하여 2023. 5. 8. 14:30에 인천 부평구 의료법인××재단 내에서 각 시행한다.

이   유

신청인의 이사건 신청은 이유 있으므로 주문과 같이 결정한다.

2023.   .   .

판 사   ○ ○ ○

---

2. 문서제출명령

가. 의   의

문서제출명령이란 문서제출의무를 부담하는 문서소지자에 대하여 그 문서의 제출을 명하는 법원의 재판을 말한다.[38] 증거방법 가운데 '증인'에 대하여는 '법원은 특별한 규정이 없으면 누구든지 증인으로 신문할 수 있다.'고 규정하여, 이른바 국민 모두에게 증인의무를 부과하고 있으나(민사소송법 제303조), '문서'에 대하여는 그 소지자에 대하여 강제제출의무를 부과하지 않고 일정한 요건 하에서만 의무를 두고 있다(민사소송법 제344조).

나. 민사소송법 제344조 제1항 제1호에 의한 제출의무

당사자가 소송에서 인용한 문서를 소지한 때에는 이를 제출할 의무를 부담한다. 예를 들어 의사측에서 "검사결과 아무 이상이 없어 진단하지 못했다."고 무과실을 주장할 때 의사측은

---

38) 법원실무제요 민사 (下), 법원행정처, 1988, 332면.

진료기록을 제출할 의무를 진다. 여기서 인용이라 함은 직접 증거로서 인용한 경우 뿐 아니라 변론절차에서 자기의 주장을 뒷받침하기 위한 정황증거로서 인용한 경우까지 포함하는 넓은 개념으로 해석해야 할 것이다.

일본에서는 이른바 아급성 척수시신경증(이른바 SMON)사건[39])에서 투약증명서에 대한 문서제출의무를 인정한 바 있다. 사건개요는 다음과 같다. 환자측이 제약회사와 국가를 상대로 약화에 의한 손해배상을 청구하면서 통일진단서를 제출하였고, 통일진단서는 일호투약증명서를 기초로 하여 작성되었다는 주장을 하였다. 이러자 제약회사 측에서는 환자측에 대하여 '일호투약증명서를 소송에서 인용하였으므로 문서제출의무가 있다.'고 주장하면서 문서제출명령을 신청하였다. 이에 대하여 환자측에서는 '일호투약증명서의 존재가 통일진단서의 말미에 참고자료로서 언급되었고, 구두변론에서 개진되었어도 그 존재 및 내용이 그것을 명시한 당사자의 주장과의 관련에 있어서 지엽말단적인 위치 밖에는 점하지 않는다. 또 그 가능성도 없는 경우에는 그 문서의 존재 및 내용의 명시는 "인용"에 해당되지 않기 때문에 제출의무가 없다.'고 항변하였다. 법원은 "인용이라 함은 당사자가 구두변론에서 자기주장에 도움이 되게 할 목적으로 특히 어떤 문서의 존재와 내용을 명백하게 하는 것을 가리키고, 또 인용문서의 제출의무를 당사자의 일방에게 부과하는 것은 그것을 소지하는 당사자가 그 문서의 존재를 적극적으로 주장하여 법원에 대하여 자기주장이 진실하다는 심증을 일방적으로 형성시킬 위험을 피하기 위한 것이고, 당해 문서를 제출시켜 상대방으로 하여금 비판할 수 있게 하는 것이 형평에 맞는다."고 하여 환자측에게 일호투약증명서 제출을 명령하였다.

다. 민사소송법 제344조 제1항 제2호에 의한 제출의무

'신청자가 문서를 가지고 있는 사람에게 그것을 넘겨 달라고 하거나 보겠다고 요구할 수 있는 사법상의 권리를 가지고 있는 때'에도 상대방은 문서제출의무를 진다. 예를 들어 의료법 제20조에 환자는 의사에게 진료기록이나 방사선필름 등의 열람·복사청구권이 있으므로 당해 환자에 대한 진료기록은 의사가 제출할 의무가 있다.

라. 민사소송법 제344조 제1항 제3호에 의한 제출의무

'문서가 신청자의 이익을 위하여 작성되었거나, 신청자와 문서를 가지고 있는 사람 사이의 법률관계에 관하여 작성된 것인 때'에 문서제출의무가 있다. 다만 위와 같은 경우라도 '① 민사소송법 제304조~제306조에 규정된 사항이 적혀있는 문서로서 같은 조문들에 규정된 동의

---

39) 福岡高決 昭和 52. 7. 12.(判時 869號, 24頁).

를 받지 아니한 문서, ② 문서를 가진 사람 또는 그와 제314조 각호 가운데 어느 하나의 관계
에 있는 사람에 관하여 같은 조에서 규정된 사항이 적혀 있는 문서, ③ 제315조 제1항 각호
에 규정된 사항 중 어느 하나에 규정된 사항이 적혀 있고 비밀을 지킬 의무가 면제되지 아니
한 문서' 등의 경우에는 제출의무가 면제된다. 이는 공공의 이익이나 개인비밀유지의무가 더
큰 경우로서 법익교량의 원칙에 따라 해석하여야 한다. 실무상 예로는 대통령 후보의 아들에
대한 진료기록부는 개인적인 프라이버시권이 우선되기 때문에 주치의사는 진료기록제출명령
을 거부할 수 있다.

마. 민사소송법 제344조 제2항에 의한 제출의무

민사소송법 제344조 제1항에 열거한 인용문서, 인도·열람문서, 이익문서, 법률관계문서에
해당되지 아니한 문서라도 원칙적으로 문서의 소지자는 이를 모두 제출할 의무가 있는 것으
로 규정하였다.[40] 다만 '① 공무원 또는 공무원이었던 사람이 그 직무와 관련하여 보관하거나
가지고 있는 문서, ② 제1항 제3호 나목 및 다목에 규정된 문서, ③ 오로지 문서를 가진 사람
이 이용하기 위한 문서'인 경우에는 제출의무를 면제하고 있다. ①의 경우는 공공기관정보공
개에관한법률에 의하여 공개신청을 할 수 있고, ②, ③의 경우에는 개인 프라이버시보호를 위
한 규정이다. 예를 들어 의료기관에서는 의사나 간호사 등이 '환자를 오인하여 잘못 투약한
경우, 주기적인 혈압측정을 하지 않은 경우, 이상반응을 보이는 환자에 대한 보고를 빠뜨린
경우' 등에 대하여 교육이나 징계목적으로 시말서, 반성문 등을 받거나 회의보고서를 작성하
는데, 이러한 문서는 '③ 오로지 문서를 가진 사람이 이용하기 위한 문서'에 해당되기 때문에
문서제출의무가 없다고 보아야 할 것이다.

바. 문서제출의무와 비밀유지의무와의 충돌

환자 이외의 제3자가 신청한 진료기록제출명령신청이 받아들여져 발령된 경우에는 법원의
명령에 따른 제출의무와 의사의 비밀유지의무와의 충돌이 문제된다.

환자측이 자기의 질병에 대한 비밀유지를 스스로 포기한 경우에는 물론 법원의 제출명령
이 우선하게 된다.[41] 그 예로서 환자측이 제소하여 피고측 의사가 자신이 치료한 환자의 관
한 전의·후의 작성의 진료기록에 대비하여 제출을 구하는 경우 또는 약화사고에 있어서 제약
회사가 원고를 치료한 의사의 진료기록의 제출명령을 신청하는 경우 등이 있는바, 이때 환자
본인 또는 그 유족이 당해 환자에 대한 특정의 질환이나 치료시 발생된 과실을 주장하고 제

---

40) 이시윤, 신민사소송법 제14판, 박영사, 2020, 515-516면.
41) 鈴木忠一·三ケ月章 監修, 前揭書, 264頁.

소한 이상 스스로의 질환에 대한 비밀유지의 권리를 당해 재판에서 포기했다고 볼 수 있기 때문이다.

따라서 환자인 원고 등이 손해배상 청구권의 발생을 기초로 하는 주요사실의 일부로서 스스로 자기의 비밀인 병명, 증상을 개시해서 피고 등에서 손해배상을 구하고 있기 때문에 비밀유지의무를 이유로 의사가 이건 진료기록의 제출을 거절하지 못한다.

환자 또는 그 유족이 비밀유지의 권리를 포기했을 경우에는 이들이 소송당사자가 아닌 경우라도 문서제출명령이 허용될 가능성이 있다. 형법 제317조 업무상비밀누설, 의료법 제19조 비밀누설의 금지 조항들이 절대적인비밀유지 의무를 과하고 있는 것과 같으나, 이는 '이유 없이' 누설하는 것을 금지하는 것으로 해석[42]하는 것이 타당할 수밖에 없고 피해자 구제의 이익과 환자 또는 그 가족의 비밀보호의 이익과를 충분히 이익교량하여 판단해야 될 것이다.

사. 문서제출명령신청 작성례

문서제출명령신청서에는 다음과 같이 ① 문서의 표시, ② 문서의 취지, ③ 문서를 가진 사람, ④ 증명할 사실, ⑤ 문서를 제출하여야 할 의무의 원인 등을 기재하여야 한다(민사소송법 제345조). 의료소송의 특성상 문서의 증명할 사실 등을 지나치게 구체화하는 것은 무리이므로 일반적 내지 추상적인 기재로서 족하다고 할 것이나, 그렇다고 '진료기록 일체'와 같이 포괄적으로 지정하는 것은 지양하는 것이 좋다.

문서제출명령신청

사　　건　2023가합000호 손해배상(의)
원　　고　○ ○ ○ 외 1인
피　　고　지방공사 ××의료원

위 사건에 관하여 원고들 소송대리인은 주장사실을 입증하기 위하여 다음 문서의 원본에 대하여 제출명령을 하여 주실 것을 신청합니다.

---

42) 이수성, 주석형법각칙 (下), 한국사법행정학회, 1985, 152면.

<h1 style="text-align:center">다 음</h1>

1. 문서의 표시

* 성   명 ○ ○ ○

* 생년월일 2003. 3. 5. (030305-3500917)

* 주   소 전북 ○○시 ○○동 △△△

위 환자에 관하여 작성된

(1) 진단요약색인기록지(Diagnostic Summary Index)

(2) 입퇴원기록지(Admission and Discharge Record)

(3) 퇴원요약지(Discharge Summary)

(4) 병력기록지(History)

(5) 신체검진기록지(Physical Examination)

(6) 경과기록지(Progress Note)

(7) 의사지시전(Doctor's Orders)

(8) 협의진료기록지(Consultation Record)

(9) 임상병리검사기록지(Laboratory Reports)

(10) 조직병리검사보고서(Patholgy Report)

(11) 체온·맥박·호흡기록지(T.P.R Chart)

(12) 약물투입배출표(Intake and output chart)

(13) 활력징후기록지(Vital sign Record)

(14) 검사결과기록지(Flow Sheet)

(15) 간호기록지(Nurses' Record)

(16) 방사선기록지(X-ray Report)

(17) 방사선필름(X-ray Film, CT Film, MRI Film 등) 및 판독지

(18) 심전도검사보고서(Electrocardiographic Report) 및 판독지

(19) 뇌파검사보고서(Electroencephalographic Report)

(20) 수혈기록지(Transfusion Record)

(21) 응급실기록지(Emergency Room Record)

(22) 문제항목지(Problom List)

(23) 투약기록지(Medication Record)

(24) 전원기록지(Transfer Note)

(25) 초음파기록지

(26) 기타 위 ○○○에 대한 진료기록 일체 및 그 번역문

2. 문서의 취지
망 ○○○에 대한 검진, 치료, 투약 등에 관하여 ××의료원에서 치료받은 진료기록

3. 문서의 소지자
망 ○○○이 치료받은 진료기록으로 피고가 보관중임

4. 증명할 사항
망 ○○○의 사망은 피고의 과실로 인하여 발생하였음을 증명하고자 합니다.

5. 문서제출 의무의 원인
민사소송법 제344조 각호에 의거 위문서는 망 ○○○의 치료기록으로서 이건 소송에서 인용되고 있고 위 원고들을 위해 작성된 공공의 문서입니다.

2023.   .   .
위 원고들 소송대리인
변호사 ○ ○ ○(인)

○○지방법원   귀중

문서제출명령에 관한 결정에 대하여는 즉시항고 할 수 있다(민사소송법 제348조). 문서소지자가 문서를 제출하지 않을 경우는 상대방의 주장을 진실한 것으로 인정할 수 있고(민사소송법 제349조), 당사자가 상대방의 사용을 방해할 목적으로 제출의무가 있는 문서를 훼손하여 버리거나 이를 사용할 수 없게 한 때에는, 법원은 그 문서의 기재에 대한 상대방의 주장을 진실한 것으로 인정할 수 있는 등(민사소송법 제350조) 증명방해이론을 적용할 수 있다.

3. 문서송부촉탁

가. 의 의

문서송부촉탁이란 문서의 제출의무가 있든 없든 가리지 않고 그 문서 소지자를 상대로 그 문서를 법원에 송부하여 줄 것을 촉탁하는 절차를 말한다.[43] 환자측이나 의사측에서 형사기록 또는 당해 환자를 치료했던 전의나 후의가 작성, 소지하고 있는 진료기록을 입수할 경우와 같이 소송외의 제3자가 소지한 문서의 임의제출을 구하기 위한 방법이다. 주로 제출의무 없는 소지자 또는 다른 법원, 국가기관, 지방자치단체, 법인 등에 대하여 이용되나 제출의무 있는 자에 대하여도 적용할 수 있다. 법원으로부터 문서송부촉탁의 증거가 채택되면 문서가 있는 장소와 그 문서의 번호 등을 확인하여 문서송부촉탁서를 빠른 시일 안에 해당법원에 제출하여야 한다. 만일 문서의 보관장소 및 번호가 정확하지 않으면 송부촉탁을 할 수 없는 경우가 발생할 수 있으며 촉탁한 문서가 법원에 도착하면 변론기일에 그 문서를 서증으로 제출하여야 한다.

의료사고에 관하여 형사상 수사 나아가 재판이 행해진 경우에는 이 절차를 이용하여 형사기록의 전부 또는 일부를 송부 받을 수 있으므로 매우 유용하다. 사고 직후의 관계자의 진술, 전문가의 감정 등 민사소송에서는 쉽게 얻을 수 없는 귀중한 정보, 판단 자료가 기록되어 있기 때문이다.

나. 대 상

여기서 말하는 문서에 대하여는 민사소송법 제344조의 문서와는 달리 반드시 당사자간의 법적 관계의 존재를 필요로 하지 않는다. 예를 들어 당사자를 달리하는 동 종류의 다른 사건의 소송기록 등도 형식상에서는 이 조항의 문서에 해당된다.

그러나 이를 근거로 민·형사상 다른 법원의 동종, 유사 사건기록의 전부 또는 일부에 대해 송부촉탁을 하는 것은 문제가 된다. 민사소송법 제162조 제1항은 '당사자 또는 이해관계를 소명한 제3자'에 한해 소송기록을 열람 또는 증명서를 신청 할 수 있고, 형사소송법 제45조는 '피고인 기타 소송관계인'에게 재판서 또는 재판을 기재한 조서의 등초본의 교부를 청구할 수 있고, 동법 제47조는 소송서류는 비공개를 원칙으로 하고 있다. 따라서 같은 약물로 인하여 피해를 입은 경우와 같이 이해관계를 가진 신청인을 제외하고는 소극적으로 해석하는 것이

---

43) 법원실무제요 민사 (下), 336면.

옳을 것이다. 예를 들어 DPaT백신을 예방접종 받고 고열을 일으켜 상해를 입은 소송 당사자가, ① 같은 약병에 있는 백신을 맞아 유사한 장애를 입은 사건기록에 대한 문서송부촉탁신청을 하는 경우에는 허용할 수 있지만, ② 다른 의료기관에서 DPaT백신을 맞은 사건에 관한 신청에 대해서는 환자 사이의 개인적 소인이나 약의 보관상태가 다르므로 문서송부촉탁을 허용해서는 아니 될 것이다. 위 예에서 ①과 같이 사실상 같은 사건에 대하여 작성된 감정서(백신을 검사한 결과 부패하였다거나 백신관리가 잘못되어 세균에 감염되었다는 등의 감정), 감정인신문의 결과 등에 대하여는 문서송부촉탁신청을 허용하는 것이 소송경제적, 시간적으로도 많은 도움이 된다.

　　진료기록 등에 대한 문서송부촉탁신청이 타당하다고 인정될 경우에는 촉탁결정을 한다. 이유 없을 때는 기각 결정을 하며 이에 대하여 독립하여 불복신청을 할 수 없다.

다. 송부의무 여부

　　문서송부의 수탁자는 이에 응할 의무는 없다. 다만 판례[44]는 소지자가 사인인 제3자일 경우에는 응할 의무가 없으나 '검찰관인 경우에는 공익을 위하여 행동해야 할 공적 기관으로서 법원으로부터의 촉탁에 의해 사법사무에 협력하고 소송에 있어서의 진실 발견에 이바지하도록 협력해야 할 입장에 있으므로 이러한 의미에서 검찰관에게는 송부촉탁에 응해야 할 의무가 있다.'라고 판시한 바 있다.

　　다음으로 제3자 소유의 진료기록송부촉탁에 있어서 신청인이 환자인 경우에는 별 문제가 없으나 의사측이 신청하는 경우에는 앞서 살핀 바와 같이 비밀유지의무와의 충돌되는 경우가 있다. 예를 들어 마지막 치료한 의사측이 직전에 치료한 제3의 의료기관이 작성·보관하는 진료기록을 필요로 하는 경우가 종종 있는바, 이때 제3의 의료기관은 당해 환자의 비밀을 유지할 법적 의무가 있기 때문에 문서송부촉탁명령을 거절할 수 있는가 하는 문제가 대두된다. 이런 경우에 당해 진료기록이 당해사건과 밀접한 기록이라면 환자측이 의료과실을 전제로 소송을 제기한 이상 그 한도에 있어서 비밀유지의무가 면제된다고 보아야 할 것이다. 다시 말해 제3의 의료기관은 문서를 송부하여 주어도 비밀유지의무 위반은 되지 않는다고 보아야 할 것이다. 왜냐하면 환자측 입장에서는 소송을 제기하고 있으면서 제3의 의료기관에 대하여는 비밀유지의무가 있다고 하는 것은 신의칙에도 위반되기 때문이다.[45]

---

44) 東京地裁 1975. 2. 24.(判夕 325號, 229頁).
45) 鈴木忠一·三ケ月章 監修, 前揭書, 252頁.

라. 문서송부촉탁신청 작성례

(1) 진료기록 등에 대한 문서송부촉탁신청에 대한 작성례

문서송부촉탁신청

사　　건 2023가단○○○○호 손해배상(의)

원　　고 ○ ○ ○

피　　고 × × ×

위 사건에 관하여 원고 소송대리인은 주장사실을 입증하기 위하여 다음 문서의 등본을 송부 촉탁하여 주실 것을 신청합니다.

다　　음

1. 문서의 표시

* 성　　　명 ○ ○ ○

* 생년월일 1974. . .

* 주　　　소 서울 서초구 △△△

위 환자에 관하여 작성된

(1) 진단요약색인기록지(Diagnostic Summary Index)

(2) 입퇴원기록지(Admission and Discharge Record)

(3) 퇴원요약지(Discharge Summary)

(4) 병력기록지(History)

(5) 신체검진기록지(Physical Examination)

(6) 경과기록지(Progress Note)

(7) 의사지시전(Doctor's Orders)

(8) 협의진료기록지(Consultation Record)

(9) 임상병리검사기록지(Laboratory Reports)

(10) 조직병리검사보고서(Patholgy Report)

(11) 체온·맥박·호흡기록지(T.P.R Chart)

(12) 약물투입배출표(Intake and Output Chart)

(13) 활력징후기록지(Vital sign Record)

(14) 검사결과기록지(Flow Sheet)

(15) 간호기록지(Nurses' Record)

(16) 방사선기록지(X−ray Report)

(17) 심전도검사보고서(Electrocardiographic Report)

(18) 응급실기록지(Emergency Room Record)

(19) 문제항목지(Problom List)

(20) 초음파기록지

(21) 기타 위 ○○○에 대한 진료기록 일체

2. 문서의 소지자

* ××병원

주　소　서울 강남구 △△△

병원장　×××

3. 증명할 사실

위 ○○○이 ××병원에서 받은 치료과정과 현재 증상의 원인을 확인하고자 합니다.

2023.　　　.　　　.

위 원고 소송대리인

변호사　×　×　×　(인)

○○지방법원　귀중

---

(2) 형사기록 인증등본송부촉탁명령신청서 작성례

등사문서송부촉탁신청

사　　　건　2023가합○○○○ 손해배상(기)

원   고   ○ ○ ○ 외2

피   고   × × × 외2

위 사건에 관하여 대리인은 그 주장사실을 증명하기 위하여 다음과 같이 기록의 등사문서 송부촉탁을 신청합니다.

다   음

1. 기록의 보관처 : ○ ○ 지방법원
                  항소 제○부
2. 기록의 표시 : 위 법원 2022노○ ○ ○ ○ 호
                피고인 ○ ○ ○, 동 ○ ○ ○ 에 대한 업무상과실치사,
                의료법위반 등 사건의 공판기록 및 수사기록.

                        2023. ○ ○. ○ ○.
                        위 원고들 소송대리인
                        변호사 ○ ○ ○ (인)

○ ○ 지방법원 귀중

4. 검증 등

가. 검증의 의의와 필요성

검증이란 법관이 그 오관의 작용에 의하여 직접적으로 사물의 성상, 현상을 검사하여 그 결과를 증거자료로 하는 증거조사이다.[46] 일반적으로 의료사고현장인 수술실, 응급실, 병실, 방사선실 등의 구조와 각 방의 행동선 등을 살피는데 이용되고, 진료기록이 어디에서 어떤 방법으로 보관되고, 어떻게 작성되었는지의 성상을 법관이 직접 확인하는 데 활용되고 있다.

의료소송에서는 검증이 중요한 입증방법 중 하나이다. 의료행위는 진료실이나 수술실이라

---

46) 이시윤, 전게서, 501면.

는 폐쇄된 공간에서 행해지는 것이므로 일반인이 그 구조나 성상을 알기 어렵다. 제출된 서면만으로 수술실을 상상하는 것은 불가능에 가깝다. 더욱이 마취나 수술행위를 글로서 쓴다는 것은 문장력이 뛰어나도 이해하기 어렵다. 반면 의료행위는 생각보다 단순반복적인 내용이 많아 한번이라도 현장을 보거나 수술도구를 살피면 쉽게 이해할 수 있다. 이러한 경우에 의료기관의 현장을 직접 살펴보는 것이 사건파악에 중요할 수 있어 당사자로서는 적극적으로 활용할 필요가 있다.

나. 검증 절차와 작성례

검증은 당사자의 신청에 의하여 개시된다. 당사자가 검증을 신청하고자 하는 때에는 다음의 작성례와 같이 검증의 목적을 표시하여 신청하여야 한다(민사소송법 제364조).

현장검증 및 현장증인 신청

사　　건　2023나○○○○호 손해배상(의)

원　　고　○　○　○

피　　고　×　×　×

위 사건에 관하여 원고 소송대리인은 주장사실을 입증하기 위하여 다음과 같이 현장검증 및 현장증인 신청을 합니다.

다　　음

1. 현장검증 신청

　가. 장소

서울 중랑구 망우동 △△△

×××산부인과의원

　나. 검증사항

(1) 위 의원 내 수술실, 회복실, 입원실 등 병실의 구조와 위치

---

(2) 입원실에서의 환자관리시스템

(3) 응급환자에 대한 응급처치시스템의 운용과정

(4) 응급환자발생시 의사와 간호사의 현장처치시간 및 수술실로의 이동시간

(5) 기타 관련사항 검증

2. 현장증인 신청

가. 인적 사항

성   명 : × × ×

주   소 : 경기 가평군 △△△

주민등록번호 : 123456 - 1234567

나. 신문사항

위 증인은 이사건 당시 수술 전부터 수술직후 원고의 청색증을 발견하고 직접 간호사에게 연락하였고, 현장에서 심폐소생술도 도왔고, 현재도 원고를 간호하고 있어 당시 상황에 대한 현장증인으로 신문하고자 합니다.

3. 증명취지

원고는 피고의 수술 후 환자감시의무를 해태하였다는 점, 피고가 사후에 이건 진료기록을 조작하였다는 점 등에 대하여 증명하고자 합니다.

4. 검증일시

귀원이 적당하다고 지정되는 시간에 현장검증 및 현장증인신문을 하여 주시기 바랍니다.

2023.   .   .

위 원고 소송대리인

변호사 ○ ○ ○(인)

○○고등법원 귀중

수명법관 또는 수탁판사는 검증에 필요하다고 인정할 때에는 감정을 명하거나 증인을 신문할 수 있다(민사소송법 제365조). 검증시 환자측의 간병인, 의사나 간호사 등을 증인으로, 혹

은 원·피고 당사자본인을 신문하는 예는 많이 있다. 왜냐하면 수술실 등에 대한 현상을 직접 설명 듣고, 탄핵하는 것이 종종 필요하기 때문이다. 감정 역시 실시되는 경우가 있다. 예를 들어 인공심폐기의 본체나 튜브에 구멍이 생겨 혈관으로 공기가 들어갔는지 여부가 쟁점이 된 경우에 흉부외과 수술실에서 당해 인공심폐기에 대한 검증을 실시하면서 인공심폐기에 이상이 있는지 여부에 대하여 감정인에게 감정을 명할 수 있다.

검증할 목적물을 제출하거나 보내는 데에는 서증, 문서제출의 절차를 준용한다. 제3자가 정당한 사유 없이 이에 의한 제출명령에 따르지 아니한 때에는 법원은 결정으로 200만원 이하의 과태료에 처한다. 이 결정에 대하여는 즉시항고를 할 수 있다. 감정인은 감정을 위하여 필요한 경우에는 법원의 허가를 받아 남의 토지, 주거, 관리 중인 가옥, 건조물, 항공기, 선박, 차량, 그 밖의 시설물 안에 들어갈 수 있다(민사소송법 제366조).

다. 그 밖의 절차

민사소송법이 개정되면서 '도면 · 사진 · 녹음테이프 · 비디오테이프 · 컴퓨터용 자기디스크, 그 밖에 정보를 담기 위하여 만들어진 물건으로서 문서가 아닌 증거의 조사에 관한 사항은 제3절 내지 제5절의 규정에 준하여 대법원규칙으로 정한다.'고 하여 새로운 규정이 들어왔다. 종래 증인, 감정, 서증, 검증, 당사자신문 등 5가지의 증거방법만이 있었으나, 급격한 기술의 발전에 따라 5가지 방법으로는 증거를 제출, 조사할 수 없는 상황에 이르게 되었다. 이를 해결하기 위하여 신규조항을 신설한 것이다.

특히 의료에서의 기술진보는 눈부시다고 할 정도로 발전되어 가고 있다. 원격진료(의료법 제34조)나 전자처방전(의료법 제18조 제1항), 전자의무기록(의료법 제23조) 등이 이미 의료법에 도입되었다. 민사소송법 제7절의 '그 밖의 증거'는 의료소송에서는 필요한 조항이다.

(1) 의료정보를 담고 있는 물건의 종류

(가) 처방전달시스템(OCS)

종이문서로 된 처방전 대신 전자전송장치를 이용하여 처방을 할 수 있다. 병원 전산화 시스템은 진료행정시스템과 진료정보제공시스템으로 크게 나눌 수 있으며 과거 행정지원(청구) 중심에서 현재 진료지원 중심으로 변해 가는 추세에 OCS(Order Communication System, 처방전달시스템)는 이러한 요구사항을 능동적으로 수용한 것으로 각종 의학정보 및 환자들의 진찰 자료를 보관한 데이터베이스와 의사가 환자를 진단한 후 처방전을 통신망을 통해 각 해당 진료부서로 전달해 주는 시스템이다. 이 시스템은 환자의 등록에서 진료, 수납까지 원내의 모든 데이터를 관리전달하는 것은 물론 병원의 모든 행정을 효율적으로 관리할 수 있도록 하는 통합의료 정보시스템이다.

(나) 화상영상 저장장치(PACS)

일반적으로 PACS(Picture Archiving & Communication System)라 하면 병원에 설치되어 모든 영상이 컴퓨터로 조회되어 필름이 없이도 모든 의사는 컴퓨터를 통해 영상을 보며 판독을 하는 시스템 또는 최근 TV 광고처럼 온라인으로 멀리 떨어진 병원간에 환자의 영상을 주고받으며 마치 전화를 하듯 진료를 하는 시스템을 지칭한다.

(다) 전자의무기록(EMR, EHR, PHR)

이제 의료기관에서는 종이문서가 사라지고 대신 EMR(Electronic Medical Record)시스템이 일반화되었다. 전자차트는 병원 업무를 자동화한다. 가령 내과의사가 외래환자를 검진할 때 의사는 더블 클릭하면 컴퓨터 화면이 1,400가지 유형의 환자진료정보를 제공한다. 의사는 혈액검사·심전도검사·단층촬영이 필요하다고 보고 주문을 입력한 뒤 자신의 ID와 비밀번호를 입력하여 전자서명 한다. 혈액샘플에는 바코드가 붙고 샘플은 자동으로 연구실로 보내진다. 환자는 한 번의 클릭으로 EMR에 접속해 자신의 진료정보를 검색한다.

EHR(Electronic Health Record)은 환자에 대한 모든 질병 및 건강과 관련된 정보를 정리해 둔 일종의 데이터베이스를 의미하고, PHR(Personal Health Record)은 EHR을 환자 자신이 소유하고 있는 형태의 전자정보를 말한다.

(라) 전자문서교환(EDI)

전자문서교환이란 거래 당사자가 인편이나 우편물에 의존하지 않고 기존의 종이서류 대신 컴퓨터가 처리할 수 있도록 표준화된 전자문서를 컴퓨터 통신망을 통해 교환하는 최첨단 정보전달방식을 말하는데, 의료실무에서는 건강보험공단에 진료비를 청구할 때 표준형식으로 사용하고 있다. 즉, 의료보험 및 산업재해보험 분야에서 병·의원 등 요양기관과 국민건강보험공단 또는 근로복지공단 등 심사기관간의 의료보험 및 산업재해보험 업무를 지금까지 해오던 종이서류 작성과 내방전달, 우편, 팩스를 통하는 대신 서류내용을 전자문서화하여 컴퓨터 통신망을 이용 교환함으로써 사무실에서 빠르고 간편하게 각종 업무를 처리할 수 있다.

표준 전자문서는 컴퓨터와 컴퓨터 간에 교환하여 재입력 과정 없이 즉시 업무에 활용 할 수 있도록 하는 새로운 정보 전달 방식인바, 건강보험공단에 진료청구를 하는 자료의 구조는 문서의 앞부분에 어떤 자료를 보낸다는 변수의 이름들이 있고, 그 뒤에 실제자료가 들어가게 된다.

(2) 증거조사 방법

(가) 자기디스크의 정보에 대한 증거조사

컴퓨터용 자기디스크·광디스크, 그 밖에 이와 비슷한 정보저장매체에 기억된 문자정보를 증거자료로 하는 경우에는 읽을 수 있도록 출력한 문서를 제출할 수 있다(민사소송규칙 제120조 제1항). 진료정보는 대학병원급은 물론 중소의료기관에서도 OCS, PACS, EMR, EDI 등 컴퓨터를 이용한 저장매체에 저장되어 활용된다. 이러한 진료정보는 읽을 수 있는 문서로 출력하여 법원에 현출하면 된다.

자기디스크 등에 기억된 문자정보를 증거로 하는 경우에 증거조사를 신청한 당사자는 법원이 명하거나 상대방이 요구한 때에는 자기디스크 등에 입력한 사람과 입력한 일시, 출력한 사람과 출력한 일시를 밝혀야 한다(민사소송규칙 제120조 제2항). 전자의무기록은 컴퓨터에 작성자, 작성된 시간과 정정한 시간, 출력한 시간, 정보를 접근한 자 등이 기록된다. 따라서 진료기록의 진정성에 의심이 되는 당사자는 이를 요구할 수 있다. 주로 환자측이 되겠지만 전의나 후의의 진료기록이 조작되어 피고인 의사에게 책임이 전가된 경우에는 의사도 이를 청구할 수 있다.

자기디스크 등에 기억된 정보가 도면·사진 등에 관한 것인 때에는 제1항과 제2항의 규정을 준용한다(민사소송규칙 제120조 제3항). 현재 방사선촬영 자료는 필름으로 보관되지 않고 컴퓨터영상저장장치에 보관되고 있어 이러한 방법으로 활용하여야 한다.

(나) 음성 · 영상자료 등에 대한 증거조사

녹음·녹화테이프, 컴퓨터용 자기디스크·광디스크, 그 밖에 이와 비슷한 방법으로 음성이나 영상을 녹음 또는 녹화하여 재생할 수 있는 매체에 대한 증거조사를 신청하는 때에는 음성이나 영상이 녹음 등이 된 사람, 녹음 등을 한 사람 및 녹음 등을 한 일시 · 장소를 밝혀야 한다(민사소송규칙 제121조 제1항).

녹음테이프 등에 대한 증거조사는 녹음테이프 등을 재생하여 검증하는 방법으로 한다(민사소송규칙 제121조 제2항). 예를 들어 환자의 수술직전과 수술직후의 상황이나 수술장면에 대하여 캠코더나 카메라폰으로 촬영한 동영상 자료에 대하여는 다음 [양식]과 같은 방법으로 법원의 검증실에서 TV모니터에 연결하거나 캠코더 액정화면 등을 통하여 재생하는 방법으로 검증신청하면 된다.

녹음테이프 등에 대한 증거조사를 신청한 당사자는 법원이 명하거나 상대방이 요구한 때에는 녹음테이프 등의 녹취서, 그 밖에 그 내용을 설명하는 서면을 제출하여야 한다(민사소송규칙 제121조 제3항).

[양식 PACS 검증 신청서 작성례]

PACS 검증 신청서

사　　　건　　2022가단○○○○호 손해배상(의)
원　　　고　　○　○　○
피　　　고　　×　×　×

　위 사건에 관하여 피고 소송대리인은 주장사실을 증명하기 위하여 다음과 같이 PACS 검증신청을 합니다.

다　음

1. 검증할 사실
뇌정위 조직생검 후 뇌CT상 뇌부종이 악화된 추이를 확인하고자 함

2. 검증 목적물
피고병원에 설치되어 있는 PACS

3. 검증에 의하여 명확하게 하려는 사항
　뇌정위 조직생검 후 뇌부종이 악화된 추이 및 피고병원 의료진이 이를 간과하여 망인으로 하여금 사망에 이르게 한 과실이 있음을 증명하고자 합니다.

4. 검증 장소 및 시간
피고병원 내 PACS가 설치된 장소

2023.　　.　　.
위 피고 소송대리인
변호사　×　×　×　(인)

○○지방법원　귀중

라. 감정 등 규정의 준용

도면·사진, 그 밖에 정보를 담기 위하여 만들어진 물건으로서 문서가 아닌 증거의 조사에 관하여는 특별한 규정이 없으면 서증, 감정, 검증의 규정을 준용한다.

5. 감정(鑑定)

가. 의 의

감정이란 특별한 학식, 경험을 갖는 자에게 그 전문적 지식 또는 그 지식을 이용한 판단을 소송상 보고시켜 법원의 판단 능력을 보완하기 위한 증거조사 절차이다. 의료소송의 심리에 있어서 감정이 해야 할 역할은 대단히 크다.[47] 의료가 전문적인 것이기 때문에 의료소송에 있어서의 감정의 비중은 높고, 감정은 때때로 판결의 결과를 좌우하며, 법원의 심증 형성에 극히 중요한 영향을 미친다. 그러나 이처럼 중요한 감정이 실제에 있어서는 의사간의 집단이 기주의적 성향으로 인해 의사에 대하여 옹호적인 감정을 하는 등 의학 감정의 객관성 확보가 제일 문제되고 있음은 이미 언급하였다.

감정서에는 의사의 과실이 인정되는 경우에 우회적인 표현이나 애매모호한 표현을 사용하기도 하고 또는 당해 임상의사의 재량권 범위에 들어간다고 본다는 등 책임회피적 감정이 적지 않다. 그럼에도 불구하고 법원은 이를 의지하려는 경향이 있다. 즉, 법원은 이러한 감정에 대하여 의료의 전문성을 지나치게 인식한 나머지 감정 의존적 경향을 나타내고 있으며, 감정에 반하는 결론을 내리는 경우는 드물다. 당사자 역시 감정 의존적 경향이 있어 감정에 비중을 너무 두어 다른 주장·입증 활동을 제대로 하지 않기도 하고, 잘못된 감정을 비판적으로 검토도 하지 않고 그대로 포기하는 경우도 있다. 감정은 전문가에 의한 참고의견으로서 재판을 보충하는 증거방법에 불과하기 때문에 감정 결과에 지나치게 의지하는 것은 논리모순이다. 감정이 의학적 관점에서 보충적인 한 법률적 관점에서 독자성의 자각이 필요하다.[48]

따라서 당사자 특히 원고측으로서는 감정의 전제 사실에 대하여 법률적인 관점에서의 사실을 인정을 하고, 의문이 있는 감정은 판단 자료에서 제외될 수 있도록 법원을 설득하여야 할 것이다.

---

47) 鈴木忠一·三ケ月章 監修, 前揭書, 318頁.
48) 石上日出男, 鑑定, 醫療事故紛爭の上手な對處法, 199頁.

나. 필요성

의료소송에 있어서 감정은 중요하지만 필수불가결한 것은 아니므로 사안에 따라서 감정이 꼭 필요하지 않은 경우는 감정 이외의 방법을 고려하여야 할 것이다. 형사상 유죄가 확정된 경우와 같이 의사측의 과실이 명백하여 감정이 필요하지 아니할 때도 있고, 관계한 의사를 증인으로 신문함으로써 감정과 동일한 목적을 달성할 수도 있다.

따라서 감정을 당연한 것처럼 신청해서는 아니되며, 불필요한 감정시 오히려 감정 지연에 의하여 재판이 장기화되든가 의사에게 옹호적인 감정 결과가 나오든가 혹은 불충분한 감정이 되면 환자측의 감정 신청인에게는 불리할 경우가 종종 있다. 환자측으로서는 감정에 의존하지 않고 적절한 문헌의 수집 제출, 관계한 의사, 간호사 등의 심문, 전문학회에의 사적인 사실조회, 사적감정, 자문의의 도움 등과 아울러 치밀한 준비서면 작성, 제출로서 감정 이상의 효과를 거둘 수도 있다. 진료경과에 대해 다툼이 없는 경우 등은 관계 문헌 제출과 아울러 이에 터 잡은 의학지식을 준비서면으로 상세하게 정리함으로써 법원의 심증을 굳히는 경우가 많다.

다. 현행법상 진료기록감정의 유형에 따른 절차

(1) 민사소송상의 감정

(가) 감정의 신청인

감정은 신청 또는 직권에 의하며 감정의 신청인은 당사자, 즉 원고와 피고 중 감정이 필요하다고 판단하는 쪽에서 신청하게 된다(민사소송법 제333조). 일반적으로 보통 의료과실의 증명책임이 원고에게 있기 때문에 환자측 원고가 감정신청을 하는 경우가 많으나, 소송실무상 원·피고사이에 증명취지의 차이로 감정사항이 다른 경우가 많으므로 원·피고가 같이 신청하거나 피고만이 단독으로 신청하는 경우가 흔하다.

하지만 의사측에서 과실이 없다고 확신을 하는 경우, 이미 형사처벌된 경우, 판례에 의하여 의료행위와 환자의 악결과 사이에 인과관계가 추정되는 경우, 입증책임이 완화되어 의사측에게 그 입증책임이 전환된 경우, 제1심에서 환자측이 승소하여 항소된 경우 등은 의사측이 적극적으로 나서서 감정을 신청하게 되는 경우가 있다.[49]

---

49) 이때의 감정사항은 피고측 의사가 작성, 보관하고 있는 진료기록 중 일부(또는 전부)를 첨부하여 '다음과 같은 환자에 대한 처치에 있어서 의사에게 과실이 있다고 할 수 있는가?' 또는 '의사가 ○○한 결과를 예견하지 못한데 잘못이 있다고 할 수 있는가?' 등 단도직입적 질문을 통하여 의사측에게 유리한 감정을 유도하는 경우가 많다. 또한 피고측 의사가 대부분 전문의여서 같은 과의 전문의를 감정인으로 선임할 수밖에 없는 현실상 공정한 감정을 기대 할 수 없는 경우가 있다. 만약 위와 같이 감정 사항이 부적당한 경우,

필요하다고 인정되는 경우에는 법원에서 직권으로 감정을 채택하는 경우도 있는 바(민사소송법 제292조), 직권채택의 경우는 그 증거조사로 인하여 이익을 받을 당사자가 그 비용을 부담하게 된다(민사소송법 제116조, 민사소송규칙 제19조).

(나) 감정신청 시기

일반적으로 의료소송에 있어서의 의료감정은 대부분 변론 전의 절차에서 시행하게 된다. 일본에서는 심리가 어느 정도 진행되어 쟁점이 부각된 다음에 그 쟁점에 대한 증명방법으로 진료기록감정이 시행되는 것[50]과는 조금 다르다. 따라서 소송초기에 진료기록감정이나 신체감정 등 감정절차를 적극적으로 밟지 않는 경우에는 실기한 공격방어방법이라고 하여 법원의 직권 또는 상대방의 신청에 따라 결정으로 각하될 수 있다(민사소송법 제149조). 특히 신소송제도에 의하여 집중심리제도가 도입되면서 변론준비절차에서 모든 증거방법을 한꺼번에 신청하도록 하고 있어, 쟁점이 정리된 다음에 감정을 신청하게 되면 상당한 시간이 지나서 상대방으로부터 실기한 공격방어방법이라는 공격을 받게 되는 예가 흔하다. 환자측으로서는 소제기전에 진료기록, X선 필름, CT필름, MRI필름, 임상병리검사지 등을 면밀하게 검토하여 쟁점을 정리한 후 의료과실점을 밝힐 수 있도록 철저히 준비할 필요가 있다.

(다) 감정채택 결정

의료소송은 의학이라는 고도의 전문적 지식이나 기술이 문제가 되는데 반해 법원은 의학의 전문가가 아니므로 감정에 의하여 의학지식을 보충하고 판단의 기초자료를 얻는다. 감정채택여부는 법원의 재량으로 민사소송이 있기 전에 이미 형사사건화되어 그 사건에서 충분하게 감정이 이루어진 경우 등에 있어서는 채택되지 않을 수도 있다. 감정신청을 기각하는 결정에 관하여는 독립하여 불복할 수 없다. 상소심에서 상소이유 중에서 이를 다투어 만일 감정을 채택, 실시하지 아니한 것이 심리미진에 해당하는 경우에는 이를 이유로 원심판결이 파기환송될 수 있을 것이다.

감정이 채택되면 수소법원, 수명법관 또는 수탁판사가 직권으로 자연인인 감정인을 지정한다(민사소송법 제335조). 감정인으로 지정된 자는 민사소송법 제314조(증언거부권), 제324조(선

감정인 후보자가 불공정한 감정을 할 우려가 높은 경우 또는 아직 감정할 시기가 되어 있지 않은 경우 등은 법원에 대하여 이러한 점을 들어 그 채택이 거부되거나 또는 보류시킬 수 있도록 환자측에서 적극적인 설득 활동이 필요하다.

50) 진료기록의 입수, 번역, 제출, 신체감정결과 도착, 증인신문, 형사기록검토, 관련된 문헌수집, 제출 등을 통하여 의학적 쟁점이 명확하게 된 시점에 감정이 신청되어 채택되는 것이 보통이라고 한다(鈴木忠一・三ケ月章 監修, 前揭書, 281頁).

서거부권), 제322조(선서무능력) 등의 경우 이외에는 감정의무가 있다(민사소송법 제334조, 제335 조의2).

법원은 증인소환절차에 준하여 감정인에게 지정된 신문기일에 출석케 한 후 감정인 선서를 시킨 다음 감정사항을 정하여 감정을 명하고, 그 결과를 구두 또는 서면으로 진술시킨다. 재판장은 여러 감정인에게 감정을 명하는 경우에는 다 함께 또는 따로따로 의견을 진술하게 할 수 있다(민사소송법 제339조).

감정의 평가는 법원의 자유심증에 의하며 법원이 감정서에 구속되지 않음은 당연하나, 사실상 절대적 영향을 미치므로 사전에 객관적이고 공정한 감정이 될 수 있도록 감정사항을 잘 작성하여야 한다.

(라) 감정인의 지정

① 감정인 선정 절차

감정인의 지정은 법원의 직권 사항이다. 법원에 따라서는 추천한 의사에게 이의가 있는지를 물어 지정하기도 하고, 혹은 당사자간에 합의하여 추천하는 의사를 감정인으로 지정하기도 한다. 감정인은 통상 당해 치료에 대한 전문의가 지정된다. 다만 감정인의 추천을 받는 데만 몇 달이 소요되므로 심리가 상당히 지연되기도 하므로 이를 방지하기 위하여 일부 법원에서는 일정한 수의 전문의를 미리 감정단으로 지정한 후 그 중에서 지정하기도 한다.

법원의 일방적 지정에 대해 당해 감정의가 감정을 거부하면 소송비용의 부담 또는 500만원 이하의 과태료를 처한다(민사소송법 제333조, 제311조 제1항).

② 감정인의 결격사유 및 기피신청

민사소송법 제336조는 '성실히 감정할 수 없는 사정이 있는 때'에 당사자는 감정인의 기피를 신청할 수 있음을 규정하고 있다. 사제지간, 동문관계 또는 같은 계열의 병원에 근무하거나 친인척관계 등 이해관계가 있는 객관적인 경우를 말한다. 일본에서는 제소 후 환자측에 대해 진단서를 작성한 의사는 감정인으로서 기피사유에 해당된다고 한 사례가 있다.[51] 기피의 절차에 관하여는 민사소송법 제337조에 규정되어 있다. 기피신청은 감정서가 법원에 도착되기 전에 하는 것이 원칙이다.[52] 감정인에 대한 기피는 그 이유를 밝혀 신청하여야 한다. 기피하는 이유와 소명방법은 신청한 날부터 3일 안에 서면으로 제출하여야 한다(민사소송규칙 제102조). 이러한 결격사유나 기피에 관한 규정은 대체성이 없는 증인, 즉 유일한 증인인 경우에

---

51) 廣島高決 昭和 53. 4. 22.(判時 911號, 129頁).
52) 仙台高決 昭和 38. 7. 16.(下民集 14卷 7號, 1432頁), 그러나 크롬(chrome)소송에 있어서 사전에 알고 있었다는 이유로 기피신청을 각하한 예도 있다(東京高決 昭和 56. 1. 28. 判時 995號, 58頁).

는 적용되지 않는다.

③ 감정료 등

법원의 출석소환에 의해 감정인이 출석한 때에는 그 비용의 지급을 청구할 수 있고(민사소송비용법 제4조, 제11조), 또 법원이 정한 금액에 의한 감정료를 청구할 수 있다(민사소송법 제6조, 제11조). 여기에는 구체적 사정을 고려하여 재판장이 감정료를 적절히 가감할 수 있다(감정인 등 산정과 감정료 산정기준 등에 관한 예규[(재일 2008-1) 제27조].

④ 감정의무

법원에 의하여 감정인으로 채택된 사람은 법률상 감정의 의무가 있다. 즉, 감정인은 원칙적으로 감정에 필요한 학식과 경험이 있는 사람으로 감정할 의무를 부담하며(민사소송법 제334조 제1항), 감정을 다른 사람에게 위임하여서는 아니 된다(민사소송법 제335조2 제2항). 감정인은 감정사항이 자신의 전문분야에 속하지 아니하는 경우 또는 그에 속하더라도 다른 감정인과 함께 감정을 하여야 하는 경우에는 곧바로 법원에 감정인의 지정 취소 또는 추가 지정을 요구하여야 한다(민사소송법 제335조2 제1항).

감정인은 신문기일에 출석하여 감정인 선서를 하고, 법원으로부터 감정자료를 받아 감정을 하게 된다. 감정자료의 범위, 감정사항의 설명, 판단내용, 경과의 기재방법 등에 관하여 법원이 적절하게 대처하지 못하는 경우가 있으므로 당사자로서는 경우에 따라 법원과 사전에 협의할 필요가 있다.

(마) 전문심리위원 제도의 도입[53]

우리나라에서는 2007년 민사소송법의 개정을 통하여 특수한 전문적 식견이 문제되는 전문소송사건의 심리를 충실하고 신속하게 하기 위해 전문심리위원을 관여시켜 당사자가 제출한 주장·증거 등에 대하여 의견과 설명을 듣는 제도인 전문심리위원 제도가 도입되었다. 즉, 민사소송법 제164조의2에서 법원이 소송관계를 분명하게 하거나 소송절차를 원활하게 진행하기 위하여 직권 또는 당사자의 신청에 따른 결정으로 전문심리위원을 지정하여 소송절차에 참여하게 할 수 있는 제도가 개정을 통하여 신설되었다. 의료민사소송은 전문성이 부각되는 대표적인 영역이므로 우리나라 의료민사소송 실무에서도 활발하게 이용되고 있다.

감정의 경우 소요되는 비용이 적지 않고 회신에도 상당한 시간이 소요될 뿐만 아니라,[54] 만약 의료사고가 여러 과의 전문과목이 연계된 복잡한 사안이어서 각 전문과목별로 진료기록

53) 백경희, 진료기록감정 및 그 판단에 대한 법적 고찰-의료민사책임을 중심으로-, 의료법학 제20권 제1호, 2019, 88면.
54) 사법연수원, 민사실무 I, 사법연수원 출판부, 2018, 257면.

감정을 하게 된다면 당사자는 막대한 비용을 지출할 수밖에 없다. 이러한 점을 개선하기 위하여 도입된 전문심리위원제도는 감정료를 절감하고, 법관의 사실인식에 있어 새롭고 심도 있는 이해를 가능하게 한다는 순기능을 지니고 있는 것으로 평가되고 있다. 그러나 전문심리위원의 의견은 감정인의 감정결과와 달리 증거자료가 되는 것은 아니며 선서도 하지 않고,[55] 판결의 방향을 결정하는 재판의 합의에는 영향을 미칠 수 없도록 하는바(민사소송법 제164조의2 제2항), 한계가 있다는 지적도 존재한다.

(2) 한국의료분쟁조정중재원의 의료사고에 대한 감정[56]

앞서 살펴본 바와 같이 의료분쟁조정법에서는 의료분쟁의 신속하고 공정한 해결을 지원하기 위하여 의료사고감정단(이하 '감정단'이라 한다)을 설치하고 있으며, 그 업무로는 의료분쟁의 조정 또는 중재에 필요한 사실조사, 의료행위 등을 둘러싼 과실 유무 및 인과관계의 규명, 후유장애 발생 여부 등 확인, 다른 기관에서 의뢰한 의료사고에 대한 감정(이를 실무상 '수탁감정'이라 칭하고 있다)이 있다(의료분쟁조정법 제25조 제1항, 제3항). 감정단의 감정업무는 대개 진료기록을 기초로 이루어지고 있기 때문에 소송상 진료기록감정과 상통한다고 이해된다.[57] 그리고 감정단의 감정업무는 경우에 따라 감정사건의 공정하고 정확한 감정을 위한 청취 및 의학적 자문 등을 위하여 필요하다고 인정하는 경우 관계 전문가를 자문위원으로 위촉할 수 있다(의료분쟁조정법 제25조 제4항). 감정단의 업무를 효율적으로 수행하기 위하여 상임 감정위원 및 비상임 감정위원으로 구성된 분야별, 대상별 또는 지역별 감정부를 둘 수 있다(의료분쟁조정법 제26조 제1항). 감정부가 행하는 감정업무의 절차는 의료사고의 조사(의료분쟁조정법 제28조) 후 감정부 회의를 거쳐 감정결과에 해당하는 감정서를 작성하여 조정부에 송부하여야 한다(의료분쟁조정법 제29조 제1항).

각 감정부에 두는 감정위원의 구성은 의료계 위원(의사전문의 자격 취득 후 2년이 경과하거나 치과의사 또는 한의사 면허 취득 후 6년 이상 경과한 사람 또는 보건복지부장관이 인정하는 외국의 의사전문의 자격이나 치과의사 또는 한의사 면허를 취득한 후 5년이 경과한 사람) 2명, 법조계 위원(변호사 자격 취득 후 4년 이상 경과한 사람 또는 보건복지부장관이 인정하는 외국의 변호사 자격을 취득한 사람, 검사로 재직하고 있거나 4년 이상 재직하였던 사람 1명을 포함하여야 한다) 2명,[58] 소비자

---

55) 이시윤, 전게서, 79–80면.

56) 백경희, 진료기록감정 및 그 판단에 대한 법적 고찰-의료민사책임을 중심으로-, 89–91면.

57) 김민중, 의료분쟁조정법의 기본이념과 현실, 의료법학 제14권 제1호, 2013, 43면 이하.

58) 감정부에서 법조인이 의료인과 동수가 되는 인적 구성과 관련하여 감정부는 사실조사를 통해 의료과실과 인과관계를 판단하는 자료를 수집하고 감정의견을 내는 것에 그쳐야 하는 것이고, 법적으로 의료과실과 인과관계를 판단하는 것은 조정부의 역할에 맡겨두어야 하므로 감정부에 법조인 2인이 참여하는

권익위원(비영리민간단체 지원법 제2조에 따른 비영리민간단체에서 추천한 사람으로서 소비자권익과 관련된 분야에 3년 이상 종사한 사람) 1명으로 구성된다(의료분쟁조정법 제26조 제1항, 제2항, 제7항). 감정부 회의는 재적위원 과반수의 출석과 출석위원 전원의 찬성으로 의결하되, 의료계 위원 1명, 법조계 위원 1명, 소비자권익위원 1명은 반드시 출석하여야 한다(의료분쟁조정법 제26조 제8항). 감정부의 구성에서 의료계 위원 외에 법조계 위원과 소비자권익위원이 포함되도록 하고, 이들이 1명 이상 강제적으로 출석하도록 한 것은 전문지식의 활용에 더하여 어느 하나의 이익을 대변하는 것에 치우치게 되는 것에 탈피하여 중립성과 공정성을 확보하기 위한 것에 있다고 한다.59) 또한 의료사고의 발생 원인이 2개 이상의 진료과목과 관련이 있는 경우 정확한 감정을 위해 진료과목을 담당하는 감정위원 또는 자문위원의 의견을 들어야 하고(의료분쟁조정법 제28조의2), 감정결과를 의결함에 있어 감정위원의 감정소견이 일치하지 아니하는 경우에는 감정서에 감정위원의 소수의견도 함께 기재하도록 의무화하고 있다(의료분쟁조정법 제29조 제4항). 그리고 감정부의 감정서는 원칙적으로 조정절차가 개시된 날로부터 60일 이내에 작성하여야 하며, 감정부가 필요하다고 인정하는 때 1회에 한하여 30일까지 연장할 수 있도록 하였는바(의료분쟁조정법 제29조 제1항, 제2항), 현행 의료분쟁조정법상 감정부의 감정서는 최대 90일 이내에 작성되어야만 한다.60)

라. 재감정

동일한 사항에 관하여 동일한 감정인 또는 다른 감정인에게 다시 감정을 하게 하는 것을 재감정이라고 한다. 실무상 제1심에서는 당사자 사이에 서로 유리한 감정을 유도하고자 재감정을 이용할 수 있으므로 이를 받아들이지 않는 것이 일반적이다. 이러한 경우 1차 감정결과에 관하여 불리한 당사자는 감정보충신청 등을 통하여 1차 감정결과를 보충하거나 반박하는

것에 이의를 제기하는 의견도 제기되고 있다.; 신은주, 의료사고 피해구제 및 의료분쟁 조정 등에 관한 법률에 있어서 조정제도 및 향후 전망, 한국의료법학회지 제19권 제1호, 2011, 143−144면.

59) 국회사무처, 제285회 국회 보건복지가족위원회 회의록 제2호, 2009. 12. 29, 7−8면.; 당시 전재희 보건복지가족부장관은 "저희들이 생각할 때는 의료사고감정단이 이 법의 앞으로의 운용을 좌우하는 핵심적인 사항이라고 생각됩니다. 그분들의 전문지식과 그분들의 어느 편에도 치우치지 않는 중립성이 중요하기 때문에 그 부분에 있어서는 앞으로 저희들이 구성을 할 때, 예를 들어서 그것이 신경외과에 관한 것 같으면 신경외과 선생님이 아마 주축을 이루게 될 것이고, 또 거기에는 시민단체도 참여하게 될 것이고, 또 거기에는 법률가도 참여하게 될 것입니다. 그리고 그 외에 저희들이 참고인으로 필요하신 분들이 있으면 참여하도록 하고, 또 그 위원들은 누가 감정단이라고 하는 것을 저희들이 공개함으로 해서 어떤 편향을 가진 분들이 위촉되지 않도록 최선을 다해 나가겠습니다."라고 답변하여 감정부의 중립성을 강조하였다.

60) 한국의료분쟁조정중재원의 감정부의 구성, 감정절차 감정기간 등에 대하여는 의료분쟁조정법의 제정 시부터 논란이 지속되어 왔다.; 이상영·김어지나·이수형·신청훈, 의료분쟁조정중재제도 활성화를 위한 정책 과제와 대책, 한국보건사회연구원, 2012, 59−62면.

것이 좋다. 다만 1차 감정이 위법하였거나 감정결과가 불분명한 경우, 또는 감정의견이 엇갈려 법원의 합리적 가치판단이 불가능한 경우에는 그러하지 아니하다. 재감정 신청을 기각하는 법원의 결정에 대하여는 이것만을 독립하여 불복할 수는 없다.[61]

마. 감정촉탁

(1) 의 의

감정촉탁이란 법원이 공무소, 학교 기타 상당한 설비가 있는 단체 또는 외국공무소에 대하여 감정을 위촉하는 절차를 말한다(민사소송법 제341조). 실무상 사실조회촉탁신청과 함께 가장 많이 이용되는 절차이다. 전문의사가 법원에 직접 나와 '양심에 따라 성실히 감정하고, 만일 거짓이 있으면 거짓감정의 벌을 받기로 맹세합니다.'라고 선서하는데 적지 않은 심리적 스트레스를 받게 되고, 따라서 감정인 지정을 거절하는 경우가 많다(민사소송법 제338조). 이러한 경우 감정인 지정을 강제할 마땅한 방법이 없는 법원이나 당사자로서는 난감하게 된다. 이에 대한 대체감정방법이 감정촉탁방법이다. 감정촉탁은 원칙적으로 개인이 아닌 기관에 대하여 하는 것이다(민사소송법 제341조 제1항). 즉, 허위감정에 대하여 형사처벌을 받는다는 전문적인 지식을 제공받는 점에서는 감정과 같으나 촉탁처가 감정인과 같은 자연인이 아닌 점이 다르다.

의료소송에서는 ○○○의사 개인에 대하여 보다는 ○○대학병원장 혹은 대한의사협회장 등 기관으로 진료기록감정을 촉탁하거나 환자에 대한 신체감정을 촉탁하는 경우가 감정하는 경우보다 훨씬 많다. 감정촉탁서를 받는 촉탁처는 의사 등 자연인이 감정을 담당하여 감정서를 작성, 제출하지만 그 명의는 기관장으로 작성하여 송부한다. 이 경우에 물론 감정서를 작성하는 의사는 감정인이 아니므로 감정인 선서를 할 필요가 없다. 실무에서 감정인 선임이 어렵기 때문에 통상은 대한의학회, 각 대학병원 등에 감정촉탁을 하고 있고, 법원에서도 당사자가 감정신청을 하더라도 감정촉탁신청으로 결정하는 경우가 많다.

감정촉탁에 의한 감정서에 대하여 의문이 있을 때는 당해 기관으로 재감정을 촉탁하거나 사실조회형식으로 보충한다. 그렇지 않고 감정서를 작성한 의사를 증인으로 소환하기도 하지만 이런 경우 의사가 출석을 거부하는 예가 많아 실제로 증인신문은 제대로 이루어지지 않는다. 실무상 서울중앙지방법원에서는 신체감정촉탁과 관련하여 법원이 당사자에게 신체감정촉탁병원을 통지하고, 신청인의 상대방(의사측)에게도 감정기일에는 참여하여 피감정인에 대한 자료(진료기록, 진단서 등)를 신체감정의사에게 직접 제출할 수 있도록 하고 있다. 이러한 절차

---

61) 대법원 1960. 2. 25. 선고 4292민상52 판결. 판례 카드7349호.

는 감정인이 양쪽 당사자가 제출한 자료를 모두 참작하게 되므로 감정보완신청, 사실조회신청 또는 재감정신청 없이 1회의 감정으로 감정절차를 끝낼 수 있고, 피감정인으로서도 치료받은 병원에서 촬영한 고가의 각종 X선 필름, CT필름, MRI필름 등을 감정병원에서 다시 촬영하여야 하는 비용을 절감할 수 있는 등으로 소송경제상 바람직하다.

의료소송이 늦어지는 가장 큰 이유는 감정이나 감정촉탁회신이 늦어지는데 있다. 이때 법원은 직권 또는 당사자의 신청에 의하여 해당 감정인이나 기관에 대하여 독촉을 하나, 의료기관이 잘 따르지 않는 경향이 있다.

(2) 감정촉탁절차

감정촉탁절차도 감정절차와 같다. 감정촉탁절차는 원·피고의 신청 또는 법원의 직권으로 시작한다. 변론주의 원칙상 증명책임이 있는 당사자가 신청하지만, 필요한 경우에는 법원이 직권으로 감정촉탁절차를 밟을 수도 있다(민사소송법 제292조, 제341조 제1항). 당사자가 한 감정촉탁신청에 대하여 법원이 기각하는 경우 이에 대하여 독립하여 불복할 수 없다. 다만 실무상 상소이유 중 가장 큰 논점으로, 감정촉탁을 실시하지 아니한 경우 심리미진사유에 해당하기 때문에 법원에서는 중복 감정촉탁이나 시간지연 등의 특별한 사유가 없는 한 기각하는 예는 그리 많지 않다.

법원이 직권으로 감정촉탁절차를 실시하는 경우에도 그로 인하여 이익을 받을 당사자에게 그 비용을 부담하게 한다(민사소송법 제116조, 민사소송규칙 제19조). 감정촉탁신청이 채택되면 수소법원, 수명법관 또는 수탁판사가 직권으로 국립과학수사연구소, 보건복지부, 질병관리본부, 식품의약품안전처, 대한의사협회, 대한치과의사협회, 대한한의사협회, 대한약사회, 각 의과대학 또는 의과대학 부속병원 등을 지정하여 진료기록이나 사인(死因)감정을 하게 된다. 이때 감정절차와 가장 큰 차이는 감정인 선서절차가 없다는 점이다. 감정촉탁에 대한 회신문도 감정회신문과 같이 전문가인 특정 의사가 개인적으로 작성하지만, 대외적으로는 촉탁처의 기관장 이름으로 발송되기 때문에 일부에서는 감정촉탁에 대하여 늦게 회신하거나 심지어는 감정기피현상도 있다. 이는 아무래도 감정인 선서를 한 경우보다는 책임감이 떨어지기 때문으로 생각한다. 감정촉탁사항이나 감정료 등은 감정절차와 같으나, 감정촉탁처는 감정의무가 없기 때문에 감정촉탁을 거부하여도 달리 강제할 방법이 없다. 다만 국가기관은 법리해석상 감정의무가 있다고 보아야 할 것이다.

(3) 신체감정촉탁에 관하여

우리가 실무상 흔히 하고 있는 신체감정촉탁절차도 진료기록감정촉탁과 같은 절차이다. 의료과실로 인한 신체상해에 관하여도 교통사고나 산재사고와 같이 노동능력상실률, 개호 여부, 향후치료비 등에 관하여 신체감정인을 지정하여야 하지만, 여의치 않아 국공립종합병원, 의과대학 부속병원 등 기관에 신체감정촉탁을 의뢰하고 있다(재일 2008－1 예규 제5장).[62]

의료소송에서도 교통사고와 같이 신체감정은 소송초기에 실시한다. 그러나 과실유무에 관하여는 별다른 다툼이 없는 교통사고, 산재사고와는 달리 의료소송은 의사의 무과실 주장이 종종 있어 일부 법원에서는 의사의 과실이 있다고 판단되는 시점에 가서야 신체감정촉탁을 받아주는 예도 있다. 그러나 이는 잘못된 것이라고 생각한다. 의료사고에서의 신체감정은 교통사고와는 달리 신체감정결과 그 자체가 의료과실여부를 증명할 수 있는 증명방법의 하나이기 때문이다. 즉, 의료소송에 있어서 신체감정은 중요한 증거방법의 하나이다. 신체감정을 통하여 신체의 상태, 질병의 유무, 진단의 적정성, 치료방법, 그 경과, 후유증 등 의사의 의료과실에 대한 전제사실을 확정할 수 있을 뿐 아니라 직접적인 과실을 밝힐 수 있는 경우도 많이 있기 때문에 과실이 증명되어야 신체감정을 받아들이겠다는 것은 주객이 전도된 판단이 될 수도 있다. 환자의 현재 상태를 객관적으로 전제한 후에라야 환자에 대한 의무기록을 중심으로 정확한 감정 또는 감정촉탁을 시행 할 수 있다.

따라서 의료소송에 있어서의 신체감정은 단순히 손해배상의 범위를 확정하기 위한 목적뿐 아니라 의사의 과실을 밝힐 수 있는 증거방법이기 때문에 소송초기에 실시하는 것이 바람직하고, 법원도 초기에 채택하여 절차지연을 막아야 할 것이다. 일부 의료기관에서는 의료사건이라는 사실을 알면 신체감정을 거부하는 사례가 있는바, 이는 신체감정결과가 곧 의료과실을 증명시킬 수 있는 경우에 더 많다.

바. 감정사항

(1) 개 관

감정은 첫째, 법원의 입장에서는 지식, 경험칙 등을 보충받을 수 있는 측면과 둘째 당사자 입장에서는 증거방법으로서의 증명활동이라는 성격을 가지고 있다.

감정을 신청하는 때에는 감정을 구하는 사항을 적은 서면을 함께 제출하여야 한다. 다만, 부득이한 사유가 있는 때에는 재판장이 정하는 기한까지 제출하면 된다. 감정신청서면은 상대방에게 송달하여야 한다. 다만, 그 서면의 내용을 고려하여 법원이 송달할 필요가 없다고 인정하는 때에는 그러하지 아니하다. 상대방은 감정신청서면에 관하여 의견이 있는 때에는 의견을 적은 서면을 법원에 제출할 수 있다. 법원은 위 서면을 토대로 하되, 상대방이 의견을 제

---

62) 법원실무제요 민사 (下), 299면.

출하면 그 의견을 고려하여 감정사항을 정하여야 한다. 이 경우 법원이 감정사항을 정하기 위하여 필요한 때에는 감정인의 의견을 들을 수 있다(민사소송규칙 제101조－제101조의3). 따라서 법원은 당사자가 제출한 감정 사항에 구속되지 않고 적극적으로 수정, 가감, 정리 등을 하여 감정사항을 확정하여야 한다. 그러나 소송실무상 의료전문지식이 부족하거나 쟁점파악이 제대로 되지 않은 경우에는 당사자가 신청한 감정사항을 거의 그대로 채택하는 경우가 있다. 그러므로 당사자는 상대방이 제출한 감정 사항에 대하여 검토하여 유도감정이 되지 않도록 수정안의 제시 등 적극적인 활동이 필요하다.

상대방의 감정사항에 대해 수정의 범위를 넘는 경우도 있으므로 환자측에서는 가능하면 적극적으로 단독 혹은 쌍방으로 신청하는 것이 좋다.

감정사항은 세분화하여 애매모호한 감정 또는 일반적인 감정 등이 되지 않도록 해야 한다. 예를 들어 이건 수술방법을 선택함에 있어서의 의사의 과실유무 등 포괄적으로 과실을 묻는 감정은 하지 아니함만 못하다. 우선 감정인은 동료 옹호적인 시각에서 출발하기 때문에 일반적이고 포괄적인 감정에 대하여는 임상현장에서 대처한 의사의 판단을 존중할 수밖에 없다. 또한 의학은 계량화할 수 없고, 감정인은 간접적으로 당시 상황을 판단하는 것이기 때문에 질문 자체에 문제가 있으면 감정 결과도 역시 애매모호하거나 일반적인 답변 수준을 넘지 않는다. 따라서 감정 사항은 환자의 상태, 검사, 진찰, 진단, 수술, 수술 후 처치 등의 각 단계별로 구체적으로 나누어 상세하게 만들어야 한다. 일련의 의료행위에 대하여는 최종적인 과실평가에 이르기까지 여러 가지 작은 의학적 쟁점이 있다. 의료과실 여부는 이러한 각각의 의학적 쟁점에 대해 법률적인 평가를 하게 되는 것인바, 위와 같은 상태, 진단, 수술 등을 각 단계별로 세분화하여 빠짐없이 감정되도록 하여야 한다.

한편 의학적인 평가와 법률적인 평가는 다르므로 감정인에게 '과실이 있는가?'라는 질문은 피하여야 한다. 왜냐하면 과실여부는 법적인 평가로서 법원의 전권에 속하는 일이고, 환자측으로서는 '과실이 없다' 혹은 '과실이 있다고 명백하게 평가할 수 없다.'는 등 동료옹호적 감정을 하거나 애매모호한 감정회신이 올 경우 치명적일 수 있기 때문이다. 따라서 '과실' 유무보다는 '의학적 당부' 내지 '적부성'이라는 표현을 쓰는 것이 좋다.

(2) 전제사실의 확정

감정사항은 우선 전제사실을 확정하여야 한다. 환자의 상태, 질병의 자연적 경과, 치료시기·내용, 사인 등 당해 사건에서 누구도 다툴 수 없는 사실을 전제사실 또는 기초사실로서 확정하여야 한다. 그렇지 않으면 감정이 불명확하거나 아예 필요한 감정이 누락될 수도 있기 때문이다.

그러나 자료 부족, 진료기록의 빈약한 기재 또는 위·변조, 기억력 감퇴 등으로 인하여 전제사실을 정확히 파악하여 확정한다는 것은 쉽지 않다. 전제사실은 반드시 특정하여 1개로서 확정해야 된다는 것은 아니므로 당사자간에 상반된 주장이 있을 때 또는 여러 가지 가능성이 있는 경우에는 각각의 경우를 전제하여 감정하면 된다. 또한 전제사실의 파악, 확정이 곤란한 경우는 전제사실에 대하여 전문가로서의 임상경험에 의한 판단을 물을 수도 있다. 예를 들어, '출혈에 의하여 혈압이 떨어졌을 경우 출혈량이 어느 정도 되는가?', '개심술 후 뇌전색에 걸린 경우 뇌전색의 원인은 무엇이 예상될 수 있는가?' 등을 감정받을 수도 있다.

(3) 감정자료

감정자료의 범위에 관하여는 사건에 따라 다르다. 진료기록이나 방사선필름 만을 감정자료로 할 수도 있고, 형사기록을 포함한 소송기록 일체를 감정인에게 감정자료로서 넘겨야 할 경우도 있을 수 있다.

우선 진료기록 일체는 감정자료로서 최소한도로 교부해야 한다. 이때 위·변조의 의심이 되는 기록 또는 제3자의 것으로 의심되는 심전도기록지, 임상검사보고서 등은 감정사항에 명시하여 감정토록 하여야 한다. 이러한 표시를 하지 않은 경우에는 감정이 한쪽 당사자에게 불리하게 나오면 거의 대개 '위·변조된 진료기록을 전제로 하였으므로 믿을 수 없다.', '제3의 의료기관은 이건 환자에 대하여 전혀 모르는 상태에서 환자 가족의 일방적 진술만으로 환자의 활력증후를 기록하였다.'는 등의 항변이 나와 진료기록감정의 증명력을 훼손시킬 수 있다.

전제사실이 상세히 특정되어 있다면 증인신문조서 특히 피고측 의사의 증인신문조서, 당사자신문조서 등은 변명의 내용이 많이 있기 때문에 특별한 경우와는 감정자료로 제공되는 것을 막아야 한다. 이는 법정에서 진술과 관련된 사실인정의 문제를 법관이 아닌 의사에게 맡기는 결과가 되고 나아가 그것을 기초로 한 감정 결과가 법원에 잘못된 심증을 품게 할 우려가 있기 때문이다.

감정사항이 불충분하여 무엇을 감정해야 할지 모를 경우는 각 당사자간의 준비서면도 부득이하게 인도해야 할 필요가 있을 수 있으나 원래 진료기록 등 기초자료 이외에는 판결의 사실 적시에 준해서 감정사항을 작성해야 하므로 실제로 준비서면까지 인도하는 경우는 없다.

소송당사자는 객관적 자료에 의하여 문제되는 논점이 감정되도록 감정자료의 범위 설정에 법원과 사전 협의가 요구된다.

(4) 구체적 감정사항

(가) 진료기록에 관한 소견

진료기록은 의사, 간호사 등의 기록지, 임상병리보고서, 각종 필름 등의 검사보고서, 산과 분만기록지 등으로 나눌 수 있다. 이러한 진료기록에 대하여 의사, 간호사가 한 처치의 유무, 내용, X선 필름, CT필름, MRI필름의 판독 등을 감정한다. 예를 들어 'X선 필름상 나타난 손상 또는 단열이 있다고 생각되는 신경의 부위는 어디이고, 그 종류는 무엇인가?'와 같이 객관적인 것을 감정하는 것이 좋다. 더 나아가 '그러한 손상이 의사의 과실로 인한 것으로 볼 수 있는가?'와 같은 질문은 피해야 한다. 같은 동료의사입장에서 과실이 있어도 과실이 있다고 회신하는 경우는 흔치 않기 때문이다.

(나) 의학지식

환자입장에서는 원칙적으로 진료기록감정시 일반적 의학지식을 묻는 것은 지양하는 것이 좋다. 진료기록감정은 당사자인 환자의 구체적인 치료경과에 대하여 질문하도록 한다. 예를 들어 '심장질환에 대한 기능적 분류 기준은 어느 것이 있는가?', '임산부의 급성신우염이 태아에게 미치는 영향은 무엇인가?' 등 일반론적인 의학지식에 대하여는 사실조회촉탁방법을 이용하여야 하거나, 교과서, 논문 등을 활용하여 법원을 설득하는 것이 좋다. 다만 교과서에 게재되지 않은 의학지식이나 의료기관 사이 혹은 전문의와 일반의사 사이의 의료수준의 차이 등에 관한 일반적인 지식을 묻는 경우에는 감정방식을 취해도 좋다.

반면 의사측으로서는 진료기록감정시 같이 묻는 것이 유리한 회신이 올 개연성이 높다. 의학지식을 물어보면서 의료행위의 적부를 물으면 일종의 유도신문과 같은 효과를 누릴 수 있기 때문이다. 예를 들어, 'OO한 질환의 진단 및 치료방법은 무엇이 있는가?'라는 질문에 이어서 '피고병원에서는 그러한 방법으로 진단 및 치료하였는가? 의학적으로 잘못된 점이 있는가?'라는 질문을 하면 '교과서적으로 치료하였다.'는 회신을 얻기 쉽다.

(다) 병상에 관한 일반적인 진단

병상에 관한 일반적인 진단방법 등도 환자측으로서는 역시 진료기록감정보다는 사실조회촉탁방법으로 묻는 것이 좋다. 그러나 나라마다 기준이 다르고, 우리나라에서도 의료기관마다 다른 기준을 사용한다면 당해 의료기관에서는 어떤 기준을 이용하고 있는지에 대하여 일반적인 사항을 물을 수 있다. 예를 들어 원고인 환자의 심장질환중증도가 단순히 'Ⅲ등급'으로 표시된 경우에 'Ⅲ등급은 뉴욕심장협회기준(N.Y.H.A.)에 의한 분류인가? 그렇다면 어느 정도의 중증인가? 그런 진단은 무엇을 근거로 한 것인가? 환자가 N.Y.H.A. Ⅲ도의 상태로 접어든 시점은 언제인가? 환자가 두통, 현기증, 이명, 구토, 발열 등의 증상을 호소한 것이 심장질환악화의 임상증상으로 볼 수 있는가?' 등으로 질문할 수 있다.

의사측 입장에서는 진료기록감정시 사실조회내용도 같이 물어보면 위에서와 같은 효과를 얻을 수 있고, 감정비용도 줄일 수 있다. 예를 들어 'N.Y.H.A. Ⅲ도인 원고에 대하여 수술적응증에 해당되는가? 수술 후 나타난 색전증을 사전에 미리 예상하거나 막을 수 있는 방법이 있는가?' 등으로 질문하여 과실이 없다는 방향으로의 질문을 이끌어 낼 수 있다.

감정의의 주관이 개입되지 않는 사실의 판단과 주관이 개입된 평가에 대해 명확히 한계를 그어 감정하도록 할 수 있다면 객관성을 확보할 수 있다. 그러한 결과를 토대로 법원이 과실 여부를 가치평가하도록 하여야 한다. 당사자들로서는 의사에 대한 과실평가의 전제 혹은 판단 경과, 이유에 해당하는 부분에 대하여 가능한한 세분화하여 작성해야 한다. 의사의 과실유무는 하나의 사실만으로 판단할 수 있는 것이 아니므로 감정 시 당해 질병의 일반적인 개념, 종류, 진단법, 판단 기준, 치료 방법, 그에 따른 후유증 등이 미리 감정되어야 함은 당연하다.

(라) 가능성

의료소송에 있어서 필연적으로 어떤 처치를 했어야 했는데 하지 않았다는 감정이 나오면 환자측으로서는 매우 유리하다. 그러나 그런 감정을 기대하는 것은 불가능하다고 보면 된다. 따라서 대개는 '어떤 처치를 했을 경우에는 결과가 예견가능 또는 회피가능하였는가?' 등의 가능성 내지 확률을 묻는 것이 일반적이다. 예를 들어 개심술에 있어서 뇌전색의 가능성은 몇 %가 되는가, 분만시 양수전색증에 감염될 확률 및 이에 대한 치료가능성은 얼마인가와 같이 그 발생 가능성 및 치료가능성을 묻는다. 발생 가능성이 높을 때는 그만큼 결과 예견가능성이 상대적으로 높아 의사에게는 그 결과를 회피할 수 있는 조치를 취해야 할 주의의무가 커지기 때문이다.

감정결과에 있어서 '극히 드물다.', '가능성은 있으나 임상 의사의 판단이 제일 중요하다.'는 등 의사 옹호적인 경우가 많으므로 감정사항 작성시 문항을 여러 각도에서 세분화하여 애매모호한 결과가 나오지 않도록 주의해야 한다.

(마) 치료의 적절성

미용성형수술일 경우에는 다양한 치료방법이 있는데 반해, 교통사고로 뇌를 크게 다친 경우에는 개두술 이외에 별다른 치료방법이 없다. 긴급성이 높아 절대적 적응, 금기 등이 문제되는 경우 의사에게 재량성이 상대적으로 적기 때문에 '불가결인가? 필수적인가? ○○하지 않으면 아니 되는가?'는 등의 질문을 한다.

그러나 의료소송에서는 주로 재량성, 다시 말하여 상대적인 처치가 문제가 되므로 위와 같은 감정 사항에 관하여 '그렇다'고 감정회신이 예상되는 특별한 경우를 제외하고는 원칙적으로 위와 같은 질문을 하는 것은 위험하다. 특히 위와 같은 감정사항에 대해 부정적인 답변이 나오면 그 이하의 질문은 더 이상 필요 없게 되는 수가 있다. 상대적인 처치에 있어서 검사, 진단, 수술, 투약 등의 적부, 당부에 관하여 단적으로 또는 포괄적으로 질문하는 것은 바람직하지 않다. 각각의 처치, 투약 등에 대하여 세분하여 물어야 한다. 왜냐하면 감정결과가 의사의 재량성 여부로 가려지는 경우가 많기 때문이다.

의료처치는 필요성이 있느냐의 여부에 따라 의사의 치료가 정당성을 갖는다. 필요성이라 함은 긴급성, 위험성, 유효성 등과 치료행위와의 상관관계에서 판단되어야 한다. 필요성이 높을수록 의사의 재량성은 넓어지고, 의사에 대한 책임추궁은 상대적으로 적어질 수밖에 없다. 예를 들어 수술이 반드시 필요하지 않은 N.Y.H.A. I 도의 심장질환 환자에게 개심술을 하던 중 뇌전색의 상해를 입힌 경우에는 수술의 불필요성을 주장하며, 의사를 비난할 가능성이 높다. 그러나 반드시 수술이 필요한 N.Y.H.A. IV도의 환자에게 동일한 수술을 하던 중 같은 상해를 입힌 경우라면 의사에 대한 비난가능성은 상대적으로 낮다고 할 수밖에 없다.

사. 감정결과의 채택과 우리나라 판례의 태도

(1) 감정결과의 채택 여부

감정결과는 당사자가 원용하지 않더라도 소송절차에 현출되면 증거로 사용할 수 있다(증거공통의 원칙).[63] 이러한 감정결과가 법정에 현출되면 이를 현실적으로 증거로 채택하여 사실을 인정할 것인지 여부는 다른 증거와 동일하게 법관의 자유심증에 의하게 된다(민사소송법 제202조). 따라서 감정결과는 법관의 판단을 조력하는 것에 그치므로 이를 반드시 믿어야 하는 등으로 기속되지는 아니하나, 감정방법 등이 경험법칙에 반한다거나 합리성이 없는 등의 현저한 잘못이 없다면 존중되는 경향이 있다.[64]

또한 감정이 복수로 진행되었으나 감정결과가 서로 상이한 경우 그 중 어느 것을 채택하더라도 채증법칙에 위배되지 않고[65] 채용하지 않은 것에 대하여 배척이유를 설시하지 않아도

---

63) 대법원 1951. 8. 21.선고 4283100 판결도 "법원이 공무소 등에 촉탁하여 한 감정결과에 대하여 당사자의 채용이 없더라도 이를 사실판단의 자료로 할 수 있다."고 판시하였다.
64) 대법원 2002. 11. 26. 선고 2001다72678 판결.
65) 대법원 1994. 6. 10. 선고 94다10955 판결; 대법원 1998. 7. 24. 선고 98다12270 판결; 대법원 1999. 5. 11. 선고 99다2171 판결; 대법원 2015. 2. 12. 선고 2012다6851 판결.

되며,66) 제3의 감정을 별도로 채택하여 진행하여야 한다는 증거법칙도 존재하지 않는다.67) 다만, 당사자는 감정결과에 불명료한 점이 있는 경우 법원에 대하여 보완감정신청 내지 감정보완촉탁신청을 하여 감정결과를 보충하거나 결과나 경위에 납득할 수 없는 사유가 있는 경우 재감정신청도 가능하다.68)

한편 한국의료분쟁조정중재원에서 이루지는 의료사고에 대한 감정결과인 감정서에 대하여도 위 의료민사소송에서의 감정결과와 동일한 의미를 지닌다고 보아야 할 것이다. 따라서 감정서의 결론이 조정부를 기속하지는 않는다고 할 것이다. 또한 감정절차에 있어서도 감정결과를 의결함에 있어 감정위원의 감정소견이 일치하지 않아 감정위원의 소수의견을 감정서에 함께 기재한 경우(의료분쟁조정법 제29조 제4항), 조정부가 자유심증에 의하여 감정서에 기재된 소수의견에 따라 판단하는 것도 가능하다고 보아야 한다.

의료형사사건의 경우 범죄사실의 인정은 법관으로 하여금 합리적인 의심을 할 여지가 없을 정도의 확신을 가지게 하는 증명력을 가진 엄격한 증거에 의하여야 한다. 이러한 형사사건의 증거법상의 원칙은 의료과실에 관한 형사책임의 경우에도 적용된다. 형사사건에서 의료과실과 인과관계의 존부에 대한 판단은 진료기록 감정을 비롯하여 사체에 대한 부검(剖檢)을 통하여 이루어지게 된다. 형사사건에서 진행된 감정이나 부검결과가 의료과실에 기인한 업무상과실치사상죄에 관한 유죄를 인정하기 위한 증거로 사용되기 위해서는 다른 가능한 원인을 배제하기 위한 치밀한 논증의 과정을 거쳐야 한다.69)

(2) 우리나라 판례의 태도

대법원 판례에 의하면 특정사실에 관하여 상반된 감정결과가 있을 때 법원은 논리칙과 경험칙에 따라 이를 선택할 수 있다고 하고,70) 동일한 감정인이 동일한 감정사항에 관하여 서로 모순되거나 매우 불명료한 감정의견을 내놓고 있는 경우에 법원이 위 감정서를 직접증거로 채용하여 사실인정을 하기 위하여서는 특별히 다른 증거자료가 뒷받침되지 않는 한, 감정인에 대하여 감정서의 보완을 명하거나 감정증인으로서의 신문방법 등을 통하여 정확한 감정의견을 밝히도록 하는 등의 적극적인 조치를 강구하여야 마땅하다고 하였다.71) 또한 대법원72)은 원심법원이 제1심 감정촉탁결과에 의문점이 있어 피고의 재감정 촉탁신청을 채택하여

---

66) 대법원 2006. 11. 23. 선고 2004다60447 판결.
67) 대법원 1980. 1. 29. 선고 79다2029 판결.
68) 사법연수원, 민사실무 I, 259면.
69) 대법원 2012. 6. 28. 선고 2012도231 판결.
70) 대법원 1991. 8. 13. 선고 91다16075 판결.
71) 대법원 1994. 6. 10. 선고 94다10995 판결.
72) 대법원 1994. 10. 28.선고 94다17116 판결.

그 증거조사를 시행하였으나 재감정이 이루어지지 아니한 사건에 있어서 원심법원으로서는 어느 쪽의 귀책사유로 재감정절차가 제대로 이루어지지 않고 있는지를 살펴보고 그 증명을 방해하는 측에 적절한 책임을 지우는 것이 상당하다고 판시하였다.

(가) 패혈증 사망 사건[73]

위 대법원 판결의 사안은 망인이 낙상으로 입은 골절에 대하여 피고병원에서 관혈적 정복 및 내고정술 등을 받은 뒤 입원치료 중 변비증상으로 인하여 변비약을 복용하여 대변을 보다가 설사, 항문통, 구토 증세가 발현되어 장기에 패혈증으로까지 확산되어 사망한 것이었다. 대법원은 피고 의사가 망인을 치료할 당시 표준적인 교과서 기타의 의학문헌을 통하여 임상의학의 분야에서 통상의 의사에게 일반적으로 알려져 있는 의학기술에 따라 망인에게 38℃ 이상의 발열이 있는 등 패혈증의 증후가 보일 때 곧바로 패혈증을 의심하고 그에 대한 처치를 시작하거나 그러한 처치가 가능한 종합병원으로 신속히 전원시킴으로써 패혈증 쇼크로 인한 사망이라는 결과를 회피하기 위하여 최선을 다할 주의의무가 있음에도 이를 위반한 잘못이 있다고 하여 손해배상책임을 인정하였다. 한편 동 사안 제1심법원의 감정촉탁으로 ○○대학교 병원장의 회보결과와 원심에서의 사실조회에 대한 대한의사협회장의 회보결과가 존재하였는바, 원심에서는 그중 일부결과만 인정하고 믿지 아니하는 부분은 배척한 바 있다.[74] 피고 측은 이를 상고이유로 삼았으나, 대법원은 "법원의 감정촉탁에 대한 의료기관의 회보결과 및 법원의 사실조회에 대한 대한의사협회장의 회보결과는 사실인정에 관하여 특별한 지식과 경험을 요하는 경우에 법관이 그 특별한 지식, 경험을 이용하는데 불과한 것이며, 의료과오가 있었는지 여부는 궁극적으로는 그 당시 제반 사정을 참작하여 경험칙에 비추어 규범적으로 판단할 수밖에 없으므로, 위 각 회보결과에 의료과오의 유무에 관한 견해가 포함되어 있다고 하더라도 법원이 의사에게 과실이 있는지 여부를 판단함에 있어서 그 견해에 기속되지 아니한다."고 판시하여 상고이유가 없다고 보았다.

(나) 신생아의 대사성 산증 사망 사건[75]

위 대법원 판결의 사안은 산모인 원고가 제왕절개술에 의해 출산한 신생아가 출생 직후 발생한 대사성 산증으로 인하여 2일 만에 사망에 이르는 과정에서, 대사성 산증의 원인이 무엇인지와 피고 병원 의료진의 대사성 산증에 대처하기 위한 조치가 적정하였는지가 쟁점이 되

---

73) 대법원 1998. 7. 24 선고 98다12270 판결.
74) 서울고등법원 1998. 2. 12 선고 96나25144 판결.
75) 대법원 2008. 3. 27 선고 2007다16519 판결.

었던 것이었다. 특히 제1심법원의 ○○대학교병원장에 대한 진료기록감정촉탁결과는 '이 사건 신생아에게 급성 신부전이나 저산소성 뇌손상이 발생하지 아니하였고, 이 사건 신생아는 대사성 산증의 원인 병변의 악화로 인하여 사망하였다.'고 하는 반면, 원심의 □□대학교병원장에 대한 진료기록감정촉탁결과는 '이 사건 신생아에게 급성 신부전 및 저산소성 뇌손상이 발생하였고, 이 사건 신생아는 대사성 산증의 악화 내지 호흡근 허탈에 의하여 사망한 것'으로 보고 있어 서로 상반되어 있었다. 더구나 원심에서의 진료기록감정촉탁결과는 구체적인 근거 자료 없이 추측에 의한 감정을 한 것으로 의심될 수 있는 점, 원심 감정의는 감정의 근거를 묻는 피고의 사실조회에 대하여 '진료기록이 희미하여 확인할 수 없었다.'고 답변하고, 피고 병원 의료진의 구체적인 과실점이 무엇인지 묻는 질문에 대하여도 답변을 회피하고 있는 점, 제1심 감정의와 달리 원심 감정의는 자신의 세부전공이 신생아학인지 여부에 대하여 밝히지 않고 있다는 점 등의 사정을 알 수 있는바, 위와 같은 사정에 비추어 보면 원심 감정결과는 그 신빙성에 관하여 상당한 의문이 있다 할 것이고, 특히 원심 감정결과가 진료기록을 제대로 파악한 상태에서 이루어진 것인지에 대하여도 의문이 있었다.

이에 대법원은 "동일한 감정인이 동일한 감정사항에 대하여 서로 모순되거나 매우 불명료한 감정의견을 내놓고 있는 경우에, 법원이 위 감정서를 직접 증거로 채용하여 사실인정을 하기 위하여는, 특별히 다른 증거자료가 뒷받침되지 않는 한, 감정인에 대하여 감정서의 보완을 명하거나 감정증인으로의 신문방법 등을 통하여 정확한 감정의견을 밝히도록 하는 등의 적극적인 조치를 강구하여야 마땅하며, 감정결과가 진료기록을 제대로 파악한 상태에서 이루어진 것인지에 대하여도 의문이 있는 경우에 진료기록에 명백히 반하는 부분만을 배척하면 서도 합리적인 근거나 설명 없이 나머지 일부만을 증거로 사용하는 것 역시 논리법칙에 어긋난다 할 것이다."라고 하여, 감정에 있어 그 정확성을 담보하기 위한 법원의 적극적인 소송지휘권 행사가 필요하다고 판시하였다.

(다) 보험계약 약관의 '우연한 외래의 사고' 증명 사건[76]

위 사안은 甲의 배우자였던 乙이 丙 보험회사와 사이에, 피보험자를 甲, 보험수익자를 피보험자의 법정상속인으로 하여 피보험자가 상해의 직접 결과로 사망하는 경우 일반상해사망보험금을 지급하는 내용의 보험계약을 체결하였는데, 甲이 계단에서 미끄러져 넘어지는 사고로 병원에서 입원치료를 받다가 식사 중 의식을 잃고 쓰러져 사망하자, 甲의 상속인 丁이 丙 회사를 상대로 일반상해사망보험금의 지급을 구한 것이었는데, 위 보험계약의 약관에서 상해

---

76) 대법원 2023. 4. 27. 선고 2022다303216 판결.

를 '보험기간 중에 발생한 급격하고도 우연한 외래의 사고로 신체에 입은 상해'로 정하면서 일반상해사망보험금은 피보험자가 보험기간 상해의 직접 결과로써 사망한 경우(질병으로 인한 사망은 제외)에 지급하도록 정하고 있었다. 甲의 사인에 관해서는 ① 질식과 급성 심근경색증이 모두 가능성이 있다는 戊 의료원 원장에 대한 진료기록감정촉탁 결과와 ② 급성 심근경색증이라는 己 대학병원 원장에 대한 진료기록감정촉탁 및 사실조회 결과가 각 제출되었다.

이러한 상황에서 대법원은 "법원으로서는 甲에게 질식이라는 외래의 사고로 상해가 발생하였고 상해가 甲의 사망과 상당인과관계가 있다는 사정에 관한 증명책임이 丁에게 있음을 감안하여,[77] 甲에게 질식이 발생하였고 이로써 사망하였다는 사정을 쉽게 추정하여 보험금청구권을 인정하는 것에는 신중하여야 하고, 특히 戊 의료원 원장에 대한 진료기록감정촉탁 결과에 배치되는 진료기록감정촉탁 및 사실조회 결과와 국립과학수사연구원의 부검의견이 반증으로 제시되어 있을 뿐만 아니라 戊 의료원 원장에 대한 진료기록감정촉탁 과정에 일부 절차상 미비점까지 존재하므로, 戊 의료원 원장에 대한 진료기록감정촉탁 결과를 채택하려면 감정촉탁 결과의 보완을 명하거나 증인신문, 사실조회 등 추가적인 증거조사를 통해 甲이 의식을 잃고 사망하는 과정에서 질식이 발생하였다고 볼만한 사정이 있었는지, 부검감정서에 질식이 발생한 경우 특징적으로 보이는 내용이 있었고 이러한 내용을 근거로 질식 발생 여부에 관한 의견을 제시한 것인지 등에 관한 각 감정기관의 견해를 구체적으로 심리·파악하여 감정촉탁 결과의 신빙성 여부를 판단하였어야 하는데도, 위와 같은 사정을 면밀히 살펴보거나 심리하지 않은 채 甲에게 질식이 발생하였고 질식이 甲의 사망에 원인이 되었음을 완전히 배제할 수 없다는 이유로 丁의 청구를 일부 받아들인 원심판단에 법리오해 등의 잘못이 있다."고 판단하였다.

아. 일본의 진료기록감정절차[78]

(1) 일반적인 진료기록감정결과

일본도 의료민사소송에서 피고인 의사 측에 대하여 의료과실책임을 추궁하는 원고인 환자 측에서 의료과실과 인과관계에 관하여 증명책임을 부담한다. 의료소송에서 환자측뿐만 아니라 의사 측에서도 각각 의료문헌·판례 등을 제출하여 쟁점에 대한 견해를 주장하게 되는데, 의료문헌에 기재된 평가 의견이 다양하게 나누어지는 경우가 발생하게 된다. 이에 일본에서도 이

---

77) 대법원은 "보험계약 약관에서 정하는 상해의 요건인 '급격하고도 우연한 외래의 사고' 중 '외래의 사고'는 상해 또는 사망의 원인이 피보험자의 신체적 결함, 즉 질병이나 체질적 요인 등에 기인한 것이 아닌 외부적 요인에 의해 초래된 모든 것을 의미하고, 이러한 사고의 외래성 및 상해 또는 사망이라는 결과와 사이의 인과관계에 관하여는 보험금청구자에게 증명책임이 있다."고 하였다.

78) 백경희, 진료기록감정 및 그 판단에 대한 법적 고찰-의료민사책임을 중심으로-, 94-97면.

러한 경우 법원이 제3자인 의사에 대하여 의료사고에 대한 쟁점에 관한 판단의 결과를 보고하
게 하여 법관의 전문적 지식을 보충하는 증거 조사로서 감정이 실시되는 것이다. 일본 또한 평
성 15년의 민사소송법 개정 시에 의료과실소송에서 쟁점의 정리와 증거자료의 평가를 위하여
전문적 지식을 활용하고 재판의 보조자로서 활동하는 자로서 전문위원제도를 도입하였다.

최근 최고재판소의 보고서에 의하면 의료민사소송에서 감정을 실시하는 경우와 그렇지 않
은 경우 소송에 소요되는 전체 평균 심리기간에 상당한 차이가 존재하고 있음이 실증적으로
나타나고 있다. 일본은 헤이세이 15년(2003년) 법률 제107호로 재판의 신속화에 관한 법률을
제정하였고, 최고재판소는 신속화의 검증을 위해 보고서를 작성하고 있는데 2017년 제7회 신
속화 검증결과의 공표에 의하면, 일본의 경우 의료과실에 관한 민사소송은 평성 26년 이후 연
간 800건 전후가 신규사건으로 접수되고 있고, 평균기일회수가 11.9회로 일반민사 1심 소송
이 4.7회인데 비해 2배 이상 장기화되고 있다.[79] 한편 감정을 실시하는 비중도 일반 민사 1
심 소송이 0.5%인데 반하여 의료과실에 관한 민사소송은 7.7%의 비중을 차지하고 있다.[80]
의료과실에 관한 민사1심소송에서 감정을 실시한 경우 평균심리기간이 49.6월로 감정을 거치
지 않은 일반민사1심소송의 29.8월에 비해 약 1.7배 정도의 기간이 더 소요되고 있다. 의료민
사소송의 평균 심리 기간이 긴 이유에 대하여 최고재판소는 ① 전문적 지식의 부족으로 쟁점
정리의 장기화, ② 증거의 편재, ③ 감정절차의 장기화, ④ 감정결과의 대립을 지적하고 있
다.[81] 그렇기 때문에 일본의 의료과실에 관한 민사소송에서 감정을 채택하는 비중은 의외로
높지 않은데, 감정의 실시가 필요불가결한 경우가 아닌 한 시간적·경제적 비용을 고려하여
감정 절차를 채택하지 않는 경향이 강하다.[82]

(2) 컨퍼런스(カンファレンス, Conference) 감정 방식

컨퍼런스 감정이란 동경지방재판소 의료집중부에서 2003년도부터 실시하고 있는 감정방법
으로 현재는 오사카지방재판소 의료집중부 등으로 확산되고 있는, 의료소송실무에서 활용되
는 특수한 복수감정(複數鑑定) 방식이다. 이 절차는 대학병원과 협력하는 체제로 3명의 감정인
이 사전에 감정사항에 대한 의견을 간결하게 요약하여 의견서로 제출하고, 감정인 전원이 재
판부로부터 구두변론기일에서 감정 의견을 진술한 후, 일문일답의 형식으로 감정인 질문에 대
한 답변을 행하는 순으로 이루어진다. 종래 감정절차는 의사는 단독으로 서면 감정을 수행하

79) 最高裁判所, 『裁判の迅速化に係る検証に関する報告書』, 2017, 28頁.
80) 前揭 報告書, 33頁.
81) 前揭 報告書, 34頁.
82) 平沼 直人·藤城 雅也·佐藤 啓造, "裁判上の鑑定から当事者鑑定へ −,医療過誤訴訟における私的意見
書の実態と提言−", 『昭和医学会雑誌』第72卷 第6号, 昭和大学·昭和医学会, 2012. 12, 629−631頁.

면서 평가하는 것인데, 감정인이 이에 대하여 부담을 느껴 기피하고 의사와 환자 사이에서 비난을 받게 되는 문제에 대응하기 위해 도입된 제도라고 한다. 이를 통해 의사는 부담을 경감할 수 있을 뿐만 아니라 복수의 전문의가 동석하여 논의를 교류함으로써 문제점과 의견의 같고 다름을 명확하게 확인할 수 있어 복수의 전문의를 통한 감정결정결과의 형성과정이 직접적으로 드러난다는 장점이 있다고 한다.[83] 컨퍼런스 감정을 실시하고 있는 동경지방재판소 의료집중부는 도내의 13개의 대학부속병원과 그 계열의 병원으로부터 3인의 감정인 후보자를 추천받아 추천된 감정인 후보자를 감정인으로 선임하여 감정자료[84]를 교부하게 된다. 3인의 감정인은 감정자료에 기초하여 감정사항에 대한 결론과 그 이유를 간결하게 기술한 감정의견서를 의료전담부에 제출하고, 각 당사자에게도 재판소로부터 그 감정의견서가 송부된다. 그 후 개최되는 감정기일에는 일반적인 감정인 질문절차와 동일하게 각 감정인에 대하여 감정인 의견서의 내용에 대한 확인을 위한 질문을 한 뒤, 각 감정인은 그에 답변 형식으로 진술을 하게 된다. 이후 재판소는 감정사항과 의견서의 취지를 명확히 하면서 의문점에 대하여 상세하게 질문을 행하고, 이러한 일련의 절차가 종료된 뒤에 감정을 신청한 당사자, 타방 당사자의 순서로 보충적인 질문을 한다(일본 민사소송법 제215조 제2항). 만약 각 감정인 사이의 의견이 서로 충돌하는 경우에는, 각 감정인의 의견에 대하여 각 감정인들 간 구두 논의를 통한 추가적인 의견이 필요한 경우도 있을 수도 있다.[85]

자. 감정신청서 및 회신문 작성례

(1) 간염환자에 대한 니조랄 투여와 사망 사이에 인과관계가 있다는 점을 증명하기 위한 원고측의 진료기록 감정신청서 작성례

진료기록감정신청

사　　　건　　00가합××××호 손해배상(의)

원　　　고　　○ ○ ○외 2

---

83) 木村　祐子, 誤判防止のための科学者と法律家の協働, 法学研究　No.19, 龍谷大学社会科学研究所, 2017, 57頁.

84) 당사자의 준비서면들의 정보가 감정인에 대하여 전부 교부되지는 않는다. 즉, 감정사항에 관련되는 당사자의 주장을 대조한 서면인 소위 주장정리서면이 교부되며, 증거 역시 감정사항과 관계된 서증에 한하여 교부된다.; 東京地方裁判所医療訴訟対策委員會, 『医療訴訟の審理運営指針(改訂版)』, 判例 タイムズ 1389号, 2013. 8, 19頁.

85) 前揭 "医療訴訟の審理運営指針(改訂版)", 20頁.

피   고   학교법인 ××학원 외 2

위 사건에 관하여 원고들 소송대리인은 주장사실을 증명하고자 다음과 같이 감정신청을 제
출합니다.

다   음

1. 감정사항
가. 전제사실
(1) 망인은 1990. 3. 12. 사망할 당시 만40년 10개월된 남자임

(2) 1990. 2. 20.경 간경화증과 복수, 합병성 상부위장관출혈(의진, 비활동성)으로 ××병원
    에 입원함

(3) 위 병원에 입원하여 간경화증과 복수, 상부위장관 출혈등에 대한 보존적치료를 받음

(4) 1990. 3. 3. 위 내시경검사로 ① 식도정맥류 ② 식도칸디디아증 ③ 십이지장궤양 등을
    확인함

(5) 식도칸디디아증의 치료를 위해 항진균제로 가글링 함

    (진료기록상에는 3. 5., 3. 6., 3. 7. 항진균제 진료기록은 없음)

(6) 위 가글링의 효과가 없어, 구두처방으로 ○○제조 니조랄 현탁액을 외부약국에서 구입하
    여 1일 2회씩 3. 8. 저녁 무렵부터 같은 달 10.저녁 무렵까지 한번에 10ml씩 5회에 걸쳐
    50ml 복용함 (이러한 처방에 대해서는 진료기록부에 기재 없음)

(7) 3. 10.경부터 하루에 3회 정도 숨을 몰아쉬면서 눈동자가 뒤집히고 1분정도 의식을 잃고
    침대에서 떨어지기도 함

(8) 3. 12. 21:45경 사망함

(9) 부검소견 상 사인은 간기능 악화로 판명됨

나. 감정사항
(1) GOT(AST)나 GPT(ALT)는 음식물(아미노산)을 간에서 대사 할 수 있도록 도와주는 효소
    의 일종으로 60~300정도를 만성 간염, 300 이상을 간세포파괴 단계로 보는지 여부

(2) GOT, GPT는 급성간염일 때는 500~1,000 정도 혹은 그 이상으로 올라가고, 만성 간염으
    로 넘어가면 100~300 정도 유지하다가 간경화로 되면 50~100 정도로 떨어지는데 이는
    병이 호전되는 것이 아니라 간세포가 파괴되어 더 이상 세포 밖으로 나올 GOT, GPT가

없는 상태를 말하는지 여부

(3) 위 환자의 경우 내원당시 간기능의 이상여부나 악화 여부를 진단하기 위하여 환자로부터 문진, 청진 등 진찰한 내용으로는 어떤 것이 진료기록상 기재되어 있는지 여부

(4) 간경화치료의 핵심은 합병증의 치료에 있는바, 이러한 합병증으로서 나타나는 복수, 혼수, 정맥류출혈 등의 증세 중 위 환자에게 사망 전까지 나타낸 합병증으로는 무엇이 있는지 여부

(5) 복수의 가장 중요한 치료는 저염식 섭취와 안정이고, 저염식으로 복수가 조절되지 않으면 이뇨제를 사용하는데, 위 환자의 경우 복수치료를 위해 의사가 한 치료에는 어떤 것이 있는지 여부

(6) (위 5항과 관련하여)
위 치료로서 복수는 조절되었는지 여부(증상이 개선되었다면 구체적으로 어떻게 개선되었으며, 진료기록상 어떤 내용으로 기재되어 있는지 여부).

(7) 간경화증 환자가 어느 순간부터 내내 졸리거나 평상시 성격과 다른 행동을 하는 등의 변화가 있으면 혼수의 전조 증상임을 의심하여 응급처치가 필요한 바, 위 환자의 경우 실신은 언제부터 시작되었고 응급실로는 언제 갔는지 여부

(8) 특히 혼수 직전단계를 넘겨 혼수에 빠지면 치료가 어려워지는바, 위 환자의 혼수상태는 언제부터 시작되었는지 여부

(9) 위 환자의 간기능검사시행일자와 성적은 2. 21.경 GOT 107.7, 3. 2. 경 GOT 73.3, 같은 달 6.경 GOT 86.5, 같은 달 12.경 GOT 85.1 이외에 3. 8.경부터 3.11.경 사이에 위 망인에 대하여 간기능검사를 한 기록이 있는지 여부

(10) 3. 5.~3. 7.경 사이의 3일간 경과기록지(progress note)가 있는 지 여부

(11) 위 환자는 3. 10.경부터는 계속하여 실신을 반복하고 있는데, 이의 원인을 찾기 위해 어떠한 검사를 실시하였는지 여부

(12) 간호기록지에 의하면 1990. 3. 4., 같은 달 5., 같은 달 6., 같은 달 7.경의 각 기록에 의하면 식도칸디디아증의 치료를 위해 마이코스탄틴 4정과 5% 포도당으로 가글한 기록이 있는지 여부

(13) (위 12항과 관련하여)
1990. 3. 8. 간호기록 시에 마이코스탄던 4정과 5%포도당으로 가글한 기록이 있는데 3. 8.경부터 가글을 실시한 이유는 무엇인지 여부

(14) (위 13항과 관련하여)
경과기록지의 치료계획에 따르면 3. 4.자 기록에는 "계획 3) 항진균제 사용" 이라고 기록되어 있는데, 간호기록지에는 이를 전혀 실시하지 않은 이유는 무엇인지 여부

(15) 위 환자에 대한 간기능 수치로 보아 환자가 내원한 이래 간경변이 호전되었다고 판단하기 어려운 수치인데, 이러한 환자에게 간기능 손상을 우려하여 식도진균증의 치료로서 니조랄 같은 간기능을 악화될 수 있는 약물의 복용외의 다른 치료법에는 어떤 것이 있는지 여부

(16) 니조랄 현탁액의 경우 간기능을 악화시킬 수 있으므로 니조랄 복용시 주의 깊은 간기능검사로 추적하면서 복용하여야 하는바, 위 환자와 같이 간경화 환자의 경우 일반 정상적인 환자에 대한 복용과는 달리 더욱 자주 간기능검사를 하는 것이 바람직한지 여부

(17) 최근에는 니조랄 현탁액의 간독성이 문제되어 주로 외부 도포용으로만 사용하고 있는지 여부

(18) 위 환자의 내원당시의 치료방법과 3. 10.경 실신 이후의 치료에 특별히 달라진 치료가 있는지 여부

(19) 위 환자의 식도진균증의 원인은 무엇인지 여부

(20) 위 환자의 경우 식도진균증이 직접적으로 사인이 되었는지 여부
   (직접사인이었다면 그 기전을 어떠한 지 여부)

(21) 위 환자에게 심장질환이 있었는지 여부(있었다면 그 증상이 구체적으로 어떠하였는지 여부 및 병원에서 치료를 하였는지 여부)

(22) 기타관련사항

2. 감정목적물
- 진료기록부   1부

3. 증명취지
위 망인이 니조랄 독성에 의한 간성혼수로 사망하였다는 점을 증명하고자 합니다.

2002.   .   .
위 원고들 소송대리인
변호사   ○ ○ ○

○○고등법원   귀중

(2) 위 원고측의 진료기록 감정신청에 대한 회신문

진료기록감정회신문

수　　신　○○고등법원

사　　건　93가합××××호 손해배상(의)

원　　고　○ ○ ○ 외2

피　　고　학교법인 ××학원 외2

감정대상자　성　명 : ○○○

주민등록번호 : 123456 – 1234567

감정사항

가. 감정사항

(1) GOT, GPT 가 60~300 정도를 만성 간염, 300 이상을 간세포파괴 단계로 보는지 여부 ; GOT, GPT는 간세포파괴시 혈중에 유리되어 검출되어 간세포파괴를 간접적으로 확인하는 방법으로 일반적으로 만성 간염시 간수치가 급성간염보다 높지 않으나 만성 간염은 수치만으로 확인할 수 없으며 6개월 이상 만성적으로 간수치가 급성간염보다 높지 않으나 만성 간염은 수치만으로 확인할 수 없으며 6개월 이상 만성적으로 간수치가 높거나 간조직생검으로 확인할 수 있음. 그러나 임상의가 간수치검사와 다른 임상소견을 종합하여 추정할 수 있으며 간수치가 300 이상인 경우 간세포파괴가 많다는 것을 시사함.

(2) 만성 간염은 급성간염에 비하여 수치가 일반적으로 낮으며 간경화시 대부분 상대적으로 GOT, GPT가 낮게 나오나 이는 반드시 간세포가 모두 파괴되어 더 이상 나오지 않는 상태 보다는 염증의 정도가 만성적이고 급성에 비하여 급격히 파괴되지 않으며 염증의 상태가 국지적으로 지속인 상태로 인하며 나타나는 현상임. 그러나 만성 간염이나 간경화에서도 일시적으로 염증이 심한 상태로 급격한 간수치의 상승을 관찰할 수 있으며 약물 등에 의해 간손상이 추가로 온 경우 일시적으로 수치가 상승할 수 있다. 중요한 사실은 GOT, GPT의 수치만으로 간기능상태를 판단할 수는 없으며 이 수치가 낮다고 하여 반드시 간상태가 좋다고 볼 수는 없음.

(3) 문진에서 주소가 복부팽만과 의식혼탁, 과거력상 최근 술을 폭주한 병력, 전신고찰에서

흑색변 등이 기재되었고 진찰소견 상 빈맥, 황달, 빈혈성 결막, 복부팽만, 거미상 혈관종, 간종대촉지, 이동탁음, 복부표재성 정맥 등이 기재되었음.

(4) 복수, 식도정맥류, 빈혈(이 원인을 이전 식도정맥류 출혈로 인한 가능성을 의심하고 있었음)이 있었고 내원 당시 주소가 의식혼탁으로 혼수가 있었을 가능성이 있었으나 내원 당시에는 의식이 명료하여 간상태에 대한 식이 조절(저단백식이)이외에 별도의 조치가 없었고 3월 12일 심장마비 이전에 간성혼수를 의심할 만한 사항이 기재되어 있지 않음

(5) 저염식, 복수천자(검사목적), 이뇨제투여로 일반적 간경화에 의한 복수발생시 할 수 있는 조치를 한 것으로 판단됨.

(6) 체중감소(내원당시 72KG에서 63KG 정도로 감소), 음수량 기록에서 배출량이 음수량보다 많음이 기록된 점으로 효과적 이뇨가 유도되어 복수조절이 비교적 잘 된 것으로 추정됨.

(7) 입원 중 간호기록지에 실신이 3월 10일 처음 기술되었으며 3월 12일 실신하여 심장마비로 판단되어 중환자실에 오후 9시 50분 이송으로 기록됨 내원 전에는 응급실 기록에 내원 3일전부터 의식혼탁이 발생하여 방문, 내원 당시 의식이 명료로 기록 되었으나 혼수 가능성에 대한 조사를 지시하였고 내원 당시 저단백식이를 초기 투여 하다가 지방식이로 교체하였음 기록상으로는 3월 10일 혼수의 전조 증상과 잘 부합되지는 않음.

(8) 기록상으로 내원 후 계속 의식이 명료한 것으로 기록 되어있으며 3월 10일 신신이후 몇 차례 실신이 있었으나 실신 발생 전 혼수 유발인자가 뚜렷하지 않았고 실신이 순간적으로 간성혼수에 대한 별다른 치료없이 바로 의식이 깨어난 점과 실신이 반복된 점, 간기능 상태가 초기에 비해 더 악화소견이 없어 기록상으로는 간성혼수로 판단하기가 어려우며 심장마비로 판단된 3월 12일 9시 45분 이후 혼수 상태가 기록되어 있는 정황으로 미루어 보아 이는 심장마비로 인한 뇌손상으로 추정됨.

(9) 3월 8일부터 10일 사이 간검사 실시 지시사항 없음.

(10) 3일간 의사의 경과기록지는 기록되어 있지 않으며 간호부 기록지에는 별다른 상태의 변화가 없음이 기록되어 있음.

(11) 생체징후(Vital sign;혈압, 맥박) 6시간 간격 측정, 혈청 전해질검사, 간검사, 일반 혈액검사 가슴 X선사진 실시한 기록이 있음 검사상 실신과 연관지을 만한 별다른 이상소견이 발견되지 않았음.

(12) 기록없음.

(13), (14) 간호기록에 일반적으로 경구투여약은 기록하지 않는데 3월 8일만 간호기록에 기록한 이유는 모르겠으나 의사지시서에는 3월 3일 내시경검사 이후 식도진균증이 의심되어 3월 4일부터 가글을 지시한 기록이 기재되어 있음.

(15) 식도진균증 치료제로 니스타틴 가글 외에 니조랄(Ketoconazole), Fluconazole등이 있

으며 Fluconazole은 니조랄 보다 간에 대한 부작용이 적은 것으로 알려져 있다. 그러나 이 경우에도 간독성 발생예가 보고된 바 있음.

(16) 니조랄의 경우 복용 2, 3개월 후 약 15,000명의 1명 정도로 간부전과 같은 심한 간독성이 나타날 수 있으며 복용 초기에 간수치가 일부 상승하는 것으로 밝혀져 있음. 간에 손상을 초래할 수 있는 약물을 투여할 때 간에 손상여부를 확인하는 데 있어서 간검사가 중요하나 실질적으로 간에 악영향을 줄 수 있는 약제의 투약시 일반적으로 복용 후 간기능악화가 발생하려면 일정기간이 소요되므로 환자의 임상소견을 보면서 일정간격으로 하는 경우가 타당함. 물론 간경화와 같이 추가적 간손상이 올 경우 정상인 보다 간의 부담이 큰 환자에서는 투여시 좀 더 주의를 요함. 이 경우 검사간격의 적절성에 대한 명확한 지침은 없으며 일반적으로 담당의사의 임상적 관찰과 환자의 자각증상 등을 고려한 검사시기의 설정이 필요하리라 생각됨. 이 환자의 경우 니조랄 투여에 대한 명확한 기록이 없어 투여 후 얼마간 간검사를 실시하지 않았는지 확인할 수 없었으나 초기 간검사후 최종 간검사를 실시한 6일간 간검사를 하지 않은 것으로 기록되었는데 검사 간격은 경과를 판단하는 데 문제가 될 정도로 길었다고 생각되지는 않으며 실제 검사결과에서 초기 검사결과와 큰 차이를 나타내지 않고 있는 점으로 보아 검사가 늦어져 적절한 조치를 못하여 니조랄에 의한 간손상이 환자의 경과를 악화시켰다고 판단하기는 어려움. 검사를 자주하면 환자의 상태를 일찍 확인할 수 있는 장점이 있으나 불필요하게 자주하는 것은 환자의 검사비 부담과 잦은 채혈로 인한 불편 등을 고려해야 하므로 검사의 시기와 간격은 해당 임상의의 적절한 판단이 중요하다고 생각됨.

(17) 본인은 간전문의로 항진균제를 자주 사용하지 않아 잘 모르나 본 대학 피부과에서는 최근에는 상대적으로 독성이 적다고 개발된 신약을 선호하는 경향임.

(18) 특이한 변동사항 없었음.

(19) 일반적으로 진균은 면역기능이 저하된 사람에게 올 수 있으며 이환자에서 최근의 지속적 폭음과 같은 알코올 중독자나 간경화로 면역이 저하된 경우 올 수 있다고 생각됨

(20) 직접사인으로 생각하기는 어려울 것 같음.

(21) 내원 당시 실시한 심전도검사에서 동성빈맥과 전체적으로 낮은 볼테이지(Voltage)가 관찰 되었으나 특이소견이 없었으며 기록상으로 심장질환이 있다는 기록과 이를 치료한 기록은 확인할 수 없었음.

(추가감정사항)

가. 망인의 간질환 상태는 기록만 검토하여 판단하면 3), 4)항에 기술한 바와 같이 이미 간경화 합병증이 병발한 상태이며 내원 당시 빌리루빈과 알부민검사 소견 등을 종합하여 판

단할 때 알코올성 간경화가 왔으며 간경변의 장애정도를 분류한 Child분류법에 의거하면 C등급으로 가장 나쁜 상태였다고 판단됨.

나. 치유가능성을 수치상으로 더욱이 기록만 보고서 판단하기 어려우며 Child분류법에 C등급에 해당되는 환자에서도 그 환자의 전신 건강 및 영양상태, 치료 후 관리, 타합병증의 병발 등, 여러 요인이 관여하므로 예측하기 어려움. 치료에 소요되는 기간도 복수 등은 1개월 내 회복되는 경우도 있으나 혹자는 조절이 안되어 수술적 방법을 시도하는 경우도 있으며 식도정맥류의 경우는 계속적 관리가 필요하며 간경화는 치료하면서 회복의 정도에 따라서 달라짐. 이환자의 경우 술을 중단한다 하여도 이미 합병증이 와 있는 상태이므로 평생 치료 및 관리를 해야 할 가능성이 높다고 판단함.

다. 불행히도 간경화의 경우 자연경과가 국내에 잘 조사된 바가 없으며 더욱이 환자의 간기능상태, 합병증 유무, 연령, 간경화의 원인 등을 고려한 연구가 없어 정확한 판단을 내리기 어려우며 이환자의 경우 단기간 관찰 중 사망하였기 때문에 실질적으로 치료 후 어느정도 간기능 상태가 회복될 수 있는 지 판단이 어려우나 사망당시의 상태로는 일상업무가 어려울 것으로 판단됨. 금주와 철저한 관리로 간경화의 등급이 C에서 B 또는 A등급으로 회복되는 경우도 더러 있지만 치료 종결 후 정상적 근무가 쉽지 않으리라 생각되며 치료가 잘된 경우를 가정하여 가벼운 일상업무 정도가 가능할 수 있으리라 판단됨.

2002.   .   .

××대학교 의과대학 내과학교실 교수

××병원 소화기내과

×   ×   ×

(3) 경막외 신경차단술과 술후 발생한 장애 사이에 인과관계가 없다는 점을 증명하기 위한 피고측의 진료기록 감정신청서 작성례

진료기록감정촉탁신청

사   건   2003가합××××호 손해배상(의)

원   고   ○ ○ ○ 외 2인

피   고   ×   ×   ×

위 사건에 관하여 피고 소송대리인은 주장사실을 증명하기 위하여 다음과 같이 진료기록감정을 신청합니다.

다　음

1. 감정사항

가. 기초사실

(1) 원고는 만40세의 남자입니다.

(2) 요통으로 1999. 11. 8.~13. 및 11. 22.~12. 4.에 피고병원에서 입원치료를 받은 병력이 있습니다.

(3) 약 5일간의 요부통증 및 좌하지방사통을 주호소로 2000. 4. 27.경 피고병원에 내원하였습니다.

(4) 하지직거상 검사상 좌우 (20/20도)로 제한되어 있고 좌하지 하퇴부감각저하 및 근력저하 소견을 보이고 보행이 매우 힘든 상태여서 4. 27.~29.까지 3일간 물리요법과 약물요법을 시행하였습니다.

(5) 그러나 5. 3.경 상태가 악화되어 다시 피고 병원을 내원하였고 당시 하지직거상 검사상 (30/15도)였고 거의 보행이 불가능하여 입원조치하였습니다.

(6) 입원 후 5. 6.~6. 2.경까지 1주 간격으로 총 5회 경막외 신경차단술을 시행 받았습니다.

(7) 치료중인 6. 9.경 환자는 좌측하지의 무릎 및 족부전부 부종 및 통증을 호소하여 피고는 교감신경위축증(RSD)으로 진단하였습니다. 이에 6. 9. 및 6. 16.경 경막외 신경차단술을 시행 받았습니다.

(8) 6. 19.경 상태호전가 호전되었고 파업과 관련하여 퇴원조치 하였습니다.

(9) 원고가 다시 아프다고 하여 피고는 6. 26.경 재입원조치하였습니다.

(10) 이후 7. 1.~9. 16.경까지 2주 간격으로 경막외 신경차단술을 6회 시행하였습니다.

(11) 9. 18.경 상태 호전되어 통원치료 위해 퇴원하였습니다.

(12) 퇴원 이후 9. 19.~10. 4.경까지 통원치료받았습니다.

(13) 그러나 원고는 요통 및 좌하지방상통이 호전되지 않아 대학병원을 방문하여 수술권유 받고 2000. 11. 7.경 ××병원에서 수핵제거술 및 후방감압술을 받았습니다.

(14) 원고는 수술 후에도 요통 및 좌하지방사통이 지속되고 있습니다.

나. 감정사항

Ⅰ. ××정형외과 진료기록지에 관하여

(1) 2000. 4. 27. 피고병원 내원 전 원고의 구체적인 병력은 어떠한지요

(2) 2000. 4. 27.~29. 피고병원 통원치료에 관하여

 (가) 원고가 피고병원을 내원한 이유는 무엇인지요

 (나) 주증상은 무엇이었고 상태는 구체적으로 어떠하였는지요

 (다) 피고는 어떠한 검사를 시행하였고 치료방법으로 무엇을 시행하였는지요

 (라) 원고의 상태에 비추어 약물요법 및 물리치료를 시행한 바, 적절한 판단이었는지요

(3) 2000. 5. 3.~6. 19. 입원치료에 관하여

 (가) 입원을 하게 된 이유는 무엇이며 원고의 상태는 구체적으로 어떠하였는지요

 (나) 이에 피고는 어떠한 치료방법을 시행하였는지요

 (다) 우선적으로 약물치료 및 물리치료를 시행한 것은 적절한 판단이었는지요

 (라) 경막외 신경차단술에 관하여

  ① 원고의 상태에 비추어 경막외 신경차단술을 시행한 이유는 무엇이며 이 경우 경막외 신경차단술의 적응증이 되는지요(경막외 신경차단술의 금기사항에 해당되는지요)

  ② 경막외 신경차단술은 각 언제 시행하였으며 총 몇 회 시행하였는지요(적절한 치료였는지요)

  ③ 경막외 신경차단술로 치료중 디스크 파열이 있었는지요

  ④ 경막외 신경차단술 후 원고의 상태는 호전되었는지요

  ⑤ 경막외 신경차단술 후 올 수 있는 합병증에는 두통, 경막외 혈종이나 농양, 요통, 혈당 상승 등이 있다고 하는데 기록상 원고에게 이러한 합병증이 있었는지요

 (마) 급성 반사성교감신경위축증(RSD)에 관하여

  ① 입원 치료 중 6. 9.경 좌측하지의 무릎 및 족부전부 부종 및 통증을 호소하여 급성 RSD로 진단하였는데 적절한 판단이었는지요

  ② ①과 같은 증세호소시 이를 디스크파열의 증세로 볼 수 있는지요

  ③ 요통환자의 10%에서 RSD를 볼 수 있다는데 이 경우 RSD의 원인으로 무엇을 볼 수 있는지요

  ④ RSD의 치료로 물리치료 및 6. 9. 및 6. 16.경 경막외신경차단술을 시행 한 바, 적절한 판단이었는지요

  ⑤ 치료 후 RSD는 호전되었는지요

 (바) 6. 19. 경 원고의 상태에 비추어 퇴원결정은 적절한 조치였는지요

 (사) 디스크파열이 될 만한 소견이 있는지요

(4) 2000. 6. 26.~9. 18. 재입원치료에 관하여

 (가) 6. 26. 재입원 후 어떠한 치료를 받았다고 기록되어 있는지요

 (나) 치료의 방법으로 수술적 치료가 아닌 경막외 신경차단술을 시행한 것은 적절한 판단이었는지요

 (다) 퇴원일인 9. 18. 전까지 경막외 신경차단술은 각 언제 시행되었고 총 몇 회 시행되었는지요(치료상의 과실이 있는지요)

 (라) 이 기간 동안 디스크 파열증상이 있었는지요

 (마) 8. 31.경 상태가 호전 되어 퇴원하도록 하였으나 원고가 경제적 이유로 퇴원을 거부하여 퇴원을 보류하였는데 퇴원을 보류한 기록이 있는지요

 (바) 2000. 9. 18.자 CT검사상 디스크의 완전탈출 소견이 있는지요

(5) 2000. 9. 19.~10. 4. 통원치료에 관하여

 (가) 원고는 통원치료 기간동안 어떠한 치료를 받았는지요

 (나) 통증 완화를 위해 진통제가 투여되었는지요

 (다) 통원치료기간 동안 원고는 진통제가 투여되지 않고 물리치료만 받은 바, 증세가 상당히 호전된 것으로 판단할 수 있는지요

(6) 기타 관련 사항

Ⅱ. ×× 병원 진료기록지에 관하여

(1) 11. 6.자 대퇴슬와근 도플러상 진단은 무엇인지요

(2) 버거스 병의 주증상은 무엇이며, 버거스 병에 의해 좌측하지 저림증상이 심해졌을 가능성이 있는지요

(3) 원고는 11. 7. 수핵제거술 및 후방감압술을 받은 후에도 요통 및 좌측하지통이 지속되었는데 그 이유는 무엇 때문인지요

(4) 기타 관련 사항

2. 감정촉탁 목적물

1. ××정형외과 진료기록부 사본　　　1부
2. ××병원 진료기록부 사본　　　　　1부

3. 감정 촉탁처

귀원에서 적당하다고 인정되는 정형외과전문의로 하여금 감정하게 하여 주시기 바랍니다.

4. 증명 취치

환자의 현 장애는 피고병원의 의료행위와 인과관계가 없음을 증명하고자 합니다.

2002.   .   .

위 피고 소송대리인

변호사   × × × (인)

○○지방법원   귀중

---

(4) 위 피고측의 진료기록 감정신청에 대한 회신문

진료기록감정회신문

수   신   ○○지방법원

사   건   2003가합××××호 손해배상(의)

원   고   ○ ○ ○외 2인

피   고   × × ×

감정대상자 성   명 : ○○○

　　　　　　　주민등록번호 : 123456 – 1234567

감정사항

1. 감정사항
가. ××정형외과 진료기록지에 관하여
(1) 건축공사 현장에서 등에 짐을 지다가 넘어진 후 보행이 힘들 정도의 허리통증 및 좌측
　　하지의 방사통을 주호소로 내원
(2) (가) (1)항의 답변 참조

(나) 보행이 힘들 정도의 허리통증 및 하지 방사통

(다) 이학적검사 및 흉부방사선촬영시행

　　치료방법으로 물리치료, 경막외신경차단술, 약물치료를 시행함.

(라) 추간판탈출증의 경우 약물요법, 물리요법 등의 보존적 치료가 우선되어야 하는바, 적절하였다 볼 수 있음.

(3) (가) 요통 및 하지 방사통의 악화로 인해 입원하였고 하지직거상검사를 한 결과 우측 20도/좌측 20도 정도의 심한 운동제한이 있었고, 좌측하지의 감각 및 근력이 약화된 상태였음.

(나) 약물치료, 경막외 신경차단술, 물리치료

(다) 적절하였다고 볼 수 있음.

(라) ① 통증완화와 치료목적으로 시행되었으며 적응증에 해당되었음.

　　② 피고의원 입원치료 중 총 13회 시술되었고 적절한 치료였다고 볼 수 있음.

　　③ 진료기록지상으로는 알 수 없음.

　　④ 진료기록지상으로는 알 수 없음.

　　⑤ 진료기록지상 기재된 사실 없음.

(마) ① 좌측하지의 무릎 및 족부전부 부종 및 통증은 급성 RSD에 부합하는 소견으로 위 진단은 적절하였다고 보임.

　　② 의학적으로 근거 없음.

　　③ 병변의 진행이 그 원인으로 볼 수 있음.

　　④ 경막외신경차단술은 RSD에 대한 치료법임.

　　⑤ 진료기록지상으로는 알 수 없음.

(바) 퇴원결정사유는 정확히 알 수 없으나 상태의 호전을 보여 퇴원조치한 것으로 추정됨.

(사) 진료기록지상으로는 알 수 없음.

(4) (가) 물리치료, 약물치료, 경막외신경차단술

(나) 추간판탈출증에 대한 일차적 치료는 보존적 치료인 바, 그 선택상에 문제가 있다 볼 수 없음.

(다) 입원치료기간 동안 총 13회 시행됨.

(라) 진료기록지상으론 알 수 없음.

(마) 진료기록지상 알 수 없음.

(바) 완전탈출 소견은 없음.

(5) (가) 물리치료

(나) 투여된 사실 없음.

(다) 진통제가 투여되지 않은 것으로 보아 증세의 호전이 있었던 것으로 추정됨.

(6) 기타 관련 사항

나. ×× 병원 진료기록지에 관하여

(1) 버거씨 증후군

(2) 하지통, 하지저림 등의 감각이상이 대표적임.

(3) 질환의 특성상 증세의 완전 소실은 기대하기 어려움.

(4) 기타 관련 사항

2002.   .   .

××대학교 의과대학 교수

××병원 정형외과

× × ×

(5) 환자의 후유 장애를 평가하기 위한 원고 측 신체감정촉탁신청에 대한 작성례

신체감정촉탁신청

사   건   2009가합○○○○호 손해배상(의)

원   고   ○ ○ ○

피   고   × × ×   외 1인

위 사건에 관하여 원고 소송대리인은 주장사실을 증명하기 위하여 다음과 같이 신체감정을 촉탁하여 주실 것을 신청합니다.

다   음

1. 피감정인의 인적사항

성   명   ○ ○ ○

생년월일　1982. . .(820506－1234567)

주　　소　서울 강동구 △△△

2. 감정할 사항

가. 피감정인의 병력

나. 피감정인의 현증상

다. 피감정인이 1999. 5. 11.입은 상해에 관하여

(1) 치료가 종결 되었는지의 여부

(2) 향후치료가 필요하다면 그 치료의 내용과 치료기간 및 소요치료비 예상액

(3) 피감정인에게 특별히 개호인을 붙일 필요가 있는지의 여부 있다면 개호인을 붙여야 할 기관과 개호인 비용(첨부된 진단서 참조)

(4) 피감정인이 휠체어, 의족, 의수, 기타 의료보조구가 필요할 때에는 그 보조구의 소요갯수와 개당단가 및 수명

(5) 위의 장해가 피감정인의 평균 수명에 영향이 있는지의 여부 있다면 예상되는 여명의 단축기간

(6) 치료(예상치료의 경우 포함) 종결상태를 기준으로 하여 피감정인에게 정신 및 육체적 노동능력의 감퇴가 예상되는지의 여부

(7) 노동능력의 감퇴가 예상되는 경우 도시일용 노동에 종사할 경우 그에 대한 노동능력 상실정도(맥브라이드기준, %로 표시)

(8) 피감정인의 직업이 건축목공일 경우 그에 대한 노동능력 상실정도(맥브라이드기준, %로 표시)

라. 기타 필요한사항

3. 감정촉탁할 기관

피감정인에 대하여 귀원이 적당하다고 사료되는 대학병원의 일반외과 전문의들로 하여금 감정 촉탁하여 주시기 바랍니다.

첨부서류

1. 진단서　　　　4부

1. 수술확인서　　1부

2010.　.　.

위 원고 소송대리인

변호사　×　×　×(인)

○○지방법원　귀중

(6) 위 원고측의 신체감정신청에 대한 회신문

일반외과 신체 감정서

사건번호　2009가합○ ○ ○ ○ 손해배상(의)

피감정인　성명 ○ ○ ○

주민등록번호　820506 – 1234567

병록번호　7654321 – 1

1. 감정사항

가. 피감정인의 병력

××병원서 발부한 소견서 참조.

나. 피감정인의 현증상

복부손실(인공복벽설치 후 상태)로 걷는데 및 운동하는데 제한이 있고 무거운 짐을 들거나 등산, 땅파기 등이 불가

다. 피감정인의 2009. 5. 11. 입은 상해에 관하여

(1) 부상의 부위 및 정도

(가) S – 상 결장천공에 의한 복막염 및 패혈증

(나) S – 상 결장 인공항문루(복원상태)

(다) 괴사성 근막염

(라) 복벽손실(인공복벽설치 후 상태)

(2) 그 동안의 치료내용 및 경과

××병원서 발부한 진단서 및 소견서 참조

(3) 현재의 자각적 증상과 타각적 증세의 각 유무 및 내용

자각적 증상으로 복부손실(인공복벽설치후 상태)로 인해 걷는데 및 운동하는데 제한이 있고 무거운 짐을 들거나 등산, 땅파기 등이 불가, 기름진 음식을 섭취하면 설사가 일어나고 음식 섭취량에 제한이 있음. 타각적 증세로는 복부에 정중앙 및 우하복부 및 좌하복부에 수술반흔이 관찰되고 우하지 대퇴부에도 인공복벽설치술에 따른 반흔이 관찰됨 방사선과적 검사(복부 컴퓨터단층촬영술)상 우측복벽근육이 얇아져 있는 현상이 관찰됨

(4) 현재의 병적 증상과 위 일자의 사고와의 인과관계

피감정인의 진술상 위 사고로 인한 것임

(5) 위 병적증상의 원인이 되는 기왕증의 여부

피감정인의 진술에 의거하여 없음

(6) 향후 치료가 필요하다면 그 치료의 내용과 치료기간 및 소요치료비 예상액

치료가 종결되었음

(7) 개호인이 필요한지 여부

필요 없음

(8) 피감정인이 휠체어, 의족, 의수, 기타 의료보조구가 필요할 때에는 그 보조구의 소요갯수와 개당단가 및 수명

필요 없음

(9) 위의 장해가 피감정인의 평균수명에 영향이 있는지 여부

해당 사항 없음

(10) 치료종결상태를 기준으로 하여 피감정인에게 정신 및 육체적 노동능력의 감퇴가 예상되는지 여부

육체적 노등능력 감퇴 예상됨

(11) 치료종결 후 후유증에 대하여

(가) 후유증의 증상 및 정도

(나) 그 후유증이 영구적인지, 아니면 개선가능한지 여부

(다) 신체장해가 예상되는지 여부

(라) 위 장해가 맥브라이드 후유장해 평가표의 어느 항목에 해당하는지 여부

(마) 피감정인이 농촌 또는 도시일용 노동자로 종사하는 경우 그 노동능력 상실정도(%)

영구적인 후유증이며 맥브라이드 노동능력상실평가표 84쪽 복부항 Ⅰ. A. 2.를 준용하여, 피감정인이 농촌 또는 도시일용노동자로 종사하는 경우 25%의 노동능력상실이 있다고 봄이 상당함

라. 기타 관련사항

위 감정사항은 일반외과적 영역에 국한됨

2010.   .   .

××대학병원

일반외과 ○ ○ ○

면허번호 ○○○○○

(7) 원고측의 진료기록감정 독촉신청에 대한 작성례

진료기록감정 독촉신청

사   건   2022나○○○○호 손해배상(의)

원   고   ○○○ 외 1

피   고   ××학원

원고는 2022. 12. 5.경 귀원에 진료기록감정신청을 하였는바, 2022. 12. 26.자에 △△△의대 Z병원으로 촉탁이 되었습니다. 그러나 위 진료기록감정에 대한 회신이 상당한 시일이 도과(4개월)하였음에도 불과하고 도착하지 않아 재판이 지연되고 있습니다. 위 진료기록감정회신이 빠른 시일이내에 도착할 수 있도록 독촉하여 주시기 바랍니다.

2023.   ○.   ○.

위 원고들 소송대리인

변호사 ○ ○ ○ (인)

서울고등법원 제 ○민사부   귀중

(8) 원고측의 신체감정 독촉신청에 대한 작성례

신체감정독촉신청

사　　　건　　2020가합○○○○호 손해배상(의)

원　　　고　　○ ○ ○

피　　　고　　의료법인 ××학원

원고는 2021. 1. 5.경 귀원에서 신체감정을 받았는바, 1년 2개월이 경과한 2022. 3. 6. 현재에
도 아직 신체감정회신이 도착하지 않아 재판이 지연되고 있습니다. 위 신체감정회신이 빠른 시일
이내에 도착할 수 있도록 독촉하여 주시기 바랍니다.

2022.　　3.　　7.

위 원고들 소송대리인

변호사　 ○ ○ ○ (인)

서울중앙지방법원 제 ○민사부　 귀중

---

6. 사실조회

가. 의　　의

　　사실조회란 공무소(관공소), 학교, 상공회의소, 기타 단체 또는 기관이나 외국 공무소에 대
하여 특정 사항에 관한 조사보고를 요구함으로써 증거를 수집하는 절차를 말한다. 민사소송법
상 '조사의 촉탁'으로 규정되어 있으나 실무에서 사실조회라고 호칭되고 있다.[86] 사실조회절
차는 민사소송법상 증거의 총칙규정 제294조에 1개의 조문으로 구성되어 있으나 의료소송실
무에 있어서는 감정 또는 감정촉탁에 버금갈 정도로 중요하며 실무상 가장 많이 이용되는 증
거조사절차이다.

---

86) 법원실무제요 민사 (下), 법원행정처, 1988, 346면.

실무상 대한의사협회, 대한내과학회나 대한산부인과학회 등 전문의학회, 각 의과대학교, 국립과학수사연구소 등에 대하여 일정한 사실의 조사를 촉탁하여 정확하고 능률적으로 증거를 조사할 수 있다. 당사자의 신청, 법원의 직권 결정에 의하여 활발하게 이용되고 있는바, 특히 법원에서는 소송 지휘를 통하여 이를 적극적으로 유도하여야 할 것이다.

나. 필요성

의료소송에 있어서 가장 바람직한 증거조사 방법은 감정이다. 진료기록, 간호기록, X선 필름, 임상검사보고서 등 진료기록을 기초로 하여 객관적인 의사의 처치의 적부, 당부를 묻고 감정의는 양심과 학식에 따라 성실히 감정해야 한다.

그러나 소송현실에 있어서 위와 같은 진료기록이 첨부되어 감정 또는 감정촉탁을 의뢰하게 되면 의료기관이 관련된 소송이라는 사실뿐 아니라 어느 병원의 어느 의사가 사고와 연관되어 있는지를 쉽게 알 수 있고, 그렇게 되면 객관적인 회신을 얻기 어려운 경우가 있다. 또한 환자측으로서는 오히려 감정을 하지 아니한 것만도 못한 결과를 종종 당하게 된다.

다. 사실조회사항

사실조회 사항은 감정사항과 유사하다. 감정사항보다 더 자세히 작성하는 예도 많다. 왜냐하면 감정시 감정자료를 같이 첨부하게 되나 사실조회에 있어서는 부당한 감정을 피하기 위하여 감정자료를 가능하면 첨부하지 않거나 줄여서 첨부시키기 때문이다.[87]

감정결과와 동일한 효과를 거두기 위해서는 당해 환자측의 상황을 구체적으로 전제하면서 조회사항을 작성해야 한다. 일반적이거나 포괄적인 조회 결과에 대하여 상대방은 당해 사건과는 관계가 없다는 주장이 흔히 나오기 때문이다. 그러므로 사실조회사항을 설정함에 있어서는 환자가 내원하여 진료의 받게 됨에 대하여 질병의 발병과 병적 상태, 내원하게 된 경위, 실시한 검사, 환자에게 내려진 처치와 그 경과 그리고 현재의 상태에 이르기까지 진료가 행해진 경과에 따라서 논점을 정하여 세밀하게 기재하는 것이 좋다.

라. 사실조회결과

사실조회의 결과도 적법한 증거방법으로, 변론에 현출하여 당사자에게 의견진술의 기회를 주는 것으로 족하고 당사자가 원용할 필요는 없다.

---

[87] 그러한 이유로 실무에서는 경제적·시간적 비용을 줄이기 위하여 진료기록감정신청과 사실조회신청을 함께하는 것을 권유하고 있다.

마. 사실조회신청 및 회신문의 구체적 작성례

(1) 원고측의 니조랄의 약효 및 투약상 주의사항을 증명하기 위한 사실조회신청에 대한 서식례

사실조회신청

사　　　건　99가합○○○○　손해배상(기)
원　　　고　○　○　○　외2
피　　　고　학교법인　××학원 외2

위 사건에 관하여 원고들은 다음과 같이 사실조회를 신청합니다.

다　　음

1. 조회할 곳

(1) 대한약사회
　　서울 서초구 △△△
(2) ××대학교 약학대학 약리학 교실
　　서울 관악구 △△△
(3) 주식회사 한국 ××
　　서울 강남구 △△△
(4) ××대학교 의과대학 약리학 교실
　　서울 종로구 △△△

2. 조회할 내용

가. 주식회사 ○○ 제조의 "니조랄(Nizorl, KETOCONAZOLE) 현탁액"의 성분이 무엇인지요

나. 일반적으로 니조랄 현탁액은 어떤 증세가 있는 환자에게 사용하며 그 효능은 어떠한지요

다. 니조랄 현탁액을 복용할 때 주의사항과 부작용은 무엇이며, 또 일반적으로 위와 같은 부작용을 예방하기 위하여 복용 전 간기능검사 등이 필요한지요

라. 특히 만성 간염 환자로서 복수가 있고, 심전도상 심장박동수가 일반인보다 30회 정도 빠

르며 위궤양, 식도 칸디다증(내시경 검사로 목이 좀더 껄끄러웠음)이 있는 환자(이하 이 사건 환자라고 함)에게 일반적으로 니조랄 현탁액을 부여할 수 있는지요, 즉 위 니조랄의 복용으로 위 환자에게 전혀 영향이 없는 것인가요

마. 이 사건 환자에게 니조랄 현탁액을 투여하여야만 할 때 투약에 따른 주의사항 등 특히 투약 전·후에 걸쳐서 검사등 주의사항은 무엇인지요

바. 이 사건 환자에게 니조랄 현탁액을 투약 할 경우 발생할 수 있는 합병증, 부작용등이 무엇인지요

사. 이 사건 환자에게 니조랄 현탁액을 3일간 투약한 결과 투약 1일부터 이 사건 환자가 "숨이 막히고 눈동자가 뒤집어지고 의식을 잠시 잃고 침대에서 바닥으로 떨어지는" 증세를 2~3시간 주기로 1~2분 정도 하였는데, 위와 같은 증상이 간성뇌증 또는 심근경색의 일시적 현상이 아닌지요, 또는 위 현상은 아니다라고 단정할 수 있는지요

아. 이 사건 환자가 니조랄 현탁액을 3일간 복용하면서 전항과 같은 증상을 보일 때 위 약 복용과 위와 같은 증상 사이에 전혀 인과관계가 없다고 할 수 있는지요, 아니면 적어도 이 사건 환자의 병력 등 신체상태와 결부하여 볼 때 간접적으로나마 영향이 있다고 할 수 없는지요

자. 이 사건 환자가 위 약 복용중지 후 3일 뒤에 심근경색(사망진단서상 선행사인은 만성 간염, 중간선행사인은 식도 칸디다증, 직접사인 심폐기능정지)으로 사망하였는바, 이 사건 환자와 같은 병력, 신체상태에 있는 환자가 니조랄 현탁액을 복용한 것이 만성 간염, 식도 칸디다증 등과 합쳐서 간성뇌증과 심근경색의 원인으로 전혀 될 수 없는 것인지요 아니면 적어도 간접적으로나마 원인이 될 수도 있는 것인지요

차. 기타 사항

2000.　　.　　.

위 원고들 소송대리인

변호사　○　○　○　(인)

○○지방법원　귀중

(2) 위 사실조회신청에 대한 회신문

우)△△△ – △△△ 서울 서초구 △△△

문서번호   직능사 제 2000 – ○○호
시행일자   2000. . .
(경유)
수   신   ○○지방법원 재판장
          ○○○ 판사
참   조

제   목   질의 회신

1. 귀 법원 제15부 사실조회서 사건 99가합○○○○ 손해배상(기)와 관련입니다.

2. 귀 법원에서 문의한 사실조회에 대하여 본회는 ××병원 약제부에 자료 협조요청을 한 바, 별첨의 자료가 접수되었기에 송부하오니 귀 법원 업무에 참조하시기 바랍니다.

첨부서류

관련답변자료 사본 2매. 끝.

대한약사회장

1. 주식회사 ○○○○ 제조의 "니조랄(Nizoral, KETOCONAZOLE) 현탁액"의 성분이 무엇인
   지요
   Ketoconazole 2g/100ML

2. 일반적으로 니조랄 현탁액은 어떤 증세가 있는 환자에게 사용하며 그 효능은 어떠한지요

* 효능 및 효과
가. 피부표면이나 내부의 진균증
  (1) 피부진균 및 효모균에 의한 피부, 모발, 손톱의 감염(피부진균증, 조진균증, 잡색의 조상

주위염, 만성점막피부칸디다증 등) 특히 넓은 부위나 피부 깊숙이 있는 병소나 손톱, 모
발 등 국소적 치료가 곤란하거나 효과가 없을 때 사용한다.

(2) 구강내와 위장간의 효모에 의한 감염

(3) 질칸디다증 위장관의 효모에 의한 감염

(4) 전신적 진균 감염증 즉, 전신적칸디다증, paracoccidioidomycosis 히스토플라스마증,
coccidioidomycosis 증 등

나. 전신적 진균감염증과 만성 점막피부 칸디다증의 재발 방지를 위한 투약

다. 암, 기관이식, 화상환자 등 감염에 대한 저항력이 감소된 환자에게 진균감염을 예방하기
위해 투여한다.

3. 니조랄 현탁액을 복용할 때 주의사항과 부작용은 무엇이며, 또 일반적으로 위와 같은 부작
용을 예방하기 위하여 복용 전 간기능검사 등이 필요한지요

* 사용상 주의사항 및 부작용 :

가. 다음 환자에게는 투여하지 말 것

　　이 약물에 과민성을 일으키는 환자

나. 다음의 경우에는 신중히 투여할 것

(1) 장시간 사용 요하는 환자

(2) 간질환 병력환자

(3) 이 전에 강력 간독성 약물 중독자

다. 부작용

　　부작용의 발현은 극히 적고, 대부분의 부작용은 미약하며 일시적으로 나타난다. 가장 빈
번한 부작용은 오심, 구토이며 기타 복통, 소양증, 두통, 현훈, 발열, 냉기, 설사 및 간혈
청 효소의 일시적인 증가가 나타날 수 있다. 간독성(약물투여중지 시 회복 가능하나 때로
는 치명적임)이 나타날 수 있음

* 일반적 주의

가. 약물로 인한 무염산증에서 본제의 흡수가 현저히 감소되었다.

나. 제산제, 항콜린제 H2-blocker의 병용 투여가 필요하면 본제 투여 후 최소한 2시간 경과
후 투여해야 한다.

다. 무염산증 환자는 본제 10ml당 4ml의 0.2N HCL 수용액과 혼합하여 투여한다. 이때 치아
에 접촉되는 것을 피하여 유리나 플라스틱 스트로우를 사용한다.

라. Nizoral은 진균 수막염에 사용해서는 안 된다.

　왜냐하면, 이 약물은 매우 적은 양만이 뇌척수액을 통과하기 때문이다.

마. 본제는 젖으로 배설될 수 있으므로 Nizoral을 투여받은 수유부는 어린이에게 젖을 먹이지 말 것.

바. 인체의 임산부에 대해서는 적절한 대조 실험이 행해진 바 없었으나 래트에게 80mg/kg (인체 최대 사용량의 10배)을 사료와 함께 투여시 기형성(합지증, 핍지증)이 나타날 바 있었으므로 본제를 임신 중에 사용시에는 잠재적인 유익성이 잠재적인 위험성을 상회한다고 판단될 때에만 사용하여야 한다.

* 적용상 주의

가. 본제의 적응증과 일치하는 환자를 대할 것. 즉, 병소가 치료하기 어려운 상태이거나 국소 요법제로 치료가 안 되는 경우 및 간장해의 병력이 없는 경우

나. 2주 이상 장기치료 받는 환자는 임상적 및 생화학적으로 모니터 해야 한다.(정기적인 간기능 검사 등)

다. 환자들에게는 간염의 어떠한 증상(담색변, 흑색뇨, 황달)이 나타나면 즉시 의사에게 보고하도록 해야 하며, 의사의 충고가 있을 때까지 투약을 중지하도록 충고해야 한다.

4. 특히 만성 간염 환자로서 복수가 있고, 심전도상 심장박동수가 일반인보다 30회 정도 빠르며 위궤양, 식도 칸디디아증(내시경 검사로 목이 좀더 껄끄러웠음)이 있는 환자(이하 이 사건 환자라고 함)에게 일반적으로 니조랄 현탁액을 투여할 수 있는지요, 즉 위 니조랄의 복용으로 위 환자에게 전혀 영향이 없는 것인가요

니조랄의 현탁액을 식도 칸디다증에 투여가능하나, 만성 간염환자일 경우에는 투여에 신중을 기해야 한다.

5. 이 사건 환자에게 니조랄 현탁액을 투여하여야만 할 때 투약에 따른 주의사항 등 특히 투약 전, 후에 걸쳐서 검사 등 주의사항은 무엇인가요

간기능검사 (GOT, GPT검사) 등이다.

6. 이 사건 환자에게는 니조랄 현탁액을 투약할 경우 발생할 수 있는 합병증, 부작용 등이 무엇인지요

간기능 저하와 같은 부작용이며 기타의 부작용은 (3)번 항목 참조

7. 이 사건 환자에게 니조랄 현탁액을 3일간 투약한 결과 투약 1일부터 이 사건 환자가 "숨이 막히고 눈동자가 뒤집히고 의식을 잠시 잃고 침대에서 바닥으로 떨어지는" 증세를 2~3시간 주기로 1~2분 정도 하였는데, 위와 같은 증상이 간성뇌증 또는 심근경색의 일시적 현상이 아닌지요, 또는 위 현상은 아니다라고 단정할 수 있는지요

환자의 증상이 니조랄의 투여를 시작했을 때 생긴 현상이라고 생각될 수 있으나 간기능 손상의 부작용이라고 보기는 어렵다.

8. 이 사건 환자가 니조랄 현탁액을 3일간 복용하면서 전항과 같은 증상을 보일 때 위 약 복용과 위와 같은 증상 사이에 전혀 인과관계가 없다고 할 수 있는지요, 아니면 적어도 이 사건 환자의 병력 등 신체상태와 결부하여 볼 때 간접적으로나마 영향이 있다고 할 수 없는지요

"위 약 복용과 환자의 증상 사이에 전혀 인과관계가 없다."고 할 수는 없다. 증상으로 보아 환자의 개체체질에 따라 일어나는 anaphylactic reaction을 배제 할 수 없다.

9. 이 사건 환자가 위 약 복용중지 후 3일 뒤에 심근경색(사망진단서상선행사인은 만성 간염, 중간선행사인은 식도 칸디다아증, 직접사인은 심폐기능정지)으로 사망하였는바, 이 사건 환자와 같은 병력, 신체상태에 있는 환자가 니조랄 현탁액을 복용한 것이 만성 간염, 식도 칸디다아증 등과 합쳐서, 간성뇌증과 심근경색의 원인으로 전혀 될 수 없는 것인지요, 아니면 적어도 간접적으로나마 원인이 될 수도 있는 것인지요

니조랄은 식도 칸디다아증을 치료하기 위해 사용한 약물이며 니조랄 복용시 만성 간염 등이 약화될 수 있으나 심근경색의 직접적인 원인은 될 수 없다.

10. 기타 사항

(3) 허리디스크 환자에 대한 경막외 신경차단술 시술이 디스크 파열의 원인이 되는지를 증명하기 위한 사실조회촉탁신청의 작성례

사실조회촉탁신청

사　　　건　2003가합××××호 손해배상(의)

원　　　고　○ ○ ○ 외 2인

피   고 × × ×

위 사건에 관하여 원고들 소송대리인은 주장사실을 증명하기 위하여 다음과 같이 사실조회 촉탁을 신청합니다.

다   음

1. 조회처

귀원이 적당하다고 사료되는 대학병원 정형외과학교실 중 한곳을 지정하여 촉탁하여 주시기 바랍니다.

참고로 국내 대학 중 일부의 주소를 제출합니다.

가. ××대학교 병원

　　대구광역시 △△△

　　병원장 × × × (주무 정형외과과장 : ××× 교수님)

나. ××대학교 ××병원

　　서울특별시 △△△

　　병원장 × × × (주무 정형외과과장 : ××× 교수님)

다. ××대학교 병원

　　광주광역시 △△△

　　병원장 × × × (주무 정형외과과장 : ×××교수님)

2. 조회사항

가. 추간판탈출증에 관하여

 (1) 임상증상은 어떠한지요

 (2) 진단을 위해 어떠한 검사들이 시행되어야 하는지요

 (3) 치료방법에는 무엇이 있는지

 (4) 보존적 치료의 적응증은 어떠한지

 (5) 보존적 치료 중 환자의 상태확인을 위해 MRI나 CT촬영을 하였다면 이는 과잉진료라 할 수 있는지요

 (6) 보존적 치료의 효과를 확인하기 위해 치료 중 의사의 주의의무는 무엇인지요

 (7) 보존적 치료기간은 통상 어느 정도인지요

 (8) 보존적 치료로 증상의 호전이 없는 경우 수술적 치료를 결정하게 된다고 하는바, 사실인지 및 사실이라면 수술적 치료의 적응증은 어떠한지요

(9) 적정 치료시 예후는 어떠한지요

나. 경막외신경차단술에 관하여

(1) 적응증은 어떠한지요

(2) 시술방법은 어떠한지요

(3) 발생될 수 있는 합병증에는 무엇이 있는지요

(4) 디스크 파열, 신경 손상 등의 합병증 예방을 위한 주의의무는 무엇인지요

(5) 권고되는 시술 횟수 및 기간은 어떠한지요

다. 기타 관련사항

3. 입증 취치

환자의 현 장애는 피고병원의 과실로 인해 발생되었음을 증명코자 합니다.

2002. . .

위 원고들 소송대리인

변호사 ○ ○ ○

○○지방법원 귀중

(4) 위 사실조회촉탁신청에 대한 회신문

사실조회촉탁회신문

수　　신　○○지방법원

사　　건　2003가합×××× 손해배상(의)

원　　고　○ ○ ○ 외2

피　　고　× × ×

조회사항

1. 조회사항

가. 추간판탈출증에 관하여

(1) 임상증상은 어떠한지요

발생부위에 따라 차이는 있으나 경부통, 요통, 상하지방사통, 저림, 운동력의 감소, 배변 및 배뇨장애, 보행장애 등의 증상을 보임

(2) 진단을 위해 어떠한 검사들이 시행되어야 하는지요

임상증상과 함께 단순방사선검사, CT, MRI, 척수조영술 등이 시행됨

(3) 치료방법에는 무엇이 있는지요

보존적 치료와 수술적 치료 2가지가 있으며 보존적 치료방법에는 물리치료, 약물치료, 경막외 신경차단술 등이 있음

(4) 보존적 치료의 적응증은 어떠한지요

추산판탈출증의 경우 신경학적 이상소견이 없는한, 일차적으로 보전적 치료를 하는 것이 원칙임

(5) 보존적 치료 중 환자의 상태확인을 위해 MRI나 CT촬영을 하였다면 이는 과잉진료라 할 수 있는지요

상태에 따라 다르나 과잉진료라 할 수 없음

(6) 보존적 치료의 효과를 확인하기 위해 치료 중 의사의 주의의무는 무엇인지요

상태의 호전여부를 확인하고, 증세의 악화시 정밀진단검사의 시행 및 수술적 치료를 고려해야 함

(7) 보존적 치료기간은 통상 어느 정도인지요

3개월 정도이며 그 이상은 초과하지 않도록 함

(8) 보존적 치료로 증상의 호전이 없는 경우 수술적 치료를 결정하게 된다고 하는바, 사실인지 및 사실이라면 수술적 치료의 적응증은 어떠한지요

사실임. 보존적 치료에 호전을 보이지 않고 신경학적 장애를 보이거나 증상의 악화로 일상생활의 수행이 어려울 경우 수술적 치료의 적응증이 됨

(9) 적정 치료시 예후는 어떠한지요

통증의 100% 호전은 어려우며 치료를 하더라도 통증은 잔존하기 마련이나 방사통, 하지 저림 등의 이상증상은 완화될 수 있음

나. 경막외 신경차단술에 관하여

(1) 적응증은 어떠한지요

추간판탈출증의 치료나 통증 완화를 위해 시행됨

(2) 시술방법은 어떠한지요

척추 사이로 스테로이드제제를 주사로 주입하게 됨

(3) 발생될 수 있는 합병증에는 무엇이 있는지요

신경손상, 감염 등의 합병증이 발생할 수 있음

(4) 디스크 파열, 신경 손상 등의 합병증 예방을 위한 주의의무는 무엇인지요

바늘삽입시 신경에 닿지 않도록 주의하여 시술해야 함

(5) 권고되는 시술 횟수 및 기간은 어떠한지요

시술횟수에는 제한이 없으며 스테로이드제제 투여시 투여량은 조절되어야 함

다. 기타 관련사항

.

2003.   .   .

××대학교 의과대학 교수

××병원 정형외과

× × ×

7. 증인신문

가. 의   의

증인신문이란 증인에 대하여 구술로 질문하고 구술로 응답을 받아 증거자료를 얻는 증거조사방법이다. 증인은 과거에 경험한 사실을 보고할 것을 명령받은 제3자이다. 우리나라의 재판권에 복종하는 사람이면 누구나 증인으로서 신문에 응할 공법상의 의무가 있다(민사소송법 제303조).

의료소송에 있어서 증인으로서는 피해자인 환자, 그를 간병한 가족, 치료한 의사, 간호사, 전의나 후의 등 다른 의료기관의 의사, 감정의, 검시의 등이 있다. 의료소송에서 제일 힘든 것이 의료인에 대한 증인신문이다. 왜냐하면 의료소송의 특성인 의료지식의 전문성·독점성, 의료정보의 편중성, 의사집단의 폐쇄성·집단이기성, 의료행위의 재량성·임기응변성·비공개성 등으로 인해 소송상 증명이 어려울 뿐 아니라 증인으로 출석한 의사들이 환자측에게 일방적으로 불리하게 진술하는 경우가 많기 때문이다. 그렇다고 하여 의사를 증인으로 채택하지 않을 수 없는 것이 현실이기 때문에 더 어려운 문제이다. 통상 먼저 서증제출 후에 증인신문을 하

게 된다.

소송실무상 아직 우리나라에서의 증명책임은 일반적으로 원고에게 지우는 경향이 있어 피고측은 의사를 증인으로 먼저 부르거나 진료기록을 스스로 번역하여 서증으로 제출하는 경우가 많지 않은 점은 진료기록감정에서와 같다. 제1심에서는 오히려 원고가 피고측의 치료한 의사를 증인으로 불러내 증인신문을 하는 것이 일반적이고, 피고측에서 적극적으로 나서서 치료한 의사나 간호사를 불러내는 경우는 많지 않다. 다만 형사소추된 경우나 진료기록이 조작된 것이 밝혀져 입증방해로 인한 과실추정이 우려된 경우와 같이 의사측의 과실이 명백한 때 또는 의사측이 제1심에서 패소하여 항소한 경우에는 예외적으로 적극적으로 입증하는 경향이 있다. 이 점은 무기대등의 원칙이나 신의칙상 법원에서 보다 적극적으로 재판지휘가 요구되는 부분이다. 정보가 의사측에 편중되어 있어 환자측은 의사측 관계자의 증언에 의하여 치료경과를 밝힐 수밖에 없다. 환자 또는 그 가족들은 진료기록을 작성해 나가는 의사와는 달리 정확한 기록이 없어 치료경과를 증언하더라도 의사측으로부터 쉽게 탄핵되는 경우가 종종 있다.

나. 증인신문절차

(1) 증인신문의 신청

증인신문은 원칙적으로 당사자의 신청에 의한다. 법원이 증인신문의 신청을 채택하는 때에는 신청인이 증거조사비용(일당, 여비, 숙박료)을 해당부서에서 확인한 후 증거조사기일 전에 법원보관금 취급담당자에게 예납하여야 하나(민사소송규칙 제19조 제1항 제3호), 신청인이 증인을 대동한 경우 그 대동증인이 여비 등 청구권포기서를 제출한 경우에는 비용예납의무가 면제된다.

증인신문을 신청한 당사자는 법원이 정한 기한까지 상대방의 수에 3(다만, 합의부에서는 상대방의 수에 4)을 더한 통수의 증인신문사항을 적은 서면을 제출하여야 한다. 다만, 증인진술서를 제출하는 경우로서 법원이 증인신문사항을 제출할 필요가 없다고 인정하는 때에는 그러하지 아니하다. 법원사무관등은 제1항의 서면 1통을 증인신문기일 전에 상대방에게 송달하여야 한다. 재판장은 제출된 증인신문사항이 개별적이고 구체적이지 아니하거나 신문내용이 겹칠 때에는 증인신문사항의 수정을 명할 수 있다. 다만, 신문에 관하여 정당한 사유가 있는 경우에는 그러하지 아니하다(민사소송규칙 제80조).

(2) 증인의 소환

법원이 증인채택결정을 하였을 경우에는 재정증인을 제외하고 소환장에 의하여 증거조사기일에 증인을 소환한다. 증인의 출석요구서에는 '① 당사자의 표시, ② 신문사항의 요지, ③ 출석하지 아니하는 경우에는 법률상의 제재' 등을 기재하여, 최소한 증인출석기일 2일 전에 송달되어야 한다. 다만, 부득이한 사정이 있는 경우에는 그러하지 아니하다(민사소송법 제309조, 민사소송규칙 제81조).

증인이 정당한 이유 없이 출석하지 아니한 경우에는 법원이 구인장을 발부하여 법정 또는 그 밖의 신문장소로 구인할 것을 명할 수 있다(민사소송법 제312조, 민사소송규칙 제87조). 구인장은 통상 사법경찰관이 집행하게 되나 집행관에게 그 집행을 명할 수 있고 이 경우 집행관의 여비 등을 예납하여야 한다.

(3) 신문의 방식

첫째, 증인의 진술은 구술로 하고 재판장의 허가가 있을 때에 한하여 서면에 의해 할 수 있다(구술신문의 원칙, 민사소송법 제310조 제1항, 민사소송규칙 제84조 제1항).

둘째, 수인의 증인을 동일한 기일에 신문할 때에는 증인을 각별로 신문하여야 한다(격리신문의 원칙, 민사소송규칙 제95조 제1항).

셋째, 신문의 순서는 증인신문을 신청한 당사자가 먼저 주신문을 하고, 상대방 당사자가 반대신문을 한다(민사소송규칙 제91조, 제92조). 신문과정에서 주신문은 미리 준비된 질문에 의하여 증명할 사실을 심문하게 되므로 반대신문은 법관이 주신문에 의한 증언의 진실성을 검토해 볼 수 있도록 주신문에 나타난 사항과 이에 관련되는 사항 및 증언의 신빙성에 관한 사항을 신문하여야 한다. 이 가운데 재판장은 신문 전체를 지휘하고 당사자의 신문이 끝난 후에 보충신문을 할 수 있고, 필요한 경우 신문 도중에 개입하여 신문할 수 있다.

넷째, 주신문에 대하여 반대신문이 끝나면 주신문자는 다시 재주신문을, 반대신문자는 재반대신문을 차례대로 할 수 있다(민사소송규칙 제93조).

의료소송에서는 반대신문과 재주신문, 재반대신문에 의하여 실체적 진실이 밝혀지는 경우가 많다. 변호사의 전문성이나 능력도 반대신문에서 결정적으로 나타나기 때문에 임기응변적으로 순발력 있는 신문을 할 수 있도록 사건에 대한 정확한 이해와 상대방의 취약점 공략에 최선을 다하여야 한다. 다만 우리 소송실무상 주신문은 장문단답형으로 '예'로 대답하도록 작성하는 것이 관행이어서, 법정에서는 반대신문을 통한 탄핵절차만으로도 소기의 목적을 달성할 수 있는 경우가 많아 증인진술서를 제출하는 제도를 도입하였다(민사소송법 제79조). 이때 증인신문서를 공증받아 제출하도록 하는 재판부도 있으나, 진술서에 증인이 서명날인하고, 법정에서 주신문을 하면서 문서의 진정성립을 입증하고 반대신문만을 하여 시간을 줄이고 있다. 물론 반대신문내용에 따라 재주신문은 할 수 있다.

다. 신문의 순서

(1) 일반적 순서

의료소송에서 증인신문의 순서는 먼저 환자가족으로부터 하는 것이 일반적이다. 다만 법원에 따라서는 가족간의 증언은 증명력이 떨어진다고 하여 잘 채택하지 않거나 증언을 믿지 않으려는 경향을 가진 경우도 없지 않다.

그 다음은 치료한 의사를 먼저 부르고 그 다음에 간호사, 전의, 후의, 감정의, 검시의 등으로 신문을 옮겨서 입증하는 방법과 간호사, 전의, 후의, 감정의, 검시의 등의 증언을 통하여 당해 소송에 있어서의 논점을 확정시키고 마지막으로 치료한 의사를 소환하여 본격적인 신문을 하는 방법 등 크게 2가지로 나눌 수 있으나 후자의 방법이 좋다고 생각된다.

(2) 환자가족의 신문

우선 환자가족들로부터 치료 동기, 치료 과정, 치료 후의 상태, 설명의무 이행 여부 등 치료 경과를 객관적으로나마 들어서 전체적인 사건의 윤곽과 피고에게 추정되는 과실점을 밝힌다. 그러나 형사상 의사를 고소하여 형사기록이 있는 경우는 이 절차를 생략해도 좋다

진료과정의 일부 또는 전부에 있어서 환자와 의사간의 주장 사실이 크게 대립되거나 불일치한 경우에 효과가 있다. 의료소송에 있어서 가끔 환자측의 주장은 "그때 의사는 전혀 진찰을 해 주지 않았다", "의사는 그때 ㅇㅇㅇ한 증상이 없었다고 하나 ㅇㅇㅇ한 증상은 그전부터 있었다."라는 등 치료경과가 진료기록에도 기재되어 있지 않아 사실관계 그 자체가 문제될 때는 환자측 가족의 증언을 통해 환자측의 주장사실을 입증하여야 한다. 환자측은 이러한 증언을 통하여 당해 사건에서 무엇을 문제로 삼고 있는지도 법원과 피고측에 알릴 수 있다.

의료소송에서는 일반 손해배상소송과는 달리 원고를 환자 본인으로 특정하여(사망한 경우 재산상속인에 한정) 제기하는 것이 좋다. 치료경과를 제일 잘 아는 사람이 그 가족이고 특히 설명의무를 이행하였는지 여부에 대하여는 가족 이외에는 원고측이 입증 할 수 있는 방법이 별로 없는데, 위자료를 받을 목적으로 가족 모두를 원고로 특정하게 되면 증인을 세울 사람이 없어 애를 먹게 되는 수가 종종 있기 때문이다. 따라서 증인적격을 가진 자를 위자료 부분 때문에 원고로 하는 것은 불리한 부분이 더 많다.

(3) 의사의 신문

(가) 신문의 중요성

치료 경과, 내용, 의사의 인식, 판단 등 의사에게 과실을 인정할 수 있는 정보는 의사측이 거의 독점하고 있다. 따라서 원고측이 의사의 과실이나 인과관계를 증명하기 위해서는 의사측으로부터 그 뒷받침되는 사실을 이끌어 내지 않으면 안 된다. 일반 민사사건에 있어서 반대신문은 주신문을 탄핵을 하는 데 그치고 자신의 주장은 다른 증인을 통하여 증명하면 되나, 의료소송에 있어서는 원고측이 치료한 의사 이외의 다른 증인을 내세워 치료경과 등을 증명한다는 것이 곤란하다. 의사측은 진료기록에 기초하여 그것을 보완하면서 치료의 정당성을 주장하고 증인신문에 있어서도 당연히 그에 꿰맞추어 증언한다. 따라서 원고측에서는 의사의 증언의 전후모순, 부자연성, 증명방해행위 등을 들어 의사의 과실점을 밝히도록 노력해야 한다. 만일 이것이 주효하지 못하면 재판결과가 밝지 못함을 인식하여야 한다.

치료한 의사를 소환하는 경우는 원, 피고가 각자 하거나 쌍방이 신청하는 방법이 있다. 피고측이 신청한 증인에 대하여는 반대신문 범위가 제한되므로 원고측에서는 같이 신청하는 것이 좋다.

(나) 의사에 대한 신문요령

치료한 의사의 신문은 실패가 용납되지 않을 만큼 중요하다. 당해 의료행위에 대하여 사전에 철저한 문헌 수집, 진료기록 검토 등을 하고 관계된 판례도 찾아 정리해 놓아야 한다. 결국 피고측 의사에 대한 신문의 성패는 준비를 어느 정도 하였는가에 달려 있다고 해도 과언이 아니다. 준비가 되지 않아 막연히 성과 없는 신문을 하거나 의료행위의 내용이나 용어 등을 묻는 형태의 신문은 오히려 의사들의 주장을 정당화시킬 우려가 있으므로 신문을 하지 아니한 것만도 못하다. 따라서 문헌이나 진료기록 검토, 의사의 조언 등을 통하여 당해 사건에 관하여는 의사의 지식에 버금갈 정도로 준비를 하고 증인신문에 나서야 한다. 증인신문사항을 미리 준비할 때는 의사로부터 어떠한 답변이 나올지를 여러 가지로 예상하여 임기응변적이고 순발력 있게 대응하여야 한다. 하나의 전제가 부정되어 나머지 질문이 더 이상 진행되지 않도록 하여서는 아니된다.

피고측 의사의 신문은 문헌이나 진료기록, 진료기록감정서 등의 근거를 제시하고 공격해야 한다. 만약 사실조회신청에 대한 회신, 감정서 등이 도착하고, 간호사, 전의, 후의 등의 증인신문이 먼저 있었다면 그 결과도 제시하면서 신문함으로써 피고측 의사가 의사의 재량성, 판단의 전권성 등을 주장하며 책임을 회피하지 못하도록 하여야 한다. 의사측에서도 부인할 수 없는 사실을 확정시킨 다음에 핵심에 들어가는 것이 피고측 의사에 대한 신문의 원칙이다. 이러한 신문을 하면 의사가 핵심적 부분을 부정하는 것은 곤란하게 되고, 가사 이를 부정하더라도 부자연스런 인상을 주어 법원의 심증 형성에 결정적인 영향을 줄 수 있게 된다. 자료의 뒷받침 없는 질문이나 의사측의 말꼬리나 잡고 늘어지는 것과 같은 신문은 하지 않아야 한다. 특히 의사는 어느 정도의 사회적 신분을 갖고 있는 전문 직업인이기 때문에 고압적인 신문을 하면 반감을 가질 수 있다. 따라서 자존심을 배려하여 적절한 신문이 이루어지도록 문구 하나에도 신경을 써야 한다.

의료소송에 있어서의 증인신문은 고도의 전문성을 지닌 내용을 가지고 있기 때문에 증인신문사항도 길고 그에 따른 시간도 많이 소요된다. 환자측에서는 의사에 대한 신문 여하에 따라 소송의 성패가 달라질 수 있기 때문에 요점만 몇 가지 묻는 것은 허용되지 않는다. 원고측의 신문은 의사도 부정할 수 없는 사실을 하나하나 들어가면서 밖에서부터 안으로 조금씩 추궁해 나가는 것이 일반적인 예이고, 소송 실무상 1~2시간 이상 소요되는 것이 많다.

피고측 의사는 이른바 적성(敵性)증인이므로 원고측이 기대하는 답변을 이끌어 내는 것이 쉽지 않고 답변을 하더라도 우회적인 표현을 사용하므로 그때마다 몇 가지의 문헌, 진료기록 등을 제시하게 되고 질문을 여러 각도에서 재차 하게 된다. 의사측의 답변을 끌어내기 위해서는 어쩔 수 없다.

증인신문시간을 충분히 확보하지 못할 때는 오히려 피고측 주장을 합리화시키는 답변으로 끝나는 경우가 있어 불리하므로 충분한 여유를 가지고 신문을 하여야 한다. 따라서 소송실무상 법원에 특별기일을 신청하여 당해 법원의 정기 재판기일 이외의 시간에 신문하는 방법과 당해 기일 맨 마지막으로 특정하여 신문하는 방법을 사용토록 하는 것이 좋다.

(4) 간호사 등의 신문

의료소송에 있어서 간호사, 물리치료사, 임상병리사, 방사선사 등 의료관계자는 환자를 직접 치료하였거나 치료과정을 지켜보았다. 그러나 이들은 의사의 영향 하에 있으므로 증언시 의사측에 편향될 수밖에 없다. 다만 이미 병원을 퇴직한 경우에는 의외로 솔직한 답변을 얻는 경우도 있다.

따라서 원고측으로서는 간호사 등의 의료관계자에 대하여도 잘 파악하여 두는 것이 좋다. 간호사의 경우 종합병원급 이상 되는 대형병원에서는 1일 3교대로 근무를 하기 때문에 간호기록을 위·변조하려면 3교대 근무자 모두의 협조를 받아야 되므로 그만큼 간호기록 위·변조가 쉽지 않다. 그러므로 의사의 처치전, 수술기록 등과 간호기록이 불일치되는지 여부를 체크한 후 이를 근거로 간호사에 대한 신문을 하면 의사의 과실을 밝힐 수도 있다.

또한 임상병리사가 시행한 검사결과표, 방사선사가 촬영한 필름, 물리치료사가 시행한 물리치료기록지 등도 의사의 진료기록과 비교하여 불일치점이 있을 때 유효적절한 증인이 된다.

(5) 전의·후의 등의 신문

전의·후의 등도 같은 의사로서 원고측에서 쉽게 유리한 증언을 얻기는 어렵다. 그러나 전의, 후의 등에 대하여는 환자의 상태, 수술의 필요성, 수술방법, 예후 등 객관적인 상황을 물을 수 있고 이를 근거로 피고 의사의 의료과실을 판단할 수 있다. 예를 들어 교통사고로 최초 응급치료를 한 병원에서는 요골신경손상이 없었는데, 다른 병원으로 전원되어 2차로 접합수술을 한 후에 요골신경이 손상되었다는 것이 진단된 사건에서 1차 응급치료를 한 의사의 증언을 통하여 '자신의 병원에서는 요골신경손상이 없었다.'는 증언을 얻을 수 있다면 2차 수술과정에서 신경손상을 입은 점을 증명할 수 있다.

(6) 감정증인의 신문

감정증인이란 소송상 특별한 학식경험에 의하여 알게 된 과거의 구체적 사실에 대하여 법원으로부터 신문되는 제3자를 말한다(민사소송법 제340조). 특별한 학식, 경험을 이용하는 점에서는 감정인과 유사하나 추상적인 지식이나 이에 기한 판단을 보고하는 것이 아니고, 자기가 경험한 사실을 진술하는 자이므로 증인에 해당된다. 전문가가 전문가로서 스스로 경험한 사실을 말하는 것이다. 전문가가 말하는 점에서 감정에 유사하고, 구체적인 체험을 말하는 점에서 증인에 유사하다. 그 때문에 절차적으로는 증인신문에 관한 규정이 적용되나 내용적으로는 감정에 유사하다.

감정증인은 당해 환자에 대한 외과수술에 있어서의 마취의와 같은 협력의, 전의, 후의, 검시의, 간호사, 유사한 질병을 치료한 경험을 가진 의사, 약사, 유사한 질병에 관하여 동물실험이나 역학조사 등의 경험이 있는 동물학자, 병리학자 등을 들 수 있다.

감정증인의 실천적인 이점은 소송 당사자가 자유로이 선택할 수 있어 신문사항도 자유롭게 설정할 수 있고, 증인 자신도 비교적 자유로운 입장에서 증언할 수 있다. 감정인은 법원에 의하여 선임되나 감정 증인은 당사자가 사전에 저작물, 면접 또는 다른 사건에 있어서의 감정, 감정 증인을 통하여 그의 사상, 견해 등을 충분히 확인한 다음에 신청할 수 있으므로 감정인보다는 명쾌한 증언이 기대된다. 물론 감정 증인이 환자측에 대해 유리한 증언을 해 준다는 뜻은 아니다.

라. 증인신청서 및 증인신문사항 작성례

(1) 증인신청서에 대한 작성례

증거신청

사　　건　99가합××××　손해배상(기)

원　　고　○○○외 2명

피　　고　학교법인 ××학원 외 2

위 사건에 관하여 원고들은 주장사실을 증명하기 위하여 다음과 같이 증거(증인)를 신청합니다.

다　　음

1. 증인의 표시　○　○　○

　　　　　　　　○○시 ○○동 ○○○

2. 신 문 사 항　별첨

3. 입 증 취 지　원고의 주장사실 중 소외 망 ○○○의 입원 경위, 과정, 입원치료과정, 사망
　　　　　　　　당시 피고 Y_1 등의 행적 등.

2003. 10.   .

위 원고들 소송대리인

변호사　○　○　○　(인)

서울민사지방법원(제 ○○부)　귀중

---

(2) 증인에 대한 원고 신문사항에 대한 작성례

99가합××××호

증인 ○○○에 대한 원고 신문사항

1. 증인의 지위에 관하여
증인은 X₁의 동생이자 소외 망 ○○○(이하 망인이라 함)의 처남으로서, 증인의 친구인 소외 ○○○의 동서인 피고 Y₂와 이 사건 주치의였던 피고 Y₁를 알고 있지요

2. 망인의 직업 등에 관하여
가. 증인은 망인이 1990. 8.경 주식회사 ○○에 입사하여 2002. 10.말까지 과장으로 근무하면서 월 평균 1,236,570원의 임금을 받은 사실을 알고 있지요

나. 망인은 2002. 10.말경 주식회사 ○○의 ○○점에서 ○○지점장으로 인사발령이 난 사실을 알고 있지요

다. 망인은 위 지점에의 발령이 탐탁치 않아 항의 표시로 위 회사에 사표를 제출하고 위 지점에 부임을 하지 않고 있던 중 마침 증인이 같은 직장에 근무하는 증인의 직장 선배인 소외 서○○을 통해 동인의 조카인 소외 전○○이 사람을 구한다는 말을 듣고 망인을 소개한 사실이 있지요

라. 망인은 같은 해 11. 경 전○○을 만나 전○○이 경영하는 프라스틱 사출업체인 ○○엔지니어링의 ○○소재 공장과 ○○소재 본사 사무실을 각 방문하여 위 사표가 수리되면 근무하기로 약정한 사실을 증인은 망인과 서○○으로부터 들은바 있지요

마. 망인의 사표는 같은 해 12. 30.경 수리되었던 사실을 증인은 망인으로부터 들었지요

바. 망인은 ○○엔지니어링에 임금은 월 1,600,000원, 직급은 상무로 근무하기로 하고 2003. 3. 2.부터 출근하기로 하였던 사실을 전○○, 서○○, 망인 등으로부터 들어서 알고 있지요

3. 피고병원 입원동기에 관하여
가. 망인이 위 회사에 출근하기 전 종합 진찰을 받으러 피고학교법인이 경영하는 해울병원에 입원하여 증인이 직접 전○○에게 망인의 출근일자를 2003. 4. 1.로 조정하였다는데 그런가요

나. 망인은 주식회사 ○○에 근무하면서 직장일로 거의 매일 술을 마셨다는데 그런가요

다. 망인은 주식회사 ○○을 그만두고 잠시 집에서 쉬면서 심신의 재충전을 기하던 중 2003. 2.경 가끔 코피를 흘리고 피곤하다고 하였지요

라. 위와 같은 말을 듣고 증인이 망인에게 2003. 3. ○○엔지니어링에 출근하기 전에 종합 진찰을 한번 받아보라고 하였지요

마. 그러나 망인은 그때까지 병으로 병원에 가서 치료를 받아 본 사실이 전혀 없어 병원에 가서 종합 진찰을 받는 것조차도 싫어했지요

바. 증인은 마침 망인의 전 직장 동료인 소외 김△△이 놀러와 동인과 함께 위 망인을 설득하여 2003. 2. 중순경 X₁, 증인, 위 김△△ 등 3명이 위 망인과 함께 ○○병원에 갔으나 입원실이 없어 편법으로 응급실에 갔는데, 응급실도 만원이어서 정말로 위급한 환자가 아닌 걸어서 들어오는 환자는 접수를 받지 못하여 접수조차 못하였지요

사. 당일 위 ○○병원 응급실에서 증인은 순간적으로 ○○○의 동서인 Y₂가 해울병원 내과 과장인 사실이 생각나 ○○○에게 전화를 하여 Y₂를 소개해 주고 해울병원에 입원할 수 있도록 부탁을 하였지요

아. 잠시 뒤 ○○○에게 전화를 하자 Y₂에게 말을 하였다며 입원비가 좀더 나오더라도 일단 병원 응급실에 들어와 Y₂를 찾으라고 하여 증인등 4인은 ○○병원에서 곧장 해울병원에 갔었지요

자. 해울병원 응급실에 가서 증인 등은 ○○병원에서 경험이 있어 망인이 걸어서 들어가면 혹시 접수를 거절할지도 모를 것 같아 망인이 마치 의식이 없는 것처럼 거짓 흉내를 내어 증인 등이 망인을 부축하고서 응급실에 들어가 피고 Y₂를 거명하였지요

4. 만성 간염의 치료에 관하여

가. 망인 등은 특진의로 Y₂를 신청하였으며, 망인은 응급실에 간지 2일 뒤 같은 달 20. 입원실이 생겨 위 병원 별관 1234호실에 정식 입원을 하게 되었으며, 그 후 특진의인 Y₂ 로부터 모든 종합검사를 받아 같은 달 25. 진단 결과가 나왔는데 망인에게 만성 간염이 있음이 판명되었던 사실을 증인은 알고 있지요

나. 당시 Y₂는 망인의 병명이 알코올성 만성 간염이라며 앞으로 술을 자제하면 된다고 하고, 약간의 복수는 있고 목에 약간의 염증이 있는데 이는 만성 간염을 치료하면 되고, 목은 병원에서 주는 물약으로 가글을 하면 된다고 하였던 사실을 증인은 망인과 X₁으로부터 들은바 있지요

다. 망인이 위 병원에 간 이유가 위와 같이 새로운 직장에 출근하기 전 종합 진찰을 받고자 하였는데 검사결과 만성 간염이라고 하고 이는 술을 자제하고 치료를 하면 좋아진다고 하여 망인 등은 물론이고 증인도 대수롭게 생각을 하지 않아 망인이 입원 후 사망시까지 2번밖에 면회를 가지 않았지요

라. 한편 X₁은 망인이 입원 후 사망시까지 시종일관 위 망인의 병실에서 망인과 함께 침식을 같이 하였지요

마. 증인이 같은 해 3. 7.경 위 병원에 갔었는데 당시 망인과 X₁이 병세를 묻는 증인에게 어제 Y₂가 회진을 하면서 망인과 X₁에게 위 망인이 많이 좋아졌다며 다음주 중 퇴원하여 통원치료를 받으면 되겠다고 하여 몹시 좋아하였는데, 증인이 망인 등에게 기왕에 입원을 하였고 또다시 입원을 하려면 어려우니 입원한 김에 푹 쉬었다가 퇴원을 하라고 하였다는데 그런가요

5. 니조랄 복용경위에 관하여

가. 같은 달 8.경 망인이 피고 Y₁에게 전날에 실시한 내시경 검사로 그때 위 망인의 목에 호스가 넘어가면서 목이 껄끄럽다고 하니까 Y₁이 즉석에서 메모지에 처방을 하여 "병원 앞에 있는 약국에서 니조랄을 사다가 마시라."고 하여 X₁이 니조랄 2병을 사다가 당일부터 같은 달 10.경까지 위 약 1병을 복용하였던 사실을 증인은 알고 있지요

나. 그런데 위 니조랄을 복용하면서부터 갑자기 망인은 숨이 막힌다면서 경련을 일으켰는데 그런 상황이 2~3시간 주기로 1~2분 정도 지속되었다지요

다. 망인에게 위와 같은 상황이 발생하여 망인은 물론이고 X₁은 너무나 놀라서 Y₁과 간호사를 불렀으나 동인들은 물론이고 다른 전공의조차 위 망인에 대한 진료기록만 뒤적거렸지 그 원인과 처치 방법을 모른 채 산소호흡기 기구만 가져오는 등 우왕좌왕하면서 도저히 모르겠다는 듯 머리만 기웃기웃하기만 하였고 그러던 중 망인의 증세가 사라져 돌아가곤 하였다지요

라. 주치의를 비롯한 의료진은 물론이고 망인조차 Y₂가 "다음 주면 퇴원하여도 좋겠다."고 한 다음날부터 갑자기 위와 같은 상황이 발생하는지 그 연유를 모르고 있다가 같은 달 11. 오후경부터 순간적으로 그전하고 다른 것이 있다면 위 니조랄을 새로이 복용한 것 이외엔 없음을 인식하고서 당일부터 위 니조랄의 복용을 중단하였다지요

마. 같은 달 11. 저녁 무렵 피고 Y₁은 회진을 하면서 위 망인의 침대 위 책상에 놓여져 있는 니조랄 병을 보더니 당황하면서 "니조랄을 더 이상 복용하지 말라."고 지시하였다지요

바. 즉 Y₁은 물론이고 간호사 다른 전공의조차 망인이 위 니조랄을 복용 중이었던 사실을 전혀 모르고 있었고, 위 망인이 발작을 할 때 진료기록을 보았지만 니조랄을 처방하거나 복용하였다는 내용이 기재되어 있지 않아 당시 Y₁과 다른 전공의, 간호사 등이 위 약의 복용중단 지시를 못하였다지요

사. 같은 달 7. Y₂가 망인 및 X₁에게 좋아졌다고 말한 후 다음 날부터 같은 달 11.까지 Y₂는 위 망인의 병실에 전혀 나타난 사실이 없었다지요

아. Y₂는 같은 달 12. 출근을 하여 회진을 하면서도 망인의 저간의 증세를 모르겠다며 뇌파검사를 권유하였을 뿐 별다른 설명을 못하였다지요

6. 니조랄의 부작용에 관하여

가. 같은 달 12.경 증인과 증인의 동생인 소외 김☆☆이 우연히 니조랄의 설명서를 보자 놀랍게도 부작용란에 위 약의 복용으로 간기능 감소가 일어나는 바 간기능 장애자들은 복용에 주의하라는 문구가 있는 것을 발견하였지요

나. 김☆☆는 즉시 제조회사인 ○○제약주식회사의 연구실에 전화를 하여 망인의 증상과 복용량을 설명하고 상담을 하자, 성명불상 여자가 "니조랄은 간환자 복용시 간기능을 급격히 저하시킨다. 의사가 뭔가 착각한 것 같다. 빨리 중지해야 하며, 2~3일 정도 상태가 더 갈 것이다."라고 설명을 하여, 즉시 증인이 병원에 있는 X₁에게 설명을 하고 Y₂에게 연락을 하라고 하였지요

다. X₁이 당일 Y₂를 찾아가 위 약 설명서를 보여주면서 증인 등이 ○○제약주식회사에 전화를 하여 알게 된 내용을 설명하자 Y₂는 "무슨 약이냐?"고 하며 위 설명서를 보면서 "어떤 레지던트가 위 약을 먹으라고 했느냐? 이름을 아느냐?"고 하며 전공의 이름을 X₁에게 도리어 물어 보면서 위 약 설명서를 읽었다지요

라. Y₂는 위 약 설명서를 다 읽은 후 X₁에게 "무슨 약이든 간에는 독이다. 한 예로 결핵환자가 결핵약을 계속 복용할 경우 위를 상하게 되지만 생명이 위험하기 때문에 위가 좀 상하더라도 결핵약을 먹일 수밖에 없다. 일단 며칠 두고 보자. 뇌파검사는 그만두자."고 하였다지요

마. 그러면서 Y₂는 그녀에게 X선 촬영이나 해보자 하여 망인은 당일 20:00경 X선 촬영을 하였다지요

7. 쇼크발생에 관하여

가. X선 촬영 후 망인은 당일 21:00경 잠자리에 들려고 하는데 갑자기 숨을 이상하게 쉬기 시작하였지요

나. 이상하여 X₁이 병실에 있는 비상벨을 누르다 못해 너무 급하여 맨발로 간호사실로 뛰어가 "빨리 와보라."고 소리쳤더니 몇 명의 간호사가 와서 망인의 베게를 빼고 가슴을 누르다가 의사한테 연락하며 산소호흡기를 찾았으나 "무슨 기구가 없다."고 하면서 우왕좌왕하다가 위 망인을 중환자실로 옮겼다지요

다. Y₁이 와서 계속 인공호흡을 하고 레지던트 2년차가 와서 X₁에게 "너무 놀라서 뛰어오는 길이다. 저희들도 이해가 안간다."라며 지켜보았다지요

라. 당일 X₁으로부터 Y₂가 와서 봐야 할 것 같은데 Y₁등이 Y₂가 병원에 없다며 Y₂에게 연락을 하지 않는다고 하여 증인은 즉시 Y₂의 동서이자 증인의 친구 형인 한△△에게 직접 전화를 하여 망인의 현 상황을 설명하고 급히 Y₂를 찾아 병원으로 와 줄 것을 간곡히 부탁하고서, 증인은 위 병원으로 향하였지요

마. 증인의 위 병원에 도착하자 Y₂도 위 병원 중환자실에 있었고, Y₁이 전기 등을 이용하여

위 망인에 대한 심폐소생술을 하고 있었지요

8. 사고 후 설명과정에 관하여

가. 같은 달 13. 새벽 무렵 증인은 위 병원 중환자실 입구에 있는 가족 대기실에서 Y_2 와 이야기를 하였는데 당시 Y_2는 처음에는 "처방 사실을 몰랐다. 사인을 모르겠다."라고 하다가 잠시 뒤에는 "내가 구두처방을 했는데 챠트에 기재를 안했는가 보다."라며 말을 조금씩 바꾸었지요

나. 당시 증인이 김○○에게 "좋아졌다고 하지 않았느냐, 그런데 왜 갑자기 이런 일이 생길 수가 있느냐, 원인이 뭐라고 생각하느냐?"고 묻자, Y_2가 증인에게 "약일수도 간일수도 있는데, 약으로 생명을 단축시킨 것만은 사실이다."라고 하였지요

다. 증인이 계속하여 Y_2에게 위 망인의 입원과정부터 사망시까지의 상태를 설명하면서 위 약 복용은 Y_2가 없었을 때 발생한 것으로 Y_1의 잘못이 아니냐고 하자 Y_2가 떨리는 목소리로 처방을 몰랐다고 하다가 동인이 구두처방을 하였다고 하는 등 일관성이 없었지요

라. 망인이 사망 후 Y_2와 Y_1은 망인에 대한 그동안의 치료 내용 즉, 동인들이 망인과 X_1에게 하였던 말과 망인이 같은 달 8.경부터 사망하였을 때까지 있었던 상황과 Y_1 등이 대처하였던 가시적 상황(망인과 X_1 등이 목격하였던 부분)과 망인이 발작 등을 할 때 망인이 니조랄을 복용하고 있음을 분명히 모르고 있었던 사실 등에 관하여 거짓말을 하였지요

마. 증인 등은 이건 사인에 대하여 비록 의료지식은 없지만 Y_1 등의 언행이 앞뒤가 다른 것에 비추어 망인의 사인에 문제가 있다고 느꼈고 이러한 사실을 Y_2 의 동서인 ○○○에게 설명한 사실이 있지요

바. 망인의 사후 증인이   ○○○을 2회 만난 뒤 그의 중재로 증인과 Y_2, Y_1의 아버지 등이 위 병원 원무과에서 만나 협의하기로 하였으나, 결렬되었지요

9. 형사고소에 관하여

가. 당시 Y_2와 Y_1의 언행 등을 보고서 증인은 30년 의료인으로 봉직을 한 의료인인 Y_2가 의료인으로서 상당히 당황하고 또 사망에 대하여 동인 스스로도 의아해하고 있는데다가 시간이 흐르면서 말을 교묘히 바꾸고 있어 위 망인에 대한 진료기록을 봉인하기 위하여 증인이 직접 같은 달 13. 새벽 경찰서에 의료사고를 신고하였지요

나. 1996. 3. 13. 오전 증인이 의료사고 신고를 하면서 망인에 대한 사망진단서를 Y_2로부터 교부받았는데 Y_2는 그때까지도 사인을 몰라 위 사망진단서상의 사인란을 공란으로 하여 증인에게 진단서를 발부하였지요

다. 증인이 Y_2로부터 사망원인란이 공란인 사망진단서를 갖고서 위 병원 원무과에서 접수인을 받으려고 하자 성명불상 원무과 직원이 이런 사망진단서가 어디 있느냐며 동인이 직접 Y_2를

찾아가 사인란을 기재한 후 진단서를 증인에게 교부하였지요

10. 기타 참고사항

(3) 증인에 대한 피고 반대신문사항에 대한 작성례

99가합××××호

증인 ○○○대한 피고 반대신문사항

1. 주신문 제2항 관련하여

망인이 주식회사 ○○에서의 사직경위나 ○○엔지니어링에 2003. 4. 1.부터 근무하기로 하였다는 사실 등은 망인으로부터 전해 들어서 알게 된 것이지요

2. 주신문 제3항 관련하여

가. 망인은 업무상 술을 마신 것보다는 평소 친구들과 어울려 술자체를 즐기는 성격이었고, 그 때문에 증인과도 자주 술을 마셨지요

나. 망인은 피고병원에 입원하기 전 3개월 동안 매일 소주 2홉짜리 3병씩을 마신 사실을 아는가요

다. 증인은 위 망인이 피고병원에 입원하기 전에 ○○병원 응급실로 갈 때부터 복부가 팽만하고 복수가 차서 의식이 없었다는데 알고 있는가요

3. 주신문 제4항 관련하여

가. 피고병원에 입원하여 각종검사를 실시한 결과 위 망인은 빈혈증세와 알코올성간질환과 복수로 진단받은 사실을 아는가요

나. 피고병원에서 간질환에 대한 치료로 호전되어 가고 있던 중 목과 식도에 심한 진균증이 발생하여 내시경검사를 한 사실을 알고 있는가요

4. 주신문 제9항 관련하여

(이 때 국립과학수사연구소 부검감정회신문 제시하고)

가. 증인은 망인의 사인이 급성심근경색으로 감정된 사실을 알고 있나요

나. 니졸랄의 부작용으로 급성심근경색이 발생하지는 않는다는 사실을 증인은 알고 있나요

다. 이 때문에 X₁이 고소한 형사사건에서 검찰이 무혐의 결정을 하였다는 통지를 받았지요

5. 기타 참고사항

8. 당사자신문

가. 의   의

당사자신문은 당사자 또는 그 법정대리인을 증거방법으로 하여 신문함으로써 증거자료로 하는 증거조사를 말한다(민사소송법 제367조). 따라서 당사자신문의 진술내용은 증거자료가 되므로 그 내용 가운데 상대방의 주장사실과 일치하는 부분이 있다하더라도 이를 자백이라 할 수 없다는 점에 유의해야 한다. 종래 당사자신문은 법원이 증거조사에 의하여 심증을 얻지 못할 때에 보충적으로 실시하도록 하였다. 그러나 의료소송과 같이 의사와 환자 사이에 있었던 사건은 당사자신문을 통하여 조기에 실체를 파악할 수 있기 때문에 다른 증거조사를 모두 마친 후에 보충적으로 하는 것이 오히려 신속한 재판을 방해할 수 있다. 이에 민사소송법 제367조는 '법원은 직권으로 또는 당사자의 신청에 따라 당사자본인을 신문할 수 있다.'고 하여 보충성을 폐지하고, 당사자신문을 독립한 증거방법으로 인정하였다.[88]

국공립병원, 대학병원 등 비교적 규모가 큰 병원에 피용된 의사가 의료사고를 일으킨 경우에 주로 병원만을 피고로 제소하기 때문에 치료한 의사를 소송상 제3자로서 신문하는데 아무 문제가 없다. 고용의사에 대하여 피고로 특정하여 소송할 것인가 아니면 사용자인 의료법인 등만을 상대로 소송할 것인가는 구체적인 상황에 따라 결정하여야 한다. 고용의사를 피고로 하지 않을 경우에 피고측에서는 증인으로 불러 일방적인 증언을 유도할 수도 있다. 반면 고용의사에 대하여 피고로 특정하여 제소할 경우에는 적극적으로 면책을 주장하기도 하기 때문에 장단점과 구체적 상황을 고려하여 당사자를 선정하여야 한다(고용의사는 대개 자신의 의료행위로 인하여 악결과가 발생한 경우에 윤리적 부담을 많이 가져 소송에 소극적으로 마지못해 응하는 경우가 있는바, 이러한 점에서는 고용의사를 피고로 하지 않는 것이 유리할 수도 있다).

---

88) 이시윤, 전게서, 523-534면.

나. 당사자신문의 필요성

당사자신문의 필요성은 의료소송에서 가장 높다. 환자가 혼자서 단독개업한 의사에게 가서 치료를 받던 중 사고가 발생한 경우가 많은데, 이 경우에는 환자와 의사 본인만이 사실을 알고 있다. 비록 환자는 원고본인, 개원의는 피고본인이 되지만, 다른 증거방법보다도 원·피고 본인을 불러 당사자신문을 하는 것이 실체적 진실을 파악하는데 가장 도움이 될 수 있다. 따라서 의료소송에 있어서는 소송의 신속, 적정한 처리를 위하여 당사자신문을 적극적으로 활용하는 것이 좋다.[89] 의료소송의 특성상 의료정보가 의사측에 편중되어 있음을 볼 때 원·피고 본인신문을 통해 당해 의사와 환자의 언행, 치료과정, 사고 후 변명 등을 우선적으로 신문할 수 있도록 하여야 한다.

다. 신문절차

당사자신문은 법원의 직권으로 또는 당사자의 신청에 따라 진행하며, 이 경우 당사자에게 선서를 하게 하여야 한다(민사소송법 제367조). 당사자가 정당한 사유 없이 출석하지 아니하거나 선서 또는 진술을 거부한 때에는 법원은 신문사항에 관한 상대방의 주장을 진실한 것으로 인정할 수 있다(민사소송법 제369조).

당사자신문절차는 증인신문절차를 준용하므로 주신문, 반대신문, 재주신문, 재반대신문 등의 순서로 진행된다(민사소송법 제373조). 재판장은 필요하다고 인정한 때에 당사자 상호간의 대질 또는 당사자와 증인의 대질을 명할 수 있다(민사소송법 제368조).

증인신문에서와 같이 당사자신문도 주신문은 서면으로 제출하고, 법정에서는 반대신문만을 하는 재판부가 많다. 역시 반대신문내용에 따라 재주신문은 할 수 있다.

선서한 당사자가 거짓 진술을 한 때에는 법원은 결정으로 500만원 이하의 과태료에 처한다. 이에 대하여는 즉시항고를 할 수 있다(민사소송법 제370조).

라. 법정대리인에 대한 신문

소송에서 당사자를 대표하는 법정대리인에 대하여는 당사자신문절차가 준용된다(민사소송법 제372조). 의료소송은 분만사고로 인한 뇌손상 신생아나 마취사고로 인한 식물인간환자사건 등에서는 법정대리인이 소송을 진행할 수밖에 없다. 이 때 법정대리인은 사실상 당사자와 같은 지위에 있기 때문에 위 규정을 준용하고 있다.

---

89) 鈴木忠一·三ケ月章 監修, 前揭書, 269頁.

마. 조서작성

당사자나 법정대리인을 신문한 때에는 선서의 유무와 진술 내용을 조서에 적어야 한다(민사소송법 제371조).

바. 당사자신문신청서 작성례

(1) 당사자신문신청서에 대한 작성례

당사자신문신청서

    사   건 2022가합○○○○호 손해배상(의)

    원   고 ○ ○ ○ 외 2

    피   고 의료법인 ××학원

    위 사건에 관하여 원고들 소송대리인은 주장사실을 증명하기 위하여 다음과 같이 당사자신문을 신청합니다.

다   음

1. 당사자의 표시

    성 명 ○ ○ ○(123456−1234567)

    주 소 ○○도 ○○시 ○○○

    직 업 판매업 종사

2. 당사자신문사항

    별지와 같음

3. 당사자신문일시

4. 당사자 대동여비 직불하겠습니다.

2023.   .   .

위 원고들 소송대리인

변호사　○　○　○(인)

인천지방법원　귀중

(2) 당사자인 원고 본인에 대한 주신문사항에 대한 작성례

2022가합○○○○호 손해배상(의)

원고○○○에 대한 주신문사항

1. 증인의 지위
원고본인은 이 사건 의료사고로 사망한 망인의 부인으로 망인의 치료~사망 경위에 대해 누구보다 잘 알고 있지요

2. 피고병원 입원 경위와 관련하여
가. 망인은 2021. 1. 초순경부터 시작된 전신 쇠약감으로 ○○도 ○○시 소재 가정의학과에 들러 처방해준 약물을 3일간 복용하였으나 상태가 더욱 좋아지지 않아 같은 해 2. 1.경 망인이 스스로 운전하여 피고병원 응급실을 내원하였지요

나. 피고병원 응급실에 내원 후 망인은 혈액검사, 방사선검사, 심전도검사를 받았는데 피고병원 소외 성명불상의 의사가 "간수치가 높다. 입원 치료가 필요하다."고 하여 당일 입원을 하게 되었지요

다. 피고병원 내원 당시만 하더라도 전신 쇠약감, 오심, 두통의 증상은 있었으나 자가운전을 하여 피고병원 응급실을 내원할 정도로 움직임이나 의식상태는 정상이었지요

3. 이후 진료경위 및 간이식 설명과 관련하여
가. 입원치료 중인 입원 3일째 담당의인 ×××는 원고본인에게 "지금 현 상태로 보아 망인의 예후가 좋지 못하면 최악의 경우 간이식을 해야 될 수 있다."고 하였고 이에 원고본인은 담당의인 ×××에게 "비용은 상관없다. 간이식 시기만 놓치지 말아 달라."고 하였지요

나. 그러나 간이식을 위해 어떠한 절차가 요구되고, 간이식이 가능한 병원은 어디이고, 간이식이 가능한 병원으로의 전원시 조치사항은 무엇이고, 어떠한 준비를 해야 하는지 등 간이식을

위한 준비사항에 대해서는 아무런 설명도 해 주지 않았지요

다. 간이식에 대한 아무런 상식이 없던 원고본인은 당연히 피고병원에서 간이식이 가능한 것으로 생각하였지요

라. 입원 치료로 망인의 간수치가 일시적으로 떨어졌으나 제픽스를 복용한 이후 전신에 황달이 생기고 몸이 부대끼는 등 상태가 갑자기 악화되고 구토증세와 코피까지 쏟게 되자 같은 달 8.경 위 ×××는 원고본인에게 "현 상태로 보아 간부전에 빠질 수 있고 간이식도 필요할 수 있다."고 다시 겁을 주었지요

마. 그러나 이 때에도 간이식을 위해 어떠한 절차가 요구되고, 간이식이 가능한 병원은 어디이고, 간이식이 가능한 병원으로의 전원시 조치사항은 무엇이고, 어떠한 준비를 해야 하는지 등 간이식을 위한 준비사항에 대해서는 아무런 설명도 해 주지 않았지요

바. 치료에도 불구하고 망인은 점점 악화되어 사람까지 알아보지 못할 정도로 만신창이가 되어 갔고 원고본인은 피고병원의 치료를 더 이상 믿고 따를 수가 없어 같은 달 14.경 ××대학병원으로 보내줄 것을 요구하기에 이르렀지요

사. 원고 본인의 전원요구에 피고병원은 큰 병원에 입원하기 힘들다는 이유만으로 전원 요구를 묵살하였지요

아. 이후 망인의 상태는 더욱 악화되었고 같은 달 15.경 망인이 혼수 상태에 이르러 원고본인은 담당의의 호출을 계속 요청하였으나 묵살당하였고 담당의는 나타나지도 않았지요

자. 이에 원고본인은 피고병원에게 간이식이 가능한 병원에서의 치료를 요구하며 ××대학병원으로 전원해 줄 것을 다시 요구하였지요

차. 그러나 원고본인의 전원요구는 즉시 받아들여지지 않았고 계속해서 강하게 요구하자 같은 날 13:40경이 되어서야 망인을 ××병원으로 전원시켜 주었지요

카. 같은 날 15:30경 망인은 ××병원에 도착하여 그 즉시 간이식을 위한 각종 검사를 받기 시작하였는데 당시 ××병원에서는 "환자분이 의식이 있는 상태에서만 왔어도 간이식 수술 성공률이 90%가 넘는데 너무 늦게 온 것이 애석하다. 좀더 빨리 왔으면 좋은 예후를 기대할 수 있었을 텐데 간이식을 받기에 너무 늦은 시점에 왔다. 간이식을 받더라도 좋은 결과를 기대하기는 어렵다."고 설명해 주었지요

타. ××병원에서는 간이식에 앞서 원고본인에게 기증자의 선정, 간이식의 절차, 예후, 경과 등에 대해 상세히 설명해 주었으나 피고병원으로부터는 위와 같은 설명은 한 차례도 들은 적이 없었지요

파. 원고본인은 피고병원 입원치료 당시 피고병원으로부터 간이식이 가능한 병원, 간이식이 시행되는 준비절차, 간이식은 뇌부종이 진행되기 전 조기에 시행되어야 한다는 설명을 들었더라면 뇌부종이 진행되어 의식이 변화되기 전에 전원시켜 줄 것을 적극적으로 요구하고, 원고본인

스스로 간이식을 위한 준비를 해서 망인으로 하여금 간이식을 받을 수 있게 하였더라면 한창 젊은 나이에 허망하게 죽지는 않았을 것이라는 안타까움이 있지요

　하. 원고본인의 여러 차례에 걸친 전원 요구에도 불구하고 조기에 전원시켜주지 않고 간이식에 대해 아무런 설명도 해 주지 않은 피고병원이 야속하기만 하였지요

　4. 기타 관련 사항

(3) 당사자인 원고 본인에 대한 반대신문사항에 대한 작성례

원고○○○에 대한 반대신문사항

1. 주신문사항 3항과 관련하여
　원고는 입원 3일째 담당의 ○○○으로부터 간이식의 필요성, 절차, 방법 등에 대해 설명을 들은 사실이 있지요

2. 주신문사항 차항과 관련하여
　가. 2003. 2. 15.경 원고는 망인과 함께 간이식을 위해 ××병원으로 내원하였지요
　나. 내원 후 같은 달 18.경 간이식이 계획되었지요
　다. 그런데 간기증자인 망인의 조카가 갑작스럽게 간기증을 거부하여 같은 달 18.경 간이식이 취소되었지요
　라. 원고는 조카를 설득하여 같은 달 20.경 간이식술이 다시 계획되었지요
　마. 그러나 간이식이 시행되기로 한 당일 상태가 갑작스럽게 악화되어 사망에 이르게 되었지요

3. 기타 관련사항

제4장

기타 특수 문제

제4장

기타 특수 문제

제 1 절   미용성형행위의 특수성

1. 미용성형행위의 연혁과 유형

가. 연   혁

미용성형행위 내지 미용성형수술은 성형외과학의 발전과 그 궤를 같이하는데, 성형외과는 구조적 변형 혹은 기형의 수정과 기능적 결함의 교정을 주로 하는 외과의 한 특수 분야이다. 성형외과학이란 신체 외부에 나타나는 선천성 기형 또는 후천성 변형이나 결손을 그 기능과 모양에 있어서 정상에 근사하게 교정해주는 외과적 학문을 의미한다.[1] 초기 성형수술은 주로 전쟁 포로나 죄인에 대한 벌로 코가 절단된 환자의 코를 재건하기 위한 목적으로 시행되었다. 이에 성형수술의 역사는 인류의 역사와 더불어 가장 오래된 의학분야의 하나로 알려지고 있다. 성형수술의 영문법적 표기인 'Plastic Surgery'에서 'Plastic'의 어원은 고대 희랍어의 '푸라스치고스(Plastikos)'라는 형용사에서 유래된 것인데, 이 단어는 '푸라세인(Plassein)'이라는 동사에서 유래된 'mould', 즉, '형을 만들다', '조형에 맞춘다(fit for molding)' 혹은 '물건을 만든다'는 뜻이다. 이는 1세기경에는 'Plasticus'라는 라틴어로 표현되었고 르네상스 시기에는 프랑스와 영국에서 일반적으로 사용되는 용어 등으로 표현되었다. 'Plastic'이라는 용어는 1818년 독일의 안과의사 Von Graefe가 공식적으로 처음 사용하였으나 1838년 독일의 Zeis의 저서 'Handbuch der plastischen Chirurgie'에 의하여 대중화되었다.

---

[1] 대한성형외과학회, 표준성형외과학, 군자출판사, 2001, 3면.

나. 유 형

미용성형수술 치료목적성의 존부에 따라서 재건성형(Reconstructive Plastic Surgery)과 미용성형(Aesthetic, Cosmetic Plastic Surgery)으로 구분하기도 하는데, 재건성형은 상해 또는 선천적 기형으로 인한 인체의 변형을 교정하는 수술을, 미용성형은 미관상 보기 흉한 신체의 부분을 외과적으로 교정·회복하는 수술을 의미한다.[2] 다른 연구에서는 선천적으로 불편했던 몸이나, 건강하게 태어났지만 다치거나 사고로 인하여 변형된 신체의 기능과 형태를 정상에 가깝도록 복원시켜 보다 나은 삶을 가질 수 있도록 도와주는 것이 재건성형이며, 미용성형이란 아름다움에 대한 심리적인 욕구를 위하여 병원에서 시술하는 모든 미용 행위로 코높임 등의 얼굴성형과 가슴, 복부 등의 신체부위 성형, 지방흡입, 기미, 주근깨, 박피 레이저, 기타 주사요법 등을 포함한다고 한다.[3] 대한성형외과학회에서는 미용성형수술의 종류를 크게 얼굴 성형(Facial Surgery), 피부 성형(Skin Surgery), 가슴 성형(Breast Surgery), 주름제거(Wrinkle Surgery), 체형 보정(Body Surgery)의 형태[4]로 나누고 있으며, 국제미용성형외과협회(ISAPS)에서는 미용성형수술을 수술적·비수술적 영역으로 구분[5]하기도 한다.

다. 신체 장식 목적 시술행위와의 관계[6]

우리나라에서는 신체에 침이나 바늘을 사용하여 사람의 피부를 찔러 살 속에 염료로 여러 모양을 새겨 넣는 문신(文身)시술 — 타투(Tattooing) — 을 비롯하여 눈썹이나 아이라인 부위 등에 문신기법을 통한 반영구 화장 시술(Semi-Permanent Makeup), 귀나 입술 등에 구멍을 뚫고 장신구를 달아주는 피어싱(Body Piercing)을 의료행위에 해당한다고 보아 의료인이 아닌 자가 위의 시술을 할 경우 의료법 위반 내지 보건범죄 단속에 관한 특별조치법 위반으로 형사처벌을 하고 있다. 타투와 반영구 화장 시술은 문신기법을 사용한다는 점에서 동일하지만, 전자는 시술부위가 넓고 예술적 측면이 강조됨에 반하여 후자는 시술부위가 제한적이며 심미

2) 국민권익위원회, 성형수술 환자 안전 제고 및 피해 방지를 위한 제도개선, 2014. 11.
3) 변선주, 미용성형과 피부미용의 효용성 및 인식도 비교분석을 통한 피부미용의 발전방향 연구, 한성대학교 석사학위논문, 한성대학교 대학원, 2011, 4면.
4) 이지미·김주덕, 여성들의 미용성형에 대한 실태와 만족도에 관한 연구, 한국미용학회지 제22권 제6호, 2016, 1179-1180면.
5) 한국보건의료연구원, 성형수술(시술) 이용자 안전을 위한 가이드라인 및 기준 연구, 2015, 22면에 따르면 ISAPS에서는 미용성형수술을 Surgical Procedures(Face & Head, Breast, Body & Extremities) 및 Non-Surgical Procedures(Injectables, Facial Rejuvenation, Other)로 분류하였다.
6) 백경희, 신체 장식 목적 시술행위에 대한 의료행위성에 관한 비교·고찰, 아시아태평양융합연구교류논문지 제9권 제7호, 2023, 363-373면 참조.

적 만족감을 얻기 위한 미용성형의 측면이 강하다는 차이가 있다.

문신시술이나 반영구화장, 피어싱 등의 행위로 신체 외관에 장식함으로써 인간은 심미적 만족감을 얻고 자신을 표현하기도 하며, 더 나아가 현대에서는 새로운 트렌드의 패션 아이템이자 대중문화의 하나로 자리잡고 있어 '신체 장식' 혹은 '신체예술(Body Art)'로 파악하기도 한다. 미국의 캘리포니아주는 대표적으로 문신시술, 반영구화장, 피어싱 등의 행위를 신체예술의 범주로 파악하면서 이를 의사가 수행하여야 하는 의료행위로 보지 않는다. 그리하여 캘리포니아주는 '안전한 신체예술법(Safe Body Art Act)'이라는 별도의 법률을 통하여 위의 행위를 수행할 수 있는 시술자(Practitioner)의 자격과 등록, 허가받은 시설(Facility)을 통한 시술에 관한 규제를 하고 있다.[7]

일본의 경우 종래에는 우리나라와 같이 문신시술, 반영구화장, 피어싱에 대하여 의료행위에 해당한다고 보아 비의료인이 이를 행할 경우 의사법 위반으로 형사처벌을 하여 왔다. 하지만 최고재판소 제2소법정 2020. 9. 16. 헤이세이(平成) 30년(あ) 제1790호 의사법 위반 사건에서, 문신사가 문신 점포에서 문신시술을 한 행위에 대하여 이는 의사가 수행하지 않을 경우 피부질환 등을 발생하게 할 우려가 있으나 의료 및 보건지도에 속하는 행위는 아니므로 의료행위에 해당하지 않는다는 취지로 판단함으로써, 위의 각 행위에 대한 규율이 달라지게 되었다. 즉, 일본은 현시점에서 문신시술은 더 이상 의료행위가 아니나 반영구화장과 피어싱은 의료행위라고 파악하고 있다.

2. 의료행위에의 포섭 여부

일반적으로 의료행위는 질병을 앓고 있는 환자에 대하여 치료를 통하여 질병을 완치 또는 완화시키고 통증을 감소시키는 것을 목적으로 하고 있으나, 미용성형행위의 경우 기존에 질병이 없는 건강하고 정상적인 상태에서 개인의 주관적인 미적 요구에 의한 소정의 결과 도출을 목적으로 행해진다는 점에서 근본적인 차이가 있다.[8][9] 바로 이러한 차이점으로 인하여 미용

---

7) 문심명, 문신 등 신체예술 관련 미국의 법제도 현황과 시사점, 국회입법조사처 연구 보고서, 2021, 1-7면.
8) 그러므로 미용성형수술은 신체의 일부가 기형이거나, 질병 기타 사고 등으로 인하여 변형된 신체의 일부를 교정 내지 재건을 목적으로 하는 치료목적의 성형외과(Reconstructive Surgery)와 뼈·관절의 형태이상과 기능장해의 교정·예방을 주 임무로 하는 정형외과(Orthopedic Surgery)와는 구별되는 개념이라고 한다.; 문성제, 미용성형시술과 의료과실의 제문제, 의료법학 제5권 제2호, 2004. 12, 277면 참조.
9) ① 東京地判 昭和 52. 9. 26. 判タ 365호 386頁 이하; "의사가 그 환자에 대해 수술을 하려면 일반적으로 수술의 필요성, 그 시기, 방법 등에 대하여 해당 환자의 개별적 차이, 병의 종류, 부위 등 개개의 구체적인 요소에 비추어 제반의 사정을 종합적으로 감안하여 의학의 전문적인 견지로부터 신중하고 적정한 판단이 내려져야 할 것이지만, 특히 미용성형수술을 담당하는 의사로서는 위 미용성형수술이 일반적으로 긴급

성형수술의 경우 비록 의료행위의 범주에 포섭된다고 하더라도 그 특수성으로 인하여 일반적인 의료행위와는 달리 계약의 법적 성질이 다르게 파악되고 있을 뿐만 아니라 시술상의 주의의무나 설명의무에 있어서 특수한 법리가 나타나고 있다.

가. 미용성형수술의 특성

(1) 구명성의 부재

미용성형수술의 경우에는 장애나 질환의 치료가 아닌 정상적인 상태에서 외형상의 개인적인 심미적 만족감을 얻기 위하여 행해지기 때문에 구명성(求命性) 내지 의학적 필요성과는 거리가 멀다. 물론 심미적 불만감이 개인의 정신적 스트레스로 이어져 정신적 질환의 유발요인이 될 수도 있기 때문에 그러한 불만 해소 차원에서 유용성은 인정된다고 할 수 있지만 미용성형수술을 하지 않는다고 해도 생명과 신체상에 위험 요소가 발생하지는 않는다.

(2) 긴급성의 부재

미용성형수술의 경우 구명성이 주목적이 아니기 때문에 그 연장선으로 미용성형수술을 하지 않는다고 해서 긴급을 요하는 응급상황이 발생하지는 않는다. 일반적인 의료행위의 경우 응급을 요하는 상황이 발생할 경우, 특히 미성년자가 응급으로 수술을 해야 하는 상황에서 보호자인 법정대리인과의 의견이 일치하지 아니하여 그 동의를 받을 수 없는 상황에는 의료진은 긴급피난이론에 의거하여 보호자로부터의 승낙을 받지 않은 상태에서 수술을 진행하더라도 위법성이 조각될 여지가 있다.

성 및 필요성이 부족한 경우가 많으므로 해당 수술의 필요와 불필요 및 적부를 신중하게 판단하고 또 수술을 실시하는 데 있어서는 해당 환자의 체질, 환부 상태 등에 관한 충분한 사전의 검사를 행하여 의사로서 고도의 전문적 견지로부터 해당 수술의 시기, 방법, 정도, 범위 등을 충분히 검토하여 수술을 실시해야 할 의무가 있는 것이라고 할 수 있는 바, 한층 더 수술을 실시할 때 및 수술 후 상태에도 충분히 신중한 배려를 하면서 사후의 수술의 진행, 치료방법 등을 선택해야 할 의무가 있는 것이라고 해석함이 상당하다."고 하여 양자의 차이를 명시적으로 판시한 바 있다.
② 平成 17. 1. 20. 東京地裁 平15(ワ)第18653号 判決; 유방확대술을 실시하더라도 효과를 기대할 수 없다는 점과 위험성도 매우 높다는 것에 대하여 피시술자에게 설명하지 아니한 부분과 관련하여 담당 의사에게 설명의무 위반이 있고 그로 인해 피시술자에게 발생한 현 장애와의 사이에 인과관계가 있다고 하여 전손해의 배상을 인정하였다. 동 법원은 "미용정형 분야에서는 긴급성이나 필요성, 의학적 적응성이 부족한 것으로부터 질병·상해 치료가 행해지는 경우 고도의 설명의무가 요구되며, 치료방법의 내용, 기대되는 효과와 합병증·부작용 등의 설명뿐만 아니라 피시술자가 가지고 있는 과도한 기대나 오해를 해소하는 설명을 행하여야 할 의무가 부과."된다고 하면서 동건에 있어서도 "경우에 따라서는 원고에 대하여 상세한 설명을 통하여 이 건 수술을 단념시키고 in-plant를 발거하는 것을 설득하는 것도 검토했어야 한다."고 판시한 바 있다.

그러나 미용성형수술의 경우에는 긴급성이 없기 때문에 반드시 성인인 경우에는 본인의, 미성년자인 경우에는 미성년자 본인과 법정대리인의 승낙이 필요하다.[10]

(3) 강한 영리성

우리나라는 의료법을 통하여 의료행위의 경우 영리목적으로 환자를 유인하는 등의 행위를 규제함으로써 비영리성을 갖도록 강제하고 있는 바,[11] 이는 국민의 생명·신체에 관한 권리와 보건권 등과 직결되는 의료행위는 국민을 위하여 실시되어야 하는 것이므로 의료가 의료인 또는 의료기관의 사적인 영리에 좌우되는 것을 배제시키고자 하는 국민의 보편적인 윤리의식에서 출발한다고 보고 있다.[12] 또한 의료행위에 영리성이 개재되는 경우 의료보험이 미치지 아니한 영역에서 의료수가가 규제할 수 없을 정도로 상승할 우려가 있고, 의료수준의 격차가 발생할 수 있으며, 이로 인하여 저소득층의 의료보장과 상대적 박탈감이 발생하여 공익을 저해하게 될 것이라는 점도 현재까지 의료행위가 비영리성을 갖도록 규제하여 온 이유였다.[13]

그러나 미용성형수술의 경우에는 원칙적으로 치료를 주목적으로 시행되는 것이 아니기 때문에 의료급여의 대상이 아닌 비급여의 영역에 해당하며, 그렇기 때문에 활발한 의료광고를 통해 환자를 유인하고 있는 것이 현실인 바, 일반적인 의료행위와는 달리 영리를 추구하는 목적이 강한 영역이라는 점에서 그 차이가 있다.

나. 의료행위에의 포섭

전통적으로 의료행위는 질병을 지니고 있는 환자의 증상을 진단하여 신체의 이상과 고통을 제거하고 치료를 통하여 건강을 증진시키는 행위로 정의되어 왔다. 그런데 미용성형수술의 특성에서 알 수 있는 바와 같이 질병의 치유 등과는 직접적인 관계가 없는 행위로서 심리적

---

10) 대법원 2023. 3. 9. 선고 2020다218925 판결.
11) 의료법 제27조(무면허 의료행위 등의 금지)
　　③ 누구든지 「국민건강보험법」이나 「의료급여법」에 따른 본인부담금을 면제하거나 할인하는 행위, 금품 등을 제공하거나 불특정 다수인에게 교통편의를 제공하는 행위 등 영리를 목적으로 환자를 의료기관이나 의료인에게 소개·알선·유인하는 행위 및 이를 사주하는 행위를 하여서는 아니 된다.
　　의료법시행령 제20조(의료법인등의 사명)
　　의료법인 및 법 제33조 제2항 제4호의 규정에 의하여 의료기관을 개설한 비영리법인은 의료업(법 제49조의 규정에 의하여 의료법인이 행하는 부대사업을 포함한다)을 할 때 공중위생에 기여하여야 하며, 영리를 추구하여서는 아니 된다.
12) 석희태, 병원개설 법인의 지위, 의료법학 제6권 제2호, 2005. 12, 162-163면.
13) 그러나 미용성형 영역 외의 의료시장에서도 점점 더 능률적인 인원을 고용하고 개인의원간의 합병, 최신의 의료장치 등을 고용하여 최선의 수익을 남기기 위한 방향으로 영리화되는 것은 어쩔 수 없는 현실이다.; A.Laufs, Der Anaesthesist, Vol. 53, No. 12, 2004. 12. S.1231.

으로 만족하기 위하여 인체에 침습을 가하므로 전통적인 의료행위 개념과는 차이가 있다.[14]

그렇지만 미용성형수술도 인체에 침습을 가한다는 점에서 전문지식을 가진 전문인이 행하지 아니할 경우 생명·신체상의 위험이 야기될 수 있다는 점에서 이를 의료행위의 범주로 포섭할 것인지에 대하여 논의가 분분하였다.[15] 이에 대하여 판례는 다음에서 보는 바와 같이 견해를 변경하면서 미용성형수술의 경우에도 의료행위의 범주에 포섭됨을 공공연히 하였고, 누적된 판결을 통하여 현실을 반영하면서 그 종류 또한 다양해지고 있다.

(1) 초기 판례의 태도 - 대법원 1972. 3. 28. 선고 72도342 판결

대법원은 미용성형수술이 의료행위에 해당하는지 여부에 대하여 질병의 예방 또는 치료행위가 아니라고 하여 의료행위에 속하지 않는다는 견해를 보였다. 즉, 대법원은 "곰보수술, 눈쌍꺼풀, 콧날세우기 등의 미용성형 수술은 의료의 기초적이고 초보적인 행위이고 질병의 예방 또는 치료행위가 아니므로 의학상 의료행위에 속하는 것이라 할 수 없으므로 따라서 치과의사는 물론 일반의사도 위와 같은 미용성형수술을 그들의 본래의 의료행위로서 실시하는 것이 아님이 명백하다 할 것인즉, 이와 같이 의료행위에 속하지 않는 미용성형수술을 행한 자에 대하여는 품위손상 행위로서 치과의사나 일반의사의 업무의 정지 등 행정조치를 함은 별론이거니와 이 사건 미용성형수술이 오직 일반의사에게만이 허용되는 소정의 의료행위에 속하는 것이라고 단정할 수는 없다는 취지에서 피고인이 일반의사의 면허 없이 위와 같은 성형수술을 하였다고 하더라도 의사가 아니면서 의료행위를 한 것이라고 할 수 없으니 이는 의료법 제25조(현행 의료법 제27조이다) 위반의 죄가 될 수 없다."고 판단하여 무죄를 선고하면서 미용성형수술행위는 의료행위에 해당되지 아니한다는 태도를 보였었다.

(2) 견해의 변경 - 대법원 1974. 11. 26. 선고 (全) 74도1114 판결

위 판결로부터 2년여 뒤 대법원은 "의료행위의 내용에 관하여는 이에 관한 정의를 내리고 있는 법조문이 없으므로 결국은 구체적 사안에 따라 이를 정할 수밖에 없는 것인 바, 위의 개념은 의학의 발달과 사회의 발전 등에 수반하여 변화될 수 있는 것이어서 앞에서 말한 의료법의 목적 즉, 의학상의 전문지식이 있는 의사가 아닌 일반사람에게 어떤 시술행위를 하게 함으로서 사람의 생명, 신체상의 위험이나 일반공중위생상의 위험이 발생할 수 있는 여부 등을

---

14) 범경철, 의료행위 개념의 확대, 의료법학 제5권 제1호, 2004. 7, 669-670면.
15) 실제에 있어 의학적 증상의 치료와 순수한 미용을 위한 시술은 그 구별이 쉽지는 않으나 의학적 증상치료 시 환자는 보다 높은 보호의 필요성과 의료과실로 인한 최소한의 책임액이 요구되지만, 미용시술의 경우 고객은 진료목적 보다 신체의 아름다움에 대한 목적달성의 의도가 강하므로 양자는 차이가 있다.; 이승우, 의사와 의료법인의 법적 책임제한, 민사법연구, 제14집 제2호, 2006. 12, 207-208면.

감안한 사회통념에 비추어 의료행위 내용을 판단하여야 할 것이고, 의사들이 미용성형수술을 시행하고 있었고 성형외과 협회까지 생기고 있었던 의학계의 실정과 공소사실 적시의 피고인의 코높이기 수술인 미용성형수술이 마취약을 주입하고 코밑을 절개하며 연골을 삽입하여 봉합하는 등의 의료기술의 시행방법으로 시행되여지고 또 코의 절개과정이나 연골의 삽입, 봉합과정에서 미균이 침입할 위험성을 내포하고 있는 것이어서 이러한 코높이기 수술의 방법 및 행위의 태양을 함께 감안하면 외과분야에 있어서 의료행위를 이미 발생한 상처 등에 대한 외과적 처치만에 국한할 것이 아니라 공소장 적시의 피고인의 코높이기 성형수술행위도 질병의 치료행위의 범주에 넣어 의료행위가 되는 것으로 해석함에 타당하다 할 것이다."고 하여 견해를 변경하였다.

(3) 미용성형수술로서 판례를 통해 의료행위로 인정된 유형

위와 같이 대법원 전원합의체 판결을 통하여 미용성형수술을 의료행위에 해당한다고 포섭시킨 후, 판례는 위 코높이기 미용성형수술 외에, ① 눈썹 등 부위의 피부에 행한 미용문신수술,[16] ② 피부박피술,[17] ③ 속눈썹 또는 모발의 이식시술행위,[18] ④ 외음부성형술,[19] ⑤ 지방흡입술[20] 등의 미용성형수술의 범주에 포섭되는 부분을 의료행위라고 파악하고 있다.

3. 미용성형행위의 계약상 특수성

가. 일반 의료계약의 경우

일반적인 의료계약은 판례와 다수설은 위임계약에 가깝다고 보고 있다. 따라서 의사가 환자의 질병에 대하여 최선의 주의의무를 다하였다면 비록 질병의 완치에 이르지 못하고 더 나아가 환자측에서 원하지 않았던 악결과가 발생하였다고 하더라도, 의사는 환자측에 대하여 진료비를 청구할 수 있다고 할 것이다.

나. 미용성형계약의 경우

미용성형수술의 경우에는 구명성이나 응급성이 없고, 비급여에 해당하여 다른 의료행위에

---

16) 서울고등법원 1991. 8. 23. 선고 91노1777 판결.
17) 대법원 1994. 5. 10. 선고 93도2544 판결.
18) 대법원 2007. 6. 28. 선고 2005도8317 판결.
19) 대법원 2006. 4. 28. 선고 2003다23847 판결.
20) 서울중앙지방법원 2007. 11. 8. 선고 2006가합56508 판결.

비하여 고수익이며 영리적인 성격이 강하고, 의사측에서도 미용성형수술과 관련한 공공연한 광고가 이루어진다는 점과 미용성형수술이 대부분 피시술자의 외형에 관한 심미적 만족감을 위하여 이루지고 피시술자가 의사측에 요구하는 바가 비교적 구체적이라는 점에서 이러한 부분이 계약시점에서 충분히 검토된 뒤 의료계약이 성립한다. 따라서 특별한 사정이 없는 한 미용성형수술계약은 결과의 완성을 목적으로 하는 도급계약으로 보는 것이 타당하다는 견해도 존재한다.[21]

이와 같이 미용성형수술 계약관계를 도급관계로 파악하게 될 경우에는 진료비 청구의 경우에도 일반적인 의료계약과는 다른 결론에 이르게 된다. 즉, 결과채무의 성격을 지니는 미용성형수술의 경우에는 피시술자와 의사간에 약정된 계약목적을 달성하지 못할 경우 의사는 피시술자에 대하여 진료비를 청구하지 못할 수도 있다.[22] 이때, 미용성형수술 계약목적의 달성 여부를 판단할 때에는 피시술자의 심미적 만족감이라는 주관적인 잣대가 아닌 계약목적에 관한 피시술자와 환자간의 합의내용이 기준이 되어야 할 것이다.[23]

4. 미용성형 시술의사의 주의의무 강화[24]

가. 진단, 검사상 또는 수술방법 선택상의 과실

미용성형수술 전 진단·검사 및 수술방법 선택상의 주의의무 위반에는 수술 내지 시술이라는 침습적 의료행위의 실시 이전에 행하여지는 모든 진찰 및 검사행위 등 전반에 있어 발생할 수 있는 과실 인정에 대한 사항이 포함된다. 여기에는 수술방법 등에 대한 판단과 결정을 위하여 적절한 검사나 진찰 등을 소홀히 한 경우, 잘못된 검사 등으로 인하여 수술의 내용이나 필요성 등을 부적절하게 결정한 경우, 수술방법을 그 당시 일반적인 의료수준에 비추어

---

21) 곽윤직, 민법주해(XVI) 채권(9), 박영사, 1997, 258면.
22) 그런데 미용성형수술상 과실에 관한 대법원 2002. 10. 25. 선고 2002다48443 판결의 원심인 서울지방법원 2002. 7. 25 선고 2000나22989 판결에서는 "살피건대, 의사가 환자에게 부담하는 진료채무는 질병의 치료와 같은 결과를 반드시 달성해야 할 결과채무가 아니라 환자의 치유를 위하여 필요하고 적절한 진료조치를 다해야 할 채무 즉, 수단채무라고 보아야 할 것이므로, 위와 같은 주의의무를 다하였는데도 그 진료결과 질병이 치료되지 아니하였다 하더라도 환자는 의사에게 그 치료비를 지불할 의무가 있는 것이고 그 진료가 성형수술이라 하여 이를 달리 볼 이유는 없다 할 것이다. 또한 원고가 피고 사이에 성형의 성공적인 종결을 조건으로 위 수술비가 지급되었음을 인정할 증거도 없다."고 판시하여 미용성형수술의 경우에도 수단채무로 판시하였다.
23) 백경희, 미용성형수술의 특수성, 의료법학 제9권 제1호, 2008. 6, 516-517면.
24) 김성은·백경희, 미용성형의료행위의 개념 정립에 관한 연구, 한국의료법학회지 제29권 제1호, 2021. 6, 83-89면.

통상적으로 인정·선택되는 수술방법 등을 선택하지 않거나 타당한 사유 없이 그 합리적인 재량권을 초과하여 수술방법을 선택한 경우 등이 문제될 수 있다. 수술방법 선택상의 과실은 관점에 따라서 수술과정상의 주의의무에 포함시킬 수 있는 측면은 있으나, 수술실 내에서 수술과정의 진행 도중에 기존의 수술방법·계획을 긴급히 수정하는 등의 상황이 아니라면 기본적으로는 사전의 수술계획 단계에서 그 방법 등을 결정하고 의뢰인에게 설명하는 경우가 일반적이라고 할 것이므로 수술 전 진단·검사단계와 같은 범주로 보는 것이 바람직할 것이다.

미용성형행위의 진단·검사상 또는 수술방법 선택상의 과실 인정에 있어 주로 문제된 사안에는 법원이 당해 수술이 목적달성을 위한 적절한 수술에 해당하지 않는다고 적시한 사안,[25] 적절한 사전검사 등이 미흡하였다고 인정한 사안,[26] 다양한 미용성형수술방법에 대한 선택에 있어 충분한 고려가 미흡하였다고 판시한 사안,[27] 시술의사와 피시술자 간에 사전에 상호 협의한 내용과 다른 수술 등을 시행한 과실이 인정된 사안,[28] 해당 수술에서 통용되는 수술방법을 위반한 사안,[29] 시술의사가 수술방법 등을 다소 적극적으로 권유하였음을 적시한 사안[30] 등이 있다.

나. 수술과정상 주의의무 위반

미용성형수술과정상의 주의의무 위반은 설명의무 위반과 함께 가장 많이 나타난 피고 책임인정사유이다. 위험성이 내재된 미용성형수술에 있어 원고의 주된 주장은 수술과정상의 과실로 인한 손해발생 주장이 될 수밖에 없을 것으로 사료된다. 법원은 수술과정상의 주의의무 판단에 있어서도 치료목적 수술에 비하여 강화된 수준의 법리를 설시하고 있는데, 대법원[31]은 미용성형수술의 경우 "의사로서 고도의 전문적 지식에 입각하여 시술 여부 등을 신중히 판단하고 시기·방법·범위 등을 충분히 검토한 후 당해 미용성형 시술에 있어서 그 진행에 따라 장차 예측이 가능한 결과 가능성과 정도 등을 충분히 고려하여 의뢰자에게 생리적·기능적 장해가 남지 않도록 신중함과 동시에 시술 후에도 충분한 배려를 하여야 할 주의의무가 있다."고 하여 미용성형수술을 시행하는 의사측의 시술 여부 및 진행상의 주의의무를 강화하

---

25) 대법원 2013. 6. 13. 선고 2012다94865 판결; 서울고등법원 2011. 8. 30. 선고 2010나82334 판결; 서울남부지방법원 2009. 3. 12. 선고 2008가합1751 판결.
26) 서울고등법원 2011. 8. 30. 선고 2010나82334 판결.
27) 대법원 2013. 6. 13. 선고 2012다94865 판결; 서울고등법원 2010. 11. 25. 선고 2009나82246 판결.
28) 서울남부지방법원 2009. 3. 12. 선고 2008가합1751 판결.
29) 서울고등법원 2010. 11. 25. 선고 2009나82246 판결; 서울남부지방법원 2009. 3. 12. 선고 2008가합1751 판결.
30) 대법원 2013. 6. 13. 선고 2012다94865 판결; 서울남부지방법원 2009. 3. 12. 선고 2008가합1751 판결.
31) 대법원 1994. 4. 26. 선고 93다59304 판결.

는 내용으로 판시하여 왔다.[32]

미용성형수술의 진행과정상 과실 인정 사유 및 판시사항으로는 임상의학의 실천수준을 준수하지 않았다는 내용의 일반적 주의의무 위반에 관한 사안,[33] 시술의사가 피시술자에게 발생할 수 있는 생리적·기능적 장해를 예방하거나 회복이 어려운 후유증의 발생이 예상되는 경우 그 수술을 거부 내지 중단해야 한다고 판시한 사안,[34] 성형수술에 사용되는 의료기기 등 조작·작동상의 부주의가 인정된 사안,[35] 수술과정에 비의료인의 참여를 교사하거나 함께 참여한 사안,[36] 수술과정상의 감염예방조치가 미흡하였다고 인정된 사안,[37] 수술과정상 추가적인 혹은 각별한 주의의무가 필요하다는 점을 설시한 사안[38] 등이 있다.

다. 회복과정 또는 후속진료상의 과실

수술 후 회복과정 내지 그에 뒤따르는 진료는 앞서 이루어진 수술 등의 진료내용과 시간적·내용적으로 연결되어 있다는 점에서 매우 중요하다. 이는 미용성형수술에서도 동일한데, 침습의 정도가 중하거나 전신마취를 동반한 수술인 경우에는 수술 후 의식회복이나 원활한

---

32) 백경희, 미용성형수술에 있어서의 시술의사의 주의의무, 법률신문 제3658호, 2008. 6. 16.
33) 대법원 2006. 4. 28. 선고 2003다23847 판결; 대법원 2018. 10. 4. 선고 2018나236296, 236302 판결; 대법원 2018. 11. 29. 선고 2016다266606, 266613 판결; 서울중앙지방법원 2004. 3. 17. 선고 2003나37180(본소), 2003나37197(반소) 판결; 서울중앙지방법원 2009. 12. 15. 선고 2009나26694 판결; 부산지방법원 2010. 2. 12. 선고 2009나10406 판결; 서울중앙지방법원 2010. 8. 17. 선고 2010나7217 판결; 서울중앙지방법원 2010. 9. 16. 선고 2009나46506 판결; 서울중앙지방법원 2009. 6. 11. 선고 2008나38744 판결; 서울고등법원 2011. 12. 20. 선고 2010나75510 판결; 서울중앙지방법원 2019. 4. 3. 선고 2018나10660 판결; 서울고등법원 2013. 6. 27. 선고 2012나49348 판결; 서울중앙지방법원 2019. 3. 20. 선고 2018나17029 판결; 서울지방법원 1999. 6. 30. 선고 98가합8148 판결; 서울지방법원북부지원 2000. 7. 21. 선고 99가합230 판결; 수원지방법원 2011. 9. 1. 선고 2009가합14237 판결; 인천지방법원 부천지원 2002. 9. 15.자 2002가단3459(조정), 서울남부지방법원 2009. 3. 12. 선고 2008가합1751 판결; 서울남부지방법원 2010. 8. 13. 선고 2009가단56478 판결; 울산지방법원 2013. 11. 26. 선고 2011가단36977 판결; 서울중앙지방법원 2012. 11. 21. 선고 2010가단351623 판결; 서울중앙지방법원 2014. 2. 21. 선고 2012가합507373 판결; 서울중앙지방법원 2019. 4. 2. 선고 2015가합502614 판결; 서울중앙지방법원 2017. 2. 14. 선고 2015가합533953 판결; 서울중앙지방법원 2010. 11. 9. 선고 2009가합50648 판결.
34) 수원지방법원 2006. 10. 13. 선고 2005나6225 판결; 서울고등법원 2011. 12. 20. 선고 2010나75510 판결; 서울중앙지방법원 2019. 4. 3. 선고 2018나10660 판결; 서울고등법원 2010. 11. 25. 선고 2009나82246 판결; 서울중앙지방법원 2012. 6. 5. 선고 2010가합45185 판결; 서울중앙지방법원 2019. 4. 2. 선고 2015가합502614 판결; 서울중앙지방법원 2017. 2. 14. 선고 2015가합533953 판결.
35) 부산고등법원 2010. 4. 29. 선고 2009나13484 판결; 서울중앙지방법원 2012. 6. 5. 선고 2010가합45185 판결.
36) 부산고등법원 2010. 4. 29. 선고 2009나13484 판결.
37) 서울고등법원 2008. 8. 21. 선고 2007나111270 판결.
38) 서울지방법원 2000. 3. 28. 선고 99나78634 판결; 서울고등법원 2011. 12. 20. 선고 2010나75510 판결.

상태의 개선, 당초에 목적하거나 기대하였던 수준에 이르렀는지 등에 따라서 의사는 수술 후 계속적으로 심도 있는 피시술자 관찰을 통하여 환자의 상태변화에 알맞은 후속 조치를 하게 된다. 따라서 성형수술 등에 따른 후유증이나 합병증 자체가 발생하지 않도록 사전에 보다 숙고된 결정이 이루어져야 함은 물론, 수술 후 의식 회복시점까지의 계속적인 경과관찰과 의식 회복 후 필요 시 계속적인 진료와 지도·조언 등을 통하여 피시술자에게 생리적·기능적 장해 등이 남지 않도록 하여야 할 것이다.

성형수술 후 회복과정 또는 후속진료상 과실 인정 사유에는 감염증상 악화가 인정된 사안,[39] 부적절한 내용의 후속진료나 치료소홀이 인정된 사안,[40] 추가검사나 전원지체로 인하여 진료시기의 지연·실기 등이 인정된 사안,[41] 경과관찰과 회복상 관리소홀 내지 시술의사가 수술종결 후 의료기관을 이탈한 사안,[42] 기타 피시술자에 대한 배려조치가 소홀하였음을 설시한 사안[43] 등이 있다.

라. 미용성형에서의 설명의무

미용성형수술이나 시술도 인체에 대한 침습을 전제하므로 시술의사가 피시술자의 자기결정권을 보호하기 위한 전제로서 시술의사에게 설명의무가 부과된다.[44] 미용성형수술에 대한 설명의무에 있어 통상의 의료행위와의 가장 큰 차이점은 긴급성의 탈락으로 인하여 추정적 승낙이나 긴급피난 등의 법리에 의한 설명의무 면제가 불가능한바 어떠한 경우이든 피시술자에게 미용성형수술에 대한 위험성 등을 설명하고 사전 승낙을 받아야 한다는 점이다. 나아가, 긍정적인 결과만을 제시하는 미용성형 광고나 낙관적인 생각을 형성하게 할 정도의 광고내용 등을 통하여 피시술자는 그러한 위험성이나 과정 등에 대해서는 깊이 고찰하거나 생각할 기회를 갖지 아니하고 성급하게 혹은 관련 정보를 얻지 못한 채 긍정적인 결과만을 예상하게 될 수 있으므로 시술의사로서는 피시술자의 과도한 오해와 기대를 해소하여야 할 필요성[45]이

---

39) 대법원 2018. 11. 29. 선고 2016다266606, 266613 판결; 서울동부지방법원 2015. 5. 1. 선고 2013가단 113511 판결.

40) 대법원 2018. 11. 29. 선고 2016다266606, 266613 판결; 서울지방법원 1999. 6. 30. 선고 98가합8148 판결; 서울중앙지방법원 2010. 11. 9. 선고 2009가합50648 판결.

41) 서울고등법원 2011. 12. 15. 선고 2011나12868 판결; 서울지방법원 1999. 6. 30. 선고 98가합8148 판결; 서울중앙지방법원 2007. 6. 12. 선고 2006가합78706 판결; 서울동부지방법원 2015. 5. 1. 선고 2013가단113511 판결.

42) 서울중앙지방법원 2007. 10. 30. 선고 2006가합56508 판결; 서울중앙지방법원 2007. 6. 12. 선고 2006 가합78706 판결.

43) 서울중앙지방법원 2008. 11. 18. 선고 2008나6716 판결.

44) 범경철, 미용성형수술의 후유증에 관한 의사의 설명의무, 의료법학, 제3권 제2호, 2002. 12, 481-482면.

45) 문성제, 미용성형시술과 의료과오의 제문제, 의료법학, 제5권 제2호, 2004. 12, 287-288면.

인정됨은 물론, 의료소비자가 지나치거나 과도한 수준으로 예상하고 있는 예상결과의 수준이나 정도, 모습 등에 대하여 올바른 판단을 할 수 있도록 상세히 설명 내지 상담해주는 동시에, 성형수술의 필요성이라든가 수술을 받지 않았을 때의 전개상황 등은 질병의 존재를 전제하여 이루어지는 것이므로, 미용성형수술 등의 경우에 있어서는 결과달성이 불가능하거나 그 일부만을 구현할 수 있는 경우라면 이에 대하여 설명해 주어야 한다.

설명의무 위반으로 인한 책임인정의 내용은 대부분 자기결정권 행사 기회의 상실 등으로 인한 위자료 인정에 해당되는데, 경우에 따라서는 예외적으로 설명의무 위반과 악결과 사이에 상당인과관계를 인정하여 전손해배상이 인정된 사안도 있다. 이 경우 설명의무 위반에 대한 과실은 수술과정에 있어서 의사가 기울여야 하는 주의의무의 내용과 동일시할 정도의 수준으로 인정될 수 있어야 하며, 다만 전손해배상이 인정되는 경우에도 시술의사의 책임제한이 인정될 수 있음은 물론이다.

법원은 미용성형수술의 설명의무 이행에 대한 과실 판단에 있어 미용성형수술의 다양한 특성 등을 적시하고 이로부터 시술의사가 부담하여야 할 가중된 주의의무의 이행을 요구하여 그 위반 여부를 판단하는 형식을 취하고 있는데, 여기에는 미용성형수술의 특성으로서 긴급성과 불가피성이 부족한 수술이라고 적시한 사안,[46] 외관의 개선이나 심미적 만족 목적의 수술에 해당된다고 적시한 사안,[47] 피시술자의 주관적 기대치와 다른 속성을 가진 수술이라는 점

---

46) 대법원 1987. 4. 28. 선고 86다카1136 판결; 대법원 2002. 10. 25. 선고 2002다48443 판결; 대법원 2013. 6. 13. 선고 2012다94865 판결; 서울고등법원 2008. 8. 21. 선고 2007나111270 판결; 서울고등법원 2011. 2. 24. 선고 2009나2240 판결; 서울중앙지방법원 2007. 3. 8. 선고 2006나7579 판결; 서울중앙지방법원 2008. 7. 9. 선고 2007나26751 판결; 부산지방법원 2008. 11. 21. 선고 2007나18734 판결; 부산지방법원 2010. 2. 12. 선고 2009나10406 판결; 서울고등법원 2011. 8. 30. 선고 2010나82334 판결; 대구지방법원 2006. 5. 24. 선고 2005나11266 판결; 서울고등법원 2013. 6. 27. 선고 2012나49348 판결; 서울중앙지방법원 2019. 3. 20. 선고 2018나17029 판결; 서울중앙지방법원 2018. 9. 19. 선고 2018나5835 판결; 부산지방법원 2007. 6. 13. 선고 2005가합2519 판결; 서울중앙지방법원 2012. 6. 5. 선고 2010가합45185 판결; 서울중앙지방법원 2014. 2. 21. 선고 2012가합507373 판결; 서울중앙지방법원 2019. 4. 2. 선고 2015가합502614 판결; 서울중앙지방법원 2016. 5. 17. 선고 2016가합500813 판결; 부산지방법원 2009.5. 15. 선고 2007가단121035 판결.

47) 대법원 1987. 4. 28. 선고 86다카1136 판결; 대법원 2002. 10. 25. 선고 2002다48443 판결; 대법원 2013. 6. 13. 선고 2012다94865 판결; 서울고등법원 2008. 8. 21. 선고 2007나111270 판결; 서울고등법원 2011. 2. 24. 선고 2009나2240 판결; 서울중앙지방법원 2007. 3. 8. 선고 2006나7579 판결; 서울중앙지방법원 2008. 7. 9. 선고 2007나26751 판결; 부산지방법원 2008. 11. 21. 선고 2007나18734 판결; 부산지방법원 2010. 2. 12. 선고 2009나10406 판결; 서울고등법원 2011. 8. 30. 선고 2010나82334 판결; 대구지방법원 2006. 5. 24. 선고 2005나11266 판결; 서울고등법원 2013. 6. 27. 선고 2012나49348 판결; 서울중앙지방법원 2019. 3. 20. 선고 2018나17029 판결; 서울중앙지방법원 2018. 9. 19. 선고 2018나5835 판결; 부산지방법원 2007. 6. 13. 선고 2005가합2519 판결; 서울중앙지방법원 2012. 6. 5. 선고 2010가합45185 판결; 서울중앙지방법원 2014. 2. 21. 선고 2012가합507373 판

을 적시한 사안,[48] 시술의사가 구체적인 위험설명을 충분히 하지 않았거나 피시술자로 하여
금 충분한 시간을 부여하지 않는 등 피시술자의 선택권을 보장하지 못하였다고 판시한 사
안,[49] 피시술자가 원하는 결과의 달성이 곤란하였음에도 이를 설명하지 않았다고 판시한 사
안,[50] 나아가 시술의사나 직원이 성형수술을 권유한 점을 적시한 사안이나,[51] 예외적으로 안
전성과 유효성 측면에서 치료효과가 없거나 부족한 미용성형수술임에도 이러한 부적격한 수
술을 시행한 점을 판시한 사안[52] 등이 있다.

마. 판례의 태도

(1) 우리나라 판례

(가) 미용성형수술의 시술상 주의의무

대법원[53]은 "의사로서 고도의 전문적 지식에 입각하여 시술 여부 등을 신중히 판단하고
시기·방법·범위 등을 충분히 검토한 후 당해 미용성형 시술에 있어서 그 진행에 따라 장차
예측이 가능한 결과 가능성과 정도 등을 충분히 고려하여 의뢰자에게 생리적·기능적 장해가
남지 않도록 신중함과 동시에 시술 후에도 충분한 배려를 하여야 할 주의의무가 있다."고 하
여 민사상 의료과실에 관한 손해배상을 구하는 사안에서 미용성형수술을 시행하는 의사측의
시술 여부 및 진행상의 주의의무를 강화하는 판시를 하여 왔다.

결; 서울중앙지방법원 2019. 4. 2. 선고 2015가합502614 판결; 서울중앙지방법원 2017. 2. 14. 선고
2015가합533953 판결; 서울중앙지방법원 2016. 5. 17. 선고 2016가합500813 판결; 부산지방법원
2009. 5. 15. 선고 2007가단121035 판결.

48) 대법원 2002. 10. 25. 선고 2002다48443 판결; 서울고등법원 2008. 8. 21. 선고 2007나111270 판결;
서울고등법원 2011. 2. 24. 선고 2009나2240 판결; 서울중앙지방법원 2007. 3. 8. 선고 2006나7579
판결; 서울중앙지방법원 2008. 7. 9. 선고 2007나26751 판결; 부산지방법원 2008. 11. 21. 선고 2007
나18734 판결; 부산지방법원 2010. 2. 12. 선고 2009나10406 판결; 서울고등법원 2011. 8. 30. 선고
2010나82334 판결; 대구지방법원 2006. 5. 24. 선고 2005나11266 판결; 서울고등법원 2013. 6. 27.
선고 2012나49348; 서울중앙지방법원 2012. 6. 5. 선고 2010가합45185 판결; 부산지방법원
2009. 5. 15. 선고 2007가단121035 판결.

49) 이는 대법원 1987. 4. 28. 선고 86다카1136 판결; 대법원 2002. 10. 25. 선고 2002다48443 판결; 대법
원 2010. 8. 19. 선고 2007다41904 판결 등 대부분의 설명의무 위반사안에서 일반적으로 인정되는 사유
에 해당된다.

50) 서울중앙지방법원 2018. 9. 19. 선고 2018나5835 판결.

51) 대법원 2010. 8. 19. 선고 2007다41904 판결.

52) 대법원 2015. 10. 29. 선고 2014다22871 판결; 서울고등법원 2011. 8. 30. 선고 2010나82334 판결.

53) 대법원 1994. 4. 26. 선고 93다59304 판결.

(나) 미용성형수술시 설명의무

대법원은 "특히 미용을 위한 성형수술의 경우 그 성질상 긴급을 요하지 않고 수술을 한다 하더라도 외관상 다소간의 호전이 기대될 뿐이며 수술 후의 상태가 환자의 주관적인 기대치와 다른 경우가 있을 수 있고, 특히 안면부 성형수술의 경우에는 수술 후 증상 및 수술 후 부작용이 그다지 중대하지 아니하고 일시적인 것이라 하더라도 환자는 이에 대하여 민감하게 반응하여 일시적인 증상 및 부작용이 호전되는 기간 동안 정신적 고통을 겪거나 외부활동에 장애를 받을 수 있으며, 수술 후의 상태가 환자의 주관적인 기대치와 다른 경우가 있을 수 있으므로, 의사는 환자에게 치료의 방법 및 필요성, 일반적인 부작용뿐만 아니라 치료 후의 개선 상태 및 일시적으로 발생할 수 있는 부작용 등에 관하여도 구체적이고 상세한 설명을 하여 환자로 하여금 수술로 인하여 일시적으로 발생하는 증상 및 부작용까지 감안하여 환자가 그 의료행위를 받을 것인가의 여부를 선택할 수 있도록 하여야 할 의무가 있다 할 것이다."라고 판시하여 미용성형수술시 설명의무가 강화된다는 점을 명시적으로 나타내고 있다.[54]

(2) 일본 판례

(가) 미용성형수술의 시술상 주의의무

일본의 하급심 판결[55]은 유방확대술시 의사가 절개 위치를 잘못 선택한 과실이 인정되어 위자료 등 손해배상청구를 인용하면서 미용성형에 있어 시술의사에게 보다 높은 주의의무가 부과되는 것을 명시한 바 있다. 즉, 동 판결 이유에서는 "미용정형(美容整形, 미용성형과 동일한 의미이다)을 실시하는 의료기관은 대대적인 광고를 시행하여 고객을 유인하고 있고, 미용정형 수술은 의학적으로 필요성이나 긴급성이 희박하며, 피시술자 본인의 주관적인 욕구의 만족을 위해서 실시하는 것이기 때문에, 일반적으로는 미적인 관점도 포함한 양호한 결과를 제공할 의무가 있다고 할 것이다."라고 하여 그 손해로서 기지급된 수술비용, 다른 의료기관에서의 치료비, 위자료 등을 인정하였다.[56]

---

54) 대법원 2002. 10. 25. 선고 2002다48443 판결.
55) 平成 15. 7. 30. 東京地裁 平14(ワ)22617号 判決.
56) 특히 기지급된 수술비용에 관해서는 그 전액을 손해로서 인정하면서, 법원은 "미용정형 목적이 주로 피시술자의 주관적인 심미적 만족을 위한 것이므로 유방확대술을 받았다는 것을 다른 사람이 알아차리지 못하도록 하고 싶은 것이 일반적인 바, 이 건 피시술자의 경우에도 시술의 흔적이 눈에 띄는 결과로 끝나 버린 이상, 수술 자체와 관련하여서도 성공을 거두었다고는 말할 수는 없으므로 지출했던 비용 전액에 상당하는 부분이 손해라고 평가할 수 있다."고 판시하였다.

(나) 미용성형수술시 설명의무

일본의 하급심 판결[57]은 피고 의원에서 광대뼈 및 턱을 깎는 성형수술을 받은 원고가 사전에 수술과 관련한 설명이 소홀하여 자신의 미적 요구를 무시하고 피고의 독단에 기초해 무단으로 수술방법을 선택하여 절제하고 시술하였다고 주장한 사안에서 원고의 청구를 인용하였다. 동건에 있어서도 법원은 "미용정형외과의가 환자가 희망하지 않았던 술기를 권하여 시행한 결과에 비추어 반드시 객관적으로 의사에게 과실이 있다고 말할 수는 없더라도 환자의 주관적인 소망에 반하는 듯한 결과가 생긴 경우에는 의사가 설명의무 위반의 책임을 부담한다."는 취지로 판시하여 위자료의 배상을 명한 바 있다.

바. 검 토

미용성형수술 의사의 주의의무가 일반 의료행위시술 의사에게 요구되는 주의의무와 실질적으로 큰 차이가 없다고 보는 반론도 있다. 그러나 일반 의료행위의 경우 의학적 적응성과 치료의 긴급성이 있을 경우에는 그 의료행위로 인해 생명에 위험이 야기되는 경우에도 구명(救命)의 가능성이 있다면 시술을 중단하여서는 안 되며, 또 그 의료행위로 인해 사전에 예상되는 후유증이나 수술자국 등 장해가 남는다고 하더라도 그 의료행위가 추구하는 구명의 목적이 달성되었다면 이를 의사의 주의의무 위반이라고 지칭할 수는 없다는 점에서 미용성형수술과는 다른 점이 있다.[58]

제2절 의료기관 내 폭력 유형과 제재

1. 의료기관 내 폭력 발생의 배경[59]

의료행위가 의학과 의료기술에 근거하여 적절하게 실시되었다면, 환자의 신체와 생명에 침습을 가해졌으나 완전성을 회복하는 것에 실패한다고 하더라도, 의료행위 자체가 구명성이라는 목적을 구현하기 위한 것이기 때문에 침습과 실패가 정당화 될 수 있다. 그렇지만 의료행위의 대상자인 환자 및 그 가족의 입장에서는 그로 인하여 환자의 신체와 생명에 대하여 발생한 사

---

57) 平成 13. 7. 26. 東京地裁 平10(ワ)19120号 判決.
58) 백경희, 의료사고 민사책임의 성립과 범위에 관한 연구 ─ 새로운 쟁점을 중심으로 ─, 박사학위 논문, 고려대학교 대학원, 2008, 157면.
59) 백경희, 의료기관 내 폭력에 대한 법적 고찰과 대응방안, 강원법학 제51권, 2017. 6, 554-555면.

망이나 장애라는 악결과(惡結果)를 받아들이기가 쉽지 않다. 이에 환자와 그 가족은 의료인들에 대하여 악결과에 대한 책임을 묻게 되고, 그 과정에서 의료기관 내에서 의료인에 대하여 폭행, 상해, 협박, 모욕, 명예훼손, 업무방해, 강제추행 등 다양한 폭력을 표출하게 된다.

반대로 의료행위는 환자에 대하여 마취행위를 함으로써 환자의 의식을 제어하기도 하고 수술실과 같은 무균의 밀폐공간에서 환자 외 외부인의 출입 없이 의료행위를 수행하기 때문에, 이 과정에서 의료인이 환자에 대하여 준강제추행이나 준강간행위의 범죄행위를 하는 경우도 발생한다.

또한 의료기관 내에는 의사, 간호사, 의료기사 등 다양한 전문직의 의료관계종사자들이 각자의 전문성에 따라 업무를 분장하여 의료행위를 수행하는 과정에서 이들 사이에 폭력행위가 발생할 수 있다. 예를 들어 의사와 간호사의 경우 의료법상의 규정한 업무의 내용에서도 확인할 수 있듯이 대표적인 수직적 분업관계로 의사는 간호사에 대하여 지시 내지 감독을 할 수 있기 때문에 상하관계를 형성하게 된다. 그 과정에서 의사가 간호사에 대하여 폭행, 모욕, 강제추행 등이 발생하기도 한다.

미국에서도 안전한 장소로 여겨지던 의료기관에서 최근 폭행, 강간, 살인 같은 강력범죄가 지속적으로 발생하자, 의료기관 내외부의 환자와 방문객 등에 대해서 주의 깊은 경계가 보건의료종사자에게 요구되고 있다. 국립 직업 안전 보건 연구소(The National Institute for Occupational Safety and Health: NIOSH)는 물리적 공격과 위협을 하는 경우를 포섭하는 직장 내 폭력에 대하여 '직장 내 또는 근무 중인 사람을 직접적인 대상으로 하는 폭력적 행동'으로 정의하고 있다.[60] 의료기관 내 폭력 관련 범죄를 유발하는 일상적인 요인들로는 의료기관 경영자의 정책과 절차 개발과 실행의 영역에 있어 리더십의 부재로 적절히 사고를 예방하고 대처하지 못하였다는 점, 그와 같은 폭력에 대처할 만한 인적 자원이 부족하여 직원 교육과 역량평가 과정에 문제가 있었다는 점, 가해자인 불량환자를 관찰함에 있어서 부적절한 대처를 하였고 해당 환자의 정신질환적 문제를 평가하지 못하였다는 점, 보건의료종사자와 환자 내지 그 가족 간 의사소통이 실패하였다는 점, 주변환경에 관한 일반적인 안전과 보안절차 등 물리적 환경이 충분하지 못하였다는 점, 정보나 기록의 관리와 환자에 대한 교육 등이 부족하였다는 점 등이 거론되고 있다.[61]

이하에서는 각 유형별로 살펴기로 한다.

---

60) The National Institute for Occupational Safety and Health (NIOSH) of the Centers for Disease Control and Prevention (CDC), "Violence. Occupational Hazards in Hospitals." 2002.

61) A complimentary publication of The Joint commission, "Sentinel Event Alert", The Joint commission Issue 45, June 3, 2010, pp.2-3.

2. 환자 측의 의료인에 대한 폭력

가. 원인과 현황

환자 측의 의료인 폭력의 원인에 대하여 2019년 대한의사협회의 의료인 폭력 실태에 관한 조사에 의하면, 의료인 폭력의 원인으로 증상의 지속이나 악화 등 진료결과에 대한 불만의 비중이 가장 높았고, 이후 진단서, 소견서 등 서류 발급과 관련된 불만, 대기시간에 대한 불만, 진료비용과 관련된 불만, 의료진이나 직원의 불친절에 대한 불만의 순으로 나타났다.[62]

특히 응급의료센터와 같은 특수한 영역에서는 응급의료 자체가 가지는 시간적, 상황적 긴급성으로 인하여 내원환자와 가족들이 극도로 흥분한 상태에 있고, 대기시간이 지연되고, 물적·인적 환경이 부족한 상황 등으로 환자 측이 기대하는 의료서비스에 미치지 못한다는 점 등이 복합적 요인으로 작용하고 있다.[63] 응급의료기관에서의 범죄행위 발생현황에 대한 2020년 보건복지부의 조사에 따르면, 그 유형이 기물파손 및 점거, 위계 및 위력, 폭언·욕설·위협, 폭행, 협박, 난동, 성추행 등으로 다양하고 매년 범죄행위 발생건수가 늘어나고 있다.

도표 4-1 **응급의료기관 범죄피해 발생 현황** (단위: 건)

구분	총계	기물파손 및 점거	위계 및 위력	폭언, 욕설, 위협	폭행	협박	기타(난동, 성추행 등)
2015	378	18	44	53	172	2	89
2016	578	25	61	93	263	2	134
2017	893	23	85	149	365	3	268
2018	1,102	50	226	77	386	119	244
2019	1,312	33	165	463	369	99	183
2020.6	591	6	46	306	158	16	59

(자료: 보건복지부)

---

62) 오수현, 이얼, 의료인 폭력 방지를 위한 통합적 정책방안, 대한의사협회 의료정책연구소, 2021. 5, 12면, 14-15면.
63) 박정규·유연호·박정수·박성수·정성필·김승환·유인술·이경룡, 응급의료센터 폭력의 실태와 대처 방안, 대한응급의학회지 제15권 제6호, 2004, 575-579면.

환자로부터 폭력을 당한 의료인은 심한 모멸감과 공포감, 배신감을 경험하면서 정신적·육체적 고통을 받게 되고, 이로 인하여 의료인은 의료행위 과정 중 환자와의 소통에서 수동적이고 소극적인 진료양태를 나타나게 된다. 이 때문에 궁극적으로는 의료의 질을 저하시키는 상황을 유발하게 된다.[64]

나. 현행법상 제재

현행법상 환자의 의료인에 대한 폭력은 일반법인 형법과 특별법인 의료법과 응급의료에 관한 법률에 의하여 규율된다. 일반법인 형법을 통해서는 폭력의 구체적 양상에 따라 제260조의 폭행죄, 제257조의 상해죄, 제283조의 협박죄, 제297조의 강간죄, 제298조의 강제추행죄, 제307조의 명예훼손죄, 제311조의 모욕죄, 제324조의 강요죄, 제314조의 업무방해죄 등으로 처벌할 수 있다.

특별법의 경우 먼저 의료법에서는 제12조에서 의료인이 하는 의료·조산·간호 등 의료기술의 시행에 대하여는 이 법이나 다른 법령에 따로 규정된 경우 외에는 누구든지 간섭하지 못하며(제1항), 누구든지 의료기관의 의료용 시설·기재·약품, 그 밖의 기물 등을 파괴·손상하거나 의료기관을 점거하여 진료를 방해하여서는 아니 되며, 이를 교사하거나 방조하여서는 안되고(제2항), 또한 누구든지 의료행위가 이루어지는 장소에서 의료행위를 행하는 의료인, 제80조에 따른 간호조무사 및 의료기사 등에 관한 법률 제2조에 따른 의료기사 또는 의료행위를 받는 사람을 폭행·협박하여서는 아니 된다고 규정하고 있다(제3항). 만약 동조 제2항 및 제3항 위반한 죄를 범한 자는 5년 이하의 징역이나 5천만원 이하의 벌금에 처하고(제87조의2 제2항 제2호 본문), 동조 제3항을 위반한 죄를 범하여 사람을 상해에 이르게 한 경우에는 7년 이하의 징역 또는 1천만원 이상 7천만원 이하의 벌금에 처하고, 중상해에 이르게 한 경우에는 3년 이상 10년 이하의 징역에 처하며, 사망에 이르게 한 경우에는 무기 또는 5년 이상의 징역에 처한다(제87조의2 제1항). 다만 동조 제3항의 죄는 피해자의 명시한 의사에 반하여 공소를 제기할 수 없다(제87조의2 제2항 제2호 단서).[65]

다음으로 응급의료에 관한 법률 제12조는 누구든지 응급의료종사자(의료기사 등에 관한 법률 제2조에 따른 의료기사와 의료법 제80조에 따른 간호조무사를 포함한다)와 구급차등의 응급환자

---

64) 장세진, 보건의료인 폭력 그 실태와 문제점, 대안은?, 대한의사협회 의료정책연구소 의료정책포럼, 제13권 제1호, 2015, 88-94면.
65) 2023. 6. 27.자 의협신문, 의료인 폭행 시 반의사불벌 조항 폐지, '계속 심사' 결정; 의료인 등 폭행·협박죄 반의사불벌 조항 폐지 내용을 담은 의료법 개정안이 발의된 상태이나, 보건복지부 등은 형법 등 다른 법 체계와 비교해 반의사불벌 조항을 폐지했을 때 의료인의 권익을 더 보호할 수 있느냐라는 부분에서 검토가 더 필요하다는 의견을 내고 있어 심사가 계속되고 있는 상황이다.

에 대한 구조·이송·응급처치 또는 진료를 폭행, 협박, 위계(僞計), 위력(威力), 그 밖의 방법으로 방해하거나 의료기관 등의 응급의료를 위한 의료용 시설·기재(機材)·의약품 또는 그 밖의 기물(器物)을 파괴·손상하거나 점거하여서는 아니 된다고 하고(제1항), 응급의료기관의 장 또는 응급의료기관 개설자는 제1항을 위반하여 응급의료를 방해하거나 의료용 시설 등을 파괴·손상 또는 점거한 사실을 알게 된 경우에는 수사기관에 즉시 신고하여야 하고, 이후 특별시장·광역시장·특별자치시장·도지사·특별자치도지사(이하 "시·도지사"라 한다) 또는 시장·군수·구청장(자치구의 구청장을 말한다. 이하 같다)에게 통보하여야 한다(제2항). 위 제12조를 위반하여 응급의료를 방해하거나 의료용 시설 등을 파괴·손상 또는 점거한 사람은 5년 이하의 징역 또는 5천만원 이하의 벌금에 처하며(제60조 제2항 제1호), 의료법 제3조에 따른 의료기관의 응급실에서 응급의료종사자(의료기사 등에 관한 법률 제2조에 따른 의료기사와 의료법 제80조에 따른 간호조무사를 포함한다)를 폭행하여 상해에 이르게 한 사람은 10년 이하의 징역 또는 1천만원 이상 1억원 이하의 벌금에 처하고, 중상해에 이르게 한 사람은 3년 이상의 유기징역에 처하며, 사망에 이르게 한 사람은 무기 또는 5년 이상의 징역에 처한다(제60조 제1항).

다. 판례의 태도

(1) 의료기관 내 상습협박으로 인한 폭력행위 등 처벌에 관한 법률 위반 사건[66]

위 사건은 피고인들인 의료기관 내에서 의사와 간호사에게 마약인 모르핀을 20여회에 걸쳐 정당한 사유 없이 투약해 달라고 요구하였으나, 의료진이 불응하자 의료진의 신체 등에 어떠한 위해를 가할 듯한 태도를 보이는 등 협박을 행한 것인바, 법원은 피고인들에게 징역형을 선고한 바 있다.

(2) 응급실 내 응급진료행위 방해로 인한 상해, 응급의료에 관한 법률 위반 사건[67]

위 사건은 대학교병원 응급실에서 손을 다쳐 진료를 받고자 대기하던 중 치료를 빨리 해주지 않는다는 이유로 화가 난 피고인이 응급실 외과 환자를 진료하고자 외과계로 가고 있던 정형외과 의사인 피해자의 허벅지를 발로 1회 걸어차고 피해자의 얼굴을 주먹으로 1회 때림으로써 피해자에게 치료일수를 알 수 없는 얼굴의 표재성 손상 및 타박상 등의 상해를 가함과 동시에 위 의사의 응급진료행위를 방해하였다는 이유로 형법상 상해죄와 응급의료에 관한

---

66) 대구지방법원 2001. 8. 16. 선고 2001고단571 판결.
67) 청주지방법원 2013. 7. 18. 선고 2013고정548 판결.

법률 위반죄를 적용하여 벌금형을 선고하였다.

(3) 정신건강의학과 의사 살인 사건68)

위 사건은 X병원에서 양극성 정동장애(조울증)로 외래 진료를 위해 내원한 30대 남성 환자인 피고인이 정신건강의학과 전문의인 피해자의 흉부를 회칼로 수차례 찔러 흉부 다발성 자상에 의한 대동맥 및 심장 파열로 사망하게 하여 살해한 사안으로, 1심 법원69)은 "인간의 생명은 개인이 가진 인간으로서의 존엄과 가치를 실현하는 전제임과 동시에 국가 및 사회의 존립 근간이 된다는 점에서 그 무엇과도 바꿀 수 없는 소중한 가치이다. 살인범죄는 인간의 생명이라는 대체 불가능한 존귀한 가치를 침해하는 것으로 어떠한 방법으로도 피해를 회복할 수 없는 중대한 범죄이고 그에 상응하는 엄중한 책임이 뒤따른다. 이 사건 범행은 사전에 계획된 범행으로 피고인을 치료했던 의사인 피해자를 잔혹하게 살해한 살인이다. …… 피고인과 같은 정신질환을 앓고 있는 환자들과 동료들로부터 누구보다 존경받는 의사였던 피해자는, 2018년의 마지막 날 진료예약이나 사전 연락도 없이 무작정 자신을 찾아온 피고인을 배려하는 마음으로 그의 진료를 흔쾌히 수락하여 피고인을 자신의 진료실에 들였고, 결국 자신의 환자였던 피고인이 휘두르는 칼에 찔려 고통 속에 생을 마감하였다. 그의 유족들은 이루 말할 수 없는 정신적 충격과 고통으로 일상생활을 제대로 영위하기 힘들 지경에 이르렀으며, 앞으로도 평생 이러한 슬픔과 고통을 안고 살아가야 할 것으로 보인다. 피해자의 죽음은 비단 유족들뿐만 아니라 사건을 접한 일반 국민들에게도 매우 큰 충격과 슬픔을 안겨주었고, 나아가 의료인에 대한 폭행 처벌을 강화하는 이른바 '임세원법(의료법 일부 개정 법률안)'이 2019. 4. 5. 국회를 통과할 정도로 우리 사회에 큰 파장을 불러일으켰다."고 하면서 피고인에게 징역 25년을 선고하였고, 대법원도 이를 확정하였다.

(4) 실습간호사 강제추행 사건70)

위 사건은 양극성 장애, 조현병 등 정신질환을 앓고 있는 피고인이 Y병원 응급실 복도에서 옷을 전부 벗고 위 병원 실습간호사인 피해자를 양팔로 껴안아 피해자를 강제로 추행한 사안으로, 피고인에게 징역 6월, 집행유예 2년을 선고하였다.

---

68) 이 사건으로 촉발된 정신건강의학과 분야의 특수성으로 인한 보건의료종사자 보호 제도 고찰과 관련된 논문으로 백경희, 정신건강의학과 분야의 환자 폭력과 보건의료종사자 보호에 관한 법적 검토, 입법과 정책 제11권 제1호, 2019. 4, 285-310면; 최아름·김성은·백경희, 안전한 진료환경 구축을 위한 정책 개선 과제, 한국보건행정학회지 제29권 제2호, 2019, 105-111면.
69) 서울중앙지방법원 2019. 5. 17. 선고 2019고합92 판결.
70) 수원지방법원 평택지원 2019. 9. 6. 선고 2019고단510 판결.

3. 의료인의 환자에 대한 폭력

가. 현 황[71]

의료인이 환자에 대하여 폭력을 행사하는 경우는 앞서의 환자의 의료인에 대한 폭력에 맞서 응대하는 상황도 상정할 수 있을 것이나, 의료인이 환자에 대한 진료과정을 이용하여 발생하는 상황의 사례가 다수 발각되기도 하였다. 특히 의료행위 중 마취를 통하여 환자의 의식이 소실되거나 수술실과 같이 외부인의 출입이 금지되는 경우와 같이, 의료인에 의하여 환자의 전신상태가 전적으로 통제되는 상황에서 의료인이 환자에 대한 성폭력을 상습으로 자행하는 일련의 사건들이 보도되어 사회적으로 큰 파장을 일으킨 바 있다.

이 경우 의료인은 진료계약을 통하여 환자의 질환 치료를 목적으로 하는 보호 내지 감독하여야 하고, 환자는 의료인의 진료에 대하여 협력을 하여야 하는 관계가 양자 간 형성되는데, 의료인이 이와 같은 지위를 이용하 환자에 대하여 추행 등의 폭력을 행사하게 되는 양상을 띠게 된다.[72]

나. 판례의 태도

(1) 성인 여성에 대한 추행 사건

대법원 2005. 7. 14. 선고 2003도7107 판결은 병원 응급실에서 당직 근무를 하던 의사가 가벼운 교통사고로 인하여 비교적 경미한 상처를 입고 입원한 여성 환자들의 바지와 속옷을 내리고 음부 윗부분을 진료행위를 가장하여 수회 누른 행위가 업무상 위력 등에 의한 추행에 해당한다고 보아 성폭력범죄의 처벌 및 피해자 보호 등에 관한 법률 위반으로 처벌하였다.

대법원 2015. 2. 26. 선고 2014도11771 판결에서는 피해자가 당시 다수인이 수시로 출입하는 개방된 공간인 물리치료실에서 피고인으로부터 수기치료를 받고 있었고, 피해자가 피고인의 처치에 즉각 항의하거나 이를 거부하는 데에 지장을 줄 만한 객관적 장애가 전혀 없었는데도 피해자는 약 30분에 이르는 수기치료 시간 별다른 행동을 취하지 않았을 뿐만 아니라 싫다는 의사조차 뚜렷하게 표시하지 않았으며, 병원에도 아무런 항의를 하지 않다가 이틀 후에야 비로소 고소를 한 경위 등에 비추어 30세의 여성이 보일 만한 태도로는 보이지 않아 피고인이 피해자를 강제추행하였다고 단정하기 어렵다고 보아, 피고인에 대하여 유죄를 인정한

---

71) 백경희, 의료기관 내 폭력에 대한 법적 고찰과 대응방안, 557 – 558면.
72) 백경희, 의료기관 내 폭력에 대한 법적 고찰과 대응방안, 557 – 558면.

원심 판결을 파기하고 이를 환송하였다.

(2) 아동·청소년에 대한 추행 사건

대법원 2017. 5. 11. 선고 2016도11797 판결에서는 아동·청소년의 성 보호에 관한 법률 위반(위계등추행) 혐의로 기소된 한의사에 대한 상고심에서 징역 2년에 집행유예 3년과 성폭력 프로그램 이수 40시간을 명령한 원심판결을 확정하였다.

반면 대법원 2016. 12. 29. 선고 2015도624 판결의 경우 같은 혐의로 기소된 의사에 대하여 "환자의 신체를 대상으로 하는 진료 및 치료과정에서 이루어진 의사의 행위에 대해서는 그 행위가 환자의 인식 여하에 따라서 추행으로 오해되거나 비판받을 소지가 있을 수 있으므로, 그것이 치료와 무관하거나 치료의 범위를 넘어 환자의 성적 자유를 침해하려는 의도 하에 이루어진 추행행위로 평가할 수 있다는 점에 대하여 합리적 의심의 여지가 없는 증명이 필요하고, 검사의 증명이 그 점에 관한 유죄의 확신을 갖기에 충분한 정도에 이르지 못한 경우에는 비록 그 전체적인 치료과정에 다소 석연치 아니한 면이 있다 하더라도 피고인의 이익으로 판단하여야 한다"고 전제한 다음, "검사가 제출한 증거들만으로 피해자들에 대한 진료과정에서 이루어진 피고인의 행위가 피해자들의 성적 자기결정권을 침해하는 추행에 해당한다거나 피고인이 그러한 추행의 범의 하에 위와 같은 행위를 하였음을 전제로 하는 이 사건 각 공소사실이 합리적인 의심의 여지없이 증명되었다고 보기 어렵다."고 하면서 무죄를 선고한 원심 판단을 정당하다고 보았다.

4. 의료인 간의 폭력

가. 현 황

의료인 사이의 폭력이 발생하는 경우는 일종의 직장 내 괴롭힘(Workplace Bullying)의 하나로 이해되며, 의료행위 및 현대 의료가 지니는 특수성은 다른 직역보다 폭력의 정도를 가중시키는 요인이 된다.[73] 즉, 의사와 간호사, 의료기사 등이 하나의 팀을 이루어 행해지는 특수성 때문에 '분업(分業)'이 발생하게 되고 그 분업은 동등한 직역간에 이루어지는 수평적 분업과 상하관계를 이루는 직역간에 이루어지는 수직적 분업으로 다시 양분된다. 그 과정에서 보건의료종사자들 사이에서는 이종 직종 간 혹은 동종 직종 간 업무적·감정적 충돌이 발생할

---

73) 이윤주·이은진, 직장 내 괴롭힘 개념 개발: 병원간호사를 중심으로, 보건교육건강증진학회지 제31권 제1호, 2014. 3, 57-58면.

수 있고 그 결과 보건의료종사자들 내부에서 폭력 혹은 성폭력이 발생할 수 있다. 이때 보건
의료종사자들이 서로 동등한 지위에 있는 수평적 분업관계보다는 그들 사이에 지휘·감독관
계의 양상을 띠는 수직적 분업관계에서 폭력의 빈도가 높은 것으로 나타나고 있다.[74] 왜냐하
면 일방 당사자에게 지휘·감독의무가 있는 수직적 분업관계의 경우 일반적으로 지휘·감독자
에게는 신뢰의 원칙이 적용되지 않으며 과실책임을 부담지우게 될 가능성이 높고, 의료의 경
우 환자의 생명과 신체에 대한 침습이 이루어지는 영역이므로 의료과실이 개재될 때 그 결과
는 환자의 사상이라는 위중한 상황을 유발시키게 되므로, 지휘·감독자와 지휘·감독을 받게
되는 자 사이에 '주의 환기'라는 명목으로 폭력이 자행되는 경우가 발생하게 되는 것이다.[75]

특히 종합병원 간호사가 위계질서가 존재하는 병원 간호사 직역의 직장 내 괴롭힘으로 일
컬어지는 '태움'으로 인해 자살한 사건이 수차례 발생하면서 의료계 특유의 권위주의적 조직
문화의 문제점이 부각되기도 하였다.[76]

나. 판례의 태도

(1) 태움으로 인한 간호사 자살 사건

위 사안은 의사와 선배간호사로부터의 질타와 폭언으로 인하여 스트레스를 받던 간호사
가 자살에 이른 것이었는데, 법원[77]은 "망인은 ○○대학교병원에서 근무하는 동안 의사들과
선배간호사들로부터 심한 정신적 스트레스를 받았고, 위 스트레스가 원인이 되어 망인의 정
신질환이 발병한 것으로 봄이 상당한바, 근로계약상의 부수적 의무로서 피용자에 대한 안전
배려의무를 부담하고 있는 피고로서는 위와 같은 상황에 놓인 망인이 정신질환에 이르지 않
도록 근무부서를 변경하는 등의 적절한 조치를 취하여야 할 주의의무가 있다 할 것인데도
이를 게을리하였고, 이로 인하여 이 사건 사고가 발생한 것으로 판단되므로, 피고는 이 사건
사고로 망인 및 그 유족인 원고들이 입은 모든 손해를 배상할 책임이 있다."고 사용자책임을
인정하였다.

(2) 의사의 간호사에 대한 성추행 사건

위 사안은 의사 부자(父子)가 간호사에 대하여 지속적으로 성추행을 하여 의사들을 성폭력

---

74) 백경희·강병우, 보건의료종사자에 대한 폭력 양상과 대처에 대한 연구 — 미국의 법제와의 비교를 중심으
    로 — , 충남대학교 법학연구 제29권 제4호, 2018, 234 – 235면.
75) 백경희, 의료기관 내 폭력에 대한 법적 고찰과 대응방안, 558 – 559면.
76) 송혜리·김명희, 간호사 '태움' 자살에 대한 사회학적 연구, 한국사회학 제56권 제4호, 2022, 106 – 107면.
77) 광주지방법원 2007. 8. 8. 선고 2006가단80617 판결.

범죄의 처벌 등에 관한 특례법 위반으로 기소된 것으로, 법원[78]은 피고인들은 자신들의 업무 상 감독을 받는 피해자가 제대로 저항하지 못하는 점을 이용하여 위력으로 피해자를 추행하 였다고 보았고, 아버지인 甲에게 벌금 200만원의 선고를 유예하고 아들인 乙에게 징역 8개월 에 집행유예 2년, 40시간의 성폭력 치료강의 이수를 선고하였다.

제3절   미성년자의 동의능력

1. 신체·생명에 대한 자기결정권과 계약

의료행위에 대하여는 환자 측과 의사 측 간 의료계약 내지 진료계약이 성립한다. 이외에 생명·신체에 대한 자기결정권이 문제되는 영역으로 임상시험이 있는데, 이 또한 임상시험을 하려는 자와 임상시험에 참여하는 대상자 사이의 의사합치를 통하여 성립하는 비전형계약으로 파악하고 있다.[79] 그리고 인간대상연구의 경우에도 임상시험과 같이 인간의 생명·신체에 대하여 침습을 가할 우려가 있다는 점에서 유사한 측면이 있는바, 연구자와 연구대상자 사이에 연구에 참여한다는 부분에 대한 합치로 성립하는 비전형계약에 해당할 여지가 있다고 생각한다.

이와 같이 계약의 범주에서 의료행위, 임상시험, 인간대상연구에서 의사나 임상시험자, 연구자의 설명 후 환자나 대상자가 자신의 생명·신체에 대한 자기결정권에 근거한 동의를 토대로 스스로 참여하게 되는 것이므로, 계약 체결을 위한 의사능력과 행위능력의 존재가 필요하다.[80] 계약 체결과 관련된 민법의 논의를 그대로 이어간다면 만19세 이하의 자는 미성년자이므로, 미성년자는 의료행위를 비롯하여 임상시험이나 인간대상연구에 대한 참여를 위한 행위능력이 없으므로 독자적으로 계약을 체결할 수 없으며, 법정대리인의 동의가 요구된다.[81]

그런데 법정대리인의 동의와 별도로 앞서 살펴본 현행법의 규정과 의료행위에서 미성년자의 동의에 관한 대법원 판례의 태도에 비추어볼 때, 미성년자 본인이 지닌 자신의 생명·신체

78) 서울중앙지방법원 2016. 11. 11. 선고 2016고단5223 판결.
79) 이재호, 임상시험 참가 동의에 관한 연구—EU의 제한능력자 보호를 중심으로—, 법학논고 제69집, 2020. 4, 177—179면; 서종희, 의료계약 및 임상시험계약에 있어서 미성년자 보호에 관한 소고—독일 및 스위스에서의 논의 소개를 중심으로—, 의생명과학과법 제17권, 2017, 189—190면.
80) 이재호, 전게 논문, 178—179면.
81) 이재호, 전게 논문, 182면.

에 대한 자기결정권에 따라 미성년자도 독자적으로 의료행위, 임상시험, 인간대상연구에 대한 참여에 동의할 수 있다. 그리고 미성년자의 연령 범주가 넓기 때문에 단계별로 능력이 다르다는 점을 고려한다면, 미성년자 동의의 의미가 무엇인지를 살펴 어느 시점부터 미성년자가 동의를 할 수 있는지 및 그 서면동의는 어떻게 처리해야 하는지를 검토할 필요가 있다.

2. 미성년자 '동의'의 의미

가. 다른 개념의 검토

(1) 권리능력과 의사능력

권리능력은 권리의 주체가 될 수 있는 지위나 자격을 의미한다. 그러나 모든 권리능력자가 자신의 의사에 의하여 권리를 취득하거나 부담할 수 있는 것은 아닌바, 민법상 의사능력이 갖추어져야 사적자치의 원칙 및 그 전제로서의 자기결정이 의미를 지니게 된다.[82] 의사능력에 대하여 대법원은 "자신의 행위의 의미나 결과를 정상적인 인식력과 예기력을 바탕으로 합리적으로 판단할 수 있는 정신적 능력 내지는 지능을 말하는 것"이라고 판시하였다.[83] 민법에서는 의사능력을 언제 갖추는지에 대하여 명문으로 정하지는 않고 있는데, 통상 7세 내지 10세 정도에 해당하는 어린이의 정신능력이 의사능력 유무의 기준이 된다고 보고 있다.[84] 하지만 이는 절대적인 것은 아니므로 의사능력을 판정하는 데 있어서 객관적이고 획일적인 기준이 정해진 것은 없기에, 의사능력의 유무는 구체적인 법률행위와 관련하여 개별적으로 판단되어야 한다.[85] 특히 대법원은 "특히 어떤 법률행위가 일상적인 의미만을 이해해서는 알기 어려운 특별한 법률적 의미나 효과가 부여되어 있는 경우 의사능력이 인정되기 위해서는 그 행위의 일상적인 의미뿐만 아니라 법률적인 의미나 효과에 대해서도 이해할 수 있어야 한다."고 판시하였다.[86]

---

82) 곽윤직·김재형, 민법총칙 제9판, 박영사, 2013, 47면.
83) 대법원 2002. 10. 11. 선고 2001다10113 판결; 대법원 1993. 7. 27. 선고 93다8986 판결.
84) 대법원 2002. 10. 11. 선고 2001다10113 판결.
85) 오지용, 2023년 민법총칙 및 물권법 중요판례평석, 인권과 정의 제512호, 2023, 8면.
86) 대법원 2022. 5. 26. 선고 2019다213344 판결; 지적장애를 가진 사람에게 의사능력이 있는지를 판단할 때 단순히 그 외관이나 피상적인 언행만을 근거로 의사능력을 쉽게 인정해서는 안 되고, 의학적 진단이나 감정 등을 통해 확인되는 지적장애의 정도를 고려해서 법률행위의 구체적인 내용과 난이도, 그에 따라 부과되는 책임의 중대성 등에 비추어 볼 때 지적장애를 가진 사람이 과연 법률행위의 일상적 의미뿐만 아니라 법률적인 의미나 효과를 이해할 수 있는지, 법률행위가 이루어지게 된 동기나 경위 등에 비추어 합리적인 의사결이라고 보기 어려운 사정이 존재하는지 등을 세심하게 살펴보아야 한다.

의사능력을 갖추지 못한 의사무능력자가 한 의사표시에는 법적 효과가 없어 무효이며, 의사무능력자 본인뿐만 아니라 그 상대방도 무효를 주장할 수 있게 된다.[87]

(2) 행위능력

위와 같이 의사능력의 유무 판정이 쉽지 않기 때문에 상대방은 표의자의 의사능력 구비 여부를 알 수 없어 불측의 피해를 입을 우려가 있다. 이 때문에 민법에서는 재산상의 법률행위에 한하여 미성년자와 같은 제한능력자 제도를 채택하여 제한능력자에 대하여는 개별적으로 의사능력의 유무를 판단하지 않아도 제한능력자의 행위를 취소할 수 있도록 하였다. 따라서 제한능력자가 아닌 자는 행위능력자가 되고, 행위능력이란 행위자가 단독으로 유효한 법률행위를 할 수 있는 지위나 능력을 의미한다.[88] 판례도 "행위무능력자 제도는 사적자치의 원칙이라는 민법의 기본이념, 특히, 자기책임 원칙의 구현을 가능케 하는 도구로서 인정되는 것이고, 거래의 안전을 희생시키더라도 행위무능력자를 보호하고자 함에 근본적인 입법 취지가 있"다고 보고 있다.[89] 민법에서는 미성년자가 법률행위를 함에 있어서 권리만을 얻거나 의무만을 면하는 행위가 아니라면 원칙적으로 법정대리인의 동의를 얻어야 하며, 이에 반할 경우 그 행위는 취소할 수 있다(민법 제5조).

한편 가족법상 행위에 대하여는 합리적이고 신속한 처리보다는 본인의 의사를 존중하고 개개 행위의 진실성을 존중하여야 하기 때문에 제한능력자 제도가 적용되지 않으며, 친족편과 상속편의 특별규정이 적용된다.[90] 가족법상 행위에는 행위자의 의사가 존중되어야 하므로 능력을 획일화하는 것은 바람직하지 않기 때문이다.[91]

(3) 책임능력

민법에서는 책임능력을 자신의 행위로 타인의 법익을 위법하게 침해한다는 것을 판단할 수 있는 능력으로 법률상 책임에 대한 변식을 할 수 있는 지능을 의미한다. 책임능력은 결과가 발생한 뒤의 책임을 부담하는 문제이기 때문에 행위 당시를 기준으로 행위자의 연령과 교육정도, 행위의 양태 등을 고려하여 개별적으로 판단된다.[92] 판례는 "가해당시 연령이 각각 18년 7개월, 17년 7개월, 16년 10개월 및 중학교 2학년에 재학중인 13년 3개월이 된다면 특

---

87) 김준호, 민법강의 제28판, 법문사, 2022, 66면.
88) 김준호, 전게서, 67면.
89) 대법원 2007. 11. 16. 선고 2005다71659, 71666, 71673 판결.
90) 김준호, 전게서, 69면.
91) 곽윤직·김재형, 전게서, 110면.
92) 이은영, 책임능력 있는 미성년자의 불법행위에 대한 친권자 책임 – 공평한 책임분담을 위한 불법행위의 유형화를 중심으로 –, 외법논집 제41권 제2호, 2017, 237 – 238면.

단의 사정이 없는 한 불법행위의 책임을 변식할 능력이 있다고 볼 것이다."라고 하여[93] 민사상 책임능력을 개별적으로 판단하고 있다.

한편 형법의 경우 만14세를 기준으로 하여 형사미성년자로 정하고 있는데, 이를 책임능력의 문제로 파악하고 있다. 연령을 기준점으로 만 14세 미만인 자는 일률적으로 형사책임 무능력자가 되고 그 이상인 자는 형사성년자로 책임능력이 인정되어 형사책임을 부담한다. 이때의 책임능력은 법과 불법을 분별하고 분별한 바에 의하여 의사를 결정하고 행동할 수 있는 능력으로 보고 있다.[94]

나. '동의'의 의미

의료행위, 임상시험, 인간대상연구에 대한 동의는 침습을 정당화하는 것으로[95] 동의능력의 의미에 대하여 학계에서는 민법상의 행위능력과의 관계를 검토하고 있다. 즉, 이때의 동의는 행위능력과는 무관하고 환자의 의사능력 내지 변식능력과의 관계에서 문제가 된다고 파악하는 견해,[96] 본인의 신체에 대한 위험을 수인할 정도의 능력으로 족하므로 재산 거래와 같은 높은 정도의 판단능력이 필요하지 않다는 견해,[97] 동의를 위한 의사능력은 있어야 하나 행위능력과는 차이가 있다는 견해[98]가 대립하고 있다.

3. 대법원의 태도

가. 임상시험에서의 동의

대법원은 임상시험은 "사람을 대상으로 하는 연구로서 그 연구 당시까지의 지식·경험에 의하여 안전성 및 유효성이 충분히 검증되지 않은 것"을 말한다고 하면서 사람을 대상으로 한 중간엽 줄기세포 이식술이 당시의 지식·경험에 의해 안정성·유효성(치료효과)이 충분히 검증되지 않은 시술이라고 보아 임상시험에 해당한다고 본 사안에서, "임상시험의사는 의료행위에 앞서 환자나 그 법정대리인에게 질병의 증상, 치료방법의 내용 및 필요성, 발생이 예상되는 위험 등 당시의 의료 수준에 비추어 상당하다고 인정되는 사항을 설명하여 환자가 그

---

93) 대법원 1969. 7. 8. 선고 68다2406 판결.
94) 대법원 1968. 4. 30. 선고 68도 400 판결; 김성은, 소년의 책임능력과 형사책임: 책임능력의 평가문제를 중심으로, 형사정책연구 제27권 제3호, 2016, 30-31면.
95) 김휘원, 동의의 본질과 구조-자기결정의 자유-, 법철학연구 제20권 제3호, 2017, 79-80면.
96) 김민중, 의사책임 및 의사법의 발전에 관한 최근의 동향, 민사법학 제9호, 제10호, 1993, 342면.
97) 석희태, 의료과오 민사책임에 관한 연구, 박사학위논문, 연세대학교 대학원 1988, 37면.
98) 이영환, 진료과오에 있어서 의사의 민사책임에 관한 연구, 박사학위논문, 동아대학교 대학원, 1984, 48면.

필요성이나 위험성을 충분히 비교해 보고 그 의료행위를 받을 것인지 여부를 선택할 수 있도록 할 의무가 있고, 특히 그러한 의료행위가 임상시험의 단계에서 이루어지는 것이라면 해당 의료행위의 안전성 및 유효성에 관하여 그 시행 당시 임상에서 실천되는 일반적 · 표준적 의료행위와 비교하여 설명할 의무가 있다."고 판시하였다.[99]

이후 대법원은 눈 미백수술(Cosmetic Eye Whitening, 국소적 결막절제술)의 경우에도 원심이 "시행 당시 임상시험 단계에 있는 수술이었으므로, 피고로서는 통상의 침습적인 의료행위에서 요구되는 수준의 일반적인 설명뿐만 아니라 이 사건 시술이 아직 임상적인 자료에 의하여 안전성과 유효성(치료효과)이 확립되지 않은 의료행위라는 점까지 설명할 의무가 있음에도, 원고에게 '드물게 석회화가 발생할 수 있거나 재발, 상피세포 재생지연 등의 부작용이나 합병증이 생길 수 있다.'라는 정도의 통상적인 설명만을 하고 수술에 대한 동의를 받은 사실을 인정할 수 있을 뿐, 이 사건 시술에 대하여 안전성과 유효성(치료효과)이 아직까지 증명되지 않았으며 그에 관하여 안과의학의 임상경험에 기초한 합의가 없는 상태라는 설명까지 하였다고 인정할 증거가 없으므로, 피고는 이 사건 시술에서 요구되는 설명의무를 다하지 아니하였다."고 판단한 것에 설명의무에 관한 법리를 오해하거나 논리와 경험의 법칙을 위반하여 사실을 오인한 잘못이 없다고 하였다.[100]

나. 의료행위에서의 미성년자 동의

(1) 미성년 환자에 대한 법정대리인 母의 수혈 거부 사건

대법원은 법정대리인인 母가 전격성 간염에 걸려 장내출혈의 증세까지 생긴 만11세 남짓한 피해자를 치료를 받게 함에 있어, 의사들이 당시의 의료기술상 최선의 치료방법이라고 하면서 권유하는 수혈을 여호와의 증인의 교리에 어긋난다는 이유로 완강히 거부하여 피해자로 하여금 장내출혈 등으로 실혈사하게 한 사안에서 "이는 결과적으로 요부조자를 위험한 장소에 두고 떠난 것이나 다름이 없다고 할 것이어서 그 행위의 성질로 보면 치거에 해당된다고 할 것이고 비록 그 환자의 증세로 보아 회복 의 가망성이 희박한 상태이어서 의사가 권하는 최선의 치료방법인 수혈이라도 하지 않으면 그 환자가 사망할 것이라는 위험이 예견가능한 경우에 아무리 생모라고 할지라도 자신의 종교적 신념이나 후유증 발생의 염려만을 이유로 환자에 대하여 의사가 하고자하는 위의 수혈을 거부하여 결과적으로 그 환자로 하여금 의학상 필요한 치료도 제대로 받지 못한 채 사망에 이르게 할 수 있는 정당한 권리가 있다고는 할

---

99) 대법원 2010. 10. 14. 선고 2007다3162 판결.
100) 대법원 2015. 10. 29. 선고 2013다89662 판결.

수 없는 것이며 그때에 사리를 변식할 지능이 없다고 보아야 마땅할 11세 남짓의 환자 본인
이 가사 그 생모와 마찬가지로 위의 수혈을 거부한 일이 있다고 하여도 이것이 피고인의 위
와 같은 수혈거부 행위가 위법한 것이라고 판단하는데 어떠한 영향을 미칠만한 사유가 된다
고 볼 수는 없으므로 같은 취지에서 피고인의 판시 소위가 유기치사죄에 해당한다고 판단한
원심의 조치에 논지가 지적한 바와 같은 심리미진, 판단유탈 및 유기치사죄에 대한 법리오해,
치료방법을 선택할 수 있는 자유권의 행사인 정당행위에 관한 법리오해와 종교의 자유를 보
장한 헌법위반 등의 위법사유가 있다고 할 수 없으므로" 피고인 母에게 유기치사죄로 의율하
는 것이 합당하다고 보았다.

(2) 미성년 환자에 대한 의사의 설명의무 이행 정도

대법원은 미성년 환자에 대한 의료행위에서 의사가 설명의무를 이행하여야 할 상대방이
누구이고 그 정도는 어떠한지에 관하여 최근 상황을 나누어 판단한 바 있다.[101] 해당 사안은
모야모야병 치료를 위해 피고 병원에 내원한 미성년 환자 甲(당시 11세 7개월)의 어머니 乙이
피고 병원 의료진으로부터 모야모야병 치료를 위한 간접 우회로 조성술 시행 전 검사로서 뇌
혈관 조영술에 관한 설명을 듣고 동의서에 서명한 뒤 시행된 뇌혈관 조영술로 인하여 甲에게
좌측 중대뇌동맥에 급성 뇌경색 증상이 발생하였고, 결국 영구적 우측 편마비 및 언어기능 저
하가 후유장애가 남게 된 것이었다.

(가) 원 칙

대법원은 원칙적으로 의사에게 법정대리인 외에도 미성년 환자에 대하여 의료행위에 관한
설명의무를 부담한다고 보았다. 즉, 대법원은 "의사는 응급환자의 경우나 그 밖에 특별한 사
정이 없는 한 환자에게 수술 등 인체에 위험을 가하는 의료행위를 할 경우 그에 대한 승낙을
얻기 위한 전제로서 환자에게 질병의 증상, 치료방법의 내용 및 필요성, 발생이 예상되는 생
명, 신체에 대한 위험과 부작용 등에 관하여 당시의 의료수준에 비추어 환자가 의사결정을 함
에 있어 중요하다고 생각되는 사항을 구체적으로 설명하여 환자로 하여금 수술 등의 의료행
위에 응할 것인지 스스로 결정할 기회를 가지도록 할 의무가 있다."는 의사의 설명의무에 관
한 일반론을 제시한 뒤, "의료법 제24조의2 제1항, 제2항은 의사·치과의사 또는 한의사가 사
람의 생명 또는 신체에 중대한 위해를 발생하게 할 우려가 있는 수술, 수혈, 전신마취를 하는
경우 수술 등에 따라 전형적으로 발생이 예상되는 후유증 또는 부작용 등을 환자에게, 환자가

101) 대법원 2023. 3. 9. 선고 2020다218925 판결.

의사결정능력이 없는 경우 환자의 법정대리인에게 설명하고 서면으로 그 동의를 받아야 한다고 규정하고 있다. 또한 응급의료에 관한 법률 제9조 제1항, 제2항은 응급의료종사자가 의사결정능력이 없는 응급환자에 대하여 응급의료를 하여야 하는 경우 응급환자의 법정대리인이 동행하였으면 그 법정대리인에게 응급의료에 관하여 설명하고 동의를 받아야 하고, 법정대리인이 동행하지 아니하였다면 동행한 사람에게 설명한 후 응급처치를 하여야 한다고 규정하고 있으며, 생명 윤리 및 안전에 관한 법률 제16조 제1항, 제2항은 인간대상연구를 함에 있어 인간대상연구자는 연구대상자로부터 서면동의를 받아야 하는데 동의 능력이 없거나 불완전한 사람으로서 아동복지법 제3조 제1호의 18세 미만인 아동이 참여하는 연구의 경우에는 법정대리인 등의 서면동의를 받아야 하고, 이 경우 법정대리인 등의 동의는 연구대상자의 의사에 어긋나서는 아니 된다고 규정하고 있다."고 하면서 "의료법 및 관계법령들의 취지에 비추어 보면, 환자가 미성년자라도 의사결정능력이 있는 이상 자신의 신체에 위험을 가하는 의료행위에 관한 자기결정권을 가질 수 있으므로 원칙적으로 의사는 미성년자인 환자에 대해서 의료행위에 관하여 설명할 의무를 부담한다."고 하였다.

(나) 법정대리인에 대한 설명으로 족한 경우

대법원은 위의 원칙과 달리 미성년 환자와 법정대리인과의 관계를 고려한 일반적 상황을 다시 언급하면서 의사가 법정대리인에 대하여 설명의무를 이행한 것으로 족한 경우를 설시하였다. 즉, 대법원은 "미성년자인 환자는 친권자나 법정대리인의 보호 아래 병원에 방문하여 의사의 설명을 듣고 의료행위를 선택·승낙하는 상황이 많을 것인데, 이 경우 의사의 설명은 친권자나 법정대리인에게 이루어지고 미성년자인 환자는 설명 상황에 같이 있으면서 그 내용을 듣거나 친권자나 법정대리인으로부터 의료행위에 관한 구체적인 설명을 전해 들음으로써 의료행위를 수용하는 것이 일반적이다. 아직 정신적이나 신체적으로 성숙하지 않은 미성년자에게는 언제나 의사가 직접 의료행위를 설명하고 선택하도록 하는 것보다는 이처럼 미성년자와 유대관계가 있는 친권자나 법정대리인을 통하여 설명이 전달되어 수용하게 하는 것이 미성년자의 복리를 위해서 더 바람직할 수 있다. 따라서 의사가 미성년자인 환자의 친권자나 법정대리인에게 의료행위에 관하여 설명하였다면, 그러한 설명이 친권자나 법정대리인을 통하여 미성년자인 환자에게 전달됨으로써 의사는 미성년자인 환자에 대한 설명의무를 이행하였다고 볼 수 있다."고 판시하였다.[102]

---

102) 이와 달리 원심인 서울고등법원 2020. 1. 23. 2019나2028025 판결에서는 "① 모야모야병이 의심되는 환아에게 이 사건 조영술과 같은 침습적 시술을 시행하는 경우에는 그 과정에서 뇌경색 발생의 위험성이 높아 환아에게 시술과정을 설명하여 긴장하지 않도록 해야 하며, 다만 취학 전이나 의사소통이 어려운

(다) 미성년 환자의 의사를 존중할 필요가 있는 경우

대법원은 "친권자나 법정대리인에게 설명하더라도 미성년자에게 전달되지 않아 의료행위 결정과 시행에 미성년자의 의사가 배제될 것이 명백한 경우나 미성년자인 환자가 의료행위에 대하여 적극적으로 거부 의사를 보이는 경우처럼 의사가 미성년자인 환자에게 직접 의료행위에 관하여 설명하고 승낙을 받을 필요가 있는 특별한 사정이 있으면 의사는 친권자나 법정대리인에 대한 설명만으로 설명의무를 다하였다고 볼 수는 없고, 미성년자인 환자에게 직접 의료행위를 설명하여야 한다."고 보았다.

(라) 의사의 미성년 환자에 대한 설명방법

마지막으로 대법원은 "의사가 미성년자인 환자에게 직접 설명의무를 부담하는 경우 의사는 미성년자인 환자의 나이, 미성년자인 환자가 자신의 질병에 대하여 갖고 있는 이해 정도에 맞추어 설명을 하여야 한다."고 설시하였다.

4. 검 토

의료행위, 임상시험, 인간대상연구에 대한 동의는 환자 혹은 대상자가 그러한 행위로 인하여 자신의 신체에 발생할 수 있는 긍정적 예후부터 악결과에 대해서까지 인식하고 이를 수인하고 의사 혹은 임상시험자나 연구자에 대해 승낙을 하는 것인바, 이를 법률행위와 동일시하기는 어려우며 사실행위로서 권한부여행위에 해당된다고 보아야 할 것이다.[103] 그렇기 때문에 그 동의로 인하여 계약의 성립과 같은 어떠한 법률효과가 곧바로 발생한다고 할 수 없고, 미성년자의 동의에 더하여 법정대리인의 동의까지 갖추어져야 계약 체결에 이르게 된다고 할

경우에는 전신마취로 진정상태에서 시술을 하는 점, ② 이 사건 조영술을 담당했던 피고 병원의 소아신경외과 주치의가 당시 12세인 원고 1에게 위 조영술을 시행하는 이유 및 그로 인하여 뇌경색 등의 부작용이 발생할 가능성에 대하여 직접 설명하였음을 인정할 수 있는 진료기록상 기재를 찾기 어려운 점, ③ 위 시술동의서의 'Ⅰ. 진단에 관한 설명' 항목 중 '상기 환자에서 뇌혈관조영술을 시행하는 이유 : '가 부동문자로 인쇄되어 있으나, 그 옆의 기재 부분이 공란으로 되어 있는 점 등에 비추어 보면, 모야모야병의 수술적 치료에 앞서 대뇌혈관의 해부학적 구조를 파악하기 위해 'CT 조영검사'나 'MR 혈관술'이 아닌 이 사건 조영술을 시행하는 상황에서, 그 시술을 담당하는 주치의는 시술과정이나 시술 후에 발생할 수 있는 뇌경색 등의 부작용과 그로 인한 위험성을 좀 더 구체적으로 설명하여 환아와 그 보호자가 이를 진지하게 고려하여 시술 여부를 결정할 수 있도록 해야 한다."고 하여 피고 병원 의료진은 甲에 대한 설명의무를 다하지 못하여 甲의 자기결정권을 침해하였다고 판단하였다.

103) 이재경, 정신질환자에 대한 의료행위에 있어서 동의에 관한 비교법적 연구, 인하대학교 법학연구 제12권 제1호, 2009. 4, 154면.

것이다.

　따라서 미성년자의 동의가 의사능력이나 변식능력, 행위능력 중 어느 하나와 동일하다고 단언할 수 없으며, 신체적 침습의 본질이 무엇인지와 그 침습으로 인하여 자신의 신체에 가해질 것으로 예상되는 침습의 정도, 자신의 동의가 지니는 의미를 이해하고 있는지가 보다 중시되어야 한다.[104] 다시 말하여 미성년자의 동의는 설명의 내용을 이해할 수 있어야 하고, 위험을 비교형량하여 평가하여야 하며, 승낙 혹은 거부와 같은 자신의 결정을 정리하여 상대방에게 전달하는 능력이 요구된다. 이에 비추어 볼 때 미성년자는 최소한 의사능력은 갖추어야 하며, 행위능력이나 책임능력까지 반드시 요구된다고 보기는 어렵다.[105]

제4절　환자의 죽음에 대한 자기결정권과 의사의 생명보호의무

1. 형법적 논의의 필요성

　현대 의학의 발전으로 인간의 생명은 비약적으로 늘어나게 되었다. 말기환자는 인공심폐기와 진통제를 통하여, 500g도 되지 않는 미숙아는 인큐베이터와 인공계면활성제의 도움으로 삶을 연장할 수 있다. 그러나 의식을 잃고 죽음만을 기다리는 환자에게 인공호흡기와 진통제를 이용하여서라도 '마지막 숨을 쉴 수 있을 때까지 쉬어라.'는 명령을 할 수 있는지, 태어날 때부터 갖는 뇌손상으로 의식을 찾지 못한 채 병원에 누워 있다가 몇 살 되지 않아 죽게 되는 극소체중아에게 인위적인 치료를 계속하여야 하는가, 즉, 사람에게 죽을 권리가 있는지에 관한 의문이 든다.

　그 동안 우리 사회는 가난극복을 위한 전국민적인 노력에 힘입어 가족계획이라는 미명하에 낙태를 사실상 합법화하였고, '삶의 질'이 의문시되는 위와 같은 환자에 대하여는 가족의 요구 또는 의사의 의학적 판단에 따라 퇴원 후 사망이라는 절차를 밟는 데 아무도 이의를 제기하지 않아 왔다. 특히 사회안전망이 확보되지 않고 환자의 치료에 대한 일체의 책임을 개인이 지게 되어있는 우리나라에서 경제적인 면을 전혀 무시할 수 없다는 임상현실이 안락사의

104) 송영민, 환자의 동의능력의 판단기준, 동아법학 제48호, 2010, 592면; 송영민, 미성년자에 대한 임상시험과 자기결정권, 원광법학 제31권 제3호, 2015, 7－11면.
105) 최아름·김성은·백경희, 미성년자인 환자에 대한 의사의 설명의무에 관한 소고(小考)－대법원 2023. 3. 9. 선고 2020다218925 판결에 대한 평석을 중심으로－, 서강법률논총 제12권 제2호, 2023, 176－177면.

요건조차 정립되지 않은 채, 죽음의 결정을 좀더 자유롭게 하는 사회분위기를 연출하였다.

그러나 우리나라에서도 소위 보라매병원 사건106)과 김할머니 사건이 터지면서 말기(末期) 의료(Terminal Care)를 둘러싼 의료 윤리적인 논란과 아울러 의료법학적인 격론이 본격적으로 제기되기 시작하였다.

일부 국가에서는 이에 대하여 입법화를 하였거나, 시도하고 있다. 미국 등 일부 국가에서는 안락사법을 제정하여 합법화하였다. 우리나라에서도 보라매병원 사건과 김할머니 사건을 거쳐 호스피스·완화의료 및 임종과정에 있는 환자의 연명의료결정에 관한 법률(이하 '연명의료결정법'이라 한다)이 2016. 2. 3. 법률 제14013호로 제정되어 일정한 요건을 갖춘 자의 무의미한 연명의료의 중단 결정을 시행할 수 있도록 하였고, 안락사에 해당하는 의사 조력 존엄사에 대해서도 논의가 이루어지고 있다.

향후 의료기술이 발달하면 할수록 인구의 노령화 문제와 아울러 안락사·존엄사 시술문제가 지속적으로 일어날 수밖에 없어 임상의료현장에서 매시간 중대한 결정을 하지 않으면 아니 되는 의사에게 적지 않은 부담을 주고 있다. 환자 스스로의 자기결정에 의한 존엄사가 보장되어야 할 현실적 필요성이 있음에도 불구하고, 사회보장제도가 완전히 자리잡지 못하고 있고, 특히 적극적 치료를 중단하는 의사에게는 '죽임'을 의도하지 않을 수 없다는 점에서 살인이라는 시비가 있다.107)

이하에서는 '죽임'을 전제하지 않고 '편안히 자연사할 수 있는 치료방법'으로서의 호스피스·완화의료 및 연명의료 중단과 함께 생명권과 생명보호의무에 관한 논의를 살펴 보도록 한다.

2. 환자의 자기결정권과 존엄사·안락사론

가. 문제의 소재

사람에게 죽을 권리가 있는가에 대한 의문은 철학의 시말이자 의학과 법률의 현안문제이다. 일본에서는 죽을 권리를 인정하여 달라는 청구는 부적법하다고 한 바 있다.108) 특히 인류

---

106) 대법원 2004. 6. 24. 선고 2002도995 판결은 서울고등법원 2002. 2. 7. 선고 98노1310 판결(살인방조죄 인정, 징역 1년 6월에 집행유예 2년)을 그대로 받아들였다(1심인 서울지방법원 남부지원 1998. 5. 15. 선고 98고합9 판결은 신경외과과장 및 전공의에게 살인죄를 적용, 징역 2년 6월, 집행유예 3년 선고).
107) 신현호, 삶과 죽음 권리인가 의무인가?, 육법사, 2006, 108면.
108) 東京地裁 昭和 57. 2. 17. 판결(判夕 464호 106頁); 이 판결은 '안락사를 바라는 생전의사(living will)

와 함께 시작하여온 안락사(Euthanasia)가 의료기술과 약물의 발달로 인하여 육체적 고통을 감소하고자 한다는 본래의 목적이 빛을 잃게 되면서 새로운 국면을 맞이하게 되었고, 한편 한정된 보건의료재원의 효율적 분배문제도 무시할 수 없다는 점이다.

예를 들어, 회복가능성이 없는 PVS상태의 환자에 대하여 '자연스럽게 죽을 권리(Recht auf einen natürelichen Tod)' 즉, 존엄사(尊嚴死)(Death with Dignity)할 권리가 있는지, 바꾸어 말하면 의사의 환자치료의무는 언제·어떤 조건하에서 면제되는지[109]에 대한 것이기도 하다. 나아가 치료중단에도 불구하고 죽음에 이르지 아니하는 경우에 적극적인 처치로 사망에 이르게 할 수 있는가에 관한 안락사의 문제가 형법상 심각한 논란을 불러일으키고 있다.

안락사의 어원에서도 알 수 있듯이 고대부터 안락사가 존재하여 왔고, 의술이 발달된 현재에서는 더욱 안락사의 필요성이 강하게 주장되기도 한다.[110] 그러나 안락사는 죽음을 염두에 두고, 사기를 앞당긴다는 점에서 오남용의 위험성으로 인한 불법비난이 항상 있다.[111]

대한의사협회에서도 이에 대하여 가이드라인을 만들어 회원들에게 배포한 바도 있으나 아직 법학계에서는 합의가 이루어지지 않고 있다.[112]

나. 안락사에 관한 형법적인 논의

안락사에 대하여 독일의 엥기쉬(K. Engisch)는 ① 생명의 단축을 초래하지 않는 '순수안락사', ② 바람직하지 못한 부작용으로서의 생명의 단축을 초래하는 '협의의 안락사' 혹은 '치료형 안락사', ③ 연명조치를 시행하지 않는다는 의미에서의 '부작위에 의한 안락사', ④ 생명의 단축을 수단으로 하는 '적극적 안락사', ⑤ 살 가치가 없는 정신장애자나 중증의 기형아에 대하여 자비심에서 이루어지는 '강제(불임의)에 의한 안락사' 등 5가지로 구별하면서, ①과 ②는 치료행위와 같으므로 합법적인 행위이고, ③도 환자의 의사에 의하는 경우 의사에게는 치료

가 유효한 것임을 확인하라'는 청구소송에 대하여 '제소의 대상으로 되지 않는다'라고 하여 원고의 청구를 각하하였다.

109) 이상돈, 안락사의 절차적 정당화, 한일법학회 제17회 국제학술회의 자료집 1999, 211면 각 참조.

110) 치료의 중단은 종종 안락사(Euthanasia)나 존엄사(Death with Dignity) 혹은 의사조력자살(Assisted Suicide)과 혼용되어 사용되기도 한다.

111) 김일수·서보학, 형법총론, 박영사, 2005, 347면; '생명을 단축시키는 적극적 안락사는 절대적으로 정당화 될 수 없다는 견해가 있고 저자도 이를 지지한다. 적극적 안락사는 어떠한 상황에서도 위법하다고 해야 한다. 생명을 자연적인 소멸시기보다 앞당겨 인위적으로 단축시키는 행위는 모두 위법이다.'라는 주장이 있어, 이에 대한 대안으로 이 논문의 주제이기도 한 호스피스·완화의료가 제시되고 있다. 植木 哲, '醫療의 法律學', 336頁; 적극적 안락사에 있어서 생명의 단축행위는 의사의 본래의 구조의무와 모순·충돌하기 때문에 살인죄나 촉탁살인죄가 된다고 한다.

112) 대한의사협회는 보라매병원사건 이후 환자의 퇴원문제 등에서 야기되는 혼란을 방지하기 위해서 1999. 6. 본문 10면으로 된 '환자의 진료시작이나 중단(퇴원)시 유의하여야 할 사항'이라는 제하의 지침집을 발간 배포하였다.

계속의무는 없으므로 합법적이나(의사에 반하는 경우는 불법), ④와 ⑤는 살인 혹은 촉탁살인죄에 해당한다고 하였다.113)

　　현재 안락사의 형태는 다음과 같이 4가지 기준에 따라 나누고 있다. 각 분류의 기준은 개념에 따른 분류(최광의의 안락사, 광의의 안락사, 협의의 안락사, 최협의의 안락사), 생명주체의 의사에 따른 분류(자의적 안락사, 반자의적 안락사, 비자의적 안락사), 시행자의 행위에 따른 분류(소극적 안락사, 간접적 안락사, 적극적 안락사), 생존의 윤리성에 따른 분류(자비적 안락사, 존엄적 안락사, 선택적 안락사)114)이다.

다. 존엄사와 연명치료 중단

(1) 존엄사와 연명치료 중단의 개념

　　소극적 안락사란, 회복의 가능성이 없는 환자에게 무익한 연명조치를 베푸는 것을 중지함으로써 인간으로서의 존엄을 유지하면서 죽음을 맞게 하는 것을 말한다. 의학계에서는 치료중단도 치료행위의 하나인데 반해, 안락사는 생명을 단축시키는 뉘앙스가 있으므로 소극적 또는 부작위라는 수식어가 붙어도 용어 자체가 부적절하다는 견해를 제기하고 있다.

　　학설상 존엄사(Death with Dignity)는 '생존의 윤리성'에 따른 분류115)이고, 안락사는 '시행자의 행위'에 따른 분류이어서 엄격한 의미에서 별개의 개념이다. 즉, 존엄사는 현대의학으로도 회복할 수 없는 뇌사상태 또는 의식상실 상태에 빠져 죽음에 직면한 환자에게 인공적으로 생명을 연장하는 생명유지장치를 중단하고 그 치료를 거부함으로써, 그 환자가 인간으로서 품위있는 죽음을 맞을 수 있는 행위로 규정하여 안락사와 차이를 두기도 한다.116) 그러나 적극적인 안락사에 대하여는 형법상 살인으로 해석하고 있기 때문에 임상에서는 순수안락사 혹은 부작위에 의한 안락사의 방법을 선택하고 있고, 이러한 현실을 고려하여 존엄사를 소극적 안락사, 부작위에 의한 안락사, 자연사(Natural Death) 등의 표현을 사용하기도 하고,117) 일본

---

113) K. Engisch, Euthanasie und Vernichtung Lebensunwerten Lebens im straftre－chtlicher Beleu－chtung, 1948, ss. 4~17.

114) 유선경, 형법상 안락사·존엄사에 관한 연구, 단국대학교 대학원 박사학위논문, 2001. 15면; 이와 동일한 내용으로 행위의 목적에 따른 유형이라 칭하는 견해도 있다.

115) 생존윤리성에 따른 분류로는 ① 자비적 안락사(Beneficient Euthanasia), ② 존엄적 안락사(Euthanasia with dignity), ③ 선택적 안락사(Selective Euthanasia) 등 3가지로 분류한다. 최병용, 안락사에 관한 고찰, 고려대학교 석사학위논문, 1998, 10면 참조.

116) 이존걸, 형법상 존엄사에 관한 연구, 의료법학 창간호, 2000, 165면.

117) 문국진, 생명윤리와 안락사, 여문각, 1982, 117면; 佐々木養二, 醫療と刑法, 南窓社 平成 6. 155頁, 그 중 존엄사라는 표현을 가장 많이 사용하고 있는 바, 소극적 안락사, 존엄사, 치료중단 등을 같은 개념으로 사용한다.

판례도 이 입장을 따르고 있다.[118]

한편 '연명치료 중단'은 존엄사의 연장선 상에서 사용되고 있는데, 이는 병상에서 의식을 잃고 인공호흡기, 인공급식에 의존하게 되면서 환자의 삶의 질(Quality of Life)에 대한 문제를 통하여 대두되어[119] 연명치료는 의학적으로 무의미하고 단지 생명현상을 유지시킬 뿐인 치료라는 의미를 함축하고 있어 종래 안락사와는 다른 것이라는 점이 강조되어 왔다.[120] 또한 '연명치료'의 경우 미국에서는 삶의 질이 유지되는 상태에서 행하는 연명치료(Prolongation of Life)와 불가역적 상태로 접어들어 죽어 가는 과정 즉, 또 하나 죽음으로의 프로세스(Prolongation of Dying Process)를 구별하고 있다.[121]

결국 존엄사 내지 연명치료 중단의 논의는 의사의 치료의무와 환자의 죽을 권리 사이에 어느 것이 우선되어야 하는가에 관한 문제이다. 환언하면, 환자가 인공연명장치의 제거를 요구하거나 응급처치를 거부한 경우(DNR, Do not resuscitate, No-cord order)에 의사의 치료의무는 면제되고, 민·형사상 아무런 책임도 지지 않는가, 나아가 만약 의사가 이러한 환자의 요구를 거절하고 치료를 계속한 경우에 환자는 손해배상을 청구할 수 있는가에 관한 문제로서 제기되어 왔는 바, 일정한 요건 아래에서 치료중단을 통한 존엄사는 합법적이라는 것이 통설이다.

(2) 연명치료 중단의 근거

연명치료 중단의 근거는 헌법 제10조에서의 인간의 존엄과 가치 및 행복추구권으로부터 도출되는 환자의 자기결정권에서 찾고 있다. 그러나 이는 생존의 중단에 관계되는 것이었기에 생명권과의 관계가 가장 큰 논란이 된다.

무릇 생명권은 헌법상 보호되는 권리로 인간의 고유한 천부적 권리로 전형적인 자연권의 성격을 갖고 있다. 그러나 생명권이 기본권제한에 관한 일반적 법률유보규정인 헌법 제37조 제2항에 의해서도 제한할 수 없는 권리인지에 대하여는 견해가 분분하며,[122] 특히 의학적으로 무의미한 생존을 강요하는 경우와 같이 무조건적인 생명보호가 인간의 존엄과 가치를 해하게 될 수 있으므로 의사의 환자에 대한 치료의무는 예외가 존재하지 않는 절대적인 것이라고 단언할 수 없다.[123] 생명 즉, 불가역적 상태로 접어들어 '죽어 가는 과정'에 이른 환자의

---

118) 橫濱地裁 平成 7. 3. 28. 判決.
119) 김장한, 존엄사에 대한 미국의 법제, 의료법학 제9권 제2호, 2008. 12, 55면.
120) 김천수, 불법행위책임의 관점에서 본 안락사, 민사법학 제28호, 2005, 421면.
121) 栢木哲夫, 看とりの醫療はどうあるべきか, 腦死·尊嚴死佛教 別冊4卷 11号 26頁.
122) 이석배, 형법상 절대적 생명보호원칙, 한국형법학의 새로운 지평(심온 김일수 교수 화갑기념 논문집), 박영사, 2006, 682-683면; 김선택, 사형제도의 헌법적 문제점, 고려법학 제44호, 2005, 155-156면; 정종섭, 헌법학원론, 박영사, 2006, 366-367면.
123) 생명의 절대적 보호원칙도 결국 생명은 모든 단계에서 동일하게 절대적인 것이 아니라, 그 단계에 따라 최

경우(Prolongation of Dying Process)[124])에 무의미한 생명을 연장하는 것은 의학적으로도 의미가 없고, 원고들에게는 죽음의 과정만을 연장시키는 불법행위일 수도 있기 때문이다.[125]

라. 연명치료 중단에 대한 판례와 입법례

연명치료 중단과 관련하여서는 이미 외국의 판례와 입법례를 통하여 허용되어 왔고, 현재에도 무의미한 연명치료를 중단하고자 하는 움직임은 각국에서 나타나고 있으며 이는 세계적 추세이다. 이를 살펴보면 다음과 같다.

(1) 외국의 판례

(가) 미 국

① 카렌 퀸란 사건

무의미한 연명에 대한 구체적 논의된 판결은 주지하다시피 미국의 카렌 퀸란 사건 판결에서 촉발되었다.[126] 이 사건에서 카렌 퀸란은 1975년 마약과 알콜을 함께 복용하고 난 뒤 혼수상태에 빠졌고 지속적 식물인간 상태에 이르러 인공호흡장치를 달고 지내게 되자 카렌 퀸란의 아버지는 후견인으로서 소생이 불가능하다는 의사의 진단과 가톨릭 교회법에는 희망이 없는 환자에게 비통상적인(Extraordinary) 방법을 사용하면서까지 연명시켜야 할 윤리적 의무가 없다는 신학적 해석에 따라 품위와 존엄 속에 죽을 수 있도록 인공호흡기를 제거해 줄 것을 병원 당국에 요청하게 되었다. 그런데 해당 의료기관이 이를 거부하면서 카렌 퀸란의 아버지는 뉴저지 주법원에서 카렌 퀸란에 대해 '생명 장치의 제거를 허가해 달라.'고 신청하게 되었다. 이에 제1심 법원은 이를 기각하면서 인공호흡기 제거는 명백한 살인행위라고 판시하였지만, 1976년 3월 31일, 뉴저지 주 대법원은 "만일 카렌 퀸란양의 경우에 치료를 중단할 수 있는 개인의 권리가 있다고 결론을 내린다면 우리는 다시 그 권리를 행사하는 것과 형법과의 관계를 고려해 보아야 한다. 치료의 중단은 곧 카렌 퀸란의 죽음을 촉진시킨다는 것을 우리는 잘 알고 있다. 지방검찰청의 검사와 검찰총장은 그런 방법으로 죽음을 촉진시키면 이는 형사상 책임을 지게 된다는 것을 계속 강력하게 주장하고 있다. 이 지방 주법(州法)에 의하면 불법적으로 다른 사람을 죽이는 것을 범죄적인 살인에 해당하지 않는다고 우리는 결론 짓는다. 왜

대한 보장하여야 한다는 의미로 해석될 수 있다는 것도 같은 취지일 것이다.; 이석배, 전게 논문, 683면.
124) 栢木哲夫, 전게 논문, 26頁.
125) 이윤성, '<소극적 안락사>를 받아들이자', 서울변호사회지 시민과 변호사, 2001. 6. 22면.
126) In Re Quinlan, 355 A.2d. 647 (N.J. 1976), Gregory E. Pence 저, 구영모·김장한·이재담 공역, 의료윤리 I, 광연제, 2003, 59-76면.

냐하면 첫째로, 치료의 중단으로 일어난 사망은 타살이라고 하기보다는 기존의 자연적인 질병사로 끝나는 것을 뜻하는 것이며, 둘째로, 이것이 타살이라고 할지라도 불법적인 것은 아니기 때문이다. 이런 결론들은 정의롭고 합법적인데 그 기반을 두고 있다. 개인의 권리를 행사하기 위해 치료를 중단하는 그 자체는 카렌 퀸란의 경우에는 합법적이다. 그러므로 치료를 중단함으로써 야기된 죽음은 불법적인 살인을 위하여 만들어 놓은 법률에 저촉되지는 않는다. 타인을 불법적으로 살해하는 것과 스스로 결정하여 인공적인 생명유지기계들의 작동을 중단시키는 것은 결정적 차이가 있는 것이다"라고 판단하면서 부작위에 의한 안락사를 구조의 선언(declaratory relief)이라는 결론으로 허용하였다. 즉, 판결은 "우리는 이 경우에 적합하다고 결론을 지은 구조의 선언을 정립하는 데 도달하게 되었다. 카렌 퀸란의 육체적 정신적 상태가 법원에서 설명된 이래 어느 정도 시간이 경과되었다. 그 당시 그녀가 계속해서 악화되리라는 것이 명백하게 설명되었다. 그 이상의 기록은 갖고 있지 않지만 카렌 퀸란은 그 당시보다 더 쇠약하고 죽음에 직면해 있다고 생각된다. 현재 그녀를 치료하고 있는 의사들이 이런 의견을 듣고서 그들의 태도를 고쳐 현상을 재고할지도 모르고, 또 보호자로서 원고에게 모든 권한을 위임하게 되므로 그 원고가 이 경우에 대해 다른 의견을 가진 다른 의사를 선택할 수도 있으므로 우리는 원고를 위해 카렌 퀸란을 도와주어야 한다고 강력하게 선언한다. 카렌 퀸란의 가족과 보호자의 의견이 일치하고 담당 의사가 카렌 퀸란이 현재 상태에서 인식 있는 인간적인 상태로 돌아갈 수 있는 가능성이 없고 생명을 유지하는 기기들을 제거해야 한다고 할 때는 병원의 윤리위원회나 그와 비슷한 기구에 자문해야 한다. 만약 이 자문기구가 카렌 퀸란이 현재 상태로부터 지각 있고 인간적인 생활로 돌아올 가능성이 없다는 것에 동의한다면, 지금 그녀의 생명을 지속시키고 있는 기구는 제거해도 좋을 것이고 보호자든지 의사든지 병원이든지 혹은 다른 사람 어느 누구라도 그 행동에 대해 형사상의 책임을 지지 않을 것이라고 우리는 특별히 이렇게 주장하는 바이다."라고 판시하였다.[127] 동 판결에서는 카렌 퀸란이 이러한 상황에 처하게 될 때 더 이상 연명치료를 받는 것을 원하지 않았을 것이라는 의사에 대한 명백한 증거가 제시되지 않아 아마도 원했을 것이라는 추정(Substituted Judgement)이 인정되었다고 평가된다.[128]

② 미국의 기타 자연사 내지 존엄사 판결

자연사법규정을 두고 있는 콜롬비아 특별구 대법원도 1985년 의사결정능력이 있는 연방의료기관의 말기환자는 인위적인 생명유지장치를 제거함으로써 곧 죽음에 이르게 되더라도 환자의 자발적인 의사표시에 따라 이를 제거하도록 결정할 권리를 가지고 있다고 판시한 바 있

---

127) 김일순·N. Fotion, 의료윤리, 연세대학교 출판부, 1982, 300면 이하.
128) 김장한, 전게 논문, 56면.

다.129)

림(Lim)사건도 같은 맥락으로, 동 사안에서 의사인 림은 산부인과수술을 받은 후 심부전으로 중증의 저산소성 뇌손상을 입고 연명치료를 중단할 권리를 법원에 요청하였는 바, 이에 대하여 법원은 자연스럽게 불가역적 과정으로 들어가도록 놓아두도록 결국 연명치료의 중단을 인정한 바 있다.130)

(나) 영 국

국가에 의한 의료보장이 잘 되어 있는 영국에서도 의사와 환자 사이에 치료중단에 대한 법적 공방이 종종 일어나고 있다. 우리나라와는 달리 의사가 무의미한 치료의 중단을 요구하는 데 반해, 가족들이 치료중단을 거절하는 형태이다.

Anthony Bland사건131)에서 영국법원은 주치의사의 치료중단요구를 받아들이고 치료중단을 허용하였다. 개요는 다음과 같다. Bland(사건당시 17세 6월)는 1989. 4. 15. 영국 리버풀축구장참사에서 폐손상을 입어, 뇌간만 살아있는 채로 Airedale General Hospital에서 식물상태(persistent vegetative state)가 계속되었다. 자발호흡이나 소화기능은 있어, 비강튜브를 통하여 인공영양보급이 이루어지고 있었다. 주치의 Howe는 신경과의사의 자문을 받고, 1989. 8. 회복가능성이 없어 영양공급을 포함한 일체의 치료를 중지하는 것이 적당하다고 생각하였다. 그러나 관할지역인 레오필드의 Coroner(檢死官)는 치료중단이 형사처벌될 수 있다고 지적하자, Howe는 병원의 관리책임을 지고 있는 Airedale NHS Trust에게 법률자문(Legal Adviser)을 구했다. 이에 위 NHS Trust는 고등법원 가사부(The Family Division of High Court)에 환자를 피고로 하여, '① 환자를 PVS상태인 채 계속 살려 두고 있는 인공호흡·인공영양보급·수분보급을 포함한 모든 생명유지치료 및 의료처치를 합법적으로 중지할 수 있을 것, ② 최대한의 존엄과 가장 적은 통증밖에 수반하지 않는 안락한 죽음을 맞이하게 하는 것 이외의 치료행위를 합법적으로 중지조치를 할 수 있을 것' 등의 확인판결을 청구하였다. 위 가사부는 1992. 11. 19. 위 청구를 받아들였고, 같은 해 12. 9. 항소법원(The Court of Appeal)에 의해서도 위 결정은 유지되었다.

그러나 Bland의 소송후견인인 대법원 소속 지원변호사(Official Solicitor)는 '의사들은 비강튜브에 의하여 Bland에게 음식물을 부여할 의무를 가지고 있으며, 만일 이 의무를 위반하면

129) Tune v. Walter Reed Army Medical Hospital., 602 F.Supp. 1452, 1456(D.C.1985).
130) Vivienne Harpwood, Modern tort law(Sixth edition), CAVENDISH publishing 2005, pp.410－411.
131) Airedale NHS Trust v. Bland, [1993] 1 All ER 821. 이에 환자측이 치료중단은 살인죄에 해당된다고 하며 상고하였지만 대법원은 1993. 2. 4. 기각하고, 원심을 지지하였다.

고살(故殺)죄가 성립된다.'고 하여 대법원에 상소하였다. 대법원은 1993. 2. 4.자로 5인의 재판관 전원 일치로 상소를 기각하였다. 대표적 의견으로서 고프 대법관(Lord Goff of Chieveley)은, "… 환자의 자기결정권존중의 원칙은 환자가 의식을 상실하든가, 의사를 전하는 것이 불가능하게 되기 이전에 동의에 거부하는 것을 표명하고 있는 경우에도, 그의 사전의 지시가 사후에 생긴 상황에서도 적용된다. 환자는 연명치료를 거부할 권리가 있고, 또 의사는 환자의 의사에 따를 의무가 존재하는 데 불과하다."라고 전제하고, "① 대부분 환자는 당해 치료에 동의하느냐 여부를 말할 수 있는 상태가 아닐 경우가 많고, 그에 관한 자기결정권을 사전에 지시하지도 않고 있다. 법원은 Bland와 같은 미성년자인 피후견인들의 경우, 의학상의 의견을 고려하여 치료 여부가 피후견인에게 최선의 이익이 되도록 결정할 수 있다. 의사에게는 어떠한 경우에도 연명치료를 하여야 할 의무가 절대적으로 부과되는 것은 아니다. ② 환자의 생명을 연장할 수 있는 치료를 계속 제공하는가 여부를 의사가 결정하는 경우와 예컨대 치사약을 투여함으로써 적극적으로 환자를 사망에 이르게 하는 경우는 법이 엄격하게 구별하고 있다. 전자는 의사가 치료를 보류하는 것이 환자의 자기결정권에 따른 것이라면 합법이다. 그러나 후자는 고통을 제거한다고 하는 인도주의적 의도를 가지고 하였다고 하여도 합법이라고는 할 수 없다. ③ 의사가 연명치료를 중단하는 것은 환자가 죽어가는 대로 맡기고 있는 데 지나지 않는 것으로서 부작위의 일반원칙상 환자에 대한 의무위반을 구성하지 않는 한, 위법으로는 되지 않을 것이다. ④ 심신상실로 치료에 동의할 수 없는 환자의 경우에는 환자에게 '최선의 이익(Best Interests)'이 무엇인가에 따라 주치의사의 인공영양공급치료중단이 결정될 수 있다. 이 문제는 의사가 환자를 살해하거나 사기(死期)를 앞당기는 결과를 초래한다고 하는 코스를 채택할 것인가 여부의 문제와는 다르다. 연명치료에 의하여 환자의 생명을 연장시키는 것이 환자에게 최선의 이익으로 되는가 여부이다. ⑤ 이 건과 같이 환자가 완전히 의식을 상실하고 있고, 개선가능성이 전혀 없는 경우에는 인공연명치료를 계속하는 것이 환자에게 최선의 이익은 아니라고 판단하는 것이 옳다. 이 건과 같이 심신상실상태에서의 연명치료는 의학용어에서는 참으로 무익한(Useless) 것이라고 간주된다. 결국 이 건과 같은 경우에 치료를 종료하는 것을 정당화하는 것은 치료의 무익성(Futility)이다. 이 건과 같은 상황에서 환자에게 최선의 이익이라고 하는 점에서 연명치료를 지속하는 것을 의사에게 요구된다고는 생각되지 않는다. ⑥ 인공영양보급의 중단에 의하여 Bland가 아사(餓死)하고, 또 이것이 환자를 돌보아야 하는 의사의 의무에 본질적으로 위반한다고 하는 이유에서 이의를 제기할 수 있다. 그러나 여기서 다시 Bland의 경우 인공영양공급중단이 무엇을 의미하는가를 정확히 분석할 필요가 있다. Bland는 혼자 먹을 수가 없을 뿐만이 아니라 마시지도 못한다. 의료에서는 인공영양공급행위를 치료의 한 형태로 간주하는 것이 일반적이며, 가사 엄밀한 의미에서 치료행위가 아니더라도, 환자에 대한 medical care의 일부를 형성하는 것이다. 실제로 Bland의 경우에서의 비강 튜브에 의한 인공영양공급의 기능은 생명유지의 한 형태를 제공하는 것이며, 그것은 인공호흡기의 기능과 유사하다. 어떠한 경우도 주치의가 합법적으로 인공연명치료를 중단할 수 있는가 여부가 문제로 될 때에는 영양공급이나 산소공급은 같은 원리가 적용되지 않으면 안 된다. ⑦ 치료동의여부에 대하여 말할 능력이 없는 환자에 대하여 치료를 제공하는 경우, 치료의 형태를 결정할 때에는, 의사는 책임 있는 적격한 관련전문가 집단의 견해에 따라서 행동하지 않으면 안 된다는 것은, F v. West Berk－shire Health Authority [1989] 2 AC 1에서 서술되고 있는 바이다. 나는 이 원리가 연명치료의 개시 또는 중단을 결정하는 경우에도 똑같이 적용되어야 한다고 생각한다. 그렇지만 이와 같은 중요하고 또한 예민한 문제의 경우에는 전문가를 위한 지침(guidance)이 부여되어야 할 것이며, 이 건과 같은 경우의 지침은 영국 의사회(the British Medical Association)의 의료윤리위원회에 의하여 1992. 9.에 만들어진 천연성(遷延性) 식물상태환자의 치료에 관한 결정문(Discussion Paper)이 있다. ⑧ 이상의 관계증거의 검토에서, PVS환자를 치료하는 의사가 영국의사회의 의료윤리위원회에 의하여 만들어진 결정에 따라서 행위하고 있으면, 책임 있는 적격한 관련전문가 집단의 지침에 따른 것으로 볼 수 있다. 의사는 직업상 종종 환자의 생존에 영향을 미치는 결정을 하지 않으면 안 되며, 이 종류의 사안에서는 법관보다도 실제상 많은 임상경험을 쌓고 있다. 다른 한편 법관의 임무는 의사의 행위가 합법성을 갖는지를 평가하는 데 있으나, 개개의 사안에서 이루어지는 결정에 대하여 최종적으로는 주치의사에게 위임하지 않으면 안 된다. 여기에서 요구되는 것은 법관과 의사에 의한 상호의 임무의 예민한 이해이고, 특히 법관이 판결할 때에 중요한 것은, 이 종류의 사안에서 의료전문가가 직면하고 있는 여러 문제를 이해할 뿐만 아니라, 그들의 의료전문가로서의 기준을 존중하는 것이기도 하다. 의사와 법관의 상호이해야 말로 건전한 윤리적 기반에 기초하면서 환자 자신의 이익으로도 되는 치료에 관하여 현명한 법적 구조를 발전시키는 최선의 방법이다. 역시 미국과 같이 '대행판단(Substituted judgement)의 법리'를 채용하지 않고, '최선의 이익'테스트(Test)를 채용하는 것을 재차 강조하고 있다."고 판시하였다.

(다) 일 본

① 나고야 사건

나고야 사건은 뇌일혈로 쓰러져 고통을 받고 있던 아버지의 통증을 감소하여 주고 편안한 죽음을 맞이하도록 하기 위하여 아들이 우유에 유기린 살충제(E.P.N)를 넣어 마시게 하여 사망에 이르게 되자 존속살인으로 기소된 것이다.

사건개요는 다음과 같다. 피고인은 아버지인 피해자 A의 장남으로써 1956. 10.경 뇌일혈 (중풍)로 쓰러진 후 일시 회복되었다가 1959. 10.경 재발하고부터는 전신불수가 되어 식사는 물론 대·소변의 처분까지 모두 가족들을 고생스럽게 만들었고, 1961. 7.초경부터는 상태가 급격히 악화되었다. 몸을 움직일 때마다 극심한 통증을 호소, "빨리 죽고 싶다. 죽여 달라."라고 큰 소리로 떠드는 소리를 듣고, 또 숨도 끊어질 듯한 흑흑대는 발작으로 괴로워하는 모습을 보며, 자식으로서 견디기 어려운 기분에 시달리던 끝에 오히려 A를 병고로부터 모면시켜 드리는 것이야 말로 A에 대한 최후의 효도라고 생각하고, 같은 해 8. 27.경 피고인에게 배달된 우유에 쓰다 남은 E.P.N을 섞어 그 사정을 모르는 어머니로 하여금 A에게 위의 우유를 마시게 하여 아버지를 E.P.N 중독사에 이르게 하였다.

나고야 고등재판소는 "행위의 위법성을 조각해야 할 경우의 하나로서, 소위 안락사를 인정해야 할 것인가 여부에 대해서는 논의가 있는 바이지만, 그것은 뭐라고 해도, 최고의 가치를 지닌 생명을 인위적으로 끊는 것이므로, 다음과 같은 엄격한 요건 아래에서만 이를 인정할 수 있다. ① 환자가 현대 의학의 지식과 기술로 보아서 불치의 병에 걸리고, 죽음이 목전에 임박하고 있을 것, ② 환자의 고통이 극심하여 누구도 진실로 이것을 보기에 참을 수 없을 정도일 것, ③ 오로지 환자의 죽음의 고통을 완화의 목적으로 이루어지는 것, ④ 환자의 의식이 아직 명료하고 의사를 표명할 수 있는 경우에는 환자 본인의 진지한 촉탁 또는 승낙이 있을 것, ⑤ 의사의 손에 의하는 것을 원칙으로 하고, 이것에 의할 수 없을 경우에는 의사에 의할 수 없다고 수긍하기에 족한 특별한 사정이 있을 것, ⑥ 그 방법이 윤리적으로도 타당한 것으로서 인용할 수 있는 것일 것 등 이들의 각 요건을 모두 충당하는 것이 아니면, 안락사로서 그 행위의 위법성까지도 부정할 수 있는 것은 아니다. 라고 해석해야 할 것이다. 이 건에 대해서 살피면 위와 같이 A는 불치병에 걸려 목숨이 이미 조석으로 임박하고 있었다고 인정되는 것, A는 신체를 움직일 때마다 엄습하는 극심한 통증과 흑흑대는 발작에 죽음보다 더한 고통에 허덕이고 있어 참으로 보고 견디기 어려웠다는 것, 피고인의 이 건 행위는 A를 그 고통에서 구제하기 위하여 이루어진 것이라는 것은 위와 같으므로, 안락사의 상기 ①~③의 요건을 충족하고 있는 것은 의심되지 않으나, ④의 점은 잠시 놓아둔다고 하더라도, 의사의 손에 의하지 않을 수 없었던 특별한 사정이 인정되지 않는 것, 그 수단으로서 채택된 것이 환자가 마실 우유에 E.P.N을 섞은 것과 같은 윤리적으로 허용하기 어려운 방법이라는 것의 2점에 있어서는 위 ⑤, ⑥의 요건을 결여하고, 피고인의 이 건 행위가 안락사로서 위법성을 조각하기에 족한 것이 아니다."라고 하였다.

동 사건은 1심에서는 검찰의 기소대로 존속살인죄를 인정하였으나, 항소심에서 촉탁살인죄로 변경하고, 최고재판소에서 항소심이 확정되었다.

② 동해대 부속병원 안락사 사건

내과전문의 도쿠나가 마사지(德永雅二)가 살인죄로 기소된 일본 동해대 부속병원 사건은 존엄사 및 안락사의 요건에 관하여 좋은 지침을 제시하였다.

사건개요는 다음과 같다. 다발성 골수종으로 거의 사기가 다 된 환자에 대하여 아들이 '더 이상 아버지가 괴로워하는 것을 보지 못하겠다.'면서 치료중단을 요구하자 처음에는 거절하던 의사가 그 강요에 못 이겨 점적·소변줄·air-way를 제거하였다. 당초 예상과는 달리 곧바로 사망하지 않고, 코고는 소리를 내며 괴로워하자, 두번째로 안정제 발리움(Valium, diazepam) 및 신경억제재 세레나제(Serenase, haloperidol)를 주사하면서 "1~2시간 이내에 사망할 것이다."라고 이야기하였다. 그러나 그 시간이 지나도 사망하지 않자 아들은 의사에게 "무슨 짓을 하고 있느냐? 아직도 숨을 쉬고 있지 않느냐? 오늘 중으로 집으로 데리고 가고 싶다. 어떻게 좀 해달라"고 화를 내며 협박을 하자, 의사는 기세에 눌려 쫓기는 심정에서 곧 숨을 거두게 하여 주기로 하고 관상동맥확장제 베라파밀(Verapamil)과 염화 칼륨제제(KCL)를 투여하여 곧바로 사망에 이르게 하였다.

요코하마 지방재판소는 첫째, 존엄사는 원칙적으로 환자의 자기결정권에 따를 경우에는 허용된다고 하면서, 특히 "자기결정권의 의사표시는 추정적인 방법에 의하여도 가능하다고 하였다. 적법성을 갖추기 위하여서는 ① 환자가 치유 불가능한 질병에 걸려 회복가능성이 없고 사망을 회피할 수 없는 말기상태에 있을 것, ② 치료행위의 중지를 요청하는 환자의 의사표시가 존재하고, 이러한 환자의 의사가 치료행위의 중지시점에서도 존재하여야 하고, 치료중단방법으로는 ③ 약물투여, 화학요법, 인공투석, 인공호흡기, 수혈, 영양·수분보급 등 질병을 치료하기 위한 치료조치 및 대중요법인 치료조치, 나아가서는 생명유지를 위한 치료조치 등 모든 것이 대상이 된다"고 하였다. 그러나 위 사건에서는 토쿠나가의 점적·소변줄·air-way제거행위 등 치료중지행위는 ②의 요건이 결여되었으므로 위법이라고 하였다. 둘째, 적법한 안락사에 해당하려면 위 나고야고등재판소 6원칙이 충족되어야 하고, 존엄사와는 달리 생명단축이 안락사는 환자의 자기결정권의 표시요건을 엄격하게 해석하여야 한다고 하면서, "간접적 안락사는 '생명의 단축의 위험이 있었다고 하여도 고통의 제거를 선택하는 환자의 자기결정권을 보장'하는 것이기 때문에 환자의 추정적 의사로 족한데 이 건에서 환자의 추정적 의사를 확인할 수 없으므로 간접적 안락사의 요건에도 해당하지 않는다."고 하였다. 마지막으로 적극적 안락사에 해당된다는 주장에 대하여 "이는 환자의 생명을 직접 끊는 것을 목적으로 하고, 달리 대체수단이 없어 '마지막 방법'으로서만 시행되어야 하는 바, 이를 위하여 '육체적 고통의 존재와 사기의 절박성'이 전문가인 의사들에 의하여 확실히 진단되어야 하고, 무엇보다도 환자의 '명시적 의사표시'가 반드시 필요한데, 이 건에서 환자의 명시적 의사표시가 없다."고 하여 살인죄를 인정하였다.

(라) 독 일

① 켐프테너 사건

독일은 1981년의 비티히사건[132]과 1984년의 학케탈사건[133]이 계기가 되어 안락사의 정당성과 환자의 자기결정권, 의사의 치료의무, 입법론 등이 논의되었었고, 이후 켐프테너 치료중단 판결을 통하여 구체화되었다.

이 사건에서는 사기가 임박한 환자가 아니라, 회복될 가망성이 없는 환자의 경우 무의미한 연명치료를 중단할 수 있다는 점을 시사하였으며, 특히 연방대법원은 의식 없는 경우 추정적 의사에 근거한 연명치료 중단의 요건을 설시하였다.[134] 이 사건에서 의사 Y는 1990. 9. 심장마비로 식물인간 상태에 있는 환자 A(73세, 여)를 2년 반 동안 치료하여 왔고, 1992년 말부터는 위장관을 통하여 영양공급이 이루어지고 있었지만, 뇌파는 남아있고, 알츠하이머로 추정되는 상태로서, 죽음의 징조도, 회복의 징조도 보이지 않았기에 Y는 A의 나이와 건강상태에 비추어 회복이 불가능하다고 판단하고 수분만을 공급하도록 하여 결국 A가 사망에 이르게 한 사안이었다. 이 사건에서 독일 연방대법원은 "① 의식이 돌아올 가능성과 회생가능성 없는 환자의 경우 의사협회 안락사 및 치료중단 가이드라인의 요건을 충족하지 못하는 경우에도 예외적으로 허용될 수 있다. 이 경우에는 환자의 추정적 의사가 결정적이다. ② 환자의 추정적 의사를 받아들이는 것은 엄격한 요건을 필요로 한다. 여기서는 무엇보다도 환자가 구두 또는 문서로 했던 의사표시, 환자 자신의 종교적 신념, 특유한 가치관, 나이와 관련된 생존가능기간 또는 고통의 정도 등이 중요하다. ③ 만약 이러한 과정에서 구체적인 상황에 대한 환자의 추정적 의사를 알 수 없다면 일반인의 가치표상에 따라 결정할 수 있다. 의심스러운 경우에는 의사, 가족 등 제3자의 판단보다 생명보호가 우선된다."고 하여 무죄취지로 판시하여 유죄를

---

132) Vgl. BGHSt 32, 367ff(369). 1981년 76세의 동맥경화증, 관절염환자 A가 자살목적으로 몰핀과 수면제를 복용, 의식을 잃은 채 누워있는 것을 발견한 의사 B가 A를 병원으로 옮기지 않고 지켜보다가 사망을 확인한 사건에 대하여 검찰이 B를 촉탁살인죄로 기소하자, 독일 대법원은 '한계상황하에서 B의 생명보호의무와 이미 중대한 불가역적인 상해를 당한 환자의 자기결정권과의 충돌을 치료시설에 운송하는 방법을 선택하지 않은 것을 법의 입장에서도 시인할 수밖에 없는 의사로서의 양심의 결단에 기인한 것으로 볼 수밖에 없다'고 하여 무죄를 선고하였다.

133) OLG München, Beschl. v.31.7.1987–1 Ws23/87. NJW 1987. S.2940. 1984년 암말기환자에게 독물을 주어 자살을 도운 의사 학케탈에 대하여 검찰이 촉탁살인죄로 기소하였으나, 법원은 공판개시를 인정하지 않고, 기각시켜 버렸다.

134) BGH 1994. 9. 13. StR 357/94.

인정한 원심을 깨고 파기환송하였다.135)

독일 연방법원은 소극적 안락사를 '죽음에 있어서의 도움(Hilfe beim Ster-ben)'이라고 하고, 이런 도움은 해당 환자의 의지(Willen)에 따라 받을 수 있다고 한다. 환자의 의지는 신체불가침권의 표현으로서 제한을 받지 않으며, 따라서 생명을 연장시키는 조치(예를 들어 호흡을 돕는 심장박동기, 혈액공급, 인공부양영양식)를 중단할 권리가 의사에게 있다고 본다.136)

② 키엘 사건137)

본 사건은 의사 부부가 친분관계에 있는 연금 생활자에 대한 의료행위를 결정하여 사망에 이르게 한 사건이다. 의사 부부는 환자를 치료하던 또 다른 의사와 협의하여 환자를 병원에서 더 이상 치료하지 않고 퇴원시킨 뒤 집에서 약물을 투여하는 의료행위를 시행하기로 결정하였다. 그러나 환자는 퇴원한 후 곧바로 사망하였는데, 키엘주법원의 판사는 부부가 살인의 의도로 주사한 약물과다로 환자가 사망하였다고 판단하였다.

이에 대해 연방대법원은 1996. 11. 15. 의사인 부인에 대해서는 무죄를 선고하였다. 대법원은 'Dolatin' 약물투여가 살인의 고의를 인정하기에 부족하다고 판단하였다. 즉 본 사안에서 연방대법원은 환자의 명시적 혹은 추정적 의사에 부합하는 의학적으로 허용되는 진통제의 투여로 환자가 사망한 경우, 의사가 진통제의 불가피한 부수효과로 사망의 진행이 촉진된다는 것을 인지하였다고 하더라도 이러한 약물투여는 허용된다고 판시하였다. 즉 환자의 사망이 의사가 살인의 고의에 의하여 약물을 투여한 것이 명확하게 입증되지 않는다면 살인죄가 성립한다고 할 수 없다고 판단한 것이다.

이는 약물투여로 환자가 사망하는 경우 그 인과관계와 살인의 고의가 입증되지 않는 한 살인죄로 처벌할 수 없다는 것을 적시함으로써 고통완화를 위해 생명을 단축하는 결과를 야기할 수 있는 약물투여는 허용될 수 있다는 '간접적 안락사'에 대해 처음으로 판단한 것으로 평가된다. 동 판결은 연명의료결정과 관련하여 병원에서의 치료를 중단하고 고통을 완화하기 위한 약물의 투여가 생명단축을 야기한 경우 살인죄로 처벌할 수 있는가에 대한 판단이다. 다만, 이러한 결정에도 환자의 의사가 중요하게 고려되어야 한다는 점은 적시하고 있다.138)

③ 뮌헨 사건139)

본 사건은 Oberladesgericht München과 Landgericht Traunstein이 요양원에 근무하는

---

135) 이석배, 독일의 치료중단기준과 입법론, 형사정책연구 제19권 제1호, 2007. 6. 논문.
136) 甲斐克則, 安樂死と刑法, 成文堂 2003. 65면; 최병용, 전게 논문, 99면.
137) BGH 3 StR 79/96-Urteil vom 15. November 1996 (LG Kiel); BGHSt 42, 301.
138) 원혜욱·백경희, 호스피스 완화의료와 임종과정에 있는 환자의 연명의료 결정에 관한 법률의 문제점에 관한 검토-독일의 법제와 판례와의 비교를 중심으로-, 법제연구 제52호, 2017. 176-177면.
139) Beschluss des XII. Zivilsenats vom 8.6.2005-XII ZR 177/03-

요양사들의 연명의료행위에 대해 판단한 사안에 대해 2005년 연방대법원이 최종적으로 판단한 민사판결이다. 본 사안에서는 보호자가 식물인간 상태에 있는 환자에 대해 요양원의 지침에 반하는 인공적 영양공급의 중단을 요청하였고, 환자를 치료중인 의사 역시 영양공급중단을 권고하였음에도 불구하고 환자를 돌보고 있는 요양사들이 이러한 요청을 거부하였다. 이러한 거부는 한편으로는 치료기간 중에 요양원과 환자사이에 체결된 계약에 근거하였으며, 다른 한편으로는 요양사들이 양심에 근거하여 보호자의 요청을 거부할 수 있다는 권리에 근거하였다. München고등법원과 Traunstein주법원이 연명의료 중단을 요청하는 보호자의 소를 기각하자 연방대법원에 상고하였는데, 상고가 진행되는 동안 환자가 사망하였다. 연방대법원은 2005년 8월 고등법원의 결정과는 달리 장래 발생하게 될 가능한 치료기간에 대한 요양원과 환자 사이의 계약에 의한 합의는 연명의료 중단을 결정해야 하는 시기에는 더 이상 유효하지 않으며, 요양원에 근무하는 보호사들에게 연명의료 중단을 거절할 수 있는 권리는 없다고 판시하였다. 연방대법원은 "동의능력이 없는 환자에 대한 영양공급을 보호자가 환자를 치료하는 의사와 협의하여 요청하는 경우에 요양원은 이러한 요청을 거부할 수 없다. 요양사의 양심의 자유는 이러한 경우 영양공급의 지속을 정당화하지 못한다."고 판시하였다.

연방대법원은 특히 환자의 자율성과 연명의료를 결정할 당시의 환자의 의사가 중요함을 강조하면서, 만약 환자의사에 반하여 생명연장을 위한 인공적 영양공급을 지속한다면, 이는 위법한 행위가 된다고 판시하였다. 연방대법원은 이와 동시에 생명을 유지하기 위한 "강제행위"에 대해서도 명확하게 제시하였는바, 연명의료에 대한 요양사들의 판단권은 환자 및 그를 돌보는 보호자의 의사와 충돌될 때 그 한계를 가지게 된다. 본 사건에서 요양원은 환자에 대한 요양행위에 대해 법률적인 판단을 요청할 수 있었음에도 불구하고 후견법원(Betreuungsgericht)[140]의 결정을 구하지 않은 오류를 행하였다. 본 판결은 의학적으로 제공되는 생명연장을 위한 의료행위를 거부하는 경우에 의사와 보호자 혹은 요양사와 보호자 사이에 의사가 일치하지 않는 경우에는 반드시 후견법원의 개입에 의해 규범적 판단이 이루어져야 함을 제시하였다.[141]

④ 훌다 사건[142]

본 판결은 2009. 4. 30. Landgericht Fulda가 5년간 의식불명상태에 있는 환자에 대해 그 후견인인 아들과 딸이 변호사의 조언을 받아 인공적 영양공급을 중단한 사안에 대해 변호사에게 살인방조죄를 인정한 사안에 대해 연방대법원이 판단한 사례이다. 후견인인 딸과 아들은

---

140) 후견법원의 명칭이 Vormundschaftsgericht에서 Betreuungsgericht로 변경되었다.
141) 원혜욱·백경희, 전게 논문, 179면.
142) Urteil des 2. Strafsenats vom 25.6.2010－2 StR 454/09－(Pressemitteilung Nr. 99/10 vom 6.5.2010, Pressemitteilung Nr. 129/10 vom 25.6.2010, Pressemitteilung Nr. 27/10 vom 5.2.2010)

환자가 생전에 구두로 자신이 의식불명의 상태가 되면 인공적인 연명조치를 원하지 않는다고 표명한 의사에 따라 요양원과의 합의하에 인공적인 영양공급을 줄이기로 하였는데, 요양원이 이에 반하여 인공적으로 영양을 재공급하자, 변호사의 조언에 따라 인공영양공급장치의 호스를 가위로 절단하여 환자가 사망에 이르렀다. 이에 대해 연방대법원은 2010. 6. 25. 일단 개시된 의료적 처치의 중지, 제한, 종결에 의한 사망이 환자의 사실적 또는 추정적 의사와 합치하였으며, 질병의 진행과정을 치료 없이 자연스럽게 흘러가도록 두어 사망에 이르는 죽음을 환자의 결정에 맡기는 것은 정당하다고 하면서, 딸, 아들과 변호사에게 무죄를 선고하였다.

연방대법원은 헌법상 보장된 환자의 자기결정권을 강조하면서, 환자가 치료중단의 의사를 표현하였다면 더 이상 치료하지 않는다는 측면의 부작위에 의한 치료중단뿐만 아니라, 적극적인 연명치료의 종료도 환자의 의사에 의하여 정당화될 수 있음을 인정하였다.

⑤ 업무상 자살방조죄에 대한 위헌 사건[143]

독일 형법에는 우리 형법 제252조 제2항과 같은 자살방조에 대한 규정이 없기에 원칙적으로 자살방조는 불가벌인데,[144] 그 근거로는 자살은 형법상 불가벌이며, 불가벌적 행위를 주행위로 한 공범적 행위 역시 불가벌이라는 공범논증에 입각하여 자살방조의 불가벌성을 도출하고 있다.[145]

다만, 독일 형법 제217조에서는 '업무상 자살방조죄'를 규정하면서 '타인의 자살을 방조할 의도로, 업무상 자살의 기회를 제공, 마련, 알선한 자는 3년 이하의 징역 또는 벌금에 처한다'라고 하고 있었다.[146] 이 조항은 독일 내에 임종(臨終)지원 단체들이 설립되면서 이들을 통한

---

143) BVerfG, Urteil des Zweiten Senats vom 26. Februar 2020 – 2 BvR 2347/15 –, Rn. (1–343), <http://www.bverfg.de/e/rs20200226_2bvr234715.html>

144) 독일 형법 제216조에서는 우리 형법 제252조 제1항과 같은 '촉탁살인죄'에 관하여 규정하면서 '피살자의 명시적이고 진지한 촉탁에 따라 살인을 결의한 자는 6개월에서 5년의 징역에 처할 수 있다.'고 하고 있다.
    Strafgesetzbuch (StGB) §216 Tötung auf Verlangen
    (1) Ist jemand durch das ausdrückliche und ernstliche Verlangen des Getöteten zur Tötung bestimmt worden, so ist auf Freiheitsstrafe von sechs Monaten bis zu fünf Jahren zu erkennen.
    (2) Der Versuch ist strafbar.

145) 정배근, 자살에 있어서 자유책임성 판단에 관한 연구–독일 형법 제216조 촉탁살인죄를 중심으로, 비교형사법연구 제21권 제2호, 2019. 7, 55쪽.

146) Strafgesetzbuch (StGB) § 217 Geschätsmäßige Föderung der Selbsttöung
    (1) Wer in der Absicht, die Selbsttötung eines anderen zu fördern, diesem hierzu geschäftsmäßig die Gelegenheit gewährt, verschafft oder vermittelt, wird mit Freiheitsstrafe bis zu drei Jahren oder mit Geldstrafe bestraft.
    (2) Als Teilnehmer bleibt straffrei, wer selbst nicht geschäftsmäßig handelt und entweder Angehöiger des in Absatz 1 genannten anderen ist oder diesem nahesteht.

조직적으로 진행되는 자살방조를 규제하기 위하여 만들어진 것인데, 이에 대하여 '업무상'이라는 개념이 불명확하여 명확성의 원칙에 반하고 법적 불안정성을 야기한다는 점 등이 문제되었다. 결국 위 조항에 대하여 2020. 2. 26. 독일 연방헌법재판소는 환자의 '죽음에 대한 자기결정권'과 임종지원단체 및 개인활동가들의 '직업의 자유'를 침해하여 위헌이기에 위 조항은 무효라고 결정했다. 독일 연방헌법재판소는 환자의 '죽음에 대한 자기 결정권'에 관하여 이는 일반적 인격권에 포함되는 개인의 자주성의 표현으로, 죽음에 대한 자기결정권은 자살할 자유를 포함한다고 보았다. 이러한 자살할 자유는 구체적으로 자신의 자살을 조력할 제3자를 찾을 자유, 또 조력이 제공되는 한 이를 요구할 수 있는 자유도 포함하기에, 형법 제217조는 위의 권리를 침해하여 위헌이라고 본 것이다. 그러므로 현재 독일에서는 자살방조에 대하여는 그 방조행위자가 개인이든 단체 등이 업무적으로 행하든 처벌할 수 없다.[147]

(2) 외국의 입법례

(가) 미국의 경우

① 미국의 자연사법(Natural Death Act)

법률에 정해진 요건과 절차를 구비한 생전유언이나 의료지시서에 따라 의료진이 환자의 생명연장 의료처치를 보류하거나 중단하여 자연적인 죽음의 과정에 이르게 하는 것을 허용하는 내용을 담고 있는 규범을 자연사법(Natural Death Act)이라고 하는 바, 미국의 경우 말기환자가 생명연장 의료처치를 거부할 수 있는 권리를 보호하기 위한 생전유언에 관한 입법은 환자가 말기 상황에 있고 더 이상 스스로 의료적 의사결정을 할 수 없다면 생명연장 시술을 보류하거나 중단하도록 그의 의사에게 지시하는 선언(Declaration)으로 이를 실행하게 하도록 하고 있다.

㉮ 자연사법 규정의 주요 요건

1) 환자의 자기결정권에 의한 치료중단의 가능성

의료처지의 중단과 보류를 허용하고 있는 미국의 자연사법(Natural Death Act)에는 「성인은 말기상황에서 생명연장 절차를 보류하거나 중단하는 결정을 포함하여 그들 자신에게 의료처치를 제공하는 것과 관련된 의사결정을 통제할 근본적인 권리(Fundamental Right)가 있다」는 기본원리로부터 성인은 자신의 의료관리에 관련된 통제권을 가지고 있으며, 이 권리의 적용범위는 말기상태나 영구적인 의식불명상태에서의 생명유지치료의 보류나 중단도 포함된다고 보고 있다.

---

147) 장연화·백경희, 조력존엄사와 관련된 연명의료결정법 일부개정 법률안의 문제점과 그 개선방안, 형사법의 신동향 통권 제77호, 2022, 267-269면.

2) 환자의 연명치료 중단의 의사표시의 방법

연명치료를 중단한다는 환자의 의사표시가 어떻게 표출되는지 그 방법에 대하여는 각 주마다 다양한 방식에 의하여 이루어지고 있는데, 그 방법은 서면 내지 구두진술 등 다양한 방식으로 시행되는 생전유언과 의사결정권을 가진 환자 자신이 법적으로 온전하게 행위할 수 없을 때인 미래의 상황을 대비하여 자신을 대신하여 행위할 사람을 지정하거나 자신에 대해 어떠한 진료행위를 시행할 것을 결정하여 작성해 둔 문서인 의료지시서(Advanced directi-ves) 등이 대표적이다.

3) 연명치료 중단이 가능한 단계 즉, 말기상태의 개념

말기상태(Terminal Condition)란, 질병으로 인하여 치료할 수 없거나 회복할 수 없는 (Incurable and Irreversible) 상태를 의미한다{Uniform Rights of Terminally Ill Act, §3, 9B U. L. A. 170 (Supp. 1999)}고 보아 이에는 말기암 환자와 같은 좁은 의미의 말기상태가 뿐만 아니라 영구적 무의식 상태(Permanent Unconscious Condition), 돌이킬 수 없는 혼수상태나 지속적인 식물인간 상태에서의 합리적 회복가능성이 없는 것처럼 합리적인 의학적 판단 내에서 치료가 불가능하거나 회복이 불가능하다고 의학적으로 평가되는 상태도 말기상태에 포함된다고 한다.

4) 말기상태의 확인자

미국에서는 대부분의 주의 경우 주치의사 뿐 아니라 다른 의사를 포함하여 둘 이상의 의료진에 의해서 환자의 말기상태에 대한 확인이 이루어질 것을 요하고 있다.

5) 연명치료의 중단자

연명치료를 중단하는 자는 의사로 한정하여 전기의 요건이 갖추어졌을 경우 의사는 이러한 환자에게 생전유언이나 사전 의료지시서에 따라 치료를 보류하거나 중단할 수 있다.

6) 연명치료 중단의 범위

위의 요건이 모두 충족될 경우에도 연명치료를 중단할 수 있는 처치에 대하여는 주마다 차이가 있다. 몇몇 주의 경우 생명연장 처치에 국한하고 있으며, 전체 절반 정도의 주에서는 치료중단을 할 수 있는 처치의 내용에는 영양공급이나 수분공급을 포함하지 않고 있음에 반하여 워싱턴주 법률에 의하면 연명치료는 기계적 혹은 다른 인위적 수단을 사용한 의학적 혹은 외과적 간섭을 의미한다고 보아 여기에는 필수적 기능을 유지하거나 회복하거나 대신하기 위해 인위적으로 공급되는 영양이나 수분까지도 포함된다고 파악하고 보아 견해를 달리하고 있다.

② 오레건주의 존엄사법148)

㉮ 입법취지 및 과정

오레건주의 '존엄한 죽음에 관한 오레건주법(The Oregon Death with Dignity Act; 소위 의사
조력자살법으로도 불리워지고 있다)'은 환자의 자살조력에의 유효한 요청은 합법적이며, 그러므
로 의사는 법적 책임의 부담없이 그러한 요청에 응할 수 있다고 허용한 법률이다.

㉯ 기본요건

1) 존엄한 죽음을 위한 투약에 대한 서면요청

오레건주에 거주하면서 담당의사와 자문의로부터 말기질병으로 고통받고 있으며, 의사능
력이 있고, 죽음에 이르고자 하는 성인은 자발적 의사표시를 할 수 있으며, 오레건 개정 법률
127.800에서 127.897에 준하는 인도적이고 존엄한 방식으로 사망에 이르는 투약에 대한 서명
요청을 할 수 있도록 하였다(The Oregon Death with Dignity Act, 127.805 §2.01. Who may
initiate a written request for medication).

2) 적격환자의 요건

존엄한 죽음을 요청할 수 있는 적격환자는 의사능력이 있는 18세 이상의 성인인 오레건
주민이어야 하고, 말기질병 즉, 치료불가능하고 회복불가능한 질병에 걸려 있어야 하며, 죽음
에 이르고자 하는 자발적인 의사표시를 하여야 한다.

3) 의사에 의한 투약 처방

담당의사가 투약의사로 기재되어 있다면 환자의 불편함을 최소화시키려는 효과를 도와주
는 보조투약을 포함한 모든 투약은 직접 시행해야 하며 약사에게 처방전을 알려야 한다.

③ 캘리포니아주의 임종선택에 관한 법률(End of Life Option Act)149)

캘리포니아주에서는 먼저 환자가 자신의 임종을 선택할 수 있으려면 '의료결정을 할 능력'
이 있을 것을 요구하고 있다. 의료결정을 할 능력이란 환자의 주치의(Attending physician), 자
문의(Consulting Physician), 정신건강의학과 의사나 심리전문가의 견지에서 환자가 의료결정
의 본질 및 그로 인한 결과를 이해할 수 있는지, 중요한 이득과 위험, 다른 대안에 대해서 이
해할 수 있는지, 그리고 의료제공자와 설명을 통하여 의료결정을 소통할 수 있는지에 관한 각
각의 능력이 존재한다는 것을 의미한다.150) 이를 확인하기 위하여 환자의 주치의는 환자의

---

148) 이상돈, 의료형법, 법문사, 1988, 217-222면; 김장한, 전게 논문 69-70면; 문성제, 무의미한 연명치
료 중단을 위한 제요건-서울고등법원 2009. 2. 10. 2008나116869 판결을 중심으로-, 한국의료법학회
제17권 제1호 2009, 77-78면.
149) 장연화·백경희, 전게 논문, 279-280면.

정신적인 능력을 평가하고 환자가 자유로운 의사에 의하여 자발적으로 선택하고 있다는 것을 확신해야 하고, 자문의도 환자에 대한 진단과 예측, 환자의 의료결정과 관련한 정신능력, 자발적 의사표시 여부 등을 확실히 점검하여야 한다.[151] 그리고 말기질환의 환자로 진단받은 환자가 의사 조력 자살을 하기 위한 절차적 요건으로 캘리포니아주의 경우 주치의에게 두 번의 구두를 통한 요청과 한 번의 서면을 통한 요청이 필요하고,[152] 개인은 언제든지 개인의 정신 상태에 관계없이 임종 지원 약물 요청을 철회 또는 철회하거나 임종 지원 약물을 복용하지 않기로 결정할 수 있다.[153]

또한 캘리포니아주에서는 환자에게 임종선택에 관하여 의사로부터 정보를 제공받을 법적인 권리를 인정하고 있기 때문에, 그 반대 측면에서 환자의 의사 조력 자살에 대한 결정이 '설명에 의한 결정(Informed Decision)'일 것을 요구하고 있다. 따라서 환자는 의사로부터 환자에 대한 의학적 진단과 예측, 처방된 약물을 복용하는 것과 관련된 잠재적 위험, 처방된 약물을 복용하는 것의 가능한 결과, 환자가 약물을 획득하지 않기를 선택할 수 있고 또는 약물을 획득하지만 그것을 섭취하지 않기로 결정할 수도 있다는 가능성, 실현가능한 대안 혹은 부가적인 치료의 기회, 즉 임종 돌봄(Comfort Care), 호스피스 치료, 완화치료, 고통 조절과 같은 대안에 관하여 완전한 설명을 받아야 하고, 환자는 이를 고려하여 조력 자살에 대한 결정을 하여야 한다.[154]

(나) 독일의 경우[155]

① 민법

1990년 독일민법은 개정을 통하여 제1896조에 정신질환이나 신체적·심리적 장애로 인하여 스스로를 돌볼 수 없는 사람에 대하여는 후견법원이 후견인을 선임하도록 규정하고 있다. 이에 따라 선임된 후견인은 제1901조에 따라서 환자의 의사와 복리에 따라 피후견인을 보살펴야 한다. 제1904조는 "환자의 상태에 대한 검사나 치료행위가 그 처치로 인하여 죽음 혹은 중대한 건강의 악화를 야기할 수 있는 경우"에 법정대리인이 단독으로 결정할 수 없고, 후견법원의 결정을 통해서 의료행위가 이루어지도록 규정하고 있다.

---

150) End of Life Option Act 443.1.(e)
151) 주치의와 독립적으로 환자의 말기질환에 관해 전문적 진단과 예측을 할 전문성 및 경험이 있는 자격이 있는 의사를 말한다.
152) 이지은, 조력사망(Aid in Dying)에 대한 고찰, 의료법학 제23권 제2호, 2022, 67면 이하.
153) End of Life Option Act section 443.4.(a).
154) 의료적 결정을 내릴 때 환자의 자율성을 보장하기 위해 설명에 의한 동의(Informed Consent)일 것을 요구하는 것과 같은 맥락인 것으로 보고 있다.
155) 원혜욱·백경희, 전게 논문, 181－182면.

② 환자의 동의에 관한 법률(Bundesgesetz über Patientverfügung)

동법은 위의 판례에서도 강조되었듯이 연명의료결정에 있어서 환자의 의자가 우선적으로 고려되어야 한다는 점을 고려하여 환자동의의 효력에 대해 규정한 법률이다(제1조). 동법에서의 환자동의란 환자가 의학적 진료를 거부하는 의사표시를 한 경우 의료행위 당시 환자가 의식불명이거나 판단능력 혹은 표현능력이 없는 경우에도 유효하다는 것을 의미한다. 환자가 의사표현을 할 당시 이미 질병의 상태에 있었는가는 고려되지 않는다(제2조). 그러나 환자가 동의할 당시에는 의사능력과 판단능력이 있어야 한다(제3조). 환자동의서에는 환자가 어떤 진료를 거부하는지에 대해 구체적이고 명확하게 기재되어 있어야 한다(제4조). 따라서 동의서가 "나의 존엄성을 침해하는" 혹은 "참을 수 없는" 등과 같은 추상적 표현으로 작성되었다면 연명의료결정을 위한 근거로 사용될 수 없다. 또한 동의를 위해서는 동의서를 작성하기 이전에 의사는 환자에게 동의의 효력에 대한 구체적이고 명확한 정보를 제공해야 하고, 작성된 동의서에는 환자의 이름과 서명이 기재되어야 하고, 환자와 후견인에게 장래의 혹은 현재의 질병과 관련하여 어떤 의료행위가 이루어지는가에 대한 의사의 설명에 대해 환자가 동의하게 된 근거에 대해서도 기재되어야 한다(제4조, 제5조). 동의서에는 변호사, 공증인 혹은 병원과 요양시설에 관한 법률(Kranken - und Kuranstaltengesetz)에 규정된 환자를 대리하는 법률전문가가 작성일자, 성명을 자필로 기재해야 하고 서명한 이후 기록으로 보관하어야 한다. 그러나 동의서는 환자가 언제든지 취소 혹은 변경할 수 있다(제6조). 환자동의서의 유효기간은 일반적으로 5년이다. 동의서를 작성한 후 5년이 경과하면 환자동의서는 다시 작성되어야 하며, 이러한 경우 의사의 설명 등에 대해서는 최초 작성시와 동일한 사항이 적용된다. 다만, 환자가 의식불명이거나 판단 혹은 표현능력이 없는 경우에는 5년의 유효기간에 대한 규정이 적용되지 않는다(제7조). 그러나 법률에 따른 동의서가 존재한다고 하여 환자의 요청에 의해 의사가 환자를 살해하는 것까지 정당화되는 것은 아니다. 따라서 의사는 연명의료를 결정하는 시점에서 의료행위에 대한 환자의 동의가 유효한가를 판단하기 위해 ① 환자가 그의 동의를 구두로 취소하거나 변경하였는지 여부, ② 동의서가 의사의 설명 없이 작성되었기 때문에 환자가 의료행위에 대해 잘못 이해하였는지 여부, 만약 의료행위에 대해 환자가 정확한 설명을 들었다면 의료행위에 동의하지 않았을 것인지 여부, ③ 동의서 작성 이후 치료가능성이 현저하게 개선되었는지, 환자가 그러한 점을 인지하였다면 의료중단을 더 이상 희망하지 않았을 것인지 여부를 주의 깊게 조사하여야 한다.156)

---

156) Rindler, a.a.O., S. 18

(다) 대만의 자연사법157)

① 입법취지

대만의 호스피스 관련 법안은 2000년 5월 자연사법(The Natural Death Act)이라는 이름으로 의회를 통과하였고, 2000년 6월 호스피스 의료조항(The Hospice and Palliative Act)이 제정 공포되었는데, 이 법에서는 호스피스 의료에 대한 정의, 호스피스 의료의 신청절차 및 요건, 심폐소생술 시행거부 요건, 의사의 호스피스 의료 사전고지의무 및 기록보존 등에 관한 규정을 두고 있으며, 말기환자가 될 경우 호스피스, 완화의료 수용에 대한 사전신청서(Living Will Cards)제도를 두고 있다.

② 허용요건

㉮ 환자의 심폐소생술 시행 거부 의사표명과 그 방법

동법은 치유될 수 없는 말기환자의 의료소망을 존중하고 그 권익을 보장하기 위해서 환자가 두 명의 의사에게 말기환자로 확실히 진단받은 경우 신청서에 호스피스 의료 전부 혹은 심폐소생술 시행 거부의 방법을 기재하여 선택할 수 있다.

㉯ 심폐소생술의 거부

심폐소생술의 거부는 임종이나 무생명증상의 환자에게 기관내삽관, 체외심장압박, 응급약물투여, 심장전기쇼크, 심장인공주파수변조, 인공호흡 혹은 기타 응급치료행위를 시행하는 것을 거부하는 것을 의미하며, 의사는 말기환자에게 호스피스 의료를 시행할 때 반드시 치료방침을 환자 또는 그 가족에게 확실히 알려주고, 이를 진료기록부에 자세히 기재해야 한다.

㉰ 의식불명이거나 신청의사를 표명할 수 없는 경우의 대안

이때 만약 말기환자가 의식불명이거나 신청의사를 명확히 밝힐 수 없을 시에는 신청서는 가까운 친척이 제출한 동의서로 대체할 수 있는데, 생전에 명시한 의사표시와 상반되지 아니할 것을 요한다.

---

157) 석희태, 중화민국(타이완) '안녕완화의료조례(安寧緩和医療條例)'의 연혁과 내용, 의료법학 제9권 제2호, 2008. 12, 77-107면.

(라) 네덜란드의 안락사법(Termination of Life on Request and Assisted Suicide Act)[158]

① 입법취지

네덜란드에서는 1993년 의사가 말기환자의 자살을 돕거나 환자의 명백한 요구에 따라 환자를 사망케 하여도 형사처벌을 받지 않도록 하는 법안을 통과시켰는데, 동법은 오랫동안 주요법원의 판결들에 의해 자의적이고 능동적인 의사조력 안락사의 경우 실정법의 테두리 안에서 관행적으로 허용되어 왔던 것에 법적 효력을 부여한 것으로 국가차원에서 안락사를 인정한 세계 최초의 법이었다.

② 안락사의 기본요건

㉮ 환자의 요청

안락사에 대한 요청은 '전적으로 환자 자신의 자유의지'에 의한 것이어야 하며, 환자가 직접 요청해야 한다. 이러한 요청을 할 당시 환자는 자발적이고 이성적으로 사고할 수 있는 (Voluntary and Wellconsidered) 상태여야 하며, 정보에 따른 결정을 내릴 능력이 있어야 한다.

㉯ 말기상태

환자가 죽음에 이르는 상태에 있어야 하며 고통이 지속적이고 참을 수 없어야 하며, 환자의 고통이 참을 수 없는 정도라는 것이 의학적으로 입증되어야 한다.

㉰ 의사에 의한 중단 처치

이때 의사는 환자에 의한 요구가 자발적이고 심사숙고된 요구임을 확신하고, 환자의 고통이 지속적이고 참을 수 없음을 확신하여야 하며, 환자에게 예상되는 상황을 알리고, 환자가 자신의 상황에서 다른 합리적인 해결책이 없음을 인식하여야 하며, 독자적인 의사가 말기처치의 조건에 대한 서면 의견을 환자에게 제출하면서 최소한 서로간에 상담을 하는 등 이러한 요건이 구비되면 의사는 말기처치로 환자를 사망에 이르게 하거나 자살에 조력할 수 있도록 하였다.

(마) 벨기에

벨기에도 2002. 5. 네덜란드 안락사법을 모델로 안락사법을 제정하였다.

벨기에에서는 안락사의 시행 결정과 과정이 연방관리심사위원회(The Federal Control and

---

158) 문성제, 무의미한 연명치료 중단을 위한 제요건-서울고등법원 2009. 2. 10.0 2008나116869 판결을 중심으로-, 한국의료법학회지 제17권 제1호, 2009. 2, 74-75면.

Evaluation Commission)에 의해 이루어진다. 동법 제3조 제1항에서, '다음과 같은 요건을 충족하여 안락사를 실행하는 의사에 대하여는 처벌하지 아니 한다'라고 규정하고 있고, 그 요건으로서 '① 환자에게 판단능력이 있고, 요청시점에 의식이 있을 것, ② 자발적으로, 숙려한 후의 요청으로서 안락사 시행 당시에도 계속되고 있을 것, ③ 불치의 질환으로서 참기 어려운 고통이 있고, 다른 의학적 치료방법이 없을 것' 등이다. 네덜란드와 차이는 '인내하기 어려운 고통' 중에 정신적 고통도 포함시키고 있다. 동법 제3조 제2항에서, '의사는 환자에게 여명(餘命)을 고지한 다음, 환자와 상담하도록 하고 있고, 다른 의사에게 자문을 받는 것'으로 규정하고 있다.

(바) 호주의 임의적 안락사와 조력자살을 포함한 말기환자의 권리에 관한 법[159]

① 입법취지

호주 Northern Territory 의회는 1995년 의사에 의한 임의적 안락사와 조력자살을 포함한 말기환자의 권리에 관한 법(The Right of Terminally Ill, Act 1995)을 제정하여 1996년 7월 1일부터 시행하고 있는 바, 동법의 목적은 '말기환자의 권리를 확립하기 위하여 자기의 생명을 인간답게 중단하기 위하여 의사의 조력을 구할 수 있도록' 하려는 데 있다.

② 허용요건

동법에서는 육체적, 정신적 고통에 처한 18세 이상의 말기환자의 요구에 대하여 일정한 조건에 따라 의사에 의하여 시행하는 경우에 제한적이지만 적극적 안락사를 세계에서 처음으로 명문으로 합법화하였는데, 그 요건은 ① 환자가 특별한 수단을 강구하지 않을 경우 사망하는 질환에 이환되어 있을 것, ② 의학적 효과에 대하여 기대할 가능성이 없을 것, ③ 환자에 대한 치료의 목적이 환자가 편안하게 죽기 위한 통증과 고통을 제거하는 것에 한정될 것 등을 들고 있다.

(사) 프랑스 환자의 권리 및 삶의 종말에 관한 2005년 4월 22일의 법률 제2005-370호[160]

프랑스도 입법을 통하여 환자의 용태에 따른 치료중단을 실행할 수 있도록 하였으며, 특히 프랑스의 경우 (1) 환자가 의식이 있으며, 종말기에 있지 않은 경우(동법 제4조), (2) 환자가 의식이 있으며, 종말기에 있는 경우(동법 제5조), (3) 환자가 의식이 없으며, 종말기에 있지 않은 경우, (4) 환자가 의식이 없으며, 종말기에 있는 경우로 상황에 따른 조건을 열거하

159) 문성제, 전게 논문, 72-73면.
160) 석희태, 연명의료의 중단-대법원 2009. 5. 21. 선고 2009다17417 판결과 관련하여-, 의료법학 제10권 제1호, 2009, 297-298면에서 재인용.

고 있다.

한편 환자가 의식이 없는 경우에는 신임인, 가족, 근친자 등으로부터 존엄사 실행의 의견
이 있고, '의사단(医師団)'의 합의를 거치는 등의 조건을 갖추었을 경우에는 연명치료의 중단
이 가능하다는 점을 명시하였다.

(아) 오스트리아

오스트리아는 환자지시법(환자자기결정법)을 제정하여 2006. 6. 1.부터 시행하고 있다. 환자
는 건강상태 여부에 관계없이 생전유언에 따라 의료처치를 거부할 수 있다. 생전유언서 작성
전에 의사로부터 충분한 상담이 이루어져야 하고, 이때 설명하는 의사는 설명을 행한 사실을
문서로 기록하여야 한다. 생전유언은 기간을 정하지 아니한 경우 5년이 지나면 효력을 상실한
다. 생전유언의 형식적인 조건이 충족하지 않을 경우라도 환자의 의사를 추정하는 데 참작할
수 있다.

3. 우리나라의 연명의료 중단

가. 우리나라에서의 사례

(1) 보라매병원 사건[161]

보라매병원사건은 우리나라에서는 처음으로 의사의 지시에 반한 퇴원(DAMA, Discharge
Against Medical Advice)에 대한 의사책임이 사회적 문제로 부각되면서 의료계에 강한 반발을
불러일으켰다.[162]

(가) 사건개요

피해자(남, 58세)는 1997. 12. 4. 14:30경 서울 금천구 독산본동 삯월세집에서 술에 취한
채 화장실에 가다가 중심을 잃어 기둥에 머리를 부딪치고 시멘트 바닥에 넘어지면서 머리를
충격하여 경막외 출혈상을 입어 병원으로 응급후송된 다음, 같은 날 18:05경부터 다음 날
03:00경까지 경막외 혈종제거수술을 받고 중환자실로 옮겨졌다. 위 수술 후 시간이 경과함에

---

161) 신현호, 보라매병원사건에 관한 대법원판결의 평가와 의미, 의료법학 제5권 제2호, 2004, 151면 이하;
    신현호, 조선일보 1998. 5. 19.자 칼럼 참고.
162) 김성돈, 세칭 보라매병원사건에 대한 1심법원판결과 2심법원판결의 비교·분석, 법조 통권 제559호 2003.
    4, 71면 이하 참조.

따라 대광반사와 충격에 대한 반응의 속도가 점점 빨라지고 이름을 부르면 스스로 눈까지 뜨려고 하는 등 그 상태가 호전되어 계속적으로 치료를 받을 경우 회복될 가능성이 존재하였는데,[163] 뇌수술에 따른 뇌부종으로 자가호흡을 하기 어려운 상태에 있어 인공호흡을 위한 산

---

163) 당시 피해자의 퇴원 당시의 상태와 사망의 결과발생가능성 및 이에 대한 피고인들의 인식에 관하여는 원심인 서울고등법원 2002. 2. 7. 선고 98노1310 판결에서 자세히 설시하였다. 그 내용은 "…기록에 의하면 피해자는 1997. 12. 6. 14:00경 퇴원 당시 운동반응이 '아무 반응이 없는 상태'(글라스고우 혼수척도 M1)로 악화되었고, 피해자에게 급성호흡부전, 급성신부전, 파종성 혈관내 응고증 등 여러 가지 임상상태가 나타난 사실은 인정되나, 증인 황○○의 원심 법정 및 당심 법정진술에 의하더라도 급성호흡부전이나 파종성 혈관내 응고증 등은 형태학적인 변화를 나타내는 정도까지 진행이 되지 않았기 때문에 부검결과 나타나지 않았으며, 사망 후부터 부검시까지 뇌부종 상태는 변하지 않는데 부검결과 뇌부종상태가 상당히 심하였고, 그 상태에 비추어 수술 후 뇌부종이 가라앉지 않아 자발호흡이 곤란한 상태에서 퇴원하여 호흡기를 제거함으로써 호흡곤란으로 사망한 것으로 판단된다고 하는 점, 피해자는 전체적으로 수술 후에 호전되는 양상을 나타냈었고, 피고인 1, 2도 공동피고인에게 같은 취지로 그 퇴원을 만류하였던 것이며, 피고인 1은, 1997. 12. 9. 경찰에서의 참고인 진술(수사기록 40면)에서 수술결과는 좋은 편이었고, 치료만 받으면 생명에 전혀 지장이 없었으며, 피해자가 산소호흡기를 착용하지 않으면 생명이 위독한 상태였다고 진술하였고, 1997. 12. 15. 경찰진술(수사기록 289면)에서는 수술 후 촬영한 사진에서 혈종이 잘 제거된 것을 확인했기 때문에 회복가능성이 있을 것으로 생각했고, 실제 환자가 마취로부터 깨어나면서 조금씩 회복되고 있는 것을 확인하였으며, 피해자의 경우 퇴원하지 않았다면 병세가 호전될 가능성이 있었을 것으로 생각되고, 퇴원 당시 즉시 사망할 것을 예상하지는 못했지만 사망한다는 것을 알고 있었다고 진술했고(그 뒤 검찰진술 이후 이 법정에 이르기까지는 합병증으로 상태가 매우 좋지 않아 생존가능성이 낮았고, 인공호흡기 없이 자가호흡으로 생존이 가능할 것으로 판단하였다거나 판단할 수 없는 상태였다고 진술하고 있다), 피고인 2는 1997. 12. 8. 최초 경찰에서의 참고인진술(수사기록 27면)에서는 치료만 계속하면 살 수 있었고, 2~3일만 더 있었으면 의식을 찾을 수 있었으며 퇴원하면 죽는다고 공동피고인에게 분명히 이야기했다고 진술하였고, 1997. 12. 15. 최초 경찰진술(수사기록 302면)에서는 수술 후 6시간 정도 지나 중환자실로 다시 가보니까 환자가 눈을 뜨고 팔을 움직이고 있어 수술이 아주 잘 되었다고 생각하였고, 피해자가 자가호흡을 할 수 있는 상태가 아니라서 인공호흡기를 착용시켜 둔 상태였다고 진술하였고, 1997. 12. 30. 최초 검찰진술(수사기록 407면)에서는 수술 직후 별다른 문제가 없어 뇌부종이 좋아지는 상태라고 생각했기 때문에 CT를 찍지 않았고, 회복가능성 여부는 알 수 없었다고 진술하였고, 1998. 1. 7. 2회 검찰진술(수사기록 474면)에서는 내과적 합병증이 없을 경우 생존가능성은 70% 내지 80% 정도였고, 피해자에게 내과적인 합병증이 있었으나 곧바로 사망할 정도는 아니었다고 진술하였으며(그 뒤 검찰 및 법정진술에서는 피해자의 생존가능성이 10% 이내이고, 자발호흡이 있었기 때문에 인공호흡기를 제거해도 1-2일 또는 3-4일 정도 더 있다가 사망할 것으로 생각했다는 취지로 진술하였다), 또한 피고인 3도 경찰에서 인공호흡보조장치를 제거하면 사망할 것으로 생각하였다고 진술하였고, 공동피고인에게도 같은 취지로 설명하였던 점 등에 비추어 볼 때 피해자는 퇴원으로 인한 치료중단과 인공호흡장치의 제거로 사망에 이른 것이고, 인공호흡기를 부착하고, 경막외혈종 제거수술 후 합병증 및 후유증에 대한 치료를 계속하였다면 생존가능성이 있었던 것으로 보이고, 적어도 퇴원으로 인한 치료중단과 인공호흡기의 제거가 없었더라면 뇌간압박으로 인한 호흡곤란으로 바로 사망에 이르는 결과가 초래되지 않았을 것이며, 피고인 1, 2, 3의 전체적인 진술내용에 비추어 볼 때 피고인 1, 2도 피해자로부터 인공호흡장치를 제거할 경우 뇌간압박에 의한 호흡곤란으로 단시간에 사망할 수 있다는 사실을 예견하였던 것으로 보이고, 자발호흡 여부 및 생존가능성에 대해서는 이 사건 범행 후 조사를 받으면서 종전의 진술을 바꾸어 주장해 온 것으로 실제 피고인 1, 2가 피해자의 퇴원 당시 피해자의 상태 및 생존가능성을 진지하게 고려하여 판단한 것으로 보이지 않는다."는 것이다.

소호흡기를 부착하고 있었다.

처는 12. 6. 13:50경 당시까지의 치료비 2,600,000원 상당뿐만 아니라 이후부터의 추가치료비 부담능력이 없다고 호소하면서 퇴원을 요구하여 처음에는 만류하던 주치의 B가 신경외과 과장 A의 허가를 받아 기존치료비를 받고 퇴원시켰다. 퇴원시 인턴 C에게 구급차에 동승을 지시하여 14:00경 환자를 집으로 옮긴 후 수동호흡기를 제거하게 함으로써 그 무렵 위 피해자가 뇌간압박에 의한 호흡곤란으로 사망에 이르게 하였다.

위 사건을 1997. 12. 8. 10:30경 접수한 서울남부경찰서에서는 서울지검 남부지청에 지휘 품신을 하여 수사가 개시되었다. 남부지청 검사가 17:00경 피해자를 직접 검시하고, 병원의 수술기록을 압수하였다. 피해자에 대하여 12. 10. 11:00경 고대 법의학연구소에서 부검한 결과 사인은 공기호흡기 제거로 인한 호흡정지로 밝혀졌다. 검찰은 1997. 12. 15. 처와 주치의 B에 대하여 살인죄로 구속영장을 청구한 바, 처에 대하여만 영장이 발부되었다. 1998. 1. 10. 처, 신경외과과장 A, 주치의 B, 인턴 C 등 4명을 살인죄로 기소하였다.

(나) 1심법원의 판결164)

의사인 피고인들은 환자의 자기결정권에 따랐으므로 위법성이 조각되고, 안락사에 해당되고, 가사 그렇지 않다고 하여도 퇴원을 거부할 기대가능성이 없었다고 변론하였다.

이에 대하여 서울지방법원 남부지원은 ① 환자의 자기결정권에 따랐다는 주장에 대하여 법원은 의사의 의료행위는 원칙적으로 환자의 자기결정권에 따른 승낙이 있어야만 정당성을 갖는 합법행위가 되는 것이므로 치료시작과 종료시 자기결정권을 최대한 존중하여야 하고, 다만 그 표시는 추정적으로도 가능하나, 이 건에서 환자의 추정적 승낙이 없었다165)고 판단하

---

164) 서울지방법원 남부지원 1998. 5. 15. 선고 98고합9 판결.

165) 수술은 추정적 승낙에 기하여 시작하였고, 그 수술 도중에 처로부터 명시적 승낙을 얻게 되었으므로 의사 A, B로서 직접적으로 피해자의 생명을 보호하여야 할 지위와 의무 즉, 보증인적 지위를 갖게 되었다. 원칙적으로 보증인적 지위를 가지는 의사가 환자의 치료필요성이 있다고 판단하였음에도 환자가 자기결정권에 기하여 원하지 아니하는 경우, 원칙적으로 의사의 보증인적 지위는 종료(배제)되어 더 이상 의료행위를 계속할 필요가 없게 된다. 그러나 예외적으로 구명의무와 퇴원의무 사이의 충돌시 이익교량을 하여야 한다. 즉, 의료행위의 중지가 곧바로 환자의 사망이라는 중대한 결과를 초래하는 경우에 있어서는 의료행위의 중지 즉, 퇴원 요구를 받은 의사로서는 환자의 생명을 보호하기 위하여 의료행위를 계속하여야 할 의무와 환자의 요구에 따라 환자를 퇴원시킬 의무와의 충돌이 일어나는 경우 의사로서는 더 높은 가치인 환자의 생명을 보호할 의무가 우선하여 환자의 퇴원요구에도 불구하고 환자를 보호하여야 할 지위나 의무가 종료되지는 아니한다. 그 이유는 우리 형법이 일반적인 살인행위뿐만 아니라 촉탁, 승낙에 의한 살인행위와 자살을 방조하는 행위에 대하여도 처벌을 하고 있는 점에 비추어 치료중지가 곧바로 환자의 사망이라는 결과를 초래하면 부작위에 의한 살인이 될 수 있기 때문이라고 하였다. 또한 DAMA요구시 환자의 진정한 의사를 확인하여야 하는데, 이때 의사로서는 ㉠ 치료중지결정시 자기결정권에 의한 진정한 의료행위중지의 의사표시가 있었는지, ㉡ 환자의 상태, 회복가능성 등에 대한 고려, ㉢ 그것이

였고, ② 안락사 주장에 관하여는 안락사의 요건으로 '㉠ 환자가 불치의 병에 걸려 회복을 예
상할 수 없고, ㉡ 사망의 시기가 임박한 상태에 있을 것'을 들면서 "이 건의 경우 A는 식물인
간이 될 확률이 27%, 회복가능성이 73%에 이른다고 법정진술하고, B도 검찰에서 '합병증이
발생하지 않은 경우 위 피해자의 생존가능성은 80%가량 되었고 퇴원하기까지 내과적인 합병
증은 있었으나 곧바로 사망할 정도는 아니었다.'고 진술하고, 부검의 진술도 혈종제거수술이
성공적으로 이루어졌고, 시간이 경과함에 따라 대광반사와 충격에 대한 반응의 속도가 점점
빨라지고 이름을 부르면 스스로 눈까지 뜨려고 하는 등 그 상태가 호전되었던 점등에 비추어,
위 피해자는 계속적으로 치료를 받을 경우 회복될 가능성이 많았다고 보여지므로 안락사의
요건을 충족하지 못하였다."고 판단하였으며, ③ 책임조각사유 주장에 대하여 "의사가 이 건
도 의료관행으로서 허용되는 DAMA로 오인하였다고 하더라도 회복가능한 환자에 대하여 퇴
원이 사망과 직결되는 것을 알았다면 그러한 행위가 의사의 양심에 반하는 것임을 알았을 것
이고, 가사 몰랐다고 하더라도 진지하게 자신의 양심에 비추어 보았더라면 도의감정이나 윤리
관념에 어긋난다는 것을 알 수 있었을 것이다. 따라서 ㉠ 스스로 심사숙고하고, ㉡ 나아가 전
문가나 관계기관에의 조회 등을 통하여 충분한 검토를 하였어야 함에도 불구하고, 경솔하게
독자적인 판단에 따라 치료행위의 중지를 의미하는 퇴원결정을 한 이상 A, B는 자신들의 행
위가 죄가 되지 아니하는 것을 오인하였다 하더라도 이는 정당한 이유가 있는 경우라고는 할

법률상 허용되는 것인가 여부에 대한 검토를 하여야 하며, 만약 환자의 자기결정권에 기한 진정한 의사
표시라고 보기 어려움에도 이를 오인하여 의료행위를 중지하고, 그것이 직접적인 원인이 되어 환자를 사
망하게 한 경우에는 다른 특별한 사정이 없는 한 그 행위는 위법하다고 하면서 이 건에서 위법성조각사
유는 다음과 같은 요건을 갖추어야 한다고 하였다. 그것은 첫째, 환자 본인의 명시적인 의사표시가 있는
경우, 둘째, 사전에 문서(일기장, 유언장 등)나 구두에 의한 환자 본인의 명시적인 의사표시가 있어 그것
으로 환자의 추정적 의사표시를 인정할 수 있는 경우, 셋째, 명시적 의사 또는 추정할 자료가 없다면 가
족이 환자 본인의 입장에 서서 의료행위를 계속할 것인지 여부에 관하여 진지하게 고려한 후 그에 기하
여 한 가족의 의사표시로부터 환자 본인의 의사를 추정하는 것도 일정한 경우 허용된다는 것이다. 또한
그러한 추정이 허용되기 위해서는 ㉠ 가족이 환자의 성격, 가치관, 인생관 등을 충분히 알고 그러한 의
사를 정확하게 추정할 수 있는 입장에 있어야 하고, ㉡ 가족이 환자의 병의 상태, 치료내용, 예후 등에
관하여 의사 등을 통하여 충분한 정보와 정확한 인식을 가지고 있어야 하며, ㉢ 가족의 의사표시를 판단
하는 의사측도 가족의 태도, 환자와 가족의 관계에 대하여 가족과의 대화를 통하여 환자와 가족을 잘 인
식하고 이해하도록 노력하여야 하고, 신중히 판단하여야 하고, ㉣ 의료행위의 중지를 요구하는 추정적
의사가 있는지 여부가 의심스러울 때에는 환자의 생명을 보호·유지하여야 할 의무를 우선시켜야 한다고
보았다. 그리하여 이 건에서 의료행위의 중지에 관하여, ㉠ 환자의 명시적인 의사표시가 없었고, 달리 환
자가 치료행위의 중지를 원하였다고 볼만한 사정이 없고, ㉡ 처의 퇴원요구가 단지 치료비부담을 이유로
하였고, ㉢ 처에게 환자의 병의 상태, 치료내용, 예후 등에 관하여 의사로서 충분히 전달하였다고 보기도
어려움에도 불구하고 의식이 회복되지 아니한 위 피해자의 생명보호나 위 피해자 본인의 의사는 전혀 고
려하지 아니한 채 오로지 처의 의사만을 고려하여 퇴원을 허가한 것은 환자의 자기결정권에 따른 적법한
의료행위의 중지가 아니라는 결론에 도달하였다.

수 없다."고 하고, 퇴원을 거절할 기대가능성이 없으므로 책임조각사유에 해당된다는 주장에 대하여는 "㉠ 의사가 서로 상치되어 의사의 치료행위에 대하여 환자나 보호자의 현실적이고도 직접적인 위해나 진료방해행위가 있거나, ㉡ 치료계속에 따라 과다한 비용이 발생하고 이를 환자나 보호자로부터 지급받을 가능성이 희박한 경우 등에는 의사에게 치료계속을 기대할 가능성이 어려운 경우도 있을 수 있다. 그러나 이 건에서 A, B는 현실적인 방해가 없었다고 하고, 나아가 도망가라고까지 한 점에 비추어 처의 퇴원요구에 현실적이고도 직접적인 위협을 느꼈다고 보이지는 아니하고, 가사 퇴원요구를 거절하고 치료를 계속하였으나 예후가 좋지 아니하여 환자가 사망할 경우 가족들의 소란행위와 치료비의 부담이 문제될 수 있다고 하더라도, 이러한 문제는 향후 법적인 조치들을 통하여 대응할 수 있다. 회복될 가능성이 많은 환자에게 치료를 중지하면 곧바로 사망할 것이 예견되는 경우에는 치료계속에 대하여 향후의 가정적인 상황들을 이유로 환자에 대한 치료를 포기하여 사망에 이르게 하는 행위는 인간의 생명을 다른 모든 가치에 앞서 우선하여 고려하여야 한다는 점에서 허용되지 아니한다. 특히 의료과실이 없는 한 그 치료행위 자체는 위법하다고 할 수 없어 형사처벌의 대상이 되지는 아니한다고 할 것이므로, A, B에게 적법행위의 기대가능성이 없었다고 할 수도 없다."고 하여 신경외과 과장 A 및 주치의 B에게 살인죄를 적용하여 징역 2년 6월에 집행유예 3년을 선고하였다. 단, 인턴 C에게는 무죄[166]를, 퇴원을 요구한 처에게는 징역 3년에 집행유예 4년을 각각 선고하였다.[167]

(다) 항소심법원의 판결[168]

항소심에서는 원심을 파기하고, 살인방조죄로 변경하고, 피고인 A, B의 형량을 징역 1년 6월에 집행유예 2년을 선고하였다. C는 원심과 같이 무죄를 선고하였다(처는 항소포기로 1심

---

166) 그 이유에 대하여 법원은 "인턴 C는 인공호흡보조장치를 제거함으로써 피해자를 살해하였다는 작위범의 형태로 기소되었으나 무죄를 선고하였다. 즉, 수동으로 작동하던 엠브백을 제거하였다 하더라도 이는 성질상 단시간 내에 종료하는 것이 예정되어 있는 것이며, 기관삽관 또한 환자의 기도를 확보하여 엠브의 작동을 용이하게 하기 위한 보조수단에 불과하기 때문에 환자의 생명을 유지하는 방법의 일환으로 계속 작동하는 것이 가능한 것은 아니므로, 결국 이러한 엠브의 작동 중지와 기관삽관의 제거 자체는 살인죄의 구성요건을 충족하는 작위에 해당하는 것이라고는 할 수 없다고 하였다. 따라서 C에 대하여는 보증인적 지위에 있음에도 불구하고 의료행위를 중지함으로써 위 피해자를 살해하였는지 여부의 부작위범의 형태로 파악하여야 하는 바, 이 사건에 있어서 C는 인턴의 지위에 있어, A, B의 지시에 따라 그들의 의료행위를 보조하는 역할을 담당하는 것이어서 치료중지 여부를 자신의 판단에 따라 독자적으로 결정하거나, 그 결정에 관여할 수 있는 지위에 있지는 아니하므로 보증인적 지위에 있다고 할 수 없다."는 것이다.
167) 이 판결에 대하여 의료현장의 현실을 외면하고 문제를 너무 이상주의적이며 규범주의적으로만 접근하여 의료영역에 윤리적 과부하를 걸리게 하였다는 비판이 있다; 이상돈, 전게서, 228면.
168) 서울고등법원 2002. 2. 7. 선고 98노1310 판결.

확정되었다).

항소심은 ① 처의 행위의 작위성 여부에 대하여 "만일 퇴원해서 인공호흡장치를 제거하면 바로 죽는다는 말을 들었음에도 불구하고 자신의 경제적 부담과 피해자에 대한 증오심에서 치료를 중단하는 방법으로 피해자를 살해할 것을 의욕 내지 용인하고, 담당의사들에게 생존가능성이 있는 피해자의 퇴원을 요구하여 치료를 중단하게 하고, 그 일환으로 인공호흡장치 등을 제거케 하여 뇌간압박에 의한 호흡곤란으로 사망에 이르게 한 것으로 피해자의 퇴원과 치료행위의 중단은 1개의 행위가 결합된 양면을 이루는 것으로 처의 행위에서의 중점은 피해자의 처로서 그에 대한 계속적인 치료를 통하여 피해자의 생명을 보호해야 할 의무가 있음에도 불구하고 피해자를 퇴원시켜 치료중단할 경우 피해자가 사망할 위험을 예상하고도 그 위험발생을 방지하기 위한 조치를 취하지 않음으로 인하여 사망이라는 결과를 야기한 점에 있는 것이고, 인공호흡장치 등의 제거는 치료중단이라고 하는 행위수행의 한 내용을 이룰 뿐이며, A, B, C와의 공모공동정범관계도 인정되지 않아 처의 퇴원을 요구한 행위 자체는 비난의 대상이 되는 치료중단사실의 전제로서의 의미를 갖는다는 점에 비추어 볼 때 처의 범행은 작위가 아니라 부작위에 의한 것"으로 판단하였고, ② A, B의 행위의 작위성 여부에 대하여 "A, B의 이 사건 범행은 보호자인 처가 피해자를 위한 치료위탁계약을 해지하여 피해자를 퇴원시켜 달라고 요구하고, A, B는 피해자로부터 인공호흡장치를 제거할 경우 사망할 가능성이 있다는 이유로 퇴원을 만류하였으나 처가 퇴원을 고집하여 어쩔 수 없이 퇴원결정을 하고, A, B가 자신의 지속적 관리 하에 있는 피해자에 대한 치료를 중단하였다는 것으로 퇴원결정과 치료행위의 중단은 한 개의 사실관계의 양면으로 상호 결합되어 있는 것인데 A, B의 의사의 관점에서 볼 때 피해자가 퇴원하게 되어 치료를 중단하게 된 것이지 치료를 중단할 의사가 있었기 때문에 퇴원결정과 퇴원조치를 취한 것이 아니라 할 것이어서 A, B에 대한 비난은 적극적으로 치료행위를 중단한 점에 있다기보다는 처의 퇴원요청을 받아들여 퇴원조치를 한 점에 집중되어야 할 것이고, A, B의 치료중단이라고 하는 부작위의 측면에서 보더라도 작위에 의한 살인이라고 하는 법익침해와 동등한 형법적 가치가 있는 것이어서 위 피고인들의 행위를 살인범죄의 실행행위로 평가될 만한 것이라 보기는 어렵고, 한편 A, B의 구성요건적 고의는 구성요건해당성을 인식하고 이를 실현시키려는 의지로서 그 실현의지를 인정하기 위해서는 적어도 결과 발생을 용인하는 내심의 의사가 있어야 하는 것인데 A, B는 처가 피해자를 퇴원시켜 사망케 한다는 사정을 인식하고 있었지만 그 결과발생을 용인하는 내심의 의사가 있다고 볼 수 없어 살인죄의 정범으로서의 고의를 부정하고 방조범으로 인정하는 점에 비추어 볼 때 A, B의 행위는 부작위에 의한 살해행위가 아니라 처가 피해자에 대한 치료를 중단시켜 살해하는 행위에 대하여 피해자에 대한 퇴원조치를 함으로써 그 실행을 용이하게 한 작위의 방조행위"로 파악하였다.

(라) 대법원 판결169)

대법원은 "이 사건의 경우 피고인들은 피고인 C에게 피해자를 집으로 후송하고 호흡보조
장치를 제거할 것을 지시하는 등의 적극적 행위를 통하여 처의 부작위에 의한 살인행위를 도
운 것이므로, 이를 작위에 의한 방조범으로 본 원심의 판단은 정당한 것으로 수긍할 수 있고,
거기에 피고인들이 상고이유로 주장하는 바처럼 형법상 작위와 부작위의 구별 및 방조행위의
성립에 관한 법리오해 등의 위법이 없다. 나아가 피고인들의 행위를 작위에 의한 방조범으로
보는 이상 치료위임계약의 해지에 관한 법리오해 및 수임인의 긴급처리의무·의사의 교체(이
른바 전의)의무 등 피고인들의 작위의무와 관련된 각종 법리오해 등은 어느 것이나 판결결과
에 영향을 미칠 수 없다."고 하여 피고인들의 상고를 기각하고 원심인 항소심을 확정하였다.

(2) 김할머니 존엄사 사건

(가) 사건개요

W는 2008. 2. 18. 폐암 발병 여부를 확인하기 위하여 P병원에서 기관지내시경을 이용한
폐종양 조직검사를 받던 중 과다출혈 등으로 인하여 심정지가 발생하였다. 주치의 등은 심장
마사지 등을 시행하여 심박동기능을 회복시키고 인공호흡기를 부착하였으나 W는 저산소성
뇌손상을 입고 지속적 식물인간 상태(Persistent Vegetative State)로서, 자발적으로 눈을 뜨는
정도의 개안 반응(Eye opening)과 목적 없이 팔을 펴는 정도의 비정상적인 굴곡반응
(Abnormal flexion to pain)은 있으나, 동공 및 각막의 반사반응과 언어반응은 전혀 없다.
중환자실에서 인공호흡기를 부착한 상태로 항생제 투여, 인공영양 공급, 수액 공급 등의 치료
를 받아오고 있고 인공호흡기를 제거하면 곧 사망에 이르게 되어 있었다.

W는 아들을 특별대리인으로 선임하여 호흡기제거 가처분신청 및 본안청구를 하였고, P병
원은 보라매병원사건을 들면서 살인죄가 된다고 주장하였다.

(나) 1심 판결170)

1심 법원은 "인공호흡기를 제거하면 곧바로 사망에 이르게 되는 환자가 인공호흡기를 제
거할 것을 요구하는 경우, 의사는 원칙적으로 생명의 보호를 위한 응급의료에 관한 법률 등
관계 법령에 의하여 호흡기를 제거하여서는 아니 될 의무가 있으므로 의사는 환자의 인공호

---

169) 대법원 2004. 6. 24. 선고 2002도995 판결.
170) 서울서부지방법원 2008. 11. 28. 선고 2008가합6977 무의미한연명치료장치제거등 판결.

흡기 제거요구에 원칙적으로는 응할 의무가 없다. 그러나 생명연장 치료가 회복가능성이 없는 환자에게 육체적 고통뿐만 아니라 식물상태로 의식 없이 생명을 연장하여야 하는 정신적 고통의 무의미한 연장을 강요하게 되는 결과를 가져오게 되어 오히려 인간의 존엄과 인격적 가치를 해할 수 있으므로, 이와 같이 생명의 연장이 무의미하여 환자가 삶과 죽음의 경계에서 자연스럽게 죽음을 맞이하는 것이 인간의 존엄과 가치에 더 부합하고 죽음을 맞이할 이익이 생명을 유지할 이익보다 더 큰 경우에는 의사는 인공호흡기의 제거를 요구하는 환자의 자기결정권의 행사를 거부할 수 없고, 환자의 요구에 응하여야 할 의무가 있다."고 하여 W의 청구를 받아들였다.

(다) 항소심 판결171)

항소심은 "제1심은 일반적인 경우 치료중단의 근거가 환자의 자기결정권에 있다는 점을 인정하면서도, 연명치료를 받는 환자가 그 치료를 중단함으로써 사망에 이르게 되는 경우에는 응급환자에 해당함을 전제로, 응급의료를 개시한 의사는 응급의료에 관한 법률 제6조 정당한 사유가 없는 한 응급의료를 중단할 수 없지만 자연스러운 죽음을 맞이하는 것이 인간의 존엄과 가치에 더 부합하게 되어 죽음을 맞이할 이익이 생명을 유지할 이익보다 더 크게 되는 경우에는 예외적으로 위 법률조항의 정당한 사유가 있는 것이라고 하여, 연명치료 중단의 실정법적인 근거를 응급의료에 관한 법률 제6조의 정당한 사유해당 여부에서 찾고 있다. 그러나 연명치료를 받고 있는 환자는 연명치료장치의 장착으로 일단 생명의 급박한 위험에서 벗어나 더 이상 응급환자의 지위에 있지 않고 이후로는 통상적인 의료행위의 대상으로 전환한 것으로 볼 수 있다. 무엇보다도 희생가능성 없는 환자의 연명치료 중단은 응급의료에 관한 법률 제6조의 정당한 사유에 의하지 않더라도 위와 같이 인간의 존엄과 가치에 근거한 자기결정권의 행사에 의하여 곧바로 가능하다고 할 것이므로, 굳이 그 실정법인적인 근거를 응급의료에 관한 법률에서 찾을 필요는 없는 것으로 본다."고 하여 응급의료에 관한 법률의 적용을 배제하였고, 치료중단요건으로 '① 회생가능성 없는 비가역적인 사망과정에의 진입하였을 것, ② 환자의 진지하고 합리적인 치료중단 의사가 있을 것, ③ 인공호흡기제거에 한하고, 약물이나 영양분공급은 계속할 것, ④ 의사에 의한 치료중단이 시행될 것' 등 4가지의 엄격한 요건을 제시하였다.

---

171) 서울고등법원 2009. 2. 10. 선고 2008나116869 판결.

(라) 대법원 판결172)

대법원은 "환자의 동의는 헌법 제10조에 규정한 개인의 인격권과 행복추구권에 의하여 보호되는 자기결정권을 보장하기 위한 것으로서, 환자가 생명과 신체의 기능을 어떻게 유지할 것인지에 대하여 스스로 결정하고 진료행위를 선택하게 되므로, 의료계약에 의하여 제공되는 진료의 내용은 의료인의 설명과 환자의 동의에 의하여 구체화된다고 할 수 있다. 인간의 생명은 고귀하고 생명권은 헌법에 규정된 모든 기본권의 전제로서 기능하는 기본권 중의 기본권이라 할 것이므로, 환자의 생명과 직결되는 진료행위를 중단할 것인지 여부는 극히 제한적으로 신중하게 판단하여야 한다. 생명권이 가장 중요한 기본권이라고 하더라도 인간의 생명 역시 인간으로서의 존엄성이라는 인간 존재의 근원적인 가치에 부합하는 방식으로 보호되어야 할 것이다. 따라서 이미 의식의 회복가능성을 상실하여 더 이상 인격체로서의 활동을 기대할 수 없고 자연적으로는 이미 죽음의 과정이 시작되었다고 볼 수 있는 회복불가능한 사망의 단계에 이른 후에는, 의학적으로 무의미한 신체 침해행위에 해당하는 연명치료를 환자에게 강요하는 것이 오히려 인간의 존엄과 가치를 해하게 되므로, 이와 같은 예외적인 상황에서 죽음을 맞이하려는 환자의 의사결정을 존중하여 환자의 인간으로서의 존엄과 가치 및 행복추구권을 보호하는 것이 사회 상규에 부합되고 헌법정신에도 어긋나지 아니한다."고 하여 "회복불가능한 사망의 단계에 이른 후에 환자가 인간으로서의 존엄과 가치 및 행복추구권에 기초하여 자기결정권을 행사하는 것으로 인정되는 경우에는 특별한 사정이 없는 한 연명치료의 중단이 허용될 수 있다."고 판시하였다.

(3) 검 토

위 보라매병원 판결과 김할머니 존엄사 판결의 차이점은 보라매병원 판결의 사실관계에서는 피해자의 환자에게 생존가능성이 존재한다는 점173)과 환자의 생존의사, 즉 연명치료 중단

---

172) 대법원 2009. 5. 21. 선고 2009다17417 판결.

173) 그러나 1998년 대한의사협회 정책협의회에서 작성한 '보라매병원 사건의 의학적 검토 보고서'의 내용은 상이하다고 한다. 보고서에서는 '출혈에 따른 쇼크의 교정을 위하여 적혈구 38 단위, 신선 동결 혈장 15 단위, 혈소판 농축액 15 단위 등 총 68 단위의 혈액제의 수혈을 요하였고, 혈압을 측정할 때마다 승압제(에피네프린)를 정맥으로 주사하였을 정도로 심한 쇼크 상태였고, 평균 혈압이 20-30 mmHg로 유지된 시간이 무려 1시간이 넘으며, 전기 기계적 해리(EMD, electromechanical di-ssociation, 심전도는 나오나 실제로 심장박동은 느껴지지 않는 현상. 이 환자에게서 허혈성 쇼크로 심장은 뛰지만 심박출량이 매우 적어 나타남. 사실상의 순환중지 상태임) 현상도 상당 기간 관찰되어-말을 하면 알아듣고 동작을 취한다든지 스스로 눈을 뜨고 있다든지 하는 반응을 보인 적은 한번도 없었다. 수술로 혈종은 제거되었어도 환자가 회복되지 않고 있는 것은 수술 전 심각한 뇌손상, 수술 중의 쇼크 상태로 인한 불량한 전신상태나, 뇌손상을 생각할 수 있다. 결론적으로, 50세 이상의 고령환자에서 수술 중 정상 혈액량이 10

여부174)에 관한 환자 의사에 대한 확인절차 없이 곧바로 환자의 가족에 의한 퇴원결정에 의하여 치료가 중단되었다는 점의 두가지에 차이가 있다.

김할머니 존엄사 판결을 통하여 무의미한 연명치료의 중단이 가능하다는 점이 판시되기 전까지 의료현장에서는 보라매병원 판결을 이유로 어떠한 경우에도 의사의 치료중단은 불가능하며 의사는 생명유지의무를 지니고 생명권이 절대적으로 우월하다는 인식이 주(主)가 되었다.175) 실제 이러한 인식은 대상판결의 가처분사건인 서울서부지방법원 2008. 7. 10. 선고 2008카합822 판결의 판단에서도 그대로 유지되었었다.176)

그러나 실제 양자는 사실관계상 환자의 생존가능성 여부에 대하여 차이가 존재하기 때문에 동일선상에서 판단하기는 어렵다고 보인다. 만약 보라매병원 판결에서 환자의 생존가능성이 없다고 하였다면, 논의의 방향은 환자의 치료중단에 관한 자기결정권의 존부에 있을 것이며, 이에 대하여 판단되었을 것이다.

나. 존엄사 내지 연명의료 중단의 합법화 요건

치료의무가 있는 의사에게 치료중단을 하여도 아무런 책임이 없기 위하여서는 실체적 요건과 절차적 요건이 갖추어져야 한다. 무엇보다 존엄사는 가능하면 엄격하게 해석하고 극히 제한적으로 시행되어야 한다.

배에 가까운 대량 수혈과 다량의 승압제가 필요하였던 극심한 쇼크과 그 이후 급격히 발생한 급성 호흡부전, 급성신부전, 급성 간손상, 파종성 혈관내 응고증, 급성 심부전이 있으며, 감염증의 가능성이 있었던 점으로 미루어, 설혹 수술 자체는 성공정이였다고 하더라도, 그에 따른 합병증으로 최소한 사망률이 90% 이상이었던 소위 '회생가능성이 없는 환자'로 생각된다.'라고 판단하였다고 한다.; 허대석, 임상 측면에서의 해결방안 모색, 연명치료 중단의 정책적 대토론회 – 보라매병원 사건을 중심으로 –, 대한의사협회 2004. 8. 25, 24 – 25면에서 재인용.

174) 퇴원요구에 의한 의사의 치료중단은 수술이나 치료(행위)를 잘못한 것이 아니라 치료(행위)를 계속하지 않은 것으로 부작위가 된다고 한다; 이상돈, 전게서, 219 – 220면.

175) 보라매병원 사건에 대한 판결들에 사용되고 있는 법적인 정당화의 일반적인 논리구조에 대하여, 이상돈 교수는 '① 환자의 (잠재적인) 자기결정권(생명권)이나 의사의 생명유지의무를 가족의 결정권(사회경제적 부담)이나 병원의 수익권보다 더 우월한 권리로 인정한다(실체적인 이익형량), ② 구체적인 사안에서 그러한 우월한 권리가 존재하는지를 법원이 직접 판단한다(국가적 해결)'로 구성된다고 분석하고 있다; 이상돈, 의학적 충고에 반한 퇴원에서 의사의 형사책임, 판례실무연구(Ⅶ), 비교법실무회편, 2004, 134면, 결국 원칙과 예외의 적용은 최종적으로 구체적 사안의 사실관계가 결정하는 것이라고 한다.

176) "헌법이 보장하고 있는 절대적 생명 보호의 원칙을 고려하여 볼 때 그와 같은 경우까지도 의료행위에 대한 환자의 자기결정권이 무제한적으로 인정된다고 볼 수는 없다. 그러므로 법령 등을 통하여 환자에 대한 치료중단의 허용요건이나 시행방법 등이 엄격하게 규정되고, 사전적·사후적 통제 시스템 등 제도적 안전장치가 갖추어지는 경우에 그와 같은 치료의 중단이 허용될 수 있는지 여부는 별론으로 하고, 치료를 중단하게 되면 환자가 사망하거나 환자의 생명이 단축될 가능성이 상당히 높아지는 경우까지도 헌법상 생명권에 기초한 자기결정권으로부터 치료의 중단을 선택할 수 있는 권리가 직접 도출된다고 할 수는 없다."

먼저 실체적 요건으로서는 환자의 상태가 회복이 불가능하고, 사기를 눈앞에 두고 있어야 한다. 이때 주의할 점은 '회복불가능'이란, '의식'의 회복불가능성이 아니라, '생명'의 회복불가능성을 의미한다. 따라서 식물인간이라고 하더라도 생명의 회복가능성이 있는 한 존엄사를 시행하여서는 아니 된다. 사기를 눈앞에 두었다는 의미는 '죽음이 불가피하고, 병상에 누워서 3~6개월 이내에 사망할 것이 확실한 경우'를 말한다.[177] 즉, 연명조치를 취하여도 죽음을 조금 연기하는 것뿐인 경우에 한하여 연명 조치를 중단하거나 포기하는 것이 허용된다. 이에 관한 요건심사는 순수하게 의학적인 면에서 평가되어야 한다. 환자의 정치적·사회적·경제적 여러 지위에 따라 기준이 달라져서는 아니 된다.

절차적인 요건으로서 첫째, 의사는 환자에게 충분한 설명을 하여야 한다. 둘째, 원칙적으로 환자의 명시적이고 자발적인 의사표시가 있어야 한다. 다만 예외적으로 환자의 추정적인 의사를 객관적으로 알 수 있는 경우에는 가족들이 대신하여 표시할 수 있다. 추정적 의사는 어디까지나 환자의 개인적인 입장에서 판단하여야 하는 바, 생전의사(Living Will)를 객관적으로 확인할 수 있는 경우에 한정적으로 인정하여야 한다. 셋째, 실체적 요건을 갖추었는지에 관하여 2명 이상의 의사들이 환자의 상태가 불가역적이라는 진단에 합의하여야 한다. 넷째, 치료중단 여부에 대한 결정은 병원윤리위원회 등 합의체기구에 의한 심의를 거치는 것이 좋다. 다섯째, 존엄사는 의사에 의하여 윤리적으로 타당한 방법으로 시행되어야 한다. 미국 Massachusetts대법원은 Saike-wicz 판결[178]에서 존엄사를 시행하기 위한 조건은 실체적인 요건과 절차적인 요건이 모두 충족되어야 하고, 그 요건충족 여부에 관한 심사권은 법원이 최종적으로 가지며, 병원윤리위원회에 위임할 수 없다는 취지의 선고를 하였다.

이러한 일반적인 견해에 대하여 의사의 생명유지의무(국가의 생명유지의무)와 환자의 자기결정권 사이에 이익교량이 불가능하다고 하기 때문에 실체적인 요건에 대하여는 의사들에게 맡기고, 법은 절차적인 요건에 대하여만 규제를 하자는 견해도 제시되고는 있으나 아직 소수설이다. 소수설에 따른 판결로는 미국의 카렌 퀸란 판결이 있다. 앞서 살핀 바와 같이 뉴저지주대법원은 인공호흡기를 제거할 수 있도록 하여 달라는 퀸란의 부모의 청구에 대하여 의사들이 병원윤리위원회의 동의를 얻어 연명조치를 중단하고 인공호흡기를 제거할 수 있다고 하면서, 퀸란이 회복 불가능한 상태에 있는지 여부에 대한 판단은 의사에게 위임하였다. 원칙적으로 퀸란판결에서와 같이 연명조치를 중단 또는 포기가 허용된다고 하더라도 환자에 대해서

177) 佐々木養二, 전게서, 157頁; 日本醫師會 第3次 生命倫理懇談會 報告書, 末期醫療に臨む醫師の在り方について(平成 4. 3. 18.).
178) Sperintendent of belchertown v. Saikewicz, 1977 Mass. Adv. Sch. 2461, 370 N. E.2d 417(1977).

모든 의료처치를 단절하여서는 아니되므로 물과 영양보급, 지혈, 상처부위의 소독 등의 최소한의 치료(Minimal Care)는 계속되어야 한다는 것이 일반적인 의견이나, 일본 동해대 부속병원 판결에서는 존엄사일 경우 일체의 치료행위를 중지하여도 된다고 판시한 바 있다.

다. 연명의료 중단의 법제화 과정

위와 같이 '김할머니 사건'이 '존엄사'에 관한 사건으로 국민적 관심을 받게 되자 대법원에서 판결이 선고되기 이전에도 2008. 12. 9. 김충환의원이 대표발의한 '호스피스·완화의료에 관한 법률안'과 2009. 2. 5. 신상진의원이 대표발의한 '존엄사법안'이 발의되어 공론화되기 시작하였지만 18대 국회가 임기만료로 종료되면서 자동폐기되었다. 이후 국가생명윤리심의위원회의 권고가 이루어졌고 법제화를 위한 논의가 보다 활발하게 진행되었다. 특히 국회를 중심으로 2015. 4. 30. 김세연의원이 대표발의한 '호스피스·완화의료에 관한 법률안', 2015. 6. 9. 신상진의원이 대표발의한 '존엄사법안', 2015. 7. 7. 김재원의원이 대표발의한 '호스피스·완화의료의 이용 및 임종과정에 있는 환자의 연명의료 결정에 관한 법률안'이 논의대상이 되었다. 이후 연명의료결정법이 2016. 2. 3. 법률 제14013호로 제정되었고, 2017. 8. 4.부터 시행되고 있다. 동법은 그 법령명에 부합하여 호스피스·완화의료와 임종과정에 있는 환자의 연명의료와 연명의료 중단 등 결정 및 그 이행에 필요한 사항을 규정함으로써 환자의 최선의 이익을 보장하고 자기결정을 존중하여 인간으로서의 존엄과 가치를 보호하는 것을 목적으로 하면서(제1조), 연명의료 중단과 호스피스·완화의료에 대해 규정하고 있다.

동법은 단순히 연명의료를 중단할 것인가 여부에만 법적 토대를 마련한 것이 아니라, 극심한 고통을 겪는 환자의 인간으로서의 존엄, 생명과 죽음에 대한 성찰에 터잡은 고민이 담겨있는 법이라고 할 것이다.[179] 다시 말해 연명의료결정법은 임종과정환자에 대한 연명의료의 절차, 방법 등을 상세하게 규정함으로서 모든 환자의 생명권을 보장하는 법률이다. 생명유지기술의 발달로 생명의 양이 늘었으나, 생명의 질이 보장되지 않는 경우 환자의 자기결정에 따라 자연스럽게 삶을 종료할 수 있는 권리가 보장되어야 한다. 의사조력 자살제도의 도입도 논의되나 아직은 시기상조라고 생각한다. 오남용 시 현대판 고려장법으로 악용될 여지가 있기 때문이다. 우선 사회경제적 사유로 연명치료를 포기하는 일이 없도록 건강보험제도과 사회부조제도가 선행구축되어야 한다.

---

179) 원혜욱·백경희, 전게 논문, 165-166면.

라. 연명의료결정법상 연명의료 중단 등의 결정 관련 주요 내용

(1) 연명의료 중단의 허용 요건과 그 대상

연명의료 중단 등의 결정은 임종과정에 있는 환자를 대상으로 심폐소생술, 혈액 투석, 항암제 투여, 인공호흡기 착용 및 그 밖에 대통령령으로 정하는 의학적 시술[180]로서 치료효과 없이 임종과정의 기간만을 연장하는 연명의료를 시행하지 아니하거나 중단하기로 하는 결정을 의미한다(동법 제2조 제4호, 제5호). 이때 '임종과정'이란 회생의 가능성이 없고, 치료에도 불구하고 회복되지 아니하며, 급속도로 증상이 악화되어 사망에 임박한 상태를 말하며(동법 제2조 제1호), 임종과정에 있는 환자의 판단은 동법 제16조에 의하여 담당의사와 해당 분야의 전문의 1명가 의학적으로 행하도록 하고 있다(동법 제2조 제2호).

연명의료행위는 환자에게 투약, 기관삽관 등 침습을 가하게 된다. 인체에 대한 침습행위는 상해죄로 처벌한다.[181] 따라서 임종과정의 환자에게 연명치료를 시행하려면 환자가 자신의 상태와 예후 및 향후 본인에게 시행될 의료행위에 대하여 분명히 안 후 스스로 자기결정을 하여야 한다. 피해자승낙 없는 연명의료행위는 형법상 정당성을 상실하기 때문에 상해죄에 해당된다. 명시적이든 추정적이든 환자의 자기결정권이 확인되어야 위법성이 조각된다.[182] 의료법상 진료거부죄가 있는 의료인은 연명의료 중단 의사가 없는 한 치료의무가 있기 때문에 연명의료 중단 시까지 최선의 치료를 행해야 한다. 환자의사에 반하여 연명의료를 중단하는 경우 상해죄나 살인죄로 처벌될 수 있다.

(2) 연명의료 중단결정 관련 서식

연명의료 중단 등의 결정에 관한 서식으로는 말기환자 등의 의사에 따라 담당의사가 환자에 대한 연명의료 중단 등 결정 및 호스피스에 관한 사항을 계획하여 문서로 작성하는 '연명의료계획서'(동법 제2조 제8호)와 19세 이상인 사람이 자신의 연명의료 중단 등 결정 및 호스

---

180) 연명의료결정법 시행령 제2조(연명의료) 호스피스·완화의료 및 임종과정에 있는 환자의 연명의료결정에 관한 법(이하 "법"이라 한다) 제2조제4호에서 "대통령령으로 정하는 의학적 시술"이란 다음 각 호의 시술을 말한다.
 1. 체외생명유지술(ECLS)
 2. 수혈
 3. 혈압상승제 투여
 4. 그 밖에 담당의사가 환자의 최선의 이익을 보장하기 위해 시행하지 않거나 중단할 필요가 있다고 의학적으로 판단하는 시술
181) 김일수·서보학, 전게서, 347면.
182) 권오승, 의사의 설명의무, 민사판례연구 11권, 박영사, 1989, 244면.

피스에 관한 의사를 직접 문서로 작성하는 '사전연명의료의향서'(동법 제2조 제9호)가 있다.

　연명의료 중단 등의 결정에 관한 절차는 ① 환자가 임종과정에 있는지 여부를 판단한 후(동법 제16조), ② 환자 의사를 확인할 수 있는 경우(동법 제17조)와 환자의사를 확인할 수 없는 경우(동법 제18조)를 나누어 중단 여부를 결정하고, ③ 연명의료 중단 등 결정을 이행한 뒤(동법 제19조), ④ 그에 관한 기록을 보존하는 수순을 밟게 된다(동법 제20조). 한편 환자는 언제든지 연명의료계획서와 사전연명의료의향서의 변경 또는 철회가 가능하다(동법 제10조 제5항, 제12조 제6항).

　특이한 점은 연명의료 중단에 관한 연명의료계획서와 사전연명의료의향서를 작성하기 전에 담당의사가 설명하여야 하는 사항과 서면에 포함하여야 하는 사항으로 연명의료 중단에 관련된 사항 외에 '호스피스의 이용에 관한 사항'이 필수적 사항으로 열거되어 있다는 점이다. 즉, 연명의료계획서 작성 전 담당의사의 필수적 설명사항으로 환자의 질병 상태와 치료방법에 관한 사항, 연명의료의 시행방법 및 연명의료 중단 등 결정에 관한 사항, 호스피스의 선택 및 이용에 관한 사항, 연명의료계획서의 작성·등록·보관 및 통보에 관한 사항, 연명의료계획서의 변경·철회 및 그에 따른 조치에 관한 사항, 그 밖에 보건복지부령으로 정하는 사항183)을 (동법 제10조 제3항), 연명의료계획서의 필수적 기재사항으로 환자의 연명의료 중단 등 결정 및 호스피스의 이용에 관한 사항, 제3항 각 호의 설명을 이해하였다는 환자의 서명, 기명날인, 녹취, 그 밖에 이에 준하는 대통령령으로 정하는 방법으로의 확인, 담당의사의 서명 날인, 작성 연월일, 그 밖에 보건복지부령으로 정하는 사항을(동법 제10조 제4항) 열거하고 있고, 사전연명의료의향서 작성 전 필수적 설명사항으로 연명의료의 시행방법 및 연명의료 중단 등 결정에 대한 사항, 호스피스의 선택 및 이용에 관한 사항, 사전연명의료의향서의 효력 및 효력 상실에 관한 사항, 사전연명의료의향서의 작성·등록·보관 및 통보에 관한 사항, 사전연명의료의향서의 변경·철회 및 그에 따른 조치에 관한 사항, 그 밖에 보건복지부령으로 정하는 사항을(동법 제12조 제2항), 사전연명의료의향서의 필수적 기재사항으로 연명 의료중단 등 결정, 호스피스의 이용, 작성일시 및 보관방법, 그 밖에 보건복지부령으로 정하는 사항184)을(동법 제

---

183) 시행규칙 제3조(연명의료계획서) ③ 법 제10조제4항제5호에서 "보건복지부령으로 정하는 사항"이란 다음 각 호의 사항을 말한다.
　　1. 환자의 성명 및 주민등록번호
　　2. 환자가 말기환자 또는 임종과정에 있는 환자인지 여부
　　3. 연명의료계획서의 열람허용 여부
　　4. 담당의사의 소속 의료기관 및 면허번호
184) 연명의료결정법 시행규칙 제8조(사전연명의료의향서) ③ 법 제12조제3항제4호에서 "보건복지부령으로 정하는 사항"이란 다음 각 호의 사항을 말한다.
　　1. 작성자의 성명 및 주민등록번호

12조 제3항) 열거하고 있다.

(3) 연명의료 중단의 객관적 · 주관적 시행요건

(가) 객관적 요건으로서 임종과정 진단(동법 제16조 제1항, 제2항)

연명의료 중단 시 담당의사는 임종과정 여부를 해당 분야의 전문의 1명과 함께 진단하고 기록을 남겨야 한다.

(나) 주관적 요건

① 환자로부터 직간접 확인(동법 제17조 제1항 제1호, 제2호)

첫째, 연명의료 중단 시 중단 시점에서 원칙적으로 환자본인에게 직접 의사를 확인하여야 한다. 둘째, 현실적으로 직접 확인이 어려운 경우 예외적으로 사전연명의료의향서나 연명의료 계획서로 환자의사를 갈음할 수 있다. 셋째, 환자가 연명의료 중단에도 다시 회복하는 경우 연명의료 중단에 대하여 다시 연명의료계획서를 다시 받아야 한다. 연명의료 중단 의사는 항상 똑같이 유지되지 않기 때문이다.

② 환자가족으로부터 환자의사 간접확인(동법 제17조 제1항 제3호)

사전연명의료의향서 등이 작성하지 않은 19세 이상의 환자에 대해서는 배우자, 직계비속, 직계존속, 형제자매 중 2명 이상의 가족이 "환자가 연명의료 중단 의사가 있었다."는 일치된 진술을 하는 경우 연명의료를 중단할 수 있다.

③ 환자가족에 의한 대리결정(동법 제18조 제1항 제3호)

환자의 추정적 의사조차 확인할 수 없는 경우가 대부분이다. 환자가 19세 이상의 성인인 경우 배우자, 1~2촌 이내의 직계 존속 · 비속, 형제자매가 연명의료 중단을 대리결정 할 수 있다. 그러나 담당의사 등이 "환자가 연명의료 중단을 원하지 아니하였다."는 사실을 확인한 경우 가족에 의한 대리결정은 무효이다. 환자가 미성년자인 경우 친권자에 한하여 대리결정을 할 수 있다.

---

2. 작성자가 법 제12조제2항 각 호의 사항에 대한 설명을 이해하였다는 확인
3. 사전연명의료의향서의 열람허용 여부
4. 등록기관 및 상담자에 관한 사항

(4) 연명의료 중단방법

(가) 영양분, 물 등 공급의무(동법 제2조, 제19조 제2항)

연명의료를 중단하는 경우 '심폐소생술, 혈액 투석, 항암제 투여, 인공호흡기 착용 및 그 밖에 대통령령으로 정하는 의학적 시술로서 치료효과 없이 임종과정의 기간만을 연장하는 치료행위'를 하여서는 아니 된다. 다만 통증 완화를 위한 의료행위와 영양분 공급, 물 공급, 산소의 단순 공급은 시행하지 아니하거나 중단되어서는 아니 된다.

그러나 세계적인 입법례와 판례는 임종과정의 환자에게 영양분이나 물공급 등은 무의미한 치료이므로 일체를 중단시키고 있어 향후 입법개정 논의가 필요하다.

(나) 연명의료 중단 거부권리(동법 제2조, 제19조 제3항)

모든 의료인은 종교적, 도적적 이유로 연명의료 중단을 거부할 수 있다. 이러한 경우 해당 의료기관의 장은 윤리위원회의 심의를 거쳐 담당의사를 교체하여야 한다. 이 경우 의료기관의 장은 연명의료 중단 등 결정의 이행 거부를 이유로 담당의사에게 해고나 그 밖에 불리한 처우를 하여서는 아니 된다.

(5) 연명의료 중단 등의 결정에 관한 주관관리기관과 등록기관

연명의료 중단 등의 결정에 관한 주관관리기관은 국립연명의료기관이며(동법 제9조), 그 수행기관은 연명의료계획서 및 사전연명의료의향서의 작성과 등록은 의료기관이(동법 제10조 제제1항, 제2항), 사전연명의료의향서의 등록은 의료기관 외에 지역보건법 제2조에 따른 지역보건의료기관, 사전연명의료의향서에 관한 사업을 수행하는 비영리법인 또는 비영리단체, 공공기관의 운영에 관한 법률 제4조에 따른 공공기관, 노인복지법 제36조 제1항 제1호에 따른 노인복지관이 등록기관이 되어 행하도록 되어 있다(동법 제11조).

(6) 벌칙

연명의료 중단은 환자의 생명을 단축시키는 효과가 있기 때문에 오남용 시 엄격한 형사처벌과 의료인 면허취소 등 행정처분이 가해진다. 연명의료결정법 제40조 제1항 제2호는 임종과정에 있는 환자에 대하여 환자의 의사에 반하여 연명의료를 시행하지 아니하거나 중단한 자에 대해서 1년 이하의 징역 또는 1천만원 이하의 벌금에 처하도록 규정하고 있다.

4. 호스피스 · 완화의료

가. 호스피스 · 완화의료

호스피스 케어란, 말기상태의 환자와 그 가족을 전인적(全人的)으로 돌보는 치료프로그램을 의미한다.[185] 의학기술의 발전과 함께 생활수준 및 의식수준의 향상은 기존에서 단순히 생명의 연장만을 추구하던 경향을 벗어나 삶의 질을 강조하게 되었다. 의료에서 생명과 죽음을 바라보는 시각의 변화를 도표화하면 다음 <도표 4-2>와 같이 정리할 수 있다.

도표 4-2 **의료관의 차이(변화)**

	기존 의료관	새로운 의료관
의료목표	생명의 연장, 고통의 감소	생명연장 · 고통감소에 삶의 질보장 추가 (의학적으로 무의미한 연명치료중단, 집착적 의료행위의 범죄시화)
죽음에 대한 접근 방향	죽음의 부정 (죽음은 생의 종말)	죽음의 긍정, 적극적 대처 (죽음은 삶의 한 과정 내지 부분)
의료방법	안락사와 치료중단의 위법논쟁	호스피스 · 완화의료의 합법성 (말기의료에 대한 새로운 접근)
의사의 의무	의사의 보증인적 의무 강조	환자의 자기결정권보장, 의료윤리의 4대 원칙[186] 강조 (환자의 자기결정권에 의한 의료행위의 조건부 제한)

보라매병원사건 이래 의사는 의학적으로 무익한 연명치료라는 점을 인식하고 있으면서도 보증인적 의무 때문에 자연사나 존엄사를 요구하는 환자나 그 가족에 대하여 치료중지나 퇴

---

[185] 호스피스는 웹스터(Webster) 영어사전에서 'Shelter(안식처)'를 의미한다. 호스피스의 어원은 라틴어의 호스피탈리스(Hospitalis)와 호스피티움(Hospitium; 손님접대)에서 기원된 것으로 알려져 있으며 원래 호스피탈리스는 '주인'을 뜻하는 호스페스(Hospes)와 '치료하는 병원'을 의미하는 호스피탈(Hospital)의 복합어로서, 주인과 손님 사이의 따뜻한 마음과 그러한 마음을 표현하는 '장소'의 뜻을 지닌 '호스피티움'이라는 어원에서 변천되어 온 것으로 알려져 있다.

[186] 자율성존중(respect for autonomy)의 원칙, 악행금지(nonmaleficence)의 원칙, 선행(beneficence)의 원칙, 정의(social justice)의 원칙; Beauchamp TL, Childress JF. Principle of Biomedical Ethics. 4th ed. Oxford University Press. 1994.; 김일순, 생명의료윤리의 원리와 영역, 임상윤리학, 서울대학교출판부, 1999, 36-42면.

원을 거절하고 있다. 그러나 의사의 신체침습행위가 위법성을 조각하는 이유는 환자의 자기결정권 즉, 피해자승낙인 바, 회복가능성이 없는 환자가 인공호흡기나 CPR적용거절 등 명시적으로 적극적인 치료를 거절하고 자연사하기를 바라는 경우, 이에 반하는 치료를 하였다면 정당화될 수 없다고 보아야 할 것이다. 환자의 자기결정권에 따라 의학적으로 무익한 연명의료중단을 요구할 때 이를 거절하는 것이, 죽음의 고통을 증가시키는 위법한 행위로서 형법상 상해죄[187)]를 구성한다고 보아야 할 것이다.

말기상태의 환자가 적극치료를 거절하고, 호스피스·완화의료를 요구하여, 의사가 그에 따라 호스피스·완화의료를 한 경우에는 적극치료에 비하여 상대적으로 사기가 앞당겨졌다고 하여도 살인죄나 상해죄의 죄책을 지지 않는다. 왜냐하면 환자는 자연스럽게 사망한 것으로서, 의사는 자연스럽게 사망하도록 치료해 준 것이지, 죽인 것이 아니기 때문이다.

호스피스·완화의료는 안락사처럼 그 행위가 '적극적'이든 '소극적'이든, 혹은 '인위적'이든 '자연적'이든 생명을 단축시키는 행위가 아니다. 호스피스·완화의료의 시작은 무엇인가를 그만두는 것이 아니라, 다른 치료방법으로의 전환이자 새로운 치료의 시작을 의미한다.

나. 연명의료결정법상 호스피스·완화의료 관련 주요 내용

우리나라 연명의료결정법은 연명의료 중단 외에도 호스피스·완화의료에 관한 제도를 포섭하고 있다. 동법은 호스피스·완화의료의 목적과 대상환자, 주관기관 및 수행기관, 절차 등을 규율하고 있다.

동법에서는 호스피스·완화의료에 대하여 암, 후천성면역결핍증, 만성 폐쇄성 호흡기질환, 만성 간경화, 그 밖에 보건복지부령으로 정하는 질환의 어느 하나에 해당하는 질환으로 말기환자로 진단을 받은 환자 또는 임종과정에 있는 환자와 그 가족에게 통증과 증상의 완화 등을 포함한 신체적, 심리사회적, 영적 영역에 대한 종합적인 평가와 치료를 목적으로 하는 의료를 말한다고 규정하고 있다(동법 제2조 제6호). 이때 '말기환자(末期患者)'란 적극적인 치료에도 불구하고 근원적인 회복의 가능성이 없고 점차 증상이 악화되어 보건복지부령으로 정하는 절차와 기준[188)]에 따라 담당의사와 해당 분야의 전문의 1명으로부터 수개월 이내에 사망할

---

187) 김일수·서보학, 전게서, 65면.
188) 연명의료결정법 시행규칙 제2조(말기환자의 진단 기준) 호스피스·완화의료 및 임종과정에 있는 환자의 연명의료결정에 관한 법(이하 "법"이라 한다) 제2조제3호에 따라 담당의사와 해당 분야 전문의 1명이 말기환자 여부를 진단하는 경우에는 다음 각 호의 기준을 종합적으로 고려하여야 한다.
    1. 임상적 증상
    2. 다른 질병 또는 질환의 존재 여부
    3. 약물 투여 또는 시술 등에 따른 개선 정도
    4. 종전의 진료 경과

것으로 예상되는 진단을 받은 환자로 정의하고 있다(동법 제2조 제3호).

호스피스·완화의료의 주관관리기관은 중앙호스피스센터(동법 제23조)와 권역별 호스피스센터(동법 제24조)이며, 그 수행기관은 호스피스전문기관(동법 제25, 26조)이다.

호스피스·완화의료의 결정에 관한 절차는 ① 의료인이 호스피스의 선택과 이용절차에 관하여 설명한 후(동법 제27조), ② 대상환자가 선택을 결정한다면 호스피스 이용동의서와 의사소견서를 첨부하여 호스피스전문기관에 대하여 호스피스를 신청하고(동법 제28조 제1항), ③ 대상환자에게 의사결정능력이 없을 때 미리 지정한 지정대리인이 호스피스를 신청할 수 있고, 그 지정대리인이 없는 경우 배우자, 직계비속, 직계존속, 이에 해당하는 사람이 없는 경우 형제자매의 순서대로 호스피스를 신청할 수 있도록 하고 있다(동법 제28조 제2항). 한편 환자는 언제든지 직접 또는 대리인을 통한 호스피스 신청의 철회가 가능하다(동법 제28조 제3항).

위의 절차에서 알 수 있듯이 호스피스·완화의료의 경우 연명의료 중단 등 결정의 대상환자인 임종과정에 있는 환자를 대상환자로 포섭하고 있으며, 이 경우 연명의료계획서나 사전연명의료의향서의 작성과 별도로 호스피스·완화의료의 신청을 할 수 있고 그에 따른 절차를 밟을 수 있는 것으로 해석된다.

5. 결 론

말기환자는 시시각각으로 상태가 급변하기 때문에 응급성을 갖기도 하고, 때로는 장기간 진행되면서 치료시 매너리즘에 빠져 환자관리를 소홀히 하였다는 오해를 사기도 한다. 이 과정에서 환자의 가족들과 사이에 신뢰관계가 파괴되면 걷잡을 수 없는 분쟁에 휘말리게 된다. 그러나 말기환자에 관한 법적인 문제는 치료중단결정에 있어서 더욱 크다. 이는 단순히 의료기술적인 판단보다 오히려 의료윤리적인 판단을 추가로 하여야 하기 때문이다.

말기의료의 문제는 법률제정이나 법률해석론만으로 해결이 되는 사안은 아니다. 건강보험제도의 정비·보장성 강화·노인개호보험제도의 도입 등 기본적으로 보건의료복지제도의 문제, 심리상담치료체제의 정비, 호스피스 제도의 정비라고 하는 제도적 문제와도 깊이 관련되기 때문에 여러 방면에서 이 문제에 진지하게 대처해야 할 필요가 있다. 중요한 것은 국민에게 신뢰되는 의료제도를 어떻게 확립해야 할 것인가이며, 이것은 고령화사회를 맞이하여 가고 있는 현재, 정부나 국민 모두가 생각하지 않으면 안 될 중요한 과제이다.[189] 법률제정이 없는

---

5. 다른 진료 방법의 가능 여부

6. 그 밖에 제1호부터 제5호까지의 규정에 준하는 것으로서 말기환자의 진단을 위하여 보건복지부장관이 특히 필요하다고 인정하는 기준

경우 결국은 판례가 이를 대신하여랴 한다. 이때 형법적 개입은 항상 사회적 합의를 전제로 조심스럽게 다루어져야 한다.

제5절 의료와 헌법재판

1. 개 요

의료와 관련하여 헌법재판이 문제되는 영역은 환자측이 수사기관에 의료사고를 의사의 업무상과실치사상으로 고소하였으나 불기소처분이 되어 환자측이 이에 반발하여 다시 수사하여 줄 것을 다투는 경우, 의료인이 아닌 자나 의료인이 자신의 면허범위를 넘어서 의료행위를 한 것이 법의 제재를 받는 무면허 의료행위로 기소되었으나 이를 다투고자 하는 경우, 의료기관 등이 의료광고와 관련하여 의료법위반으로 기소되었을 때 의료광고가 허용되는 영역인지 아닌지 여부를 다투는 경우, 의료법상 법인이 고용한 종업원 등이 업무에 관하여 무면허 의료행위를 저질렀음을 이유로 의료법상 양벌규정에 의거 법인이 기소되었을 때 법인이 그와 같은 종업원 등의 범죄에 대해 어떠한 잘못이 있는지를 전혀 묻지 않고 곧바로 처벌을 받는 것이 타당한 것인지를 다투는 경우 등이 있다.

2. 헌법소원

가. 개 념

헌법 제111조 제1항 제5호는 '법률이 정하는 헌법소원에 관한 심판은 헌법재판소가 관장한다'고 하고 있고, 헌법재판소법 제68조 제1항은 '공권력의 행사 또는 불행사로 인하여 헌법상 보장된 기본권을 침해받은 자는 법원의 재판을 제외하고는 헌법재판소에 헌법소원심판을 청구할 수 있다'고 규정하고 있다.

---

189) 甲斐克則, 安樂死と刑法, 17頁.

나. 적용범위

검찰의 불기소처분은 '공권력의 행사 또는 불행사'에 해당되므로 대표적인 헌법소원대상이다.190) 무혐의처분, 죄가안됨처분, 공소권없음처분, 기소유예처분, 기소중지처분, 재기불능(불요)처분,191) 고소·고발각하처분192) 등이 이에 해당된다.

반면 공소제기처분(약식명령 포함),193) 공소취소처분,194) 공소사실철회처분,195) 항고·재항고기각결정,196) 비공개지명수배처분,197) 내사·진정종결처분,198) 공람종결처분,199) 사건이송처분 등은 헌법소원대상이 되지 아니한다.

(1) 무혐의처분

의료사고로 인한 환자측의 고소에 대하여 정확한 통계는 아니지만 상당 수의 사건이 '혐의없음' 결정200)으로 불기소처분이 되고 있어, 환자측으로부터 헌법소원이 많이 제기되고 있다.

---

190) 한편 재정신청(裁定申請)제도는 법원이 검찰의 불기소처분에 대하여 통제를 할 수 있는 장치인 바, 이로 인해 유사한 효과가 발생하는 검찰의 불기소처분에 대한 헌법소원은 점차 줄어들고 있는 추세이다. 즉, 불기소처분의 통지를 검사로부터 받은 고소인 또는 고발인은 형법 제123조 내지 형법 제125조에 대한 검사의 불기소처분에 한하여 불기소처분의 통지를 받은 날로부터 10일 이내에 서면으로 불기소처분을 한 검사 소속의 지방검찰청 검사장 또는 지청장을 경유하여 그 검사 소속의 고등검찰청에 대응하는 고등법원에 신청하여야 할 수 있는 바, 이 재정신청에는 공소시효 정지의 효력이 있고, 고등법원이 이에 대해 재정결정을 하는데, 기각을 하면 신청인은 재항고를 예외적으로 할 수 있고 인용하게 되면 부(付)심판결정에 의하여 본격적인 준기소절차에 들어가게 된다. 단, 재정신청서는 고등법원에 직접 제출하는 것이 아니라 불기소처분을 한 검사가 소속한 지방검찰청 검사장 또는 검사장에게 제출하여야 한다는 점을 유의하여야 한다.
191) 헌법재판소 1997. 2. 20.자 95헌마362 결정.
192) 헌법재판소 1997. 5. 29.자 96헌마183 결정.
193) 헌법재판소 1996. 2. 29.자 96헌마32, 33 결정.
194) 헌법재판소 1997. 3. 27.자 96헌마219 결정.
195) 헌법재판소 1997. 3. 27.자 95헌마344 결정은 "검사가 철회한 공소사실은 유죄판결이 확정된 나머지 공소사실과 모두 상습사기죄의 포괄일죄의 관계에 있으므로 확정판결의 기판력은 철회된 공소사실에도 미치게 되어 설령 청구인들의 주장이 이유있다 하더라도 결국 이 부분에 대하여는 형사소송법 제326조 제1호에 의하여 면소의 판결을 면치 못하게 되는 것이어서 이 사건 헌법소원심판청구는 권리보호의 이익이 없다."고 하여 각하하였다.
196) 헌법재판소 1993. 5. 13.자 91헌마213 결정.
197) 헌법재판소 2002. 9. 19.자 99헌마181 결정.
198) 헌법재판소 1995. 12. 28.자 93헌마259 결정.
199) 헌법재판소 2004. 5. 27.자 2003헌마149 결정.
200) 헌법재판소 1989. 4. 17.자 88헌마3 결정.

(2) 기소유예처분

의사입장에서는 의료과실이 없는데도 검찰이 기소유예처분을 하는 경우가 종종 있는바, 이때 의사측에서도 헌법소원을 할 수 있다. 헌법재판소[201]는 "군검찰관의 기소유예처분은 공권력의 행사에 포함되는 것이 명백하므로 이로 인하여 기본권이 침해된 때에는 헌법소원 심판청구의 대상이 된다. 범죄혐의가 없음이 명백한 사안인데도 이에 대하여 검찰관이 자의적이고 타협적으로 기소유예처분을 했다면 이는 헌법 제11조 제1항의 평등권, 헌법 제10조의 행복추구권을 침해한 것이다."라고 선고한 것처럼 헌법소원을 통하여 무혐의를 이끌어 낼 수 있다. 수사 중인 형사사건은 구체적인 공권력의 행사 또는 불행사가 없기 때문에 대상이 되지 않는다.

(3) 기소중지처분

의사가 업무상 과실치사상죄로 고소되었으나, 참고인 불출석, 진료기록감정회신문 미착 등을 이유로 더 이상 수사를 하지 않고 기소중지처분을 내리는 경우가 종종 있다. 이때 의사입장에서는 공직에 취임하거나 해외여행시 범죄혐의자로부터 완전히 벗어나지 못해 적지 않은 불이익을 입게 된다. 헌법재판소[202]는 "검사가 기소중지처분을 한 사건에 관하여 그 고소인이나 피의자가 그 기소중지의 사유가 해소되었음을 이유로 수사재기신청을 하였는데도 검사가 재기불요처분(검찰사건사무규칙 제43조 제6항)을 하였다면, 이 재기불요처분은 실질적으로는 그 결정시점에 있어서의 제반사정 내지 사정변경 등을 감안한 새로운 기소중지처분으로 볼 수 있으므로 이 재기불요처분도 헌법소원의 대상이 되는 공권력의 행사에 해당한다."고 하여 기소중지처분을 받은 피의자에게도 헌법소원의 청구권을 인정하였다.

(4) 법원의 판결

법원의 판결에 대하여는, 헌법재판소법 제68조 제1항이 '헌법상 보장된 기본권을 침해받은 자는 법원의 재판을 제외하고는 헌법재판소에 헌법소원심판을 청구할 수 있다.'고 규정하고 있어 원칙적으로 헌법소원의 대상이 되지 아니한다. 그러나 헌법재판소는 법원에서 헌법재판소의 기속력 있는 위헌결정에 반하여 효력을 상실한 법령을 적용함으로써 국민의 기본권을 침해하는 경우에는 예외적으로 그 재판은 헌법소원의 대상이 된다고 해석하여야 할 것이다. 헌법재판소가 위헌으로 결정하여 효력이 상실된 법률을 법원이 적용하여 판결을 선고한 경우

---

201) 헌법재판소 1992. 10. 1.자 91헌마169 결정; 1989. 10. 27. 89헌마56 결정 등.
202) 헌법재판소 1997. 2. 20.자 95헌마362 결정.

에는 기본권이 침해된 것이므로 그 범위 내에서 헌법소원을 할 수 있다.[203]

다. 전치주의

헌법재판소법 제68조 제1항 단서는 '다른 법률에 구제절차가 있는 경우에는 그 절차를 모두 거친 후가 아니면 청구할 수 없다.'고 하여 전치주의를 선언하고 있다. 따라서 불기소처분에 대하여 고등검찰청에 항고, 대검찰청에 재항고 등의 절차를 거쳐야 한다. 재기수사명령사건에 대하여 당해 지방검찰청 검사가 다시 불기소처분을 한 경우에도 항고·재항고절차를 거쳐야 한다.[204] 헌법재판소 결정례[205] 중에는 경찰서장이 수사기록사본 교부청구를 거부처분하자 행정소송절차를 거치지 아니하고 곧바로 헌법소원심판을 청구한 사건에 대하여 "공공기관의 정보공개에 관한 법률 제6조, 제9조, 제18조에 의하여 국민에게 불기소사건기록의 열람, 등사를 청구할 권리 내지 법에 정하여진 절차에 따라 그 허가 여부의 처분을 행할 것을 요구할 수 있는 법규상의 지위가 부여되었으므로 경찰서장의 수사기록사본교부거부처분은 행정소송의 대상이 된다 할 것이므로 직접 헌법소원심판의 대상으로 삼을 수 없다."고 하여 각하한 바 있다.

라. 청구기간

헌법소원은 '최종결정을 통지받은 날부터 30일 이내'에 청구하여야 한다(헌법재판소법 제69조 제1항 단서). 이는 일반소송에서의 소멸시효와 마찬가지로 권리관계를 신속하게 확정시켜 법적 안전성을 취하려는 목적을 가지고 있다. 대검찰청의 재항고기각결정을 통지받은 날부터 30일 이내 헌법소원을 청구하여야 한다. 초일불산입의 원칙에 의하여 통지받은 날은 산입하지 아니하고, 그 다음 날부터 기산한다. 만약 항고기간 또는 재항고기간을 넘긴 후에 항고·재항고를 하면 부적법한 항고 또는 재항고로서 권리구제절차를 적법하게 거쳤다고 할 수 없다. 고소인이 혐의없음처분에 대하여 항고기간과 재항고기간을 지킨 후 헌법소원을 청구하였음에도 헌법재판소 지정재판부가 사전심사를 하는 단계에서 착오를 일으켜 "고소인이 재항고기간을 도과시킨 후에 재항고하는 등 적법한 권리구제절차를 경유하지 아니하였다."고 판단한 나머지 전원재판부에 회부하지 아니한 채 각하결정을 한 경우에는 재심사유가 된다.[206]

203) 헌법재판소 2001. 2. 22.자 99헌바74 결정.
204) 헌법재판소 1991. 7. 8.자 91헌마215 결정, 소수설은 검찰사건수사사무규칙 제92조 제2항에 의하면 재기수사명령을 받은 검사가 다시 불기소처분을 하는 경우에 재기수사명령검찰청의 사전승인을 받아야 하므로 고소인이 항고·재항고절차를 밟더라도 재기수사될 가능성이 거의 없으므로 곧바로 헌법소원을 제기할 수 있다고 한다.
205) 헌법재판소 2000. 2. 24.자 99헌마96 결정; 헌법재판소 2001. 2. 22.자 선고 2000헌마620 결정.
206) 헌법재판소 2001. 9. 27.자 2001헌아3 결정은 "재심의 허용여부 내지 허용정도 등은 심판절차의 종류에 따라서 개별적으로 판단될 수밖에 없다. 공권력의 작용을 대상으로 하는 권리구제형 헌법소원절차에 있

기소유예처분에 대한 헌법소원은 처분을 통지받은 날로부터 30일 이내에 청구할 수 있다. 왜냐하면 기소유예에 대하여는 다른 구제절차가 없기 때문이다. 헌법재판소[207]도 "기소유예처분을 받은 피의자는 항고나 재항고를 제기할 수 있는 법률의 규정이 없고, 검사에 재기신청을 낸다든지 또는 진정서를 제출하여 검사의 직권발동을 촉구하는 등의 절차는 기소유예처분에 대한 법률이 정한 직접적인 구제절차가 아닐 뿐더러 그 밖에도 달리 다른 법률에 정한 구제절차가 없으므로 기소유예처분에 대하여 직접 헌법소원심판을 청구한 심판청구는 적법하다."고 판시한 바 있다.

마. 청구권자

고소인이나 법정대리인 등이 헌법소원의 청구권자이다.

형사소송법 제223조는 범죄피해자가 고소권을 가지고, 동법 제225조 ① 피해자의 법정대리인은 독립하여 고소할 수 있다. ② 피해자가 사망한 때에는 그 배우자, 직계친족 또는 형제자매는 고소할 수 있다고 하여 법정대리인도 고소권이 있다고 규정하고 있다.

형사피의자도 헌법소원을 제기할 수 있는 바, 의사가 기소유예처분을 받은 경우에는 당해 의사도 청구권을 가진다. 헌법재판소[208]는 진료과목 안내판에 보건복지부령이 정하는 진료과목이 아닌 '종합건강진단'이라는 진료과목을 표시하였다가 의료법 위반으로 고발되어 기소유예처분을 받은 의사가 행복추구권 등을 침해당했다고 하면서 제기한 헌법소원에 대하여, "기소유예처분에 대하여 헌법소원을 청구할 수 있다. 다만 의료법 제69조, 제36조, 동법시행규칙 제30조 제1항 제2호에서 따로 종합건강진단과목 등 동 규칙 제30조 제1항 각호에 열거되지 않은 과목을 구체적으로 하나하나 열거하면서 그러한 진료과목을 표시하여서는 아니 된다는 규정을 동조 등에 2중으로 규정하지 않았다 하여 위 각 규정들이 처벌규정으로서 명확성을 결하여 죄형법정주의에 반한다거나 그 위반자에 대하여 동 규정들을 적용하여 처벌하는 것이 처벌받는 자의 헌법상 보장된 행복추구권이나 평등권을 부당히 침해하는 것이라고 할 수 없다."고 하여 기각결정을 하였다.

어서는, 그 결정의 효력이 원칙적으로 당사자에게만 미치기 때문에 법령에 대한 헌법소원과는 달리 일반 법원의 재판과 같이 민사소송법의 재심에 관한 규정을 준용하여 재심을 허용함이 상당하다. 공권력의 작용에 대한 권리구제형 헌법소원심판절차에 있어서 민사소송법 제451조 제1항 제9호를 준용하여 '판단유탈'도 재심사유로 허용되어야 한다고 하겠다."고 판시한 바 있다.

207) 헌법재판소 1992. 10. 1.자 91헌마169 결정.
208) 헌법재판소 1992. 10. 1.자 91헌마169 결정.

바. 헌법재판소의 취소결정의 법적 효력

헌법재판소법 제75조 제3항에 의하여 청구인(고소인, 법정대리인 등)의 청구를 인용하는 경우, 주문은 '피청구인이 2005. ○. ○○. ○○지방검찰청청 2005년 형제○○○호 사건의 피고소인 ○○○에 대한 업무상과실치사의 점에 관하여 한 불기소처분은 청구인의 평등권과 재판절차진술권을 침해한 것이므로 이를 취소한다.'고 기재한다.

취소결정에 대한 법적 효력이 무엇인가에 대하여는 학설이 나뉜다. 단순취소하는 것에 불과하므로 검사에게 재기수사나 공소제기를 명령하거나 강제할 수 없다는 단순취소설, 취소결정은 불기소처분을 취소하는 것으로서 재기수사를 명령하는 것이라는 재기수사명령설, 불기소처분취소결정은 공소제기를 전제로 보강수사를 명령하는 것이므로 검사는 취소결정의 취지에 따라서 공소제기를 하여야 한다는 공소제기명령설 등이 있다. 수사실무상 취소결정후 재기수사를 통하여 공소유지가 가능하면 기소, 불가능하거나 사안이 가벼우면 기소유예 등 불기소처분[209]을 다시 행하고 있으므로 재기수사설을 따르는 것으로 보인다.

따라서 환자측에서는 헌법재판소에서 불기소처분취소결정을 받았다고 안심하지 말고, 적극적으로 의료과실을 주장하고, 증명자료를 제출하여 검사가 공소를 제기하는 데 부담을 가지지 않도록 노력하여야 한다.

사. 구체적 결정례 - 의료사고 수사에서 검사의 중대한 수사미진의 잘못으로 불기소처분의 취소를 구한 사건[210]

위 사건에서 환자인 청구인은 ○○○병원 소속 정형외과 과장인 피의자를 업무상과실치상죄로 고소하였는데, 그 이유는 피의자가 교통사고를 당하고 입원한 청구인에게 교통사고 상처부위와는 무관한 부위에 생긴 염증에 대한 치료를 해태하여 피부괴사가 발생하여 인대 파열과 경비골 천공이 생겼고, 이렇듯 근육조직이 괴사되었는데도 인대봉합술, 인대재건술, 근육이식술 등을 시행하지 않은 채 노폐물세척술과 물리치료만 하도록 하여 청구인을 방치하여 발목고정수술을 시행하였으나 이미 청구인의 발목에 장애가 발생하였으므로 피의자의 의료과실로 인한 상해를 입었다는 것이다. 그러나 검찰에서 "청구인의 상해는 구획증후군(허혈성 조직괴사증 : 외상을 입게 되어 그 부위가 붓게되면 조직내의 압력이 증가하여 혈관과 신경을 강하게 압박하고 이로 인하여 혈액순환의 장애로 인한 조직괴사 및 신경마비가 발생하는 병으로 하퇴부에 잘 발생한다. 이것이 장시간 지속되면 그 부위의 모든 조직이 괴사됨)에 의한 후유증으로 판단되고 이러한

---

209) 헌법재판소 1998. 11. 26.자 98헌마304 결정.
210) 헌법재판소 2001. 9. 27.자 선고 2001헌마408 결정.

구획증후군은 발병 후 통상 6~8시간 이내에 적절한 처치를 시행하여야 하나 22일간 의식불명 상태에 있었던 청구인의 경우에는 이를 발견할 수 없었을 것이므로(구획증후군의 주증상은 환자의 심한 동통임) 피의자가 이를 적절히 치료하지 못한 점에 대한 과실을 인정할 만한 자료가 없을 뿐만 아니라 나아가 결과 발생에 대한 인과관계를 단정할 수 없다.”고 하여 혐의없음의 불기소처분을 하였고 이후 청구인이 항고, 재항고를 하였지만 기각당하였다.

청구인은 헌법재판소에 대하여 검찰의 불기소처분을 취소할 것을 구하는 헌법소원을 제기하였고, 헌법재판소는 청구인의 오른쪽 다리의 장애가 과연 구획증후군에 의한 후유증인지 여부에 관하여 “청구인의 오른쪽 다리에 교통사고로 인한 구획증후군의 후유증으로 장애가 발생하였다고 인정하기에는 다음과 같은 의문이 있다. 첫째, 구획증후군의 후유증으로 인하여 청구인의 오른쪽 다리에 생긴 장애가 발생하였다고 인정할 수 있는 유력한 증거로는 ‘전방구획의 근육이 모두 생명력(viability)이 없고 구획증후군의 결과로 추정’된다고 기재되어 있는 1996. 1. 15.자 노폐물세척술의 수술기록지(OPERATION RECORD, 불기소기록 제24면, 제728면, 제729면)가 있는데, 위 수술기록지, 특히 불기소기록 제728면에 첨부된 수술기록지를 자세히 살펴 보면, 왼쪽 상단에 ‘97’이라고 기재되어 있음을 알 수 있는 바 이 점에 비추어 보면 피의자가 1996. 1. 15. 위 수술을 시행한 지 1년이 넘은 후에 위 수술기록지를 작성하지 않았는가 하는 의심이 든다. 그렇다면 결국 피의자가 이 사건으로 문제가 된 후에 1997년에 이르러 위 수술기록지를 작성하면서 ‘구획증후군의 결과로 추정’이라는 표현을 기재해 넣음으로써 청구인의 장애가 구획증후군으로 인한 후유증으로 조작하려고 한 것이 아닌가 하는 강한 의심이 든다. 둘째, 구획증후군이라는 것은 외상을 입어 그 부위가 붓게 되면 조직 내의 압력이 증가하여 혈관신경을 강하게 압박하고 이로 인하여 혈액순환의 장애로 인한 조직괴사 및 신경마비가 발생하는 병인 바, 이때 혈액순환의 장애로 조직이 괴사한다는 것은 조직이 썩게 되는 것을 의미한다. 그리고 피의자도 1996. 1. 15. 노폐물세척술을 시행할 당시 청구인의 다리 상태에 대하여 ‘전방구획의 근육이 말라붙고 녹아 있는 상태로 그 정도가 아주 심하였기 때문에 이미 정상적인 회복은 불가능한 상태’였다고 진술하고 있다. 그럼에도 불구하고, 위 수술기록지에는 피부변연절제술과 세척 및 봉합술을 시행하였다고 기재되어 있을 뿐, 피의자가 괴사하였다고 주장하는 전방구획의 근육에 대한 조치를 한 기록이 없다. 그렇다면 과연 청구인의 오른쪽 다리의 전방구획의 근육이 피의자가 진술하고 있는 그러한 상태였는지 의심이 든다. 만일 전방구획의 근육이 괴사하였다면 그 부분에 대한 조치도 함께 하였을 것이고 따라서 위 수술기록지에 그에 대한 기재가 있어야 하기 때문이다. 또한 교통사고 당시의 외상으로 인한 구획증후군의 후유증으로 근육이 그와 같이 괴사하였다면 당연히 그때부터 계속 근육과 신경이 썩어 들어가기 때문에 청구인은 극심한 통증을 호소하였을 뿐만 아니라 괴사된 근육으로 말미암아 그 주위의 피부가 변색되는 등의 여러 가지 병변이 있었을 것이다. 따라서 피의자로서는 적어도 2~3주 내에 구획증후군을 발견할 수 있었을 것임에도 불구하고 피의자가 1995. 9. 18. 입원때부터 1996. 1. 15.자 노폐물세척술때까지 약 4개월 가까이 이를 발견하지 못하고 청구인으로 하여금 단지 물리치료만 받게 한 점에 비추어 보면, 청구인의 오른쪽 다리의 장애가 구획증후군의 후유증으로 인한 것이 아닐지도 모른다는 의문이 든다고 하겠다. 셋째, 피청구인은, 피의자가 구획증후군을 발견하지 못할 수밖에 없었던 것은 청구인이 22일간 의식불명상태에 있었기 때문이라는 대한의사협회의 '자문의뢰에 대한 회신'을 받아들여 무혐의처분을 하고 있으나, 1995. 9. 18.부터 같은 해 10. 12.까지의 간호일지에 의하면, 1995. 9. 18. ○○○병원에 입원할 당시에는 정신상태가 명료하였고 다만 흉부외과적 수술(대동맥절단 등을 치료하기 위한 수술)을 한 후 약간 불안정한 상태를 보이다가 같은 달 21.부터는 정신상태가 거의 명료한 상태로 돌아온 사실을 인정할 수 있으므로 청구인이 22일간 의식불명 상태에 있었음을 전제로 한 위 대한의사협회의 자문의뢰에 대한 회신은 이를 가볍게 믿기 어렵다고 하겠다. 따라서 피청구인으로서는 위와 같은 점을 참작하여 위 수술기록지의 사후작성 여부에 관하여 심도 있는 수사를 하였어야 했고, 또한 위 수술기록지 상의 수술이 과연 일반적으로 구획증후군에 의한 근육괴사에 대한 수술에 해당하는지 여부 및 만일 구획증후군으로 근육에 괴사가 이미 발생하였다면, 그 후의 병변이 어떠한지 또한 근육이 괴사한 후 4개월 동안이나 이를 발견하지 못할 수도 있는 것인지 여부에 관하여 다른 전문의에 대하여 감정을 의뢰하여 규명하였어야 했다. 아울러 청구인의 오른쪽 다리에 구획증후군이 아닌 다른 원인에 의하여 신경마비가 발생할 수도 있는 것인지에 대하여도 피의자의 변소와 상관 없이 수사를 하였어야 했다. 그럼에도 불구하고 피청구인이 피의자의 진술과 대한의사협회의 자문의뢰에 대한 회신만을 받아들여 이 사건에 대하여 무혐의처분을 한 것은 수사미진의 결과라 아니할 수 없다."고 하였고, 피의자가 1996. 10. 29. 시행한 발목고정술에 관하여 "기록에 의하면 교통사고 발생 당시의 X선 촬영상 청구인의 우측 경골에는 아무런 이상이 없었음에도 불구하고 발목고정술을 시행한 후인 1997. 1. 7. 촬영한 X선 촬영결과 '족근골과 대퇴골 원위부, 경비골 골다공증 소견, 경비골부 분절골절부분 금속고정 소견'이라는 의견이 나왔으므로 피청구인으로서는, 과연 청구인의 우측 종아리뼈, 종아리 뒷근육, 아킬레스건에 대하여 인위적인 절제 및 뼈고정술이 시행되었는지, 그러한 수술이 시행되었다면 왜 그와 같은 수술을 하게 되었는지에 대한 자세한 경위를 조사하였어야 했고, 또한 청구인의 주장과 같이 위 발목고정술이 이례적인 수술인지 여부에 관하여 다른 전문의에 대한 감정을 통하여 규명을 하였어야 했다. 그럼에도 불구하고 발목고정술에 대한 수술기록지도 확인하지 아니하고(발목고정술에 대한 수술기록지가 불기소기록에 첨부되어 있지 않고, 따라서 대한의사협회에 대하여도 발목고정술에 대한 수술기록지를 첨부하지 아니한 채 자문을 의뢰함으로써 대한의사협회의 자문의뢰에 대한 회신에는 이 점에 대한 언급이 없다. 다만 청구인이 헌법소원을 제기한 이후에 우리 재판소에 제출한 발목고정술에 대한 수술기록지에 의하면, Valpius 방법에 의한 아킬레스건 연장술 및 우측족부 유합술을 실시한 것으로 기재되어 있다. 이 사건 기록 제679-680면 참조), 피의자의 변소만을 받아들여 이 부분에 대한 피의자의 과실이 없다고 판단한 것 역시 수사미진의 결과라 아니할 수 없다."라고 하여 이 사건 불기소처분은 자의적인 검찰권행사로서 그 결정에 영향을 미친 중대한 수사미진의 잘못이 있다고 할 것이고 그로 말미암아 헌법상 보장된 청구인의 평등권과 재판절차진술권이 침해되었다고 보아 불기소처분을 취소하였다.

3. 위헌법률심판

가. 개 념

위헌법률심판제도는 법률이 헌법에 위반되는지 여부가 재판의 전제가 된 경우 법원이 직권 또는 소송당사자의 신청에 의하여 헌법재판소에 위헌여부를 심사할 수 있는 절차이다.

헌법 제111조 제1항 제1호는 '법원의 제청에 의한 법률의 위헌여부 심판'을 헌법재판소의 업무로 규정하고, 헌법재판소법 제41조 제1항에 '법률이 헌법에 위반되는 여부가 재판의 전제가 된 때에는 당해 사건을 담당하는 법원(군사법원 포함)은 직권 또는 당사자의 신청에 의한 결정으로 헌법재판소에 위헌여부의 심판을 제청한다.'고 규정하여 위헌법률심판제청권을 법원에 주고 있다.

나. 제청의 주체

위헌법률심판의 제청권은 법원만이 가지므로 법관 개인이나 당사자는 제청권이 없다. 당사자는 법원에 위헌심판제청을 신청하여 달라는 취지의 신청만을 할 수 있다.

그러나 헌법재판소법 제68조 제2항은 '헌법재판소법 제41조 제1항의 규정에 의한 법률의 위헌여부심판의 제청신청이 기각된 때에는 그 신청을 한 당사자는 헌법재판소에 헌법소원심판을 청구할 수 있다.'고 규정하여, 당사자도 위헌심판제청신청이 기각되면 헌법소원을 제기하여 위헌법률여부를 가릴 수 있도록 하였다.

다. 제청의 요건

헌법 제107조 제1항은 '법률이 헌법에 위반되는 여부가 재판의 전제가 된 경우에는 법원

은 헌법재판소에 제청하여 그 심판에 의하여 재판한다.'고 하여 재판의 전제가 되어야만 위헌
법률심판제청을 신청할 수 있는 이른바 구체적 규범통제주의를 취하고 있다. 아직 시행되지
않았거나 폐지된 법률에 대하여는 이 신청을 할 수 없다.

　법률이 아닌 명령·규칙 또는 처분의 위헌성 여부가 재판의 전제가 된 경우에는 대법원은
이를 최종적으로 심사할 권한을 가지므로(헌법 제107조 제2항), 위헌법률심사청구나 헌법소원
을 할 수 있다.

라. 제청절차

　당사자는 재판이 진행되는 동안 언제라도 위헌법률심판제청신청을 할 수 있다.

　위헌법률심판제청서는 '1. 제청법원의 표시, 2. 사건 및 당사자의 표시, 3. 위헌이라고 해석
되는 법률 또는 법률의 조항, 4. 위헌이라고 해석되는 이유, 5. 기타 필요한 사항'을 기재한
서면으로 제출하여야 한다(헌법재판소법 제41조 제2항, 제43조). 서면심사는 민사소송법 제254
조의 규정을 준용한다(헌법재판소법 제41조 제3항).

　법원의 위헌법률심판제청에 관한 결정에 대하여는 항고할 수 없다(헌법재판소법 제41조 제4
항). 기각결정시 헌법소원을 할 수 있고, 인용결정시 헌법재판소의 판단을 받을 수 있기 때문
이다.

마. 제청의 효과

　헌법재판소법 제42조 제1항은 '법원이 법률의 위헌여부의 심판을 헌법재판소에 제청한 때
에는 당해 소송사건의 재판은 헌법재판소의 위헌여부의 결정이 있을 때까지 정지된다.'고 하
여 위헌법률심판제청이 된 경우에는 당해 재판을 진행시켜서는 아니 된다고 하였다. 다만, 법
원이 긴급하다고 인정하는 경우에는 종국재판 외의 소송절차, 예를 들어 사실확정을 위한 진
료기록감정이나 사실조회의 촉탁, 증인신문 등 증거조사는 진행할 수 있도록 하여 신속한 재
판을 받을 권리를 보장하고 있다.

　헌법재판소에 대하여 소송당사자 및 법무부장관은 법률의 위헌여부에 관한 의견서를 제출
할 수 있다(헌법재판소법 제44조). 의료관련법에 관한 위헌제청이 되는 경우 실무상 헌법재판소
는 당사자뿐만 아니라 보건복지부장관, 대한의사협회나 안마사협회 등 이해관계자들에게도
의견서를 제출하도록 하고 있다.

바. 위헌결정의 효과

　위헌으로 결정된 법률 또는 법률의 조항은 그 결정이 있는 날로부터 효력을 상실한다. 따

라서 위헌결정이 되면 그 날부터 법원 기타 국가기관 및 지방자치단체는 이에 따라야 한다.

다만, 형벌에 관한 법률 또는 법률의 조항은 소급하여 그 효력을 상실하므로 형이 확정된 피고인은 재심을 청구하여 무죄판단을 받을 수 있다(헌법재판소법 제47조). 만약 피고인이 재심 청구를 하지 않은 경우엔 형이 그대로 유지된다.

사. 구체적 결정례 – 의료법상 법인에 대한 양벌규정에 관하여 위헌법률심판제청을 한 사건[211]

위 사건은 의료법인인 피고인이 종업원의 무면허 의료행위로 벌금형으로 기소당한 후 법원에 정식재판을 청구하였고, 담당재판부가 처벌규정인 의료법(2007. 4. 11. 법률 제8366호로 전부 개정된 것) 제91조 제1항 중 '법인의 대리인, 사용인, 그 밖의 종업원이 제87조 제1항 제2호 중 제27조 제1항의 규정에 따른 위반행위를 하면 그 법인에 대하여도 해당 조문의 벌금형을 과한다'는 조항에 책임주의에 어긋나는 점이 있음을 받아들여 위헌여부의 심판을 제청하였다. 사건의 개요는 "피고인 의료법인·○○병원은 보건의료에 관한 연구개발 등을 목적으로 설립된 의료법인인데, 위 병원의 건강검진센터 사무실에서 위 병원 건강관리과 직원인 상피고인 김○○가 의료인이 아님에도 불구하고, 강릉시 소재 ○○ ○○학교 4학년에 재학 중인 김○○ 외 19명에 대하여 구강검진을 실시하고 학생구강검진 기록지의 종합소견란에 '양호', '우식치료', '대체로 양호' 등을 기록하는 등 의료행위를 하였다."라는 공소사실로 위 김○○와 함께 의료법위반으로 기소된 것이다.

헌법재판소는 "이 사건 법률조항은 양벌규정으로서, 종업원 등의 일정한 범죄행위가 있으면 법인이 그와 같은 종업원 등의 범죄에 대해 어떠한 잘못이 있는지를 전혀 묻지 않고 곧바로 영업주인 법인에게 종업원 등과 같이 벌금형을 과하도록 규정하고 있다. 즉, 위 법률조항은 법인인 영업주가 고용한 종업원 등이 무면허 의료행위를 한 경우에 그와 같은 종업원 등의 범죄행위에 대해 법인에게 비난받을 만한 행위가 있었는지 여부, 가령 종업원 등의 범죄행위를 지시하였거나 이에 실질적으로 가담하였거나 도움을 주었는지 여부, 아니면 영업주의 업무에 관한 종업원 등의 행위를 지도하고 감독하는 노력을 게을리하였는지 여부와는 전혀 관계없이 종업원 등의 범죄행위가 있으면 자동적으로 영업주인 법인도 처벌하도록 규정하고 있다. 한편, 이 사건 법률조항을 '영업주가 종업원 등에 대한 선임·감독상의 주의의무를 위반한 과실 기타 영업주의 귀책사유가 있는 경우에만 처벌하도록 규정한 것'으로 해석함으로써 책임주의에 합치되도록 합헌적 법률해석을 할 수 있는지가 문제될 수 있으나, 합헌적 법률해석은

---

211) 헌법재판소 2009. 7. 30.자 2008헌가16 결정.

어디까지나 법률조항의 문언과 목적에 비추어 가능한 범위 안에서의 해석을 전제로 하는 것이므로 위와 같은 해석은 문언상 가능한 범위를 넘어서는 해석으로서 허용되지 않는다고 보아야 한다.[212) 그 결과 이 사건 법률조항에 의할 경우 법인이 종업원 등의 위반행위와 관련하여 선임·감독상의 주의의무를 다하여 아무런 잘못이 없는 경우까지도 법인에게 형벌을 부과될 수밖에 없게 된다."고 하면서 "이 사건 법률조항은 종업원 등의 범죄행위에 관하여 비난할 근거가 되는 법인의 의사결정 및 행위구조 즉, 종업원 등이 저지른 행위의 결과에 대한 법인의 독자적인 책임에 관하여 전혀 규정하지 않은 채, 단순히 법인이 고용한 종업원 등이 범죄행위를 하였다는 이유만으로 법인에 대하여 형사처벌을 과하고 있는 바, 이는 아무런 비난받을 만한 행위를 하지 않은 자에 대하여 다른 사람의 범죄행위를 이유로 처벌하는 것으로서 형벌에 관한 책임주의에 반한다고 하지 않을 수 없다."라고 하여 법치국가의 원리 및 죄형법정주의로부터 도출되는 책임주의원칙에 반하므로 헌법에 위반된다고 판단하였다.[213)

---

212) 헌법재판소 2007. 11. 29.자 2005헌가10 결정, 판례집 19-2, 520면.
213) 이에 대하여 조대현 재판관은 "이 사건 법률조항은 의료법인의 임원·직원이 무면허 의료행위를 한 경우에 의료법인도 행위자와 함께 형사처벌하게 하면서, 임원·직원의 위법행위가 의료법인의 업무에 관하여 행해진 것이든 의료법인의 업무와 무관하게 이루어진 것이든 묻지 않고 있다. 그러나 의료법인의 임원·직원이 의료법인의 업무와 무관하게 위법행위를 한 경우에는 의료법인에게 의료법인의 임원·직원에 대한 지휘·감독의무가 있다고 볼 수 없으므로 그 경우에도 의료법인을 임원·직원과 함께 처벌하는 것은 책임주의의 원칙에 어긋난다. 따라서 이 사건 법률조항을 의료법인의 임원·직원이 의료법인의 업무와 무관하게 위법행위를 한 경우에도 적용하는 것은 헌법에 위반된다."고 하여 일부위헌의견을 제시하였고, 이동흡 재판관은 "이 사건 법률조항에서 무면허 의료행위를 한 종업원 이외에 그 종업원이 속한 법인을 종업원에 대한 해당 조의 벌금형으로 처벌하도록 하는 것은 종업원의 그와 같은 위반행위가 이익의 귀속주체인 법인의 내부기관의 묵인·방치 내지 넓게는 그러한 위반행위의 방지를 감독하기에 부족한 법인의 운영체계의 하자 등으로 인하여 발생 또는 강화될 가능성이 높아 법인에 대한 비난가능성이 높음에도 법인의 조직 및 업무구조의 특성상 그 책임소재를 명백히 가려내기 어렵다는 점을 감안한 것인 바, 이는 종업원의 위반행위에 대한 법인의 위와 같은 선임감독상의 주의의무위반 등에 대하여 강력한 처벌을 하려는 입법자의 의지를 반영한 것이다. 다만, 이 사건 법률조항은 '업무에 관하여'라는 구성요건을 두고 있지 아니하나, 종업원의 위반행위를 원인으로 하여 법인에게 형사책임을 인정하기 위해서는 종업원의 범죄행위에 대하여 아무런 관련이 없는 법인까지 포함되는 것이 아니라 당해 법인의 '업무'에 관하여 종업원의 '위반행위' 즉, 무면허 의료행위가 있는 경우에 한정된다고 해석하여야 할 것이고, 결국 이 사건 법률조항의 경우에도 그 문언상 '법인의 종업원에 대한 선임감독상의 과실 기타 귀책사유'가 명시되어 있지 않더라도 그와 같은 귀책사유가 있는 경우에만 처벌하는 것으로 해석할 수 있고 이는 문언해석의 범위 내에 있는 것으로서 합헌적 법률해석에 따라 허용되므로, 이러한 해석을 전제로 할 때 이 사건 법률조항은 책임주의원칙에 위반되지 아니한다."고 하여 합헌의 반대의견을 표명하였다.

제6절 의료와 행정소송

1. 개 요

의료와 관련하여 행정소송이 문제되는 영역은 의료인의 무면허 의료행위나 의료광고 규정 위반, 의료기관 개설 규정 위반 등으로 인하여 형사처벌을 받는 외에 부가하여 의료인 면허 자체에 대한 정지나 취소처분, 의료업에 대한 업무정지처분, 부당이득환수처분 등의 행정처분 이 이루어지는 경우이다.

2. 행정심판과 행정소송의 관계

가. 행정처분과 행정심판

(1) 행정처분

행정처분이란 행정청이 행하는 구체적 사실에 관한 법 집행으로서의 공권력의 행사 또는 그 거부와 그 밖에 이에 준하는 행정작용을 말하는바(행정절차법 제2조 제2호), 그 예로 영업정 지처분, 과징금부과처분, 면허의 취소처분, 자격정지처분 등을 들 수 있다.

(2) 행정심판

행정심판이란 행정처분에 위법하거나 부당함이 있는 경우, 행정처분을 취소, 의무이행, 무 효를 확인하는 절차를 말하여, 행정처분을 한 행정청, 상급기관, 시·도 소관의 행정심판위원 회 혹은 중앙행정심판위원회에서 재결을 할 수 있게 된다. 이와 같이 행정심판은 처분 등을 행한 행정청에 대하여 직접 이의를 제기하고, 처분청의 상급기관이 이를 심리하도록 하는 것 으로, 법원의 간섭 없이 행정청 스스로 행정의 능률성과 동일성을 확보하기 위하여 마련된 행 정청에 마련된 제도이다.

행정심판청구는 처분이 있음을 안 날로부터 90일 이내에 제기하여야 하며, 처분이 있은 날 로부터 180일을 경과하면 제기하지 못한다. 다만 정당한 사유가 있는 경우에는 그러하지 아 니한다(행정심판법 제27조 제1항, 제3항). 상대방이 있는 행정처분은 특별한 규정이 없는 한 의 사표시에 관한 일반법리에 따라 상대방에게 고지되어야 효력이 발생하고, 상대방 있는 행정처분이 상대방에게 고지되지 아니한 경우에는 상대방이 다른 경로를 통해 행정처분의 내용을 알게 되었다고 하더라도 행정처분의 효력이 발생한다고 볼 수 없다.[214]

나. 행정심판과 전치주의

구 행정소송법은 행정소송을 제기하려면 반드시 먼저 행정심판을 거치도록 하는 필요적 전치주의를 택하였으나, 국민에게 불필요한 절차를 요구함으로써 권리구제의 신속성을 저해하는 장애요인으로 작용하고 있다는 점을 이유로 1998. 3. 1. 행정소송법을 개정하면서 '취소소송은 법령의 규정에 의하여 당해 처분에 대한 행정심판을 제기할 수 있는 경우에도 이를 거치지 아니하고 제기할 수 있다'고 하여 임의적 전치주의를 원칙적으로 채택하고 있다(행정소송법 제18조 제1항).

그럼에도 행정심판을 먼저 제기하는 실익으로는 행정처분이 위법하거나 부당한 경우도 행정청이 인용재결을 할 수 있어 심판 범위가 확대되고, 심판청구인의 출석이 없어도 되며, 비교적 단기에 저렴한 비용으로 권리구제를 받을 수 있으며, 이후의 행정소송절차에서 행정심판 기록 제출명령제도를 통해 소송자료를 얻을 수 있게 된다(행정소송법 제25조).

한편 행정소송법 제18조 제1항에서는 다른 법률에 당해(當該) 처분에 대한 행정심판의 재결을 거치지 아니하면 취소소송을 제기할 수 없다는 규정이 있는 때에는 행정소송을 제기할 수 없다고 하고 있다. 이에 따라 현행법제상으로도 국가공무원법상 공무원에 대한 징계 기타 불이익처분,[215] 국세기본법과 관세법상의 처분, 부당해고나 부당노동행위 등에 대한 노동위원회의 결정, 운전면허 취소나 정지 등 도로교통법에 의한 처분은 예외적으로 필요적 전치주의를 취하고 있다. 다만, '처분의 집행 또는 절차의 속행으로 생길 중대한 손해를 예방하여야 할 긴급한 필요가 있는 때'에는 필요적 전치주의를 취하고 있는 경우에도 불구하고 행정심판 재결을 거치지 않고 행정소송을 낼 수 있다(동조 제2항).

그리고 무효확인소송의 제기에는 행정심판을 거칠 필요가 없어 전치주의가 적용되지 않는다.

---

214) 대법원 2019. 8. 9. 선고 2019두38656 판결.
215) 국가공무원법 제16조: 징계처분 및 본인의 의사에 반한 불리한 처분 등에 관한 행정소송은 소청심사위원회의 심사·결정을 거치지 아니하면 제기할 수 없다.

3. 행정소송의 개념과 유형

가. 행정소송의 개념

행정소송은 공법상의 법률관계에 관한 분쟁에 대하여 하는 재판절차를 의미한다. 행정소송의 목적은 행정청의 위법한 처분 그 밖의 공권력의 행사, 불행사의 등으로 인하여 발생한 국민의 권리 또는 이익의 침해를 구제하고, 공법상의 권리관계 또는 법적용에 관한 분쟁을 해결하는 것에 목적이 있다(행정소송법 제1조). 행정소송은 이와 같이 재판기관인 법원에 의하여 재판절차가 이루어지므로, 행정기관이 수행하는 행정심판과 구별된다. 행정소송은 '처분등'[216)에 대해서 제기할 수 있는데, 이는 처분과 행정심판에 대한 재결을 포함하므로 보다 범위가 넓다.

나. 행정소송의 대상이 되기 위한 요건

행정소송의 대상이 되기 위해서는 첫째, 공법상의 법적 분쟁 중 당사자 사이의 권리의무에 관한 권리의무에 관한 다툼으로서 법령의 적용에 의하여 해결할 수 있는 분쟁이어야 하고, 둘째, 법률의 적용에 관한 다툼이 있다는 것만으로 제기할 수 없으며, 이해관계가 대립하는 당사자 사이에 구체적이고도 현실적인 권리의무에 관련된 것이어야 하며, 셋째, 법령의 적용에 의하여 해결할 수 있는 것이어야 하므로 개인의 구체적인 권리의무나 법률상 이익에 직접 관계되지 않는 일반적 추상적인 법적 상태에 대한 분쟁은 행정소송 대상이 될 수 없다.

다. 행정소송의 유형

(1) 주관적 소송

(가) 항고소송

항고소송이란 행정청이 우월한 의사의 주체로서 행한 행정작용에 대한 불복소송, 즉 행정청의 위법한 처분 등이나 부작위로 인하여 권리·이익을 침해받은 자가 그 위법을 다투기 위하여 제기하는 소송이다(행정소송법 제3조 제1호).

항고소송에는 ① 행정청의 위법한 처분 등을 취소 또는 변경하는 취소소송(행정소송법 제4

---

216) 행정소송법 제2조 제1항 제1호: "처분등"이라 함은 행정청이 행하는 구체적 사실에 관한 법집행으로서의 공권력의 행사 또는 그 거부와 그 밖에 이에 준하는 행정작용(이하 "處分"이라 한다) 및 행정심판에 대한 재결을 말한다.

조 제1호), ② 행정청의 처분이나 재결의 효력유무 또는 그 존재여부를 확인하는 무효등확인
소송(행정소송법 제4조 제2호), ③ 행정청의 부작위가 위법하다는 것을 확인하는 부작위위법확
인소송(행정소송법 제4조 제3호)이 있다.

(나) 당사자소송

당사자소송이란 행정청의 처분 등을 원인으로 하는 법률관계에 관한 소송 그 밖의 공법상
의 법률관계에 관한 소송으로서 그 법률관계의 한쪽 당사자를 피고로 하는 소송인바(행정소송
법 제3조 제2호), 처분을 전제로 하거나 처분을 다툴 필요없이 행정청의 처분 등으로 인하여
발생한 개인의 권리나 의무를 바로 다투는 소송이다.

(2) 객관적 소송

객관적 소송으로는 국가 또는 공공단체의 기관이 법률에 위반되는 행위를 한 때에 직접 자
기의 법률상 이익과 관계없이 그 시정을 구하기 위하여 제기하는 민중소송(행정소송법 제3조
제3호)과 국가 또는 공공단체의 기관상호간에 있어서의 권한의 존부 또는 그 행사에 관한 다
툼이 있을 때에 이에 대하여 제기하는 소송인 기관소송이 있다(행정소송법 제3조 제4호).

4. 행정소송에서의 판결의 효력

행정소송의 판결의 효력으로는 형식적 확정력, 실질적 확정력, 반복금지효, 기속력이 있다.
형식적 확정력이란 판결이 확정되면 더 이상 재판을 통하여 당부를 다툴 수 없게 되는 것
이고, 실질적 확정력 내지 기판력이란 법원은 더 이상 그 내용을 변경하거나 그와 다른 판결
을 할 수가 없으며, 당사자는 확정된 권리관계에 관하여 다른 내용의 권리를 주장할 수 없는
것이다.

그리고 반복금지효는 취소소송에서 원고의 청구를 인용하는 판결이 확정되면 행정청은 동
일한 사실관계에서 동일한 당사자에게 동일한 내용의 처분을 반복하여서는 안 된다는 것이다.
다만 별도의 이유에 기하거나 사실관계에 변동이 있는 경우 다른 처분이 가능하다.

마지막으로 기속력은 확정판결이 사건에 관하여 당사자인 행정청과 그 밖의 관계행정청을
기속하는 것을 뜻하는 것으로, 기속력으로 인하여 거부처분을 행한 행정청은 판결의 취지에
의거하여 원래의 신청에 대한 처분을 하도록 재처분의무가 발생한다.

5. 행정소송에서의 제소 기간과 집행정지

가. 제소 기간

의료와 관련된 행정소송 중 가장 비중이 높은 것은 항고소송 중 취소소송이다. 취소소송의 제소 기간은 처분등이 있음을 안 날부터 90일 이내에 제기하여야 한다. 다만, 제18조제1항 단서에 규정한 경우와 그 밖에 행정심판청구를 할 수 있는 경우 또는 행정청이 행정심판청구를 할 수 있다고 잘못 알린 경우에 행정심판청구가 있은 때의 기간은 재결서의 정본을 송달받은 날부터 기산한다. 이러한 기간은 불변기간이다(행정소송법 제20조 제1항, 제3항). 한편 취소소송은 정당한 사유가 없는 한 처분등이 있은 날부터 1년(제1항 단서의 경우는 재결이 있은 날부터 1년)을 경과하면 이를 제기하지 못한다(동조 제2항).

대법원[217]은 제소기간과 관련하여 "제소기간의 기산점인 '처분 등이 있음을 안 날'이란 통지, 공고 기타의 방법에 의하여 당해 처분 등이 있었다는 사실을 현실적으로 안 날을 의미하므로, 행정처분이 상대방에게 고지되어 상대방이 이러한 사실을 인식함으로써 행정처분이 있다는 사실을 현실적으로 알았을 때 행정소송법 제20조 제1항이 정한 제소기간이 진행한다고 보아야 하고, 처분서가 처분상대방의 주소지에 송달되는 등 사회통념상 처분이 있음을 처분상대방이 알 수 있는 상태에 놓인 때에는 반증이 없는 한 처분상대방이 처분이 있음을 알았다고 추정할 수 있다. 또한 우편물이 등기취급의 방법으로 발송된 경우 그것이 도중에 유실되었거나 반송되었다는 등의 특별한 사정에 대한 반증이 없는 한 그 무렵 수취인에게 배달되었다고 추정할 수 있다."고 판시한 바 있다.

나. 집행정지

행정소송법 제23조 제1항에서는 행정처분이 위법한 것임을 전제로 하여 원고에 의하여 취소소송이 제기되었다고 하더라도 권한 있는 기관에 의하여 취소되지 않는 한 집행이 정지되지 않는다는 '집행부정지의 원칙'을 취하고 있다. 하지만 이를 획일적으로 적용하게 될 경우 원고가 향후 승소하더라도 이미 집행이 종료되어 회복할 수 없는 손해를 입게 되는 부당한 결과를 초래할 수 있으므로 이를 예방하기 위하여 집행정지가 가능하도록 하고 있다(행정소송법 제23조 제2항 내지 제6항).

---

217) 대법원 2017. 3. 9. 선고 2016두60577 판결.

집행정지를 신청하기 위한 요건은 처분 등의 존재, 본안 소송이 적법하게 존재할 것 — 통상 본안소송 제기 후 또는 동시에 신청한다 —, 본안소송 승소의 개연성이 존재할 것, 회복하기 어려운 손해의 발생이 우려될 것, 긴급한 필요성이 있을 것, 공공복리에 중대한 영향을 미칠 우려가 없을 것이다.

집행정지는 취소소송과 무효등확인소송이 제기된 경우에는 가능하지만(행정소송법 제23조 제2항, 제38조 제1항), 거부처분에 대하여는 실익이 없다.

의료인의 면허에 관한 자격정지나 의료업에 대한 업무정지처분의 경우 집행정지는 실익이 있는데, 재판 과정에서 각 심급마다 집행정지신청을 하여야 함을 유의하여야 한다. 즉, 의료인이 행정청의 처분에 대한 본안인 행정소송을 제기하면서 집행정지신청을 하여 법원이 이를 인용하였다고 하더라도 추후 본안인 행정소송에서 원고 패소 판결이 선고될 경우 그 다음 날부터 집행정지의 효력이 사라지고 의료인의 자격정지가 속행되기 때문이다. 따라서 1심 혹은 2심의 판결선고일 이전에 반드시 집행정지신청을 하여 이를 인용받아야 자격정지처분의 집행을 정지시킬 수 있어 의료행위를 계속할 수 있다.

6. 구체적 판례 – 한의사의 뇌파계를 이용한 진단행위로 받은 3개월의 한의사 면허 자격정지 처분에 대해 취소를 구한 사건[218]

가. 사실관계

(1) 원고는 A한의원을 운영하고 있는 한의사인데, 2010년 9월경부터 약 3개월 동안 뇌파계(모델명: NEURONICS–32 plus, 이하 '이 사건 뇌파계'라 한다)를 파킨슨병, 치매 진단에 사용하였다.

(2) 이 사건 뇌파계는 뇌세포 활동 등에 의해 생기는 전기생리학적 변화, 즉 환자의 두피에 두 개 이상의 전극을 부착해 증폭기를 통해 뇌파를 증폭한 후 컴퓨터로 데이터 처리를 하여 뇌의 전기적인 활동 신호를 기록하는 장치로, 2009. 1. 12. 식품의약품안전청(정부조직법이 2013. 3. 23. 법률 제11690호로 개정되면서 식품의약품안전처로 변경되었다.)의 허가를 받은 의료기기로서 구 의료기기법 시행규칙(2009. 6. 26. 보건복지가족부령 제118호로 개정되기 전의 것, 이하 같다) 제2조 [별표 1] 의료기기의 등급분류 및 지정에 관한 기준과 절차에 따라 위해도 2등급(사용중 고장이나 이상으로 인한 인체에 대한 위험성은 있으나 생명의 위험 또는 중대한 기능장애에 직

---

218) 대법원 2023. 8. 18. 선고 2016두51405 판결.

면할 가능성이 적어 잠재적 위험성이 낮은 의료기기)을 받았다.

(3) 위의 행위에 대하여 관할보건소장은 원고에 대하여 원고가 면허된 것 외의 의료행위를 하였음을 이유로 한의사 면허 자격정지 3개월 등 처분을 하였다.[219]

나. 1심과 항소심의 판단

(1) 1심(서울행정법원 2013. 10. 31. 선고 2013구합7872 판결)

1심은 원고의 위의 행위가 한의사의 면허 범위 내의 의료행위인 한방 의료행위라고 보기 어렵다고 판단하였다. 즉, 1심은 ① 뇌파계를 사용해 환자를 진단하는 행위를 전통적으로 내려오는 한의학적 지식을 기초로 하는 행위로 볼 수는 없다는 점, ② 뇌파계가 위해도 2등급을 받아 그 사용 자체로 인해 인체에 대한 위험성이 크지 않을 것으로 보이지만, 이 사건 뇌파계는 신경계 질환, 뇌질환 등을 진단하는 데에 사용되고 있고, 이 사건 뇌파계의 기능, 사용방법 등을 고려하면 이 사건 뇌파계에 나타난 기록을 제대로 파악하여 환자의 상태를 정확하게 진단하는 것은 뇌파기기와 관련된 교육을 충분히 받지 않은 상태에서 쉽지 않다는 점, ③ 뇌파측정 및 뇌파기기에 관한 한의학 교과서와 한의사 국가시험에서의 비중은 의과대학의 교육과정과 의사 국가시험에서의 비중을 비교할 때 동등한 교육을 받는다고 보기 어려운 점, ④ 원고의 의료광고 내용에 비추어 원고가 단순히 이 사건 뇌파계를 보조적으로 사용하였다고 볼 수 없다는 점을 들어 원고의 행위를 무면허 의료행위라고 판단하였다.

(2) 항소심(서울고등법원 2016. 8. 19. 선고 2013누50878 판결)

항소심은 원고의 위의 행위에 대하여 한의사가 면허된 것 이외의 의료행위를 하였다고 보기 어렵다고 하여 무면허 의료행위가 아니라고 판단하였다. 항소심은 그 이유로 ① 의료기기의 용도나 작동원리가 한의학적 원리와 접목되어 있어 한의학의 범위 내에 있는 의료기기의 사용은 허용할 필요성이 있다는 점, ② 한의사의 진료과목상 원고는 뇌파계를 사용하여 한방 신경정신과 진료를 하였던 것으로 보이는 점, ③ 원고가 전통적 한의학적 진찰법인 복진(腹診) 또는 맥진(脈診)을 통해 파킨슨병 등을 진단함에 있어 뇌파계를 병행 또는 보조적으로 사용한 것은 절진(切診)의 현대화된 방법 또는 기기를 이용한 망진(望診)이나 문진(問診)의 일종

---

219) 한의사가 면허된 것 외의 의료행위를 한 경우 의료법 또는 의료법에 따른 명령을 위반한 때에 해당하여 보건복지부장관이 1년의 범위에서 면허자격을 정지시킬 수 있도록 하고 있다(의료법 제66조 제1항 제10호) 그 행정처분의 세부적인 기준에 대하여 의료법에서는 보건복지부령인 의료관계행정처분규칙으로 정하도록 하고(의료법 제68조), 동법 시행규칙 제4조는 별표를 통하여 구체화하였는데, 이에 따라 보건복지부장관이 자격정지 3개월 범위 내에서 처분을 부과할 수 있다.

으로 파악할 수 있다는 점, ④ 한의과대학 교과과정 중 진단학의 내용 및 한의사 국가시험의 평가 항목상 뇌파기기에 관한 출제빈도에 비추어 충분한 교육이 이루어지고 있고, 의사 국가시험과 비교할 때 비중에 있어 차이가 있는 것은 한의학과 양학에서 뇌파기기가 차지하는 비중 등의 차이에서 비롯된 것에 불과하지 전문성 등에 대한 척도로 보기 어렵다는 점, ⑤ 뇌파계의 경우 일반인에게도 판매가 이루어지고 있는 것으로 보이고, 한방용 의료기기와 구별하여 판매가 허가되고 있지 않다는 점, ⑥ 영상의학과에서 취급하는 X-ray, CT기기, MRI기기 및 초음파기기 등의 경우 특수의료장비의 설치 및 운영에 관한 규칙 제2조 제2항에 의거 이들 기기의 설치와 등록에 영상의학과 전문의 자격이 있는 의사를 고용하여야 할 필요가 있고 이들 기기를 의료기사를 통해 사용하는 경우 의료기사 등에 관한 법률 시행령 제2조 제1항 제2호에 의하여 한의사의 지도가 금지되는 것에 반하여, 뇌파계의 경우 그와 같은 제한이 없다는 점, ⑦ 뇌파계의 측정결과가 즉시 자동으로 추출되는 것은 아니라도, 환자의 머리에 전극이 부착된 캡을 씌운 후 일정 시간이 지난 후 그 검사결과가 기계 자체에서 뇌파 데이터를 자동적으로 추출하고 측정결과를 분석하므로 그것이 어떠한 임상적 의미를 지니는지 판단한 것만이 의사의 역할이므로 서양의학에 관한 전문지식이나 기술을 필요하지 않는다는 점을 들어 한의사의 뇌파계 사용이 보건위생상 위해의 우려가 없다고 보았다.

다. 대법원의 판단

대법원은 "한의사가 의료공학 및 그 근간이 되는 과학기술의 발전에 따라 개발·제작된 진단용의료기기를 사용하는 것이 한의사의 '면허된 것 이외의 의료행위'에 해당하는지 여부는 관련 법령에 한의사의 해당 의료기기 사용을 금지하는 규정이 있는지, 해당 진단용 의료기기의 특성과 그 사용에 필요한 기본적·전문적 지식과 기술 수준에 비추어 한의사가 진단의 보조수단으로 사용하게 되면 의료행위에 통상적으로 수반되는 수준을 넘어서는 보건위생상 위해가 생길 우려가 있는지, 전체 의료행위의 경위·목적·태양에 비추어 한의사가 그 진단용 의료기기를 사용하는 것이 한의학적 의료행위의 원리에 입각하여 이를 적용 내지 응용하는 행위와 무관한 것임이 명백한지 등을 종합적으로 고려하여 사회통념에 따라 합리적으로 판단하여야 한다."고 하면서 대법원 2022. 12. 22. 선고 2016도21314 전원합의체 판결의 법리를 원용하였다.

이에 의거하여 대법원은 "원심의 이유 설시에 다소 부적절한 부분이 있지만, 원심의 판단에 상고이유 주장과 같이 필요한 심리를 다하지 아니한 채 논리와 경험의 법칙을 위반하여 자유심증주의의 한계를 벗어나거나 구 의료법(2010. 5. 27. 법률 제10325호로 개정되기 전의 것) 제2조 제2항, 제27조 제1항, 의료기사 등에 관한 법률, 국민건강보험법령 등에 관한 법리를 오해하여 판결에 영향을 미친 잘못이 없다.”고 하여 결국 한의사에 대한 면허자격 정지처분은 취소되어야 한다고 판단하였다.

찾아보기

공저자 약력

신현호

이력

1958. 10. 경기도 가평 출생

1977. 2. 서울고등학교 졸업

1982. 2. 고려대 법학과 졸업

1984. 2. 고려대 법학과 석사과정 수료

1994. 2. 고려대 의사법학연구소 의료법 고위자 과정 수료

1997. 2. 연세대 대학원 보건학과 수학

2000. 6. 고려대 대학원 법학과 박사과정수료

2006. 2. 고려대 대학원 법학과 박사학위 취득

수상경력

대통령 표창(전염병관리 유공자 포상, 2004)

서울변회 공로상(2007)

한국희귀질환연맹 공로패(2009)

대한변협 인권봉사상(2009)

서울변회 공익봉사상(2011)

보건복지부장관 표창(2013)

대한변협 공로상(2017)

국세청장 표창(모범납세자, 2020)

저서

소송실무대계 II(공저, 법률문화원 1994)

의료사고 · 의료분쟁(공저, 한솔미디어, 1995)

의료부분의 정보이용활성화(공저, 한국보건사회연구원, 1995)

암환자관리 정보체계구축에 관한 연구 I(공저, 한국보건사회연구원, 1997)

의료소송총론(육법사, 1997)

아픈 것 서러운데(공저, 몸과 마음, 2000)

보건복지정책 과제와 전망(공저, 국립암센터, 2004)

의료소송총람 I, II(이론과 실제) - (의료법률정보센터, 2005)

삶과 죽음 권리인가 의무인가? (육법사, 2006)

소극적 안락사, 대안은 없는가? (공저, 한림대학교출판부, 2007)

2007년 분야별 중요판례분석 - (공저, 법률신문사, 2007)

센텐스(내 영혼의 한 문장) - (공저, 플럼북스, 2010)
의료분쟁조정·소송총론(공저, 육법사 2011)
의료분쟁의 이론과 실제(상)(공저, 박영사 2022)

논문

정신과 감정, 자문 등에서의 책임소재와 법적인 문제점, 한국정신신체의학회 2003년 춘계학술대회, (2003. 6.)

의료분쟁 사례, 국민건강보험공단, (2003. 11.)

의료행위의 범위와 안마행위규제의 위헌성, 대한의료법학회, (2004. 1. 31)

2003년 분야별 중요판례분석 - 의료 - , 법률신문, (2004. 5. 13)

치과의료기관의 의료사고에 관련된 법률문제, 제45회 대한치과의사협회종합학술대회, (2004. 5. 16)

인체조직이식에 관한 법률검토, 제4회 한국조직은행연합회 학술대회, (2004. 5. 29)

백내장, 굴절교정수술과 의료분쟁, KSCRS학술대회, (2004. 6. 13)

의료분쟁해결의 합리적 방안, 한중의료법학회 - 중국심천, (2004. 6. 26)

치과의료의 특징과 치과분쟁의 유형,2004한국의료법학회 종합학술대회, (2004. 7. 2)

소극적 안락사의 법률적 검토, 한국생명윤리학회, (2004. 12.)

보라매병원사건에 관한 대법원 판결의 평가와 의의, 의료법학 제5권 제2호, (2004. 12.)

Limitations on Medical advertisements (The lst WCPHE & 2005 ICML), (2005. 8.)

의료소송 감정상의 문제점(대한의료법학회·법원의료법분야연구회 공동학술대회), (2005. 11.)

호스피스·완화 의료에 대한 형법적 연구, 법학박사학위논문, (2005. 12.)

최근의료소송판례동향, 대한변협 제56회 정기연수회, (2006. 1.)

의료소송 감정상의 문제, 법률신문, (2006. 1. 6.)

하지정맥류와 관련된 의료분쟁, 제11회 대한정맥학회 춘계학술대회, (2006. 3.)

산과마취에 관련된 의료소송, 대한산과마취학회 제10차 학술대회 (2006. 6.)

간호사의 의료분쟁 대처방안 한국QI 간호사회 (2008. 4.)

의무기록사 업무범위의 법률적 의미와 안전한 의무기록관리방안 - 대한의무기록협회 제60차 춘계학술대회 (2008. 4)

희귀질환환자의 법적 제도적 지원의 필요성 - 제9회 희귀질환 치료를 위한 사회적 여건조성 심포지움 (2008. 5)

산전진단과 처치에 관한 의료법과 문제점 및 개선 - 대한소아심장학회 (2008. 5.)

존엄사에 대한 법률적 측면 - 삶과 죽음을 생각하는회 창립18주년 기념강연회 (2009. 4.)

법적인 관점에서 본 연명치료 중 - 2009 한국생명윤리학회 하반기 학술대회 (2009. 12.)

낙태죄에 관한 제문제 - 저스티스 통권 제121호 (2010. 12.)

최근 의료민사소송의 현황과 절차적 제문제 - 한국의료법학회지 통권 제18권 제2호 (2010. 12.)

자동차사고시 자동차보험과의 중복급여로 인한 건강보험 급여제한의 타당성 고찰(공저) - 한국의료법학회지 통권 제19권 제2호 (2011. 12.)

국립조직기증관리기관의 역할(대한골·연부조직이식학회, 한국조직은행연합회 2014년 조직은행 WORKSHOP)
  (2014. 4.)

우리나라 의료판례 변화에 대한 비판적 고찰－판결양식과 손해배상액을 중심으로－
(의료법학 제15권 제1호 2014. 6.)

호스피스 완화의료 제도화를 위한 법률 개정방안, 건강보험정책, 제14권 제1호, 2015. 6.

개정 의료분쟁조정법 시행에 따른 의료분쟁조정제도에 관한 현황과 과제(공저)－인권과 정의 제467호,
  (2017. 8.)

경력

1984. 10. 제 26회 사법시험 합격

1987. 02. 사법연수원 제16기 수료

1990. 02. 육군 법무장교 예편 (중위)

1990. 03. 변호사 개업 (서울지방변호사회 소속)

1993. 04. 경기도 가평군 고문변호사

1994. 02. 고려대학교 의사법학연구소 운영위원
  (이사) 겸 외래교수

1995. 04. Medico－Legal Forum 회장

1995. 09. 경찰청 법률 자문위원

1995. 10. 사단법인 한국의료법학연구소 부소장
  (학술담당, 이사)

1996. 02. 한국의료법학회 학술이사 겸 편집위원장

1996. 03. 고려대학교 법무대학원 외래교수(의료
  법학)

1997. 04. 대한변호사협회 공보위원

1997. 09. 단국대학교 정책경영대학원 특수법무학
  과 외래교수

1997. 09. 고려대학교 대학원 의학과 외래교수(임
  상법의학)

1997. 09. 경제정의실천시민연합 시민입법위원

1998. 03. 보건복지부 전염병예방법 개정위원

1998. 08. 연세대학교 보건대학원 보건의료법률윤
  리학 외래부교수

1999. 01. 서울변호사회 심사위원, 홍보위원

1999. 01. 대한보건협회 담배 및 주류광고 심사위원

1999. 03. 한국산업안전관리공단 산업안전협의회
  위원

1999. 03. 경제정의실천시민연합 정책위원(보건의
  료위원)

1999. 06. 보건복지부 혈액관리위원회 위원

1999. 10. 한일법학회 상임이사

2000. 01. 국방부 의무자문관

2000. 01. 대한보건협회 이사

2000. 03. 고려대학교 법과대학 법률상담소 상담
  위원

2000. 03. 안암법학회 이사

2000. 03. 서울시 구급대책협의회 위원

2000. 05. 구호자보호법 학술연구 자문위원(행자
  부)

2000. 07. 동아일보 신현호의 메디컬&로 고정칼
  럼게재

2000. 08. 국무총리 직속 보건의료발전특별위원회
  전문위원

2000. 09. 대한변협 '의약제도개선특별위원회'
  위원

2000. 09. 한국생명윤리학회 섭외이사

2001. 04. 보건복지부 예방접종심의위원회 위원

2001. 06. 보건복지부 중앙의료심사위원회 위원

2001. 08. 보건복지부 천연물 신약연구개발정책심
  의회 위원

2001. 08. 한국 작은키모임(Little People Of Korea; 왜소증 환우) 후원회 부회장

2001. 10. 한국희귀질환연맹 이사

2001. 12. 사법시험위원

2002. 02. 보건복지부 건강보험정책심의위원회 위원

2002. 04. 대한임상연구 심의기구협의회(IRB) 자문위원

2002. 06. 행정자치부 정책자문위원회 위원

2002. 10. 대한병원협회 병원경영연구원 객원연구위원

2002. 11. 국가인권위원회 조사관

2003. 03. 경희대학교 경영대학원 의료경영학과 겸임교수

2003. 05. 서울지방경찰청 법률지원상담관

2003. 08. 보건복지부 천연물신약연구개발정책심의위원(제2기)

2003. 08. 보건복지부 예방접종피해보상심의위원 (제1기) 및 부위원장

2003. 08. KBS방송자문변호사

2003. 09. 한국소비자보호원 소송지원 변호사

2004. 01. 대한의료법학회 상임이사

2004. 01. 학교법인 삼량학원 이사

2004. 03. 휘문고등학교 학교운영위원회 위원

2004. 04. 고려대학교 의료법학연구소 외래교수

2004. 06. 국립과학수사연구소 자문위원

2004. 12. 대통령 표창 수상(전염병관리 유공자 포상)

2004. 12. 사립학교 교직원 연금급여 재심위원회 위원

2005. 01. 서울대학교병원 발전후원회 감사

2005. 02. 대한변호사협회 교육이사

2005. 03. 서울변호사회 법제위원회 부위원장

2005. 03. 변호사 연수원 부원장

2005. 04. 서울지방경찰청 시민인권보호단 위원장

2005. 04. 제1회 세계공중보건법 윤리학대회 (WCPHE) 및 2005국제의료법대회(ICML) 조직위원

2005. 05. 서울 대청중학교 변호사 명예교사

2005. 05. 대한변협 변호사대회 집행위원회 간사

2005. 06. 한국방재정보학회 이사

2005. 07. 대한변협 법률서비스 선진화 대책위원

2005. 10. 소방방재청 민방위혁신기획단 자문위원

2005. 10. 대통령자문 의료산업선진화위원회 e-health 전문위원

2005. 10. 국립과학수사연구소 정보공개심의회 위원

2006. 01. 경실련 정책위원회 보건의료위원회 위원장

2006. 01. 교육부 중앙영재교육진흥위원회 제2기 위원

2006. 02. 대한의료법학회 부회장

2006. 05. 법학적성시험기초연구위원회 위원

2006. 07. 서울특별시 지역응급 의료위원회 위원

2006. 08. 보건의료정보화 운영위원회 위원

2006. 11. 대통령자문 의료산업선진화위원회 e-health 전문위원회 위원

2006. 12. 대한변호사협회 공보이사 직무대리

2006. 12. 대한변호사협회 회지편집위원장 직무대리

2006. 12. 대한변호사협회 변호사신문편집위원장 직무대리

2007. 01. 국립과학수사연구소 자문위원

2007. 01. 서울특별시 임상시험심의위원회 위원

2007. 02. 보건복지부 중앙정신보건심의위원회 위원

2007. 03. 보건복지부 중앙정신보건심판위원회 위원

2007. 03. 교육인적자원부 한의학 전문대학원 추진 지원위원회 위원

2007. 03. 서울지방변호사회 공익활동심사위원회 위원장

2007. 03. 서울지방변호사회 섭외위원회 위원장

2007. 04. 대한변호사협회 변호사대회 집행위원회 위원

2007. 04. 조선일보 헬스조선 고정칼럼게재
2007. 07. 법조윤리협의회 주무간사, 사무총장
2007. 09. 고려대학교 법과대학 법학과 겸임교수
2007. 11. 한국의료법학회 회장
2008. 01. 대한변호사협회의 변호사연수원 운영위
　　　　원회 위원
2008. 12. 한국보건의료연구원 비상임감사
2009. 03. 소방방재청 중앙구급대책협의회 위원
2009. 04. 경기도 가평군 정신보건심의(심판) 위
　　　　원회 운영위원
2009. 04. 대한변호사협회 인권위원회 위원 및 의
　　　　료인권소위원회 위원장
2009. 08. 국민건강보험공단 조직진단위원회 위원
2009. 10. 국민건강보험공단 비상임이사
2009. 11. 대한변호사협회 성폭력피해아동지원위
　　　　원회 위원
2009. 12. 한국의료윤리학회 이사
2010. 01. 한국의료법학회 회장 재선
2010. 03. 한국제약협회 및 KRPIA 규약심의위원
　　　　회 위원
2010. 04. 대한변호사협회 외국법자문사광고심사
　　　　위원회 위원
2010. 04. 국민건강보험공단 반부패특별추진위원
　　　　회 위원
2010. 05. 고려대학교 의과대학 외래교수
2010. 06. 대한상사중재원 중재인
2010. 09. 국토해양부 재활시설운영심의위원회
　　　　위원
2010. 09. 국민건강보험공단 임원추천위원회 위원
2010. 10. 사단법인 한국법철학회 감사
2011. 02 보건복지부 감염병관리위원회(제1기) 위원
2011. 03. 서울지방변호사회 정책자문특별위원회
　　　　위원
2011. 05. 사단법인 한국재난정보학회 이사
2011. 06. 법무부 인권강사
2011. 07. 법조윤리협의회 위원

2011. 07. 서울지방변호사회 공익소송특별위원회
　　　　위원
2011. 10. 한국의료윤리학회 부회장
2012. 01. 사단법인 한국제약협회 공정경쟁규약심
　　　　의위원회 위원
2012. 01. 한국다국적의약산업협회 규약심의위원
　　　　회 위원
2012. 02. 서울특별시 서울의료원 임상시험심사위
　　　　원회 위원
2012. 03. 고려대학교 법학전문대학원 겸임교수
2012. 04. 한국의료분쟁조정중재원 조정위원
2012. 05. 고려대학교 의과대학 외래교수
2012. 06. 대한변호사협회의 외국법자문사광고심
　　　　사위원회 위원
2012. 06. 대한변호사협회의 광고심사위원회 위원
2012. 08. 식품의약품안전청 중앙약사심의위원회
　　　　위원
2012. 11. 한국의료지원재단 자가면역질환 환자
　　　　의료비지원 사업 운영위원회 위원
2012. 11. 건강보험심사평가원 미래전략위원회
　　　　위원
2012. 12. 국가생명윤리위원회 특별위원회 위원
2012. 12. 제2회 변호사시험출제위원
2013. 01. 국민건강보험공단 재정운영위원회 위원
2013. 02. 보건복지부 감염병관리위원회 위원
2013. 03. 고려대학교 법학전문대학원 겸임교수
2013. 04. 가평군 정신보건심의위원회 위원
2013. 04. 대한변호사협회 인권위원회 위원
2013. 04. 보건복지부 국민행복의료기획단 위원
2013. 05. 사단법인 한국재난정보학회 이사
2013. 07. 사단법인 한국희귀·난치성질환연합회
　　　　이사
2013. 07. 법무부 인권강사
2013. 08. KBS 방송자문변호사
2013. 08. 나누리병원 의약품. 의료기기 임상시험
　　　　심사위원회 위원

2013. 10. 건강보험심사평가원 미래전략위원회 위원

2014. 01. 국민건강보험공단 국민건강보험 정상화 추진위원회 자문위원

2014. 01. 사단법인 한국의료법학회 고문

2014. 01. 사단법인 한국다국적의약산업협회 규약 심의위원회 위원

2014. 02. 서울특별시 서울의료원 의생명윤리위원회 위원

2014. 03. 대한변협 변호사연수원 운영위원회 위원

2014. 03. 국민건강보험공단 법률고문 평가위원회 위원

2014. 04. 국민건강보험공단 장기요양심사위원회 위원

2014. 05. 고려대학교 의과대학 외래교수

2014. 05. 대한변협 세월호참사피해자지원 및 진상조사특별위원회 위원

2014. 05. 건강보험심사평가원 제2기 포괄수가제 시민,전문가 자문위원회 위원

2014. 08. 제4회 변호사시험검토위원

2015. 01. 한국의약품안전관리원 의약품부작용피해구제 전문위원회 위원

2015. 01. 대통령 4.16세월호참사 특별조사위원회 위원

2015. 02. 국민건강보험공단 자문위원회 위원

2015. 04 대한변협 윤리의원회 위원

2015. 06 한국생애설계협회 이사

2015. 08 법무부 인권강사

2015. 08 KBS 방송자문변호사

2015. 09 고려대학교 법학연구원 보건의료법정책연구센터 자문위원

2015. 12. 변호사신문 신변호사에게 듣는 의료소송 고정칼럼게재

2016. 03. 국민건강보험공단 법률고문 평가위원회 위원

2016. 03. 한국환경산업기술원 구제급여심사위원회 위원

2016. 04. 국민안전처 2016 재난대응 안전한국훈련 중앙합동평가단 위원

2016. 05. 고려대학교 의과대학 외래교수

2016. 06 대한변협 생명존중재난안전특별위원회 위원장

2016. 07 대한변협 광고심사위원회 위원

2016. 07 대한변협 외국법자문사광고심사위원회 위원

2016. 09 대한변협 전문분야심사소위원회 위원

2016. 09 대한변협 전문분야등록심사위원회 위원

2016. 09 대한변협 인권위원회 위원

2016. 10 각당복지재단 사전연명의료의향서 전문위원회 위원

2017. 01 한국의약품안전관리원 의약품 부작용 전문의원회 전문가단 위원

2017. 02. 보건복지부 감염병관리위원회 위원

2017. 03 대한변협 인권위원회 위원

2017. 04 대한변협 교육위원회 위원

2017. 04. 국민건강보험공단 장기요양 심사위원회 위원

2017. 08. 사단법인 한국 희귀·난치성질환연합회 이사

2018. 01. 대한변협 변호사연수원 운영위원회 위원

2018. 02. 국방부 성범죄 특별대책TF 위원

2018. 03. 환경부 한국환경산업기술원 구제급여심사위원회 위원

2018. 04. 한국의료분쟁조정중재원 비상임조정위원

2018. 08 KBS 방송자문변호사

2018. 09. 대한변협 생명존중재난 안전법률지원 변호사 단원

2018. 12. 대한변협 광고심사위원회 위원

2019. 01. 한국의약품안전관리원 의약품 부작용

전문의원회 전문가단 위원

2019. 02. 질병관리본부 제5기 예방접종피해보상 전문위원회 위원

2019. 03 대한변협 인권위원회 위원장

2019. 04. 가평군 정신건강심의위원회 위원

2019. 04. 법무부 포용적 가족문화를 위한 법제개선위원회 위원

2019. 05. 한반도 평화 만들기 한일비전포럼 위원

2019. 05. 사단법인 한국재난정보학회 감사

2019. 05 대한변협 의료인권소위원회 위원장

2019. 08 법무부 인권강사

2019. 08 KBS 방송자문변호사

2019. 09. 건강보험심사평가원 제7기 약제급여평가위원회 위원

2019. 12. 법조윤리협의회 자문위원

2020. 01 대한변협 변호사연수원 운영위원회 위원

2020. 03 대한변협 코로나19대책법률지원TF 위원장

2020. 06 대한변협 생명존중재난안전특별위원회 위원

2020. 06. 질병관리본부 살아있는 자 간 장기이식대상자 선정승인자문위원회 위원

2020. 08. 국민건강보험공단 부당청구제공기관 신고 포상심의위원회 위원

2020. 09. 대한변협 생명존중재난안전법률지원 변호사단 위원

2020. 09. 대한변협 광고심사위원회 위원

2020. 09. 국민건강보험공단 자문위원회 위원

2020. 10. 대한변협 전문분야등록 심사위원회 위원

2021. 01. 한국의약품안전관리원 의약품 부작용 전문의원회 전문가단 위원

2021. 02. 질병관리청 예방접종피해보상 전문위원회 위원

2021. 07. 한국식품의약품안전처 중앙임상시험심사 위원

2021. 07. 보건복지부 국민건강보험 전문평가위원회 위원

2021. 08. KBS 방송자문변호사

2021. 09. 법무부 인권강사

2021. 12. 법조윤리협의회 자문위원

2022. 01. 서울고등학교 총동창회 제29대 차기회장 겸 미래로위원장

2022. 02 대한변협 변호사연수원 운영위원회 위원

2022. 02 재단법인 한국공공조직은행 감사

2022. 03 경제정의실천시민연합 중앙위원회 부의장

2022. 04 국립암센터 의료기관윤리위원회 위원

2022. 04 한국보훈복지의료공단 경영자문위원

2022. 06. 대한변협 생명존중재난안전특별위원회 위원

2022. 06. 국립장기조직혈액관리원 살아있는 자 간 장기이식대상자 선정승인 자문위원회 위원

2022. 06. 국립장기조직혈액관리원 장기이식운영위원회 위원

2022. 06. 대한변협 진료계약의 민법 편입 개정을 위한 TF위원

2022. 06. 대한변협 생명존중재난안전특별위원회 위원

2022. 06. 대한상사중재원 중재인

2022. 07. 대한의학회 중앙임상시험심사위원회 심사위원

2022. 11. 대한변협 10.29. 이태원참사대책특별위원회 위원

2022. 11. 대한변협 전문분야등록 심사위원회 위원

2022. 12. 사회보장위원회 실무위원회 위원

2023. 01. 한국의약품안전관리원 의약품 부작용 전문의원회 전문가단 위원

2023. 01. 중앙일보 "법과 삶" 고정칼럼게재

2023. 01. 서울고등학교 총동창회 제30대 회장

2023. 04. 대한변협 인권위원회 위원

2023. 05. 사단법인 한국재난정보학회 제10기 감사

2023. 07. 대한변협 의료인권소위원회 위원

2023. 08. KBS 방송자문변호사

2023. 10. 한국보훈복지의료공단 정보공개심의회

외부위원

2023. 10. 각당복지재단 사전연명의료의향서 자문
위원

2023. 11. 법무부 인권강사

백경희

이력

1976. 5. 경기도 수원 출생
1993. 2. 동우여자고등학교 졸업
1998. 2. 고려대 법학과 졸업
2004. 2. 고려대 법학과 석사과정 수료
2009. 2. 고려대 대학원 법학과 박사학위 취득

수상경력

제6회 북악법학학술상(2021)
한국의료분쟁조정중재원 표창(2021)
제21회 철우언론법상(2022)
보건복지부장관상(2023)
한국의료법학회 공로상(2023)

저서

의료분쟁 조정·소송 총론(공저, 육법사, 2011)
의료분쟁 조정·소송 각론(공저, 육법사, 2012)
민사사례(공저, 박영사, 2016)
의료분쟁의 이론과 실제(공저, 박영사, 2022)
데이터법(공저, 세창출판사, 2022)
인공지능법 총론(공저, 세창출판사, 2023)

논문

과로사와 산업재해, 대한법의학회지(2006.)
의료과오소송에 있어서 인과관계의 판단과 입증책임에 관한 판례의 최근 경향, 의료법학(2007.)
현행법상 의료법인의 비영리성과 문제점, 의료법학(2007)
의료사고 민사책임의 성립과 범위에 관한 연구, 고려대학교 박사학위 논문(2008)
미용성형수술의 특수성, 의료법학(2008)
의료과오소송에서의 성실진료의무와 수인한도, 한국의료법학회지(2009)
일반의약품 수퍼판매에 대한 시민사회의 시각, 의료정책포럼(2011)
조산사의 법적 지위와 주의의무, 한국의료법학회지(2011)
의약품의 분류에 따른 약사의 주의의무와 일반의약품 약국외 판매(OTC 판매)의 허용가능성, 법학연구
　　(2011)
분만 의료사고에 대한 보상사업 – 의료사고 피해구제 및 분쟁조정 등에 관한 법률 제46조에 관하여 –, 의

료법학(2011)

의료사고 보상사업상 보상청구권의 법적 의미에 관한 일별 – 의료사고 피해구제 및 의료분쟁 조정 등에 관한 법률 제46조에 관하여 –, 한국의료법학회지(2011)

환자의 진료협력의무와 의사의 의료과실, 의료법학(2012)

의료사고 민사책임과 소멸시효, 한국의료법학회지(2012)

의료과실책임과 유해물질 제조물책임에서의 인과관계에 관한 최근 판결의 동향 및 증명책임 경감 논의에 대한 검토, 경희법학(2012)

의료법상 환자유인행위와 의료광고의 관계에 관한 일별 – 대법원 2012. 9. 13 선고 2010도1763 판결 –, 한국의료법학회지(2012)

현행법상 의료분쟁에 있어서 당사자 신청의 소송 대체 분쟁해결제도 – 의료사고 피해구제 및 의료분쟁 조정 등에 관한 법률을 중심으로, 법학평론(2012)

설명의무와 지도의무 – 설명의무에 관한 최근 판례의 동향 –, 안암법학(2013)

진료기록의 편중성과 진료기록 기재의무 위반에 관한 고찰, 법학논총(2013)

의사의 대면진료의무와 의료법 제17조 제1항의 해석에 대한 소고, 법학논집(2013)

의료분쟁조정 신청절차에서의 입법적 개선방안에 대한 소고(小考) – 의료사고 피해구제 및 의료분쟁 조정 등에 관한 법률 제27조를 중심으로 –, 법제연구(2013)

약사법상 담합행위에 관한 고찰, 법학연구(2013)

설명간호사의 현황과 법적 지위에 관한 고찰, 의료법학(2013)

응급의료에 관한 판례의 분석과 고찰 – 급성기 3대 중증 응급 질환을 중심으로 –, 한국의료법학회지(2013)

대면진료와 원격의료의 관계에 관한 법적 고찰, 서울법학(2014)

인신사고와 소멸시효 – 대법원 2013. 7. 12. 선고 2006다17539 판결을 중심으로 –, 법학연구(2014)

양방의료행위와 한방의료행위의 의의 및 중첩 양상에 관한 판례의 태도에 대한 고찰, 한국의료법학회지(2014)

장래의 퇴직급여채권에 대한 재산분할청구에 관한 고찰, 외법논집(2014)

불성실한 진료에 대한 의료민사책임의 법리 구성, 법과정책(2014)

의사의 구명(救命)의무와 환자의 자기결정권의 관계에 관한 민법적 고찰, 한양법학(2014)

대습상속인의 특별수익 및 유류분 반환의무에 관한 고찰(2014)

친권의 제한제도에 관한 개정 민법의 검토 – 신분적 효력을 중심으로 –, 법학연구(2014)

일본과 우리나라의 의료민사소송 심리 및 운영에 관한 고찰, 동아법학(2014)

한의사와 의사의 업무 범위와 관련된 법령 고찰, 대한예방한의학회지(2014)

선택진료제를 위반한 의료행위의 민사책임에 관한 고찰, 의료법학(2014)

의료인의 면허 외 의료행위에 대한 형사적·행정적 책임에 관한 고찰, 사법(2014)

마취상 주의의무와 분업의 원칙, 법학논총(2014)

의료법상 의료법인의 비영리성에 관한 소고, 한국의료법학회지(2014)

자기결정능력 흠결 상태의 환자에 대한 의료행위의 동의에 관한 소고(小考), 법학논총(2015)

의사의 연찬의무의 법제에 관한 검토 – '뉴질랜드 보건종사자의 역량 보증법'의 내용을 중심으로 –, 법학연

구(2015)

의료기관의 개설 및 경영 제한의 유형과 문제점에 관한 고찰, 법학논집(2015)

원격의료와 설명의무에 관한 고찰－2014. 4. 2. 의료법 정부개정안을 중심으로－, 과학기술법연구(2015)

환자안전법상 환자안전사고의 보고시스템에 관한 고찰－일본 개정 의료법과의 비교를 중심으로－(2015)

재산적 효력에 관한 친권 제한 제도에 관한 고찰, 입법과 정책(2015)

변호사 성공보수약정에 관한 소고－대법원 2015. 7. 23. 선고 2015다20011 전원합의체 판결－, 서울법학
    (2015)

한의사의 물리치료사 지도 가능성에 관한 고찰, 법과정책(2015)

사무장병원의 개설과 부당청구에 대한 규제에 관한 소고, 한국의료법학회지(2015)

일본의 의료사고 조사제도의 정비와 시행에 관한 고찰－우리나라 환자안전법의 하위법령 제정에 대한 시
    사점을 중심으로－, 법학연구(2016)

아동학대에 대한 친권제한의 실효적 적용에 관한 고찰－일본의 아동학대 방지 관련 법제와의 비교를 중심
    으로－, 법학연구(2016)

법학전문대학원의 실무필수과목의 편제와 평가기준에 관한 소고－'법문서 작성' 과목을 중심으로－, 저스
    티스(2016)

법학전문대학원 특성화 교육의 실효성 제고를 위한 고찰, 외법논집(2016)

환자의 소인으로 인한 의료인의 책임 제한에 관한 소고－일본과의 비교를 중심으로－, 강원법학(2016)

의료인의 거짓 경력에 관한 의료광고에 대한 고찰, 과학기술법연구(2016)

우리나라 법학전문대학원 리걸클리닉에서의 국선변호활동에 관한 소고, 한양법학(2016)

의료민사책임에서의 인과관계에 관한 소고, 의료법학(2016)

전자의무기록에 대한 소고, 한국의료법학회지(2016)

무면허의료행위와 한의사의 진단용 의료기기사용에 관한 고찰, 형사법의 신동향(2016)

치과 의료광고 규제에 관한 소고－대법원 판결과 헌법재판소 결정을 중심으로－, 대한치과의사협회지
    (2016)

주사행위에서의 의료과실과 책임에 관한 연구－일회용 주사기 등의 재사용으로 인한 감염을 중심으로－,
    홍익법학(2016)

치과의료행위의 내용과 범위에 관한 소고－치과의료행위에 관한 대법원 2016. 7. 21. 선고 2013도850 전
    원합의체 판결을 중심으로－, 법학연구(2016)

미용성형수술에 관한 면허 외 의료행위에 관한 고찰, 법학연구(2017)

의료 중과실(重過失)에 대한 법적 고찰, 사법(2017)

의사의 설명의무와 인신사고의 소멸시효에 관한 고찰－대법원 2017. 2. 15. 선고 2014다230535 판결을
    중심으로－, 법학논총(2017)

환자안전법상 환자안전사고의 범위에 관한 고찰, 인권과 정의(2017)

의료기관 내 폭력에 대한 법적 고찰과 대응방안, 강원법학(2017)

호스피스 완화의료와 임종과정에 있는 환자의 연명의료 결정에 관한 법률의 문제점에 관한 검토, 법제연구
    (2017)

왓슨의 진단 조력에 대한 현행법상 형사책임에 관한 소고, 형사법의 신동향(2017)

인공지능을 이용한 의료행위와 민사책임에 관한 고찰, 법조(2017)

방문건강관리사업과 방문간호에서 의료정보 동의에관한 법적 문제점에 대한 소고, 입법과 정책(2017)

비급여의료에 관한 환자유인행위의 판단기준에 관한 고찰, 법학논총(2018)

산후조리원의 신생아 집단 관리행위에 관한 고찰, 서울법학(2018)

미성년자의 동물 해부 실험의 규제에 관한 소고, 생명윤리정책연구(2018)

자율주행자동차의 시험주행에 대한 규제에 관한 고찰, 동아법학(2018)

신생아 병원감염에 관한 의료과실의 판단과 무과실 보상에 관한 고찰, 법학연구(2018)

의료판례의 동향과 문제 : 민사법적 쟁점과 전망을 중심으로, 한국의료법학회지, 26권 1호(2018)

개물림 사고에 대한 소유자의 법적 책임에 관한 소고 – 미국의 개물림 법제와의 비교를 중심으로 –, 법제
연구(2018)

변호사시험의 합격률 공개가 법학전문대학원에 대하여 미치는 영향에 관한 소고, 법학논고(2018)

봉침 치료와 그 의료과실의 판단에 관한 소고, 원광법학, 34권 3호(2018)

일본의 '자동운전에 관한 제도정비 대강(大綱)' 발표를 통한 자동운전사회에 대한 대비에 대하여, 강원법학
(2018)

보건의료종사자에 대한 폭력 양상과 대처에 대한 연구 – 미국의 법제와의 비교를 중심으로 –, 법학연구
(2018)

우리나라 동물실험절차에 대한 법제의 검토 – 미국과의 비교를 통한 기준의 적정성을 중심으로 –, 과학기
술과 법(2018)

의료인의 지시에 의한 비의료인 또는 의료인의 무면허의료행위에 대한 형사법적 문제점에 관한 소고 – 우
리나라 판례의 태도를 중심으로 –, 형사법의 신동향(2018)

학교폭력의 범위 및 가해학생과 그 감독자의 법적 책임에 관한 고찰 – 미국의 법제와의 비교를 중심으로
–, 법학논집(2019)

정신건강의학과 분야의 환자 폭력과 보건의료종사자 보호에 관한 법적 검토, 입법과 정책(2019)

진료기록감정 및 그 판단에 대한 법적 고찰 – 의료민사책임을 중심으로 –, 의료법학(2019)

안전한 진료환경 구축을 위한 정책 개선과제, 보건행정학회지(2019)

간호사에 대한 직장 폭력 양상과 그 대응방안 – 외국 법제와의 비교를 중심으로 –, 법학논총(2019)

의료법 제4조 제2항을 위반하여 개설된 의료기관의 국민건강보험법상 요양급여비용 청구에 관한 소고, 사
회법연구(2019)

우리나라 변호사시험 제도의 정상화에 관한 소고 – 변호사시험 출신 변호사에 대한 설문조사 결과를 바탕
으로 –, 동아법학(2019)

의료민사소송에서의 불성실한 진료에 대한손해배상청구에 관한 소고, 법학논총(2019)

환자의 진료협력의무 위반과 의사의 설명의무 · 설득의무 간의 관계에 관한 고찰 – 통상의 의료행위와 미용
성형수술행위와의 비교 –, 의생명과학과법(2019)

천연물신약 개발에 대한 법적 규제의 적절성에 관한 소고, 과학기술과 법(2019)

청소년 음주운전에 대한 우리나라의 현행법상 규정과 향후 대응방안, 법제연구(2019)

미용성형수술과 사과법 및 디스클로져법 등의 도입에 관한 연구, 한국의료법학회지(2019)

전문직 종사자에 대한 대중의 온라인 평가와 개인정보자기결정권에 관한 고찰, 원광법학(2020)

인터넷 의료광고를 활용한 환자 유인행위에 관한우리나라 판례 동향 및 법정책 방향에 관한 고찰, 동아법학(2020)

캐나다의 원격의료에 대한 법제에 관한 고찰－우리나라에 대한 시사점을 중심으로－, 강원법학(2020)

사무장병원에 대한 법적 규제와 판례의 태도에 관한 고찰, 의료법학(2020)

사무장병원의 임금 지급의무의 주체에 관한 고찰－대법원 2020. 4. 29. 선고 2018다263519 판결을 중심으로－, 법학논총(2020)

미국의 원격의료에 관한 고찰－코로나 19 대처에 대한 시사점을 중심으로－, 법학논고(2020)

의료인의 환자 개인의료정보 보호에 관한 법적 고찰, 법학논총(2020)

헬스케어 산업화에 관한 민법적 쟁점, 비교사법(2020)

전화 처방과 처방전 발급의 의료분업에 관한법적 고찰, 입법과 정책(2020)

펜데믹(Pandemic) 기간 동안의 원격의료 허용 여부 및 그 범위에 관한 고찰, 법학논총(2020)

감염병의 예방 및 관리에 관한 법률상 손실보상청구에 관한 법적 고찰, 의생명과학과법(2020)

대리모 계약·출산과 관련된 국내외 입법동향 및 국내 의료계와 법조계의 시각차에 대한 검토, 과학기술과법(2020)

미용성형수술에 관한 민사 판례 분석을 통한 피수술자의 권리 보호 방안, 영남법학(2020)

미용서비스와 의료행위의 경계에 관한 고찰－문신행위에 대한 일본 최고재판소 결정의 시사점과 우리나라 소비자 인식 변화를 중심으로－, 소비자문제연구(2020)

포스트 코로나 시대의 원격의료에 관한 법제의 개정 방향에 관한 고찰, 법제(2020)

코로나 19 위기 대응 방해 행위와 법적 책임, 법학연구(2020)

감염병 위기대응과 신체의 자유 제한에 대한 고찰, 입법과 정책(2021)

감염병 위기대응과 보건의료 빅데이터 수집에 대한 법적 고찰, 법학논총(2021)

전화를 활용한 진료의 허용 가능성에 관한 고찰－대법원 2020. 11. 12. 선고 2016도309 판결에 관한 평석을 중심으로, 사법(2021)

수술실 CCTV 설치의 쟁점과 입법방향에 관한 소고(小考), 의료법학(2021)

미용성형의료행위의 개념 정립에 관한 연구, 한국의료법학회지(2021)

대만의 미용의학 규제에 대한 고찰, 법제연구(2021)

주식매수선택권의 부여와 그 취소에 관한 법적 고찰－신라젠 스톡옵션 사건을 중심으로－, 법학연구(2021)

감염병 위기 시 정보공개 후 감염병 환자에 대한 인격권 침해와 피해 구제에 관한 고찰, 미디어와 인격권(2021)

약사법상 담합행위의 최근 이슈와 개선방안, 법학논총(2021)

감염병 확산행위자에 대한 손해배상청구에관한 고찰, 원광법학(2021)

코로나19 백신접종과 국가의 책임에 관한 소고, 법학논총(2021)

비대면진료와 전자처방전의 관계 및 법제 개선방향에 관한 고찰, 법제(2021)

문신시술행위에 관한 규제 방향에 대한 고찰−문신사 관련 법안과 외국의 법제에 관한 비교·분석을 중심으로−, 과학기술과 법(2021)

일본군위안부 동원의 강제성과 인권 침해에 관한 법적 고찰−관련 판례에 대한 평석을 중심으로−, 인권법평론(2022)

수술행위 시 의사의 설명의무의 시간적 범위와 분업에 관한 소고−대법원 2022. 1. 27. 선고 2021다265010 판결을 중심으로−, 법학논총(2022)

가사노동에 대한 법적 평가에 관한 소고−대법원 2021. 12. 30. 선고 2017다212316 판결에 대한 평석을 중심으로−, 이화젠더법학(2022)

자연식품의 기능성 표시 제도 도입에 관한 소고, 의생명과학과법(2022)

문신시술 행위에 대한 우리나라 헌법재판소 결정(2017헌마1343)의 의미와 일본 최고재판소 결정 후 동향 및 시사점, 한국의료법학회지(2022)

디지털헬스케어와 보건의료데이터에 관한 고찰, IP&DATA法(2022)

조력존엄사와 관련된 연명의료결정법 일부개정 법률안의 문제점과 그 개선방안, 형사법의 신동향(2022)

소비기한 표시제에 관한 법제 비교와 관련 판례 법리에 대한 고찰, 법제(2022)

의사의 설명의무 관련 민법 내 도입에 관한 제안, 민사법학(2022)

의사의 설명의무와 환자의 이해에 관한 고찰, 소비자문제연구(2022)

동일 의료기관 내에서의 분업과 협진에 대한 법적 고찰, 의료법학(2023)

의료법인 명의 의료기관 개설?운영에 대한 의료법상 규제에 관한 고찰−대법원 2023. 7. 17. 선고 2017도1807 전원합의체 판결을 중심으로−, 원광법학(2023)

신체 장식 목적 시술행위에 대한 의료행위성에 관한 비교·고찰, 아시아태평양융합연구교류논문지(2023)

아동학대행위에 대한 의사의 신고의무 제도에 관한 소고, 법제, 701권(2023)

한의사의 진단을 위한 의료기기 사용에 관한 소고−대법원 2022. 12. 22. 선고 2016도21314 전원합의체 판결에 관한 평석을 중심으로−, 과학기술과 법(2023)

미성년자인 환자에 대한 의사의 설명의무에 관한 소고(小考) ? 대법원 2023. 3. 9. 선고 2020다218925 판결에 대한 평석을 중심으로, 서강법률논총(2023)

비의료 건강관리서비스와 의료행위의 구별에 대한 고찰, 과학기술법연구(2023)

양?한방의료행위의 구분과 의료일원화 논의에 관한 고찰, 법학연구(2023)

학생의 교육활동 침해와 교원의 지도권에 관한 고찰, 강원법학(2023)

의료일원화 논의와 의료소비자의 보호에 관한 고찰−양·한방 의료행위의 구별과 판례의 태도를 중심으로−, 소비자문제연구(2023)

Legal Status of Telemedicine, Non−face−to−face Treatment, and Digital Healthcare in the Republic of Korea, 아시아태평양융합연구교류논문지(2023)

학술지원사업의 연구과제 관리와 연구자의 학문 활동의 자유−인문사회분야 학술지원사업을 중심으로−, 법학논총(2023)

내시경 시술에 관한 판례의 분석과 법적 고찰, 명지법학(2023)

전문직 종사자의 가동연한과일실수익 산정에 대한 제언, 법학논총(2023)

경력

2001. 10. 제43회 사법시험 합격
2004. 02. 사법연수원 제33기 수료
2004. 03. 변호사 개업 (서울지방변호사회 소속)
2004. 02. − 2011. 02 공동법률사무소 해울 수석변호사
2011. 03. − 현재 인하대학교 법학전문대학원 교수
2006. 01. − 현재 대한의료법학회 이사 겸 편집위원
2006. 01. − 현재 한국의료법학회 이사 겸 편집위원
2016. 06. − 현재 기관생명윤리위원회 평가인증 사업단 평가위원
2018. 01. − 현재 서울시 복지정책과 자문회의 자문위원
2018. 06. − 현재 한국의료분쟁조정중재원 비상임 조정위원
2019. 05. − 현재 공용 기관생명윤리위원회 자문위원
2020. 01. − 현재 인천지방검찰청 형사상고심의위원회 위원
2020. 04. − 현재 교육부 민원조정위원회 조정위원
2020. 06. − 현재 법제처 법령해석심의위원회 심의위원
2020. 08. − 현재 대한변호사협회 법제연구원 일반 연구위원
2020. 11. − 현재 한국감정원 주택임대차분쟁조정위원회 조정위원
2020. 11. − 현재 한국감정원 상가임대차분쟁조정위원회 조정위원
2020. 12. − 현재 인천지방노동위원회 공익위원
2021. 09. − 현재 국가생명윤리정책원 이사
2022. 04. − 현재 인하대학교 연명의료 의료기관 윤리위원회 위원
2022. 07. − 현재 대한변호사협회 의료인권소위원회 위원
2023. 05. − 현재 인천시 청원심의회 위원
2023. 11. − 현재 인천시 감사청구심의회 위원
2013. 09. 인천시 남동구 지적 재조사위원회 위원
2015. 06. 제57회 사법시험 민법 출제위원
2016. 01. 제5회 변호사시험 민사법 시험위원
2017. 01. 제6회 변호사시험 민사법 시험위원
2017. 06. 제59회 사법시험 민법 출제위원
2020. 01. 제9회 변호사시험 민사법 시험위원
2022. 01. 제11회 변호사시험 민사법 시험위원
2023. 01. 제12회 변호사시험 민사법 시험위원

도움을 주신 분들

신원철 연구원

이력

1991년 서울 출생
2007년 단대부고
2011년 미국 Connecticut주 Oxford Academy
2015년 미국 University of Illinois at Urbana-Champaign 수학과
2018년 고려대학교 법무대학원 의료법학과
2022년 의료법률정보센터 연구원

논문

Legal Status of Telemedicine, Non-face-to-face Treatment, and Digital Healthcare in the Republic of Korea March 31 (2023)

김성은 박사

이력

1982년 안양 출생
2001년 세일고 졸업
2005년 인하대 법학부 졸업
2005년 학군장교 43기 임관
2009년 서울시립대학교 경영대학원(MBA)
2017년 고려대 법무대학원 의료법학과 석사학위 취득
2021년 인하대 법학과 박사학위 취득
2022년 한국의료분쟁조정중재원 심사관

논문

[박사학위논문] 미용성형의료행위에 관한 연구-피수술자에 대한 안전확보방안을 중심으로-, 2021. 2.

의료분쟁의 이론과 실제(하)

초판발행   2023년 12월 7일

지은이   신현호·백경희
펴낸이   안종만·안상준

편 집   윤혜경
기획/마케팅   김한유
표지디자인   이영경
제 작   고철민·조영환

펴낸곳   (주) **박영사**
             서울특별시 금천구 가산디지털2로 53, 210호(가산동, 한라시그마밸리)
             등록 1959. 3. 11. 제300-1959-1호(倫)
전 화   02)733-6771
f a x   02)736-4818
e-mail   pys@pybook.co.kr
homepage   www.pybook.co.kr
ISBN   979-11-303-4571-0 93360

정 가   32,000원